Fundamentals of Deep Learning

딥러닝의 정석 2판

| 표지 설명 |

표지에 있는 동물은 북태평양뿔고기(학명 *Lophotus capellei*)로, 유니콘피시unicornfish라고도 불린다. 이 물고기는 뿔고기과lophotidae에 속하며 대서양과 태평양 심해에 산다. 연구자들이 접하기가 어려워 이에 대해서는 알려진 바가 거의 없지만, 길이가 1.8m가 넘는 것이 잡힌 적이 있다.

오라일리 책 표지에 등장하는 동물의 상당수는 멸종 위기에 처해 있다. 그들은 모두 이 세계에 중요한 존재다. 이 동물들을 돕고 싶다면 animals.oreilly.com을 방문해보길 바란다.

표지 그림은 카렌 몽고메리의 작품이다.

딥러닝의 정석 2판

선형대수학과 확률로 시작하여 파이토치로 완성하는 딥러닝의 이론과 실전

초판 1쇄 발행 2024년 2월 2일

지은이 니틴 부두마, 니킬 부두마, 조 파파 / **옮긴이** 최재훈, 차성재 / **감수자** 성태응, 맹윤호
펴낸이 전태호 / **펴낸곳** 한빛미디어(주) / **주소** 서울시 서대문구 연희로2길 62 한빛미디어(주) IT출판2부
전화 02-325-5544 / **팩스** 02-336-7124
등록 1999년 6월 24일 제25100-2017-000058호 / **ISBN** 979-11-6921-192-5 93000

총괄 송경석 / **책임편집** 박민아 / **기획** 김종찬 / **편집** 김민경
디자인 박정화 / **전산편집** 백지선
영업 김형진, 장경환, 조유미 / **마케팅** 박상용, 한종진, 이행은, 김선아, 고광일, 성화정, 김한솔 / **제작** 박성우, 김정우

이 책에 대한 의견이나 오탈자 및 잘못된 내용에 대한 수정 정보는 한빛미디어(주)의 홈페이지나 아래 이메일로 알려주십시오. 잘못된 책은 구입하신 서점에서 교환해드립니다. 책값은 뒤표지에 표시되어 있습니다.

한빛미디어 홈페이지 www.hanbit.co.kr / 이메일 ask@hanbit.co.kr

지금 하지 않으면 할 수 없는 일이 있습니다.
책으로 펴내고 싶은 아이디어나 원고를 메일(writer@hanbit.co.kr)로 보내주세요.
한빛미디어(주)는 여러분의 소중한 경험과 지식을 기다리고 있습니다.

Fundamentals of Deep Learning

딥러닝의 정석 2판

O'REILLY® 한빛미디어 Hanbit Media, Inc.

인공지능 분야를 공부하면서 수학적인 설명을 이해하기 어려웠는데, 이 책을 통해 딥러닝 학습에 필요한 기본적인 수학 개념과 각 알고리즘, 데이터 처리 방법에 대한 수식적인 원리 설명 등 많은 도움을 받았습니다.

김진(고려대학교 의료원)

이 책을 처음 마주했을 때는 과연 어떤 주제들을 다루고 있을까 궁금했는데, 1장이 선형대수학이라서 아주 반가웠습니다. 여느 책들처럼 인기 있는 모델에 대한 간단한 소개와 실습으로 시작했다면 뭔가 기본을 충실히 한다는 느낌을 받지 못했을 겁니다. 선형대수학, 확률통계, 그리고 딥러닝 전문가들의 생각들을 압축해서 볼 수 있어 좋았습니다.

김효민(HCL lab)

딥러닝 입문 후 더 깊게 공부하고 싶은 분들께 이 책을 강력히 추천합니다. 초반에 다루는 선형대수학, 확률 등의 수학적 내용이 딥러닝 이론 설명을 이해하는 데 큰 도움이 되었습니다. 이 책을 통해 수식 위주의 설명으로 딥러닝을 더 깊이 있게 이해할 수 있으며, 딥러닝 입문서나 기초 강의를 수강한 학생들에게 추천합니다.

이용빈(AIM lab)

머신러닝을 처음 접하게 되면 통계학적 접근을 많이 하는데, 실제 머신러닝에서 유용하게 사용되는 선형대수학과 확률론을 다루는 점이 좋았습니다. 다양한 인공지능 영역을 깊이 있게 다루어 인공지능 분야를 어느 정도 학습한 사람들에게 추천합니다. 머신러닝을 이미 활용 중인 사람들에겐 다양한 영역에서 활용할 수 있는 인사이트를 제공합니다.

김명진(SKPlanet)

● 지은이 소개 ●

지은이 니틴 부두마 Nithin Buduma

니틴 부두마는 스탠퍼드 대학 출신으로, 하버드와 스탠퍼드를 기반으로 한 스타트업인 XY.ai 에서 헬스케어 분야의 방대한 데이터 셋을 활용하여 활발히 활동하고 있다.

지은이 니킬 부두마 Nikhil Buduma

니킬 부두마는 샌프란시스코에 본사를 둔 Remedy의 공동 창립자이자 수석 과학자이다. Remedy는 데이터 기반의 1차 의료를 위한 새로운 시스템을 구축하고 있는 회사이다. 그는 16세 때 산호세 주립대학교에서 신약 개발 연구소를 운영하며, 자원이 부족한 지역 사회를 위한 저비용 스크리닝 방법론을 개발했다. 19세에는 국제 생물학 올림피아드에서 두 차례 금메달을 획득하였고, MIT에 진학하여 의료 서비스를 개선하기 위한 대규모 데이터 시스템을 개발하는 데 주력하였다. MIT에서는 전국적인 비영리 단체인 Lean On Me를 공동 설립하여 대학 캠퍼스에서 익명의 문자 핫라인을 통해 효과적인 동료 지원을 제공하고, 데이터를 활용하여 전국적으로 긍정적인 정신 건강 및 웰니스 결과에 영향을 미치는 비영리 단체를 설립하였다. 현재 니킬은 자신의 벤처 펀드인 Q Venture Partners를 통해 하드웨어 기술 및 데이터 회사에 투자하고 있으며, 밀워키 브루어스 야구팀의 데이터 분석팀을 관리하고 있다.

지은이 조 파파 Joe Papa

조 파파는 『PyTorch Pocket Reference』(O'Reilly, 2021)의 저자이자 TeachMe.AI의 설립자이다. 연구 및 개발 분야에서 25년 이상의 경력을 보유하고 있으며, 현재는 Mobile에서 수석 AI 엔지니어로 AI 프로젝트를 이끌고 있다. MSEE 학위를 취득한 그는 Booz Allen과 Perspecta Labs에서 PyTorch를 사용하는 AI 연구팀을 이끌었다. 또한 그는 수백 명의 데이터 과학자를 지도하며 Udemy, Packt 및 O'Reilly Learning을 통해 전 세계 7,000명 이상의 학생들에게 교육을 제공하고 있다.

옮긴이 1 **최재훈** jayden.choe@gmail.com

현재 SW 엔지니어로 근무 중이며, 스마트폰, DTV, 셋톱박스, IoT, XR, 인공지능, 오토모티브 등 다양한 분야의 개발 경험이 있다.

컴퓨터공학 학사와 석사, 그리고 미국 경영대학원 석사 학위를 가지고 있으며 현재 기술경영학 박사 과정에 있기도 하다. 이전에는 씽크프리코리아(현 한글과컴퓨터그룹 씽크프리)와 휴맥스에서 근무하며 자바 오피스 슈트와 임베디드 셋탑박스 소프트웨어 양산 개발에 기여했다. 『자바 인어넛셸』(한빛미디어, 2000), 『엔터프라이즈 자바 데이터베이스 프로그래밍』(한빛미디어, 2001), 『Go 성능 최적화 가이드』(디코딩, 2023)를 번역하였다. 2021 서울 하드웨어 해커톤, 2021 서울 하드웨어 해커톤 탑메이커 타이젠 키오스크 등에서 수상하였다. 최근에는 Apple Vision Pro와 ChatGPT API 프로그래밍에 빠져 있다. 서울 관악구에서 동아리처럼 운영되는 토끼굴 공유오피스(*https://therabbithole.modoo.at/*)에서 지인들과 시간을 보내고 있다. 링크드인 주소는 *https://www.linkedin.com/in/jaydenchoe*이다.

옮긴이 2 **차성재** business.sjcha@gmail.com

금융 AI 스타트업 AIZEN GLOBAL의 머신러닝 팀 리더 겸 의료 AI 분야의 선두 주자 AINEX 에서 책임 연구원 및 연구소장을 역임한 바 있으며, 현재는 교육 AI 분야의 선두 기업 크레버스 에서 AI 엔지니어로 활동 중이다. KAIST 금융공학과에서 금융 애널리틱스에 대한 연구를 바 탕으로, '가변적 데이터 생성법을 적용한 딥러닝 시계열 알고리즘 기반 기업부도 예측 모형의 효과성'에 관한 논문으로 석사 학위를 취득하였다.

금융 분야에서는 AutoML 솔루션 개발뿐만 아니라 국내 다수의 금융기관과 협업하여 정형 데 이터 분석 및 모델링 프로젝트에 참여하여, 설명 가능한 AI 서비스를 제공하였다. 의료 분야에 서는 컴퓨터 비전을 활용한 대장내시경 용종 탐지 및 악성 용종 진단 의료기기 개발에 참여하 였다. 현재는 교육 분야에서 자연어 처리와 거대 언어 모델(LLM) 및 MultiModal AI 기능을 활용한 혁신적인 서비스 개발을 주도하고 있다. 패스트캠퍼스에서 확률 및 통계, 인공지능, 머 신러닝, 딥러닝 등의 과목을 담당하여 온라인 강의를 진행하였고, 서울시립대학교 스마트시티 대학원에서는 데이터 분석 및 머신러닝 과목을 강의하고 있다. 금융, 의료, 교육, 스마트시티 등 다양한 산업에서 AI 서비스 개발에 참여하며 그랜드슬램을 달성해 나가고 있다.

링크드인 주소는 *https://www.linkedin.com/in/smilechacha*이다.

어느샌가 딥러닝(머신러닝) 키워드를 빼면 아예 이야기되지 않을 정도로 우리는 이미 딥러닝의 바다에 살고 있다고 해도 과언이 아닐 것 같습니다. 서점을 방문하거나 인터넷에서 검색해도 딥러닝 관련 콘텐츠들이 무수히 많이 나옵니다.

하지만, 이 내용을 좀 더 심층적으로 살펴보면 딥러닝은 크게 두 가지 카테고리로 나눌 수 있습니다. 하나는 인공지능 대학원 수준의 이론적인 책들이며, 다른 하나는 PyTorch, TensorFlow 등의 개발 프레임워크를 다룹니다.

『딥러닝의 정석 2판』은 원서가 400 페이지 채 되지 않는 그리 두껍지 않은 책이지만, 원서의 부제인 '차세대 머신러닝 알고리즘 설계'에 걸맞게 최신 딥러닝 기술 트렌드의 주요 마일스톤이 되는 이론을 광범위하게 소개하면서도 각각의 핵심 기술을 뒷받침하는 이론과 수학적인 내용을 소홀히 하지 않았습니다. 한마디로 전공 서적의 딱딱함 없이 최신 딥러닝 기술의 기반 이론과 응용 분야를 한자리에서 모두 다루는 도서라고 할 수 있습니다.

이 책의 방향성을 요약해 본다면, 기초 이론부터 고급 이론까지 빠짐없이 두루두루 다루고, 이론 설명과 함께 PyTorch를 사용한 실무 예제를 곁들여 이론과 실습의 균형을 맞추며, 알고리즘과 수학적 원리에 대한 고급 설명까지도 포함하는 것으로 소개할 수 있겠습니다.

따라서 이 책은 딥러닝 입문자를 위한 입문서 범주에 속하지는 않는다고 볼 수 있으며, 책에서 다루는 내용을 충분히 이해하려면 파이썬 프로그래밍과 수학에 대한 사전 지식이 어느 정도 필요합니다. 또 다양한 최신 기술 주제를 광범위하게 다루기 때문에 내용을 파악하는 데 꽤 시간을 할애해야 할 수 있습니다. 그럼에도 불구하고, 딥러닝의 기초 이론을 이해한 상태에서 딥러닝의 근간을 이루는 이론적 기반에 한 단계 더 나아가고자 하는 딥러닝 알고리즘 및 응용 개발자에게 이 책은 실무적인 도움과 함께 앞으로의 성장 방향을 제시해 주는 이정표 역할을 할 것으로 기대합니다.

딥러닝의 최신 기술을 단 한 권의 책으로 완벽히 이해하는 것은 쉬운 일이 아니지만, 이 책을 통해 보다 깊은 이해를 얻을 수 있기를 바랍니다.

최재훈

2023년은 AI 산업에 있어서 많은 변화가 있었던 해였습니다. 전문가 시스템과 머신러닝, 딥러닝을 넘어서 생성형 AI, 특히 거대 언어 모델인 LLM의 상용화 시대가 도래했습니다. OpenAI의 ChatGPT는 상용화 이후 2개월 만에 1억 명의 사용자를 달성하는 등 엄청난 변화를 이끌었습니다.

대학원 강의나 회사 외부에서 AI 개발자로 소개될 때, 많은 이들이 AI 공부에 대한 조언을 구합니다. '어떤 책으로 시작하면 좋을까요?'라는 질문에 저는 그들의 관심사에 따라 『핸즈 온 머신러닝 3판』(한빛미디어, 2023) 또는 『딥러닝의 정석』(한빛미디어, 2018)을 추천합니다. ChatGPT와 같은 혁신적인 도구들이 있어 이제는 궁금한 점을 쉽게 해결할 수 있음을 함께 안내합니다. 특히 『딥러닝의 정석 2판』은 최신 생성형 AI 모델인 GPT를 이해하는 데 필수적인 내용을 담고 있으며, 딥러닝의 기본 이해에 큰 도움이 될 것입니다. 1판에 이어 2판은 기초 수학 및 통계 지식을 보강하고, PyTorch로 업데이트를 했습니다. 또한 생성형 AI의 기반이 되는 생성 모델과 딥러닝의 '블랙박스' 문제를 해결하는 데 필요한 설명 가능한 AI에 대한 내용도 추가되었습니다.

딥러닝의 복잡한 수학적 이론이 어렵게 느껴지는 분들이 이 책을 통해 많은 통찰과 지식을 얻길 바라며, GPT와 같은 혁신적인 거대 언어 모델의 구조를 이해하는 데 관심 있는 분들에게 이 책이 기본적인 이해의 출발점이 되길 희망하며 이 글을 마칩니다.

차성재

인공지능 응용은 자율주행(컴퓨터 비전), BERT/ChatGPT-x(거대 언어 모델), AI 반도체 분야에 이르기까지 딥러닝은 코어 프로세서(core processor)와 같으며, 누구든 현대 빅테크 기업 플랫폼 기술을 이해하는 데 핵심적인 개념이라 할 수 있습니다.

'정석(定石)'이라는 이름처럼 이 책은 선형대수학, 확률 기초에서부터 신경망 원리(개념), 경사하강법, 합성곱 신경망, 임베딩이라고 하는 필수 원리를 정확하게 이해하고, 나아가 시퀀스 분석 모델, 생성 모델, 해석 가능성 방법론, 메모리 증강 신경망, 강화 학습에 이르는 최신 딥러닝 기술을 이론 및 코드 실습을 병행하여 마스터링하는 필수 지침서로 여겨집니다.

맹윤호 감수자와 함께 이 책을 살펴보며 저자들의 노고와 열정에 대해 깊은 경의를 표하며 좀 더 완성도 높은 '정석'을 출간하여 딥러닝 분야에 첫발을 들이는 누구에게나 오래 두고 되짚을 수 있도록 기여하고자 하였습니다.

향후 몇 년 동안은 딥러닝 관련 혁신 기술이 지속해서 출시될 것이라는 데 누구도 부정하지 않겠지만, 분명 시대 흐름에 순응하여 fast-follower로 남거나 시대를 앞서는 선각자로서의 first-mover가 되기 위해 『딥러닝의 정석(2판)』 한 권 정도는 곁에 오래 두고 필요할 때마다 찾아볼 수 있는 참고서로 최대한 활용할 수 있기를 바랍니다.

성태응

성태응

연세대학교 미래캠퍼스 소프트웨어 학부 교수로 재직 중이며, 데이터마이닝, 인공지능, 기계학습, 데이터처리 및 딥러닝 응용 등의 과목을 강의하고 있다. 주로 금융/제조 IoT/기상/환경/보건의료 데이터 분석 및 AI 응용 의사결정지원시스템 연구개발 과제를 수행해 왔으며, 대학(원) 과정의 SW 프로그래밍 교육에 관심과 열정을 쏟고 있다. 서울대학교 전기공학부(학사)를 졸업하였으며, (美)텍사스 오스틴 주립대와 코넬대에서 전기컴퓨터공학으로 각각 석사 및 박사과정을 졸업하였다. 이후 (美) 코넬대 Post-doc Fellow, 한국과학기술정보연구원 책임연구원을 거쳐, 연세대학교(미래) 부임 후 SW 중심대학사업단 부단장을 역임해 왔다. 삼성전자, KT, 효성, 롯데그룹 등 기업을 대상으로 강연하며, 집필서로는 『컴퓨팅사고와 소프트웨어 with 파이썬』(인피니티북스, 2022), 『C프로그래밍 길잡이』(홍릉출판사, 2023) 등이 있다. 현재 Valuation for Data-driven Information System, LLM, Computer Vision 이외에도 Multi-modal AI/ML/DL Applications에 대한 다양한 관심으로 AI 및 빅데이터 분석 연구개발에 매진하고 있다.

'정석'은 일반적으로 한 분야를 제대로 공부하고 싶을 때 찾아보는 책입니다. 딥러닝 분야는 초기에 태동을 시작한 이래 지금까지 엄청난 발전을 했습니다. 이처럼 방대하고 학문적 영역을 한 권으로 균형 있게 다루는 것은 매우 어려운 일입니다. 그럼에도 불구하고 『딥러닝의 정석(2판)』은 각종 딥러닝 기법의 원리부터 선형대수학, 코드 구현에 이르기까지 균형 있게 다루었습니다. 이 책은 앞으로 어떤 부분을 공부해야 할지 감을 잡는 데 도움이 될 것입니다. 어떤 분야에서든 '정석'이라는 타이틀과 함께 출판되는 책은 일반적인 입문서보다 훨씬 더 엄격한 기준을 요구하기 때문에 필자들이 굉장히 괴로울 수밖에 없습니다. 감수를 진행하면서도 날카로울 수밖에 없었습니다. 이 부분은 역자분들이나 편집진들에게 죄송한 마음으로 남아있습니다. 그만큼 원서의 부족했던 기본 개념 설명을 추가하고, 전체적인 맥락을 다듬는 과정을 거쳤습니다. 많은 출판사들이 책을 제시간에 빠르게 책을 선보이는 마켓 타이밍과 품질을 높이는 선택의 기로에서 대부분 마켓 타이밍을 선택합니다. 특히 IT분야의 서적이라면 기술의 빠른 변화 속에서 책의 운명도 함께 변화하기 때문에 더욱더 그러합니다. 그럼에도 불구하고 이 책은 품질을 높이는 선택을 했고 덕분에 독자들은 분명 가치 있는 시간을 갖게 될 것이라고 믿고 있습니다.

맹윤호

맹윤호

이화여대 신산업융합대학 겸임교수로 데이터 분석 및 AI 강의를 하고 있으며, 카논그룹의 CTO로 재직 중이다. 이전에는 IBM의 Data&AI 팀에서 엔지니어로 근무했으며, 이후 카카오벤처스 패밀리사인 1z Labs를 공동창업한 후, 지분을 매각한 바 있다. 연세대학교에서 데이터 분석 전공으로 석사 과정을 졸업하고 박사 과정을 수료했다. SK C&C, KISTI, NRF, DBpia 등에서 프로젝트를 진행하였으며 Apache Zeppelin, Qiskit, KoGPT-2 등 오픈소스 프로젝트에 기여했다. 삼성, 현대, LG, 딜로이트 등 기업을 대상으로 강연하고 연세대학교, 이화여대, 중앙대학교, 동덕여대, 상명대학교, 순천대학교 등에서도 강연했다. 참여 도서로는 『머신러닝 디자인 패턴』(한빛미디어, 2021), 『Do it 강화 학습 입문』(이지스퍼블리싱, 2021), 『코딩진로』(호모루덴스, 2021), 『초소형 머신러닝 TINYML』(한빛미디어, 2020), 『쉽게 배우는 AWS AI 서비스』(한빛미디어, 2022), 『하이퍼레저 블록체인 개발』(한빛미디어, 2019), 『블록체인의 정석』(지앤선, 2019) 등이 있다. 깃허브에서 @YUNHO0130으로 활동하고 기술 블로그와 유튜브 채널을 운영하고 있다.

2000년대 들어 신경망이 다시 주목받으면서 딥러닝은 현대 머신러닝의 토대가 되는 매우 활발한 연구 분야가 되었다. 이 책에서는 설명과 예제를 통해 복잡한 딥러닝 분야의 주요 개념을 이해할 수 있도록 돕는다. 구글, 마이크로소프트, 페이스북과 같은 큰 기업들은 딥러닝에 집중하여 내부 딥러닝 팀을 적극적으로 키우고 있다. 하지만 대부분의 사람에게 딥러닝은 여전히 아주 복잡하고 이해하기 어려운 주제다. 연구 논문은 전문 용어로 가득하고, 온라인에 흩어져 있는 튜토리얼은 딥러닝 실무자가 문제를 해결하는 방법을 제대로 이해하는 데 실질적인 도움이 거의 되지 않는다. 이 책의 목표는 이러한 격차를 해소하는 것이다.

이번 개정판에서는 책을 더 충실히 이해할 수 있도록 더 구체적인 수학 배경 지식을 제공한다. 또한 시퀀스 분석, 컴퓨터 비전, 강화 학습 장을 업데이트하여 해당 분야의 최신 연구 성과를 심도 있게 다뤘다. 마지막으로, 생성 모델링과 해석 가능성 분야를 새롭게 추가하여 딥러닝 분야에 대한 더 넓은 시각을 제공한다. 이번 개정을 통해 독자가 딥러닝을 스스로 연습하고 학습한 내용을 실제로 적용하여 실무에서 중요한 문제 해결에 활용할 수 있기를 바란다.

사전 지식과 목표

이 책은 미적분과 Python 프로그래밍에 대한 기본적인 이해가 있는 독자를 대상으로 한다. 이번 최신판에서는 광범위한 수학적 배경 지식, 특히 선형대수학과 확률론에 관한 내용을 제공하여 향후 학습할 내용에 대비할 수 있도록 했다.

이 책을 다 읽고 나면, 딥러닝을 사용한 문제 해결 방법 이해, 현대 딥러닝 기술의 역사적 맥락, PyTorch 오픈 소스 라이브러리를 사용한 딥러닝 알고리즘 구현 등의 개념에 친숙해지기를 바란다.

이 책의 구성

이 책의 초반부에서는 딥러닝 분야에 깊숙이 내재된 선형대수학과 확률론을 심층적으로 살펴봄으로써 수학적 숙련도를 높이는 데 중점을 둔다. 이후에는 순방향 신경망의 구조, 순방향 신경망 코드 구현 방법, 실제 데이터셋에서 순방향 신경망을 훈련하고 평가하는 방법을 설명한다. 책의 나머지 부분에서는 딥러닝의 특정 응용 분야와 이를 위해 개발된 전용 학습 기법 및 신경망 아키텍처를 깊이 이해하는 데 집중한다. 후반부에서 고급 수준의 연구를 다루기는 하지만, 이들 기술은 어쨌거나 기본 원리로부터 파생되어 이해가 가능한 부분이며, 이에 대해 상세히 설명하고자 한다.

코드 예제 사용하기

보충 자료(코드 예제 등)는 *https://github.com/darksigma/Fundamentals-of-Deep-Learning-Book*에서 다운로드할 수 있다.

● 목차 ●

1장   딥러닝을 위한 선형대수학 기초

2장   확률 기초

3장 신경망

4장 순방향 신경망 훈련

5장 PyTorch 기반 신경망 구현

6장 경사하강법

9장 시퀀스 분석 모델

10장 생성 모델

11장 해석 가능성 방법론

12장 메모리 증강 신경망

13장 강화 학습

1장

딥러닝을 위한 선형대수학 기초

이 장에서는 책의 본문 내용과 몇몇 장의 끝부분에 있는 보충 자료에서 설명하는 딥러닝 기술의 기반이 되는 핵심 사전 지식을 다룬다. 딥러닝은 최근 학계와 산업계에서 일대 부흥기를 맞이하며 머신러닝의 한계를 비약적으로 뛰어넘어 컴퓨터 비전과 자연어 처리와 같은 분야에 혁명을 일으켰다. 하지만 딥러닝의 핵심은 미적분학, 선형대수학, 확률론 분야에서 이뤄낸 업적의 집약체라는 점을 유념해야 할 필요가 있다. 다른 수학 분야에도 연관성이 있긴 하지만, 딥러닝을 배우기 전에 시야를 넓힐 수 있도록 이 세 가지 주제에 초점을 맞춘다. 이들 주제는 딥러닝의 큰 그림과 딥러닝을 흥미진진하게 만드는 복잡한 미묘함을 이해하는 데 결정적인 역할을 한다. 1장에서는 선형대수학의 기본 내용을 다룬다.

1.1 데이터 구조와 연산

선형대수학(이 글에서 선형대수학을 언급할 때는 선형대수학의 실용적인 응용 개념을 의미한다)에서 가장 중요한 데이터 구조는 행렬matrix이다. 행렬은 각 항목이 행과 열을 통해 색인화될 수 있는 2차원 숫자 배열이다. [표 1-1]에 표시된 엑셀 스프레드시트를 살펴보자. 여기서 행은 회사 X와 회사 Y의 오퍼를 나타내고, 열은 초봉, 상여금, 직급과 같은 각 오퍼의 특성을 나타낸다.

표 1-1 엑셀 스프레드시트

	연봉	보너스	직급
회사 X	$50,000	$5,000	엔지니어
회사 Y	$40,000	$7,500	데이터 과학자

표 형식은 이러한 데이터를 관리하는 데 특히 적합하다. 예시에서는 행과 열로 색인하여 회사 X의 시작 위치를 찾을 수 있다. 행렬은 모든 종류의 데이터를 담는 다목적 도구이며, 이 책에서 다루는 행렬 데이터는 수치 형식이다. 딥러닝에서 행렬은 신경망에서 데이터셋과 가중치 모두를 표현하는 데 자주 사용된다. 예를 들어, 데이터셋에는 임의 개수의 연관 특징을 가진 많은 개별 데이터 포인트가 있다. 도마뱀 데이터셋에는 길이, 무게, 속도, 나이, 기타 중요 속성 정보가 포함될 수 있다. 이것을 행렬이나 표 형식처럼 직관적으로 표현해 보면 각 행은 개별 도마뱀을, 각 열은 나이 등과 같은 도마뱀의 특징을 나타낼 수 있다. 그러나 [표 1-1]과 달리 행렬은 수치만 저장 가능하며, 사용자가 어떤 행이 어떤 데이터 포인트에 해당하는지, 어떤 열이 어떤 특징에 해당하는지, 각 특징의 단위가 무엇인지 알고 있다고 가정한다(그림 1-1 참조).

	길이	무게	속도	나이
Gecko Grayson	0.5m	0.1kg	4kph	10 years
Komodo Ken	2.5m	50kg	15kph	20 years
Iguana Ian	0.4m	9kg	30kph	15 years

$$\rightarrow \begin{bmatrix} 0.5 & 0.1 & 4 & 10 \\ 2.5 & 50 & 15 & 20 \\ 0.4 & 9 & 30 & 15 \end{bmatrix}$$

그림 1-1 표와 행렬 비교

[그림 1-1]의 오른쪽 행렬을 보면, 예제로 도마뱀의 나이를 연 단위로 표시하며 Komodo Ken 도마뱀의 무게는 50kg이라고 가정한다. 이처럼 표를 활용하면 사용자에게 분명 더 많은 정보를 제공할 수 있는데 굳이 행렬로 작업하는 이유가 무엇일까? 선형대수학이나 딥러닝에서도 곱셈과 덧셈 등의 연산은 표 형식의 데이터를 가지고 수행하지만, 이러한 연산은 데이터가 수치 형식일 때만 효율적으로 계산할 수 있다.

선형대수학에서 대부분의 작업은 행렬과 행렬 데이터 구조가 보여주는 창발성^{emergent properties}을 중심으로 이루어지며, 특히 행렬의 창발성은 행렬이 특정 기본 속성^{base properties}을 가지고 있을 때 더욱 흥미로워진다. 행렬의 하위 집합 유형으로 볼 수 있는 벡터는 수치의 1차원 배열이며, 예제로 개별 데이터 포인트나 선형 회귀의 가중치를 표현하는 등에 사용할 수 있는 데이터 구조다. 이제 행렬과 벡터가 지닌 속성과 연산을 다루어 본다.

1.1.1 행렬 연산

행렬은 덧셈, 뺄셈, 곱셈이 가능하지만, 나눗셈은 없다. 나눗셈 대신 역행렬^{inversion}이라는 나눗셈과 유사한 개념이 존재한다. 행렬을 색인화할 때는 튜플^{tuple}이란 개념을 사용하는데, 이때 첫 번째 색인은 행 번호를, 두 번째 색인은 열 번호를 나타낸다. 행렬 A와 행렬 B를 더하려면 두 행렬의 각 색인(i, j)을 순회하면서 현재 색인의 위치에 있는 두 항목을 합산하고, 그 결과를 새로운 행렬 C의 동일한 색인(i, j)에 위치시킨다(그림 1-2 참고).

$$\begin{bmatrix} 1 & 0 & 5 \\ 2 & 4 & 7 \end{bmatrix} + \begin{bmatrix} 5 & 3 & 2 \\ 6 & 1 & 4 \end{bmatrix} = \begin{bmatrix} 1+5 & 0+3 & 5+2 \\ 2+6 & 4+1 & 7+4 \end{bmatrix} = \begin{bmatrix} 6 & 3 & 7 \\ 8 & 5 & 11 \end{bmatrix}$$

그림 1-2 행렬 덧셈

이러한 규칙은 한 행렬에 존재하는 색인이 다른 행렬에는 존재하지 않는 경우, 즉 모양이 다른 두 행렬의 덧셈은 진행할 수 없음을 의미한다. 또한 [그림 1-2]처럼 최종 행렬 C는 A뿐만 아니라 B와도 모두 같은 모양이어야 함을 나타낸다. 행렬은 더하는 것 이외에도 스칼라를 곱하는 작업, 즉 스칼라값에 해당하는 수치를 행렬의 각 개별 성분마다 곱하는 작업이 가능하다. 이는 [그림 1-3]처럼 단순히 스칼라를 행렬에 곱했을 때, 행렬의 각 성분에 스칼라를 곱하는 것과 같은 결과가 나온다(결과적으로 행렬의 모양은 일정하게 유지된다).

$$2 * \begin{bmatrix} 1 & 0 & 5 \\ 2 & 4 & 7 \end{bmatrix} = \begin{bmatrix} 2*1 & 2*0 & 2*5 \\ 2*2 & 2*4 & 2*7 \end{bmatrix} = \begin{bmatrix} 2 & 0 & 10 \\ 4 & 8 & 14 \end{bmatrix}$$

그림 1-3 스칼라 행렬 곱셈

$A-B$와 같이 행렬의 뺄셈을 계산하는 과정은 행렬의 덧셈과 스칼라의 곱을 활용해서 표현한다. 예를 들어, $A-B$는 행렬의 덧셈 $A+(-B)$으로 표현 가능하다. 그리고 $-B$를 계산하는 것은 스칼라의 곱 $-1 \times B$으로 표현할 수 있기 때문에 결국 행렬 덧셈과 스칼라 행렬 곱셈이라는 두 가지 연산은 행렬 뺄셈으로 바로 이어진다.

두 행렬을 곱하는 것은 흥미로운 연산이다. 이 책의 범위를 벗어나는 이유(행렬이 선형 변환$^{linear\ algebra}$을 나타낸다는 좀 더 이론적인 선형대수학 배경)이며, 행렬 곱 $A-B$를 다음 [식 1-1]

과 같이 정의한다.

식 1-1 행렬 곱셈 공식

$$(A \cdot B)_{i,j} = \sum_{k'=1}^{k} A_{i,k'} B_{k',j}$$

간단히 표현하자면 $A \cdot B$의 결과인 행렬 D의 색인 (i, j)에 있는 값은 A의 i번째 행(1번째 행은 4와 6)에 있는 성분과 B의 j번째 열(1번째 열은 1과 5)에 있는 성분을 곱하고 더한 값이다. [그림 1-4]는 행렬 곱셈의 예시이다.

$$\begin{bmatrix} 4 & 6 \\ 2 & 7 \end{bmatrix} \cdot \begin{bmatrix} 1 & 9 \\ 5 & 2 \end{bmatrix} = \begin{bmatrix} 4*1+6*5 & 4*9+6*2 \\ 2*1+7*5 & 2*9+7*2 \end{bmatrix} = \begin{bmatrix} 34 & 48 \\ 37 & 32 \end{bmatrix}$$

그림 1-4 행렬 곱셈

따라서 A의 행 길이(각 행에 존재하는 성분의 개수)와 B의 열 길이(각 열에 존재하는 성분의 개수)가 같아야 하므로 행과 열이 같은 길이로 잘 나열된 경우에만 두 행렬을 곱할 수 있다. 이런 특징을 잘 나타내기 위해 지금부터 **차원**dimension이라는 용어를 사용한다. 즉, 일반적으로 행렬 A는 $m \times k$차원(그림 1-4에서는 2×2차원)으로 표현이 가능하며, 이는 행렬이란 이름의 순서(행과 열 순서)와 동일하게 m행과 k열임을 나타낸다. 따라서, 행렬 B 또한 $k \times n$차원으로 표현될 수 있다. 앞서 얘기한 것처럼 A행의 길이(k)와 B열의 길이(k)가 다른 경우 행렬의 곱셈은 색인 오류가 발생할 것이다. $A \cdot B$ 곱셈의 차원은 $m \times n$차원으로 표현되며, A의 행에 존재하는 성분들과 B의 각 열에 존재하는 성분들의 연산으로 나타난다. 이것은 행렬 곱셈에 대한 계산 방법을 표현한 것이다. 이제 [식 1-1]을 **행렬 곱셈의 내적 해석**dot product interpretation of matrix multiplication이라고 부를 것이다. 지금 이해가 잘 안된다면 1.1.2절 '벡터 연산'을 배우면서 더 자세히 알아보자.

행렬 곱셈에서는 교환 법칙이 성립되지 않는다. 즉 $A \cdot B \neq B \cdot A$이다. 물론 예를 들어 규칙에 따라 행렬 A가 2×3이고 행렬 B가 3×5라면 행렬 곱인 $A \cdot B$는 존재하지만 $B \cdot A$는 앞서 설명한 것처럼 행렬 곱셈 연산의 규칙(B의 행 길이(5)와 A의 열 길이(2)가 다르므로)에 의해 존재하지 않는다. 또한 두 행렬이 모두 정방형square으로, 행렬의 행과 열의 개수가 동일한 경우에 행렬 곱셈이 잘 계산된다 할지라도, 직접 계산해 보면 두 결과물은 동일하지 않을 수 있다. 그러면 행렬 곱은 결합 법칙을 만족할까? 그렇다. 즉, $A \cdot (B+C) = A \cdot B + A \cdot C$이다. 이 수식 또한 직접 계산해 보면 결합 법칙을 만족함을 알 수 있다.

행렬 곱셈에 대해 더 자세히 살펴보자. 행렬 곱셈을 수식으로 표현하는 또 다른 방법은 아래와 같다.

$$(A \cdot B)_{\cdot,j} = A \cdot B_{\cdot,j}$$

위 수식을 통해 행렬 곱 $A \cdot B$의 결과에서 j번째 열은 행렬 A와 행렬 B의 j번째 열(벡터) 사이의 행렬 곱임을 알 수 있다. 이를 **행렬 곱셈의 열 벡터 해석**column vector interpretation of matrix multiplication 이라고 부를 것이다(그림 1-5 참고).

$$\begin{bmatrix} 4 & 6 \\ 2 & 7 \end{bmatrix} \cdot \begin{bmatrix} 1 & 9 \\ 5 & 2 \end{bmatrix} = \begin{bmatrix} \begin{bmatrix} 4 & 6 \\ 2 & 7 \end{bmatrix} \cdot \begin{bmatrix} 1 \\ 5 \end{bmatrix} & \begin{bmatrix} 4 & 6 \\ 2 & 7 \end{bmatrix} \cdot \begin{bmatrix} 9 \\ 2 \end{bmatrix} \end{bmatrix}$$

$$= \begin{bmatrix} 4*1+6*5 & 4*9+6*2 \\ 2*1+7*5 & 2*9+7*2 \end{bmatrix}$$

$$= \begin{bmatrix} 34 & 48 \\ 37 & 32 \end{bmatrix}$$

그림 1-5 행렬 곱셈에 대한 또 다른 관점의 해석

다음 절에서는 행렬-벡터 간 곱셈과 이에 대한 다양한 계산 방법을 다루어 보면서 행렬의 흥미로운 속성들을 더 살펴볼 것이다.

선형대수학에서 가장 중요한 행렬 중 하나는 항등 행렬identity matrix이다. 이는 주 대각선을 따라 1이 있고 다른 항목은 모두 0인 정방형 행렬이다. 항등 행렬은 보통 I로 표기한다. I와 다른 행렬 A의 곱을 계산하면 결과는 항상 A가 되므로 항등 행렬이라는 이름이 붙는다. 몇 가지 행렬을 골라 적절한 크기의 항등 행렬과 곱하여 정말 그런지 직접 확인해 보자.

이번 절의 시작 부분에 언급한 것처럼 행렬에는 나눗셈 연산이 없지만 대신 역행렬(수의 역수number's reciprocal와 비슷한 개념. 역수의 경우 방정식의 양변을 어떤 수로 나누는 것을 해당 수의 역수를 양변에 곱하는 것으로도 생각할 수 있다)이라는 개념이 있다. 행렬 A의 역행렬은 $AB=BA=I$를 만족하는 행렬 B이다. 여기서 I는 항등행렬이다. 이러한 행렬 B가 존재한다면, 이를 A^{-1}로 표기한다. 이러한 정의로부터 알 수 있듯이, A는 적어도 정방형 행렬이어야 한다. A를 A^{-1}의 왼쪽에 놓든 오른쪽에 놓든 곱할 수 있기 때문이다(그림 1-6 참고). 역행렬은 여러 데이터 사이언스 기법의 근간이 되는 행렬의 다른 속성들(뒤에 설명이 나온다)과 깊이 연관되어 있다. 이러한 핵심 데이터 사이언스 기법들은 복잡한 신경망의 다양한 변형에 영향을 미쳤고, 오늘날까지도 연구자들은 여전히 이를 사용하고 있다.

$$\begin{bmatrix} \frac{-5}{4} & \frac{3}{4} \\ \frac{3}{4} & \frac{-1}{4} \end{bmatrix} \begin{bmatrix} 1 & 3 \\ 3 & 5 \end{bmatrix} = \begin{bmatrix} 1 & 3 \\ 3 & 5 \end{bmatrix} \begin{bmatrix} \frac{-5}{4} & \frac{3}{4} \\ \frac{3}{4} & \frac{-1}{4} \end{bmatrix} = \begin{bmatrix} 1 & 0 \\ 0 & 1 \end{bmatrix}$$

그림 1-6 역행렬

또한 행렬 A와 벡터 b가 존재할 때 벡터 x에 대해 $Ax = b$와 같은 방정식을 풀 때, A가 역행렬이 존재하는 가역적인 성질을 만족하면 수식의 양변에 A^{-1} 곱하여 $x = A^{-1}b$를 얻을 수 있다. A가 가역적이기 위한 또 다른 필요조건이 있지만, 이는 나중에 살펴보도록 하자.

1.1.2 벡터 연산

벡터는 행렬의 하위 집합으로 볼 수 있다고 앞서 표현한 바 있다. 따라서 벡터의 연산은 행렬의 덧셈, 뺄셈, 곱셈 및 역행렬의 성질을 그대로 따른다. 그러나 벡터와 관련해서 다루어야 할 새로운 용어가 있다. 벡터의 차원이 $1 \times n$일 때 이 벡터를 **행벡터**라고 하고 벡터가 차원 $n \times 1$일 때 **열벡터**라 표현한다. 행벡터와 열벡터의 나열된 길이가 위와 같다면 행렬 곱을 취했을 때 결과가 단일 숫자라는 것을 알 수 있다. 이러한 연산을 **내적**dot product이라 한다. [그림 1-7]은 두 벡터의 내적에 의한 결과를 표현한 예시이다.

$$\begin{bmatrix} 4 & 3 & 6 \end{bmatrix} \begin{bmatrix} 2 \\ 7 \\ 1 \end{bmatrix} = 4*2 + 3*7 + 6*1 = 35$$

그림 1-7 내적

이제 행렬 곱의 내적이라는 표현을 더 잘 이해할 수 있을 것이다. [식 1-1]을 다시 살펴보면 행렬 곱 $(A \cdot B)_{i,j}$의 모든 성분이 해당 행 $A_{i, \cdot}$ 및 해당 열 $B_{\cdot, j}$의 내적임을 알 수 있다.

선형대수학의 내적이란 개념을 통해 새로운 성질에 대해 살펴보자. 두 벡터의 내적에 의한 결괏값이 0이면, 두 벡터는 직교하는 성질을 의미한다. 직교성^{orthogonality}은 우리가 상상할 수 있는 차원인 3차원을 훨씬 넘어선 모든 차원에 대한 수직성의 일반화된 표현이다. 예를 들어 2차원의 경우에서 두 벡터의 내적이 0인 경우는 필요충분조건에 의해 수직을 만족함을 알 수 있다.

단일 숫자로 결과가 나타나는 행벡터와 열벡터의 행렬 곱 대신, 역으로 $m \times 1$차원인 열벡터와 $1 \times n$차원인 행벡터의 행렬 곱을 취하면 놀랍게도 $m \times n$차원의 행렬로 결과가 나옴을 알 수 있다. 이러한 연산은 벡터의 외적$^{\text{outer product}}$이라 부른다.

[그림 1-8]은 행벡터와 열벡터의 위치가 반대라는 점을 제외하고는 내적 예제에 있었던 동일한 두 벡터의 외적에 의한 결과이다.

$$\begin{bmatrix} 2 \\ 7 \\ 1 \end{bmatrix} \begin{bmatrix} 4 & 3 & 6 \end{bmatrix} = \begin{bmatrix} 2*4 & 2*3 & 2*6 \\ 7*4 & 7*3 & 7*6 \\ 1*4 & 1*3 & 1*6 \end{bmatrix}$$

그림 1-8 외적

1.1.3 행렬-벡터 곱셈

행렬 A와 벡터 v를 곱할 때는 행렬 곱의 내적이란 개념을 통해 연산이 수행됨을 알고 있을 것이다. 앞서 표현된 수식들을 약간 변형하여 또 다른 방식으로 행렬 곱을 아래와 같이 표현해 보자.

$$Av = \sum_j v_j A_{\cdot, j}$$

여기서 각 v_j는 A의 해당 열과 곱할 상수들이다. 다음 [그림 1-9]는 위 수식에 의한 연산 결과 예시이다.

$$\begin{bmatrix} 4 & 6 \\ 2 & 7 \\ 5 & 8 \end{bmatrix} \cdot \begin{bmatrix} 1 \\ 5 \end{bmatrix} = 1 * \begin{bmatrix} 4 \\ 2 \\ 5 \end{bmatrix} + 5 * \begin{bmatrix} 6 \\ 7 \\ 8 \end{bmatrix}$$

$$= \begin{bmatrix} 34 \\ 37 \\ 45 \end{bmatrix}$$

그림 1-9 행렬-벡터 곱하기

이번 절에서는 신경망의 내부 구조를 이해하는 데 기초가 될 행렬 및 벡터 연산을 소개했다. 다음 절에서는 행렬 및 벡터 연산에 대한 지식을 기반으로 데이터 과학 및 딥러닝 기술의 기초로서 필수적으로 알아두어야 할 중요한 행렬의 성질들을 구체적으로 살펴볼 것이다.

1.2 기본 공간

이 절에서는 중요한 몇 가지 행렬 속성을 알아보고, 표현 학습^{representation learning}과 같은 딥러닝 핵심 알고리즘에 대한 배경 지식을 소개한다.

1.2.1 열공간

가능한 모든 벡터 v의 집합과 그 곱 Av를 생각해 보자. 이것을 행렬 A의 열공간^{column space} 또는 $C(A)$라고 한다. 열공간이라는 용어는 $C(A)$가 A의 열들로 가능한 모든 선형 조합을 나타낸다. 여기서 벡터들의 선형 조합은 각 벡터의 상수 배^{scailing}의 합이다. A의 각 열 벡터에 대한 상수 배는 앞 절에서 보았듯이 v의 선택에 의해 결정된다.

열공간은 열벡터들과 이들의 선형적인 조합에 의해 정의된 공간, 즉 벡터 공간의 예시이다. 벡터 공간을 정의하기 위한 여러 성질은 직관적으로 표현 가능하다. 예를 들어, 열벡터들이 벡터 공간이면 공간의 열벡터에 스칼라를 곱하여 발생하는 열벡터들 또한 벡터 공간 내에 존재해야 한다. 또한 공간에 새로운 두 개의 열벡터를 추가하더라도 결과는 여전히 벡터 공간에 있어야 한다. 이 두 작업 모두에서 우리가 활용할 열벡터들은 벡터 공간에 있는 것으로 알려져 있으므로 원천적으로 정의한 열벡터들의 선형 결합으로 수식화가 가능하다. 벡터에 스칼라 곱셈 또는 스칼라 덧셈을 수행함으로써 [그림 1-10]에서 볼 수 있듯이, 선형 결합으로 만들어진 벡터들로부터 다시 새로운 선형 결합이 벡터로서 생성될 수 있다.

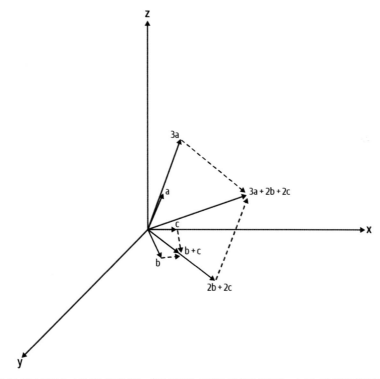

그림 1-10 두 선형 결합 $3a+2b+2c$의 합 또는 선형 결합은 여전히 오리지널 벡터 a, b 및 c의 선형 결합이다.

벡터 공간에서 이같은 두 가지 핵심 속성은 스칼라 곱에 대해 닫혀 있다는 것과 벡터 덧셈에 대해 닫혀 있다는 것으로 정의한다. 만약 벡터 집합이 이러한 속성 중 하나를 충족하지 않는 경우가 있다면, 이는 오리지널 벡터들로부터 가능한 모든 선형 결합이 벡터 집합에 포함되지 않은 것이며, 동시에 벡터 공간이 아님을 알 수 있다.[1]

----

1 옮긴이 1_ 닫혀 있다고 표현하는 것은 벡터 공간 내의 기존 벡터에 대해 스칼라 곱셈이나 벡터 덧셈을 수행해도 그 결과가 동일 벡터 공간 상의 다른 벡터가 됨을 의미한다.

벡터 공간의 예는 $\mathbb{R}^3$ 또는 (x, y, z) 좌표축으로 정의된 3차원 전체 공간이다. 표기법 $\mathbb{R}^3$의 이유는 x, y, z의 각 좌표가 실수 또는 $\mathbb{R}$의 모든 값을 취할 수 있고, 벡터 공간에서 벡터를 고유하게 정의하는 세 개의 좌표가 존재하기 때문이다. $\mathbb{R}^3$ 공간을 정의하는 기저 벡터 집합은 각 축의 단위 벡터인 벡터 $(1, 0, 0)$, $(0, 1, 0)$, $(0, 0, 1)$가 대표적이다. 공간의 모든 벡터 (a, b, c)는 $a*(1, 0, 0)+b*(0, 1, 0)+c*(0, 0, 1)$로 나타낼 수 있기 때문이다. 즉, $\mathbb{R}^3$에 있는 어떠한 벡터 (a, b, c)도 세 개 단위 벡터들의 선형 결합으로 표현될 수 있다.

때때로 행렬 A의 일부 열이 다른 열의 선형 결합으로 다시 생성이 가능한 경우가 있다. 예를 들어, [그림 1-1]의 도마뱀 데이터 집합에 각 도마뱀의 무게에 대한 킬로그램 단위로 표현된 특성이 있지만 이를 대신할 수 있는 파운드란 단위로 변환된 특성을 새로 추가한다고 상상해 보자. 이 특성은 킬로그램 단위의 무게 특성에 의해 2.2를 곱하는 방법으로 완전히 복제될 수 있기 때문에 이는 벡터 공간에서는 중복으로 판단한다. 다시 말해, 새로운 특성은 데이터에 있는 다른 특성의 선형 결합인 것이다. 간단히 킬로그램 단위의 무게 열에 2.2를 곱하고 0을 곱한 다른 모든 열과 합하여 선형 결합으로 파운드 기반 무게 열을 얻을 수 있다. 논리적으로 A에서 이러한 중복을 제거한다면 열공간인 $C(A)$는 변경되지 않아야 한다. 이를 수행하는 한 가지 방법은 순서가 임의로 할당되는 A의 모든 원천 열벡터 집합을 먼저 만드는 것이다. 열벡터 집합 내 벡터들을 서로 간 선형 결합으로 다시 생성해 보고자 할 때, 현재 벡터가 어떤 벡터들의 선형 결합으로 표현 가능한지 확인해보면 알 수 있다. 만약 현재 벡터가 다른 벡터들의 선형 결합임이 확인이 된다면, 열벡터 집합에서 이 벡터를 제거하고 계속 위 과정을 반복해보아라. 제거된 벡터들은 이후 남아있는 열벡터 집합에 의한 선형 결합을 넘어서는 추가적인 정보를 제공하지 않을 것이다.

위와 같은 과정을 통해 얻은 최종 벡터 집합을 $C(A)$의 기저라고 하며, 기저의 길이는 $C(A)$의 차원과 같다. 또한 모든 벡터 공간의 기저는 벡터 공간 내에 존재한다. 이는 벡터 공간의 모든 벡터가 기저 벡터의 선형 결합으로 표현될 수 있음을 의미한다. 또한 기저 벡터들은 서로 선형적으로 직교성을 만족하는 독립이므로 다른 벡터들의 선형 결합으로 나타낼 수 없다. 즉 중복이 없다. 벡터 공간을 정의한 예시로 돌아가서 벡터 집합 $(1, 0, 0)$, $(0, 1, 0)$, $(0, 0, 1)$의 각각의 벡터는 서로 다른 벡터들로부터 선형 결합에 의해 만들어질 수 없으며, 선형 결합에 의한 벡터들은 전체 벡터 공간에 펼쳐져 있다. 대신 집합 $(1, 0, 0)$, $(0, 1, 0)$, $(0, 0, 1)$, $(2, 5, 1)$은 전체 벡터 공간에 걸쳐 있지만 $(2, 5, 1)$은 처음 세 벡터의 선형 결합으로 표현될 수 있다(이러한 벡터 집합을 **spanning 집합**이라고 부르며, 선형 결합에 의해 생성된 벡터 공간에 대한 기본 집합은 $(1, 0, 0)$, $(0, 1, 0)$, $(0, 0, 1)$에 의한 벡터 공간과 동일하다).

도마뱀 데이터 집합에 대해 미리 언급했듯이 각 도마뱀의 피처가 열인 경우 열 공간의 기본은 피처 행렬로 정보를 간결하게 나타낼 수 있다. 하지만 수천 개의 피처(⑩ 이미지의 각 픽셀)가 있는 현실 세계에서는 데이터를 간결하게 표현하는 것이 매우 중요해진다. 앞서 진행한 과정은 쉽고 효과적으로 보일 수 있지만 실제 세계에 존재하는 무작위성과 복잡성은 중복성을 고려한 것이 오히려 더 모호해지도록 만드는 경향이 있기 때문에 데이터에서 명확한 중복성을 식별하는 것만으로는 충분하지 않은 경우가 많다. 이 장의 끝부분과 9장에서 다룰 표현 학습처럼 피처 간의 관계를 수량화하면 데이터를 더 간결하게 표현할 수 있다.

1.2.2 영공간

또 다른 주요 벡터 공간은 행렬 A의 영공간$^{\text{null space}}$, 즉 $N(A)$이다. 영공간은 $Av = 0$을 만족하는 벡터 v로 구성된다. 자명해$^{\text{trivial solution}}$인 $v = 0$이 항상 이 속성을 만족한다는 것은 이미 알고 있는 사실이다. 행렬의 영공간에 자명해만 있는 경우, 이 공간을 자명한^{trivial} 것으로 표현한다. 그러나 A의 속성에 따라 이 방정식에 대한 다른 해, 즉 비자명 영공간$^{\text{nontrivial null space}}$도 존재할 수 있다. 벡터 v가 $Av = 0$을 만족하려면 [그림 1-11]과 같이 v가 A의 각 행에 직교해야 한다.

$$\begin{bmatrix} 4 & 6 \\ 2 & 7 \\ 5 & 8 \end{bmatrix} \cdot \begin{bmatrix} x \\ y \end{bmatrix} = \begin{bmatrix} 0 \\ 0 \\ 0 \end{bmatrix}$$

$$\implies \begin{bmatrix} 4x + 6y = 0 \\ 2x + 7y = 0 \\ 5x + 8y = 0 \end{bmatrix}$$

그림 1-11 각 행과 벡터 v 사이의 내적은 0과 같아야 한다는 의미다(직교와 동일).

예를 들어 A의 크기가 2×3이라고 가정해 보자. 이 경우 A에는 행이 두 개뿐이므로 이들로는 $\mathbb{R}^3$를 생성^{span}할 수 없다(앞서 살펴본 것처럼 모든 기저의 길이가 같고 모든 스패닝 리스트는 적어도 모든 기저만큼 길기 때문에 A의 행들로는 이 중 어느 것도 될 수 없다는 점을 상기하자). A의 행들로 최대한 할 수 있는 것은 3D 좌표계에서 평면을 정의하는 것이다. 남은 두 가지 옵션은 이 두 행이 선을 정의하거나 혹은 점을 정의하는 것이다. 전자는 A에 0이 아닌 행이 두 개 있거나(이때 한 행은 다른 행의 배수), 0행과 0이 아닌 행이 있는 경우 발생한다. 후자는 A에 두 개의 0행이 있는 경우, 즉 영행렬인 경우에 발생한다.

A의 행 공간이 평면(또는 선)을 정의하는 경우 $N(A)$에서 벡터를 찾기 위해 해야 할 일은 다음과 같다.

1 A의 행 공간에 속하지 않는 벡터 v를 선택한다.
2 행 공간에 대한 사영 벡터 v를 찾는다. 행 공간에 대한 사영^{projection} v'를 구한다. 이때 v의 사영은 v에 가장 가까운 행 공간의 벡터로 정의된다. 기하학적으로 v의 사영은 행 공간에 수직인 v의 끝에서 아래로 선을 내리고 원점에서 행 공간의 해당 지점(선을 내려 닿은)까지 벡터를 연결한 것처럼 보인다.
3 행 공간과 각 행벡터에 직교하는 $v-v'$를 계산한다.

[그림 1-12]는 이것을 보여준다.

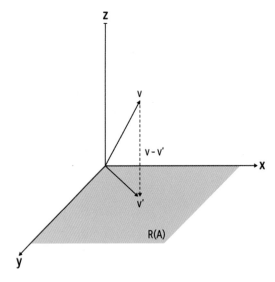

그림 1-12 $N(A)$에서 벡터 찾기

중요한 사실은 A의 행이 $\mathbb{R}^3$에 펼쳐져 있지 않을 때 $Av=0$에 대한 자명하지 않은 솔루션이 존재한다는 것이다. 일반적인 상황을 고려해 보자. 행렬 A가 $m \times n$ 차원인 경우 행벡터가 $\mathbb{R}^n$에 펼쳐져 있지 않다면 $Av=0$에 대한 자명하지 않은 솔루션이 존재하게 되는 것이다. 이를 검증하는 프로세스는 앞서 진행한 내용과 유사하다. 즉, 행 공간이 아닌 $\mathbb{R}^n$에서 벡터를 선택하고, 행 공간에서 사영을 찾은 다음, 그 둘을 뺄셈해서 영공간에서 벡터를 얻을 수 있다.

그러나 우리는 여전히 $N(A)$ 자체가 벡터 공간임을 증명해야 한다. $Av=0$에 대한 자명하지 않은 솔루션의 선형 결합 또한 여전히 솔루션이라는 것을 쉽게 알 수 있다. 예를 들어, 두 개의 자명하지 않은 솔루션 v_1 및 v_2와 선형 결합 $c_1v_1 + c_2v_2$가 주어지면 여기서 c_1 및 c_2는 상수이다.

$$A(c_1v_1 + c_2v_2) = A(c_1v_1) + A(c_2v_2)$$
$$= c_1Av_1 + c_2Av_2 = c_1 * 0 + c_2 * 0 = 0$$

첫 번째 등식은 행렬 곱셈의 결합 법칙에 의해 만족하고, 두 번째 등식은 c_1 및 c_2가 상수라는 사실을 만족한다. 이 논리는 두 가지가 아닌 세 가지 이상의 여러 자명하지 않은 솔루션에서도 만족될 수 있다. 따라서 영공간은 기저로 요약될 수 있는 일부 벡터들의 모음으로 정의되며 이러한 벡터의 가능한 모든 선형 결합을 포함한다. 최종적으로 이러한 성질은 영공간을 벡터 공간으로 만든다.

이는 제시된 주요 행렬 연산 중 하나인 역행렬과 깊이 연결되어 있다. 행렬의 역행렬은 임의의 행렬에 대해 행렬의 연산 작업을 거꾸로 진행하는 것으로 생각할 수 있다. 예를 들어, Av를 계산하고 왼쪽에 A^{-1}을 곱하면 v만 남아야 한다. 그러나 행렬 A의 성분에 따라 A^{-1}을 곱하는 작업, 즉 행렬 A라는 기존 연산을 실행 취소하는 방법에 대한 모호성이 존재할 수 있다. 가령 예를 들어, v가 0이 아닌 벡터이면서, $Av = 0$을 만족하는 경우가 있다고 가정해 보자. 왼쪽에 A^{-1}을 곱하면 v대신 $v = 0$이 남게 된다. 불행하게도 이것은 가정이었던 0이 아닌 벡터 v에 대한 모순이며, 역행렬의 성질에 해당하지 않는다. 또한 우리는 이러한 행렬 A를 비가역적 혹은 특이 행렬이라 표현한다. 앞서 보았던 예시를 통해, 우리는 행렬 A에 중요한 영공간이 있을 때 0이 아닌 벡터가 A에 의해 곱해졌을 때 영 행렬이 된다는 것을 알고 있다. 따라서 자명하지 않은 영공간이 있는 모든 행렬은 특이 행렬이다.

다음으로는 지금까지 학습한 모든 내용을 실제로 적용하는 고유벡터와 고윳값에 대해 다룰 것이다.

1.3 고유벡터와 고윳값

행렬은 다양한 방식으로 벡터에 작용할 수 있다. 대부분의 행렬과 벡터 조합에 대해서는 벡터와 벡터의 변환을 그래프로 그려봐도 딱히 흥미로운 패턴이 보이지 않는다. 그러나 특정 행렬들과 해당 행렬들에 대한 특정 벡터들에 대해서는 행렬이 벡터에 미치는 이러한 작용이 유익하고 놀라운 결과를 보여주는데, 즉 해당 변환이 오리지널 벡터의 스칼라 배수라는 것이다. 이러한 벡터들을 **고유벡터**eigenvectors라 부르며, 해당 스칼라 배수는 **고윳값**eigenvalue이라고 한다. 이 절에서는 매우 특별한 이들 벡터에 대해 소개한다. 그리고 이전에 논의된 자료와 연관지어 설명하며, 선형대수학 이론을 데이터 사이언스 실무에 연결해 보도록 한다.

행렬 A에 대한 고유벡터는 0이 아닌 벡터 v이며 $Av = cv$를 만족한다. 여기서 c는 임의의 상수(0이 될 수도 있는)이다(그림 1-13 참조).

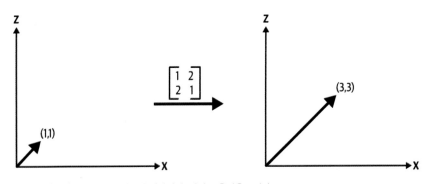

그림 1-13 벡터 (1, 1)은 해당 행렬의 고유벡터이며, 관련 고윳값은 3이다.

> **NOTE** (2.5)와 같이 무작위로 임의의 벡터를 선택한다면, 그 변환 결과는 [그림 1-13]처럼 의미 있어 보이지는 않을 것이다.

물론 A가 직사각행렬$^{\text{rectangular matrix}}$이면 A는 어떤 고유벡터도 가질 수 없다. 오리지널 벡터와 그 변환은 크기가 다르므로, 변환은 오리지널 벡터의 스칼라 배수가 될 수 없다. 이러한 이유로 이 절에서의 논의는 정사각행렬$^{\text{square matrix}}$로 제한한다.

가장 간단한 예는 항등 행렬이다. 0이 아닌 모든 벡터는 항등 행렬의 고유 벡터이며, 이는 모든 v에 대해 $Iv = v$이고, 각각의 고윳값이 1이기 때문이다. 그러나 종종 행렬의 고유벡터가 아주 명확하지 않은 경우도 있다. 이들 벡터와 관련 고윳값을 어떻게 찾을 수 있을까? 우리는 임의의 잠재 고유벡터의 조건을 알고 있다. 즉, v가 고유벡터이면 일부 스칼라 c에 대해 $Av = cv$를 충족해야 하는 것이다.

$$Av = cv \Leftrightarrow Av - cv = 0 \Leftrightarrow (A - cI)v = 0$$

여기서 $Av = cv$이면 $A - cI$에 자명하지 않은 영공간이 있어야 한다. 달리 표현하자면, $A - cI$가 자명하지 않은 영공간을 갖는 c를 찾으면, 영공간의 0이 아닌 벡터는 A의 고유벡터이다. 물론, A 자체에 자명하지 않은 영공간이 있으면 모든 0이 아닌 영공간의 v는 c가 0일 때 위의 의미를 만족해야 한다. 그러나 더 일반적으로 $A - cI$가 자명하지 않은 영공간을 가지도록 c를 찾아야 한다. 이전에 설정한 것처럼 자명하지 않은 영공간을 확인하는 것은 행렬이 특이 행렬인지 테스트하는 것과 같다. 이는 이 책의 범위를 벗어나는 내용이므로 간단히 설명한다. c에 대한 $A - cI$가 특이 행렬인지 테스트하는 한 가지 방법을 간단히 소개하자면 행렬식이 0인지를 확인한다. 여기서 더 깊이 들어가면 내용이 너무 길어지므로 행렬이 특이 행렬인 경우 필요충분조건으로 값이 0이 되는 함수 또는 다항식으로 표현된 행렬식이 있음을 일단 받아들이고 넘어가보자.

그러나 0인 값을 가지는 행렬식에 대해 가능한 모든 c를 확인해 보는 것은 비효율적이고 불가능한 방법이다. 따라서 c를 방정식의 변수로 생각하고 행렬 $A - cI$의 행렬식의 값을 0으로 설정하면 다항식으로 표현된다. 이후, 다항식의 풀이를 통해 다항식의 근으로 가능한 c의 값들을 간단히 계산할 수 있고, 이는 A의 고윳값이 된다. 해당 고유벡터를 사용하여 c에 대한 각 솔루션들을 $A - cI$에 적용한 다음 $(A - cI)v = 0$을 만드는 v에 대한 식을 풀면 고유벡터를 얻을 수 있다.

고윳값과 고유벡터에 대한 연구는 데이터 과학의 연구와 어떻게 연결이 될까? 주성분 분석principal component analysis(PCA)은 데이터 과학에서 가장 유명한 알고리즘 중 하나로, 앞서 언급한 특성 간의 수량화 가능한 관계를 나타내는 상관 행렬이라는 특수 행렬의 고유벡터와 고윳값을 사용하여 원천 데이터 행렬에 대해 일정 크기만큼의 설명력을 유지하면서 차원 축소를 수행한다. 다음 장에서는 확률에 대한 상관 관계 및 관련 개념에 대하여 논의하고 8장에서 PCA에 대해 자세히 알아볼 것이다.

요약

이 장에서는 응용 선형대수학의 몇 가지 기본 내용을 살펴봤다. 응용 선형대수학과 딥러닝을 지배하는 주요 데이터 구조와 연산을 배웠고 이들 기본 연산을 바라보는 다양한 방법을 알아보았다. 예를 들어, 행렬 곱의 내적이 계산 관점에서 중요함을 배웠고, 열벡터 접근 방식 덕분에 기본 벡터 공간에 대한 논의로 자연스럽게 이동할 수 있었다. 또한 고윳값과 고유벡터처럼 행렬에 숨겨진 놀라운 속성 중 일부를 엿보았고, 이들 속성이 오늘날까지도 데이터 사이언스에서 널리 활용되고 있음을 알게 되었다. 다음 장에서는 널리 사용되는 복잡한 신경망 모델을 구축하기 위해 선형대수학과 더불어 자주 사용되는 확률 분야를 살펴볼 것이다.

2장

확률 기초

확률은 사건(event)에 대한 불확실성을 정량화하는 수학의 한 분야다. 예를 들어, 주사위를 굴리거나 동전을 던질 때, 주사위나 동전 자체에 불규칙성이 없다면, 어떤 결과가 나올지 확신할 수 없다. 하지만 확률을 통해 잠재적인 결과 각각에 대한 가능성을 정량화할 수 있다. 예를 들어, 동전을 던질 때마다 앞면이 나올 확률이 1/2라고 이야기할 수 있고, 주사위를 던질 때마다 5가 나올 확률이 1/6라고 이야기할 수 있다. 이러한 종류의 확률은 일상생활에서 쉽게 이야기하곤 하지만, 실제로 이를 어떻게 효과적으로 정의하고 활용할 수 있을까? 이 장에서는 확률의 기초와 함께 확률이 딥러닝의 핵심 개념에 어떻게 연결되는지를 설명한다.

2.1 사건과 확률

주사위를 굴리거나 동전 던지기를 시행할 때는 해당 시행에서 가능한 결과에 대한 기대를 직관적으로 하게 된다. 이 절에서는 이러한 개념들 중 일부를 공식화해서 설명해 보려고 한다. 특히 **이산 공간**(discret space) 개념부터 설명을 시작할 것인데, 이산(discret)이란 유한하거나 혹은 셀 수 있는 정도로 무한한 수의 가능성을 의미한다. 주사위를 굴리거나 동전을 던지는 것은 모두 이산 공간에 속한다. 공정한 주사위(fair dice)를 굴릴 때는 가능한 결과가 여섯 가지가 있고, 공정한 동전(fair coin)을 던질 때는 가능한 결과가 두 가지 있다. 실험에서 발생하는 모든 가능성의 집합을 **표본 공간**(sample space)이라고 한다. 예를 들어, 주사위를 굴리는 경우에는 1에서 6까지의 숫자가 표본 공간을 구성한다. 여기서 사건events은 해당 표본 공간의 부분 집합으로 정의할 수 있다. 주사위를 굴려 최소한 3이 나오는 사건은 이전에 정의된 표본 공간의 3, 4, 5, 6 부분 집합에서 하나의 숫자가 나오는 경우와 일치한다. 표본 공간의 모든 결과에 대해 합이 1이 되는 확률의 집합을 해당 표본 공간에 대한 **확률 분포**probability distribution라 하며, 이들 분포에 대한 내용이 설명에서 주로 다뤄질 것이다.

일반적으로 확률이란 개념에 대해서 처음 배우기 시작할 때, 정확히 어떠한 방식으로 정의가 되었고 또 직관적으로 참인지에 대해 고민을 많이 하게 된다. 하지만, 정확히 이해하기 위해서는 이 책의 범위를 넘어서는 훨씬 더 엄격하고 철저한 조사가 필요하다. 따라서, 이 책에서는 다른 관점으로 쉽게 이해할 수 있는 직관적인 해결책을 제공할 것이다. 먼저, **빈도주의 관점**frequentist을 통해서 장기적으로 높은 횟수의 사건이 발생할 수 있도록 실험을 진행한 후, 결과의 확률을 알아보기 위해 실험에서 나온 빈도로부터 실제로도 유사하게 발생할 것으로 바라보고자 한다. 위 과정을 통해 공정한 주사위의 경우, 주어진 주사위에서 어떤 특정한 수가 나타날 확률이 $\frac{1}{6}$이라고 말할 수 있다. 사실은 대략 추정하는 값이다. 하지만 오랜 시간 동안 실험 횟수를 증가시켜 보면 이 추정치가 결과로 기대되는 확률인 $\frac{1}{6}$이란 값에 점점 더 가까워지는 것을 확인할 수 있다.

반면에, 확률에 대한 **베이즈 관점**Bayesian view에서는 가설에 대한 사전 믿음을 정량화하고 새로운 데이터를 바탕으로 해당 믿음을 업데이트하는 방식에 더 기반을 두고 있다. 공정한 주사위의 경우 베이즈 관점은 주사위의 구조와 굴리는 과정 모두에서 주사위의 어느 면의 숫자가 다른 면의 숫자보다 나올 가능성이 더 높다는 것을 시사하는 사전 정보가 없다고 주장할 것이다. 따라서, 각 결과가 **사전 확률**prior probability인 $\frac{1}{6}$의 값을 갖는다고 말할 수 있다. 각 결과와 관련된 확률 집합(이 경우 모두 $\frac{1}{6}$)을 사전 확률이라고 한다. 새로운 데이터를 볼 때 베이즈 관점은 그에 따라 사전 확률을 업데이트하는 방법론을 제공한다. 여기서 이 새로운 확률을 **사후 확률**posterior probability이라 부른다. 이 베이즈 관점을 이해하면 이후에 배울 신경망 훈련에 직접 적용될 프로세스를 알기 쉬울 것이다. 예를 들어 신경망 훈련 프로세스를 간단히 알아보면 다음과 같다. 먼저, 신경망 네트워크의 각 가중치에 이미 연관된 사전 확률이 있다고 가정한다. 이후 네트워크를 훈련할 때 주어진 데이터에 더 잘 맞도록 각 가중치와 관련된 사전 확률을 업데이트한다. 훈련이 끝나면 각 가중치와 관련된 **사후 분포**posterior distribution가 남는다.

이 장에서는 임의의 결과와 연관된 확률이 합리적인 방법론을 통해 이미 결정되었다고 가정하고, 분석에 활용하기 위해 이러한 확률을 조작하는 방법에 주안점을 둘 것이다. 특히 이산 공간에서 사용되는 확률의 네 가지 기본 원리에 대해 알아보자.

1 표본 공간에서 존재 가능한 모든 결과에 대한 확률의 합은 1이어야 한다. 즉, 표본 공간에 대한 확률 분포의 총합은 1이어야 한다. 표본 공간 내, 모든 결과들의 집합이 전체 집합을 나타내야 하므로 직관적으로도 충분히 이해가 잘 되어야 한다. 총합이 1이 아닌 확률 분포는 설명되지 않은 결과에 대한 가능성이 존재한다는 것을 의미하며 이는 확률 분포라는 표현에 있어 모순된다. 즉 수학적으로, 우리는 유의미한 확률 분포에 대해 $\sum_{o} P(o) = 1$이라고 표현한다. 여기서 o는 결과를 의미한다.

2 사건 E_1을 가정해 보자. 사건은 발생가능한 결과의 부분집합으로 정의한다. E_1^c는 E_1의 여사건 또는 표본 공간에서 E_1에 존재하지 않는 모든 가능한 결과의 부분집합이다. 즉, 확률의 두 번째 원칙은 $P(E_1) = 1 - P(E_1^c)$이다. 이것이 사실이 아니라면 첫 번째 원칙과도 분명히 모순된다. [그림 2-1]에서 S가 결과의 전체 공간을 나타내고 사건 A와 그 여집합 A^c이 함께 S의 전체를 형성하는 예시 그림을 볼 수 있다.

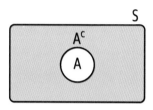

그림 2-1 사건 A와 사건 A의 여집합은 전체 가능성의 집합인 S을 형성하기 위해 상호 작용한다. 이때 여집합은 단순히 A에 없는 모든 가능성을 정의한다.

3 E_1와 E_2를 두 개의 사건이라 하자. E_1은 E_2의 부분집합이라고 할 때 만족할 세 번째 원칙은 $P(E_1) \leq P(E_2)$이다. 즉, 두 번째 사건은 최소한 첫 번째 사건만큼 그 이상의 많은 결과를 가지며 두 번째의 모든 결과는 첫 번째 사건의 상위 집합이다. 이 원칙이 사실이 아니라면, 확률이란 개념의 정의에서는 불가능한 음의 확률을 가진 결과가 존재함을 의미하므로 모순이다.

4 확률의 네 번째이자 마지막 원칙은 $P(A \cup B) = P(A) + P(B) - P(A \cap B)$라는 포함과 배제의 원칙이다. 이용어에 익숙하지 않은 사용자를 위해 $\cup$는 두 사건의 합집합을 나타낸다. 즉, 두 사건을 가져와서 두 집합의 모든 요소를 포함하는 사건을 반환하는 집합 연산이다. $\cap$ 또는 교집합은 두 개의 집합 모두에 속하는 요소들을 포함하는 사건을 반환하는 집합 연산이다. 제시된 우변에서 + 연산은 A와 B의 확률을 단순하게 합산하여 두 집합에 중복으로 속하는 요소를 두 배로 계산한다는 것을 의미한다. 따라서 합집합의 확률을 정확하게 구하려면 교집합의 확률을 다시 감산해 주어야 한다. [그림 2-2]에서 두 개의 사건과 이들의 교차점이 물리적으로 어떻게 생겼는지 보여주고, 합집합은 사건의 결합한 영역에서 나타나는 모든 결과임을 알 수 있다.

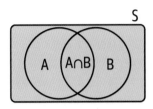

그림 2-2 중간 부분은 두 집합이 겹치는 부분으로, 두 집합에 모두 속하는 모든 결과를 포함한다. 합집합은 두 원의 결합된 영역에 있는 모든 사건을 의미하며, 단순히 이 두 원의 확률을 더한다면 중간 부분의 모든 결과를 두 번 계산하게 된다.

산업 현장의 비즈니스 모델을 풀기 위해서는 확률에 대한 네 가지 원칙이 모두 영향을 준다. 예를 들어, 딥러닝에서 다루는 대부분의 문제는 **회귀**regression 및 **분류**Classification, 이 두 가지 범주 중 하나에 속한다. 후자인 분류에서는 입력값을 전달받아 불연속적인 클래스 중 하나에 속할 확률을 예측할 수 있는 신경망 모델을 훈련한다. 예를 들어, 유명한 MNIST 숫자 데이터셋은 0에서 9까지의 숫자 사진과 관련 숫자 레이블을 제공한다. 우리의 목표는 MNIST 데이터셋의 그림들로부터 추측값으로 가장 가능성이 높은 레이블을 반환할 수 있는 **분류기**Classifier를 구축하는 것이다. 이는 자연스럽게 확률 문제로 바라볼 수 있다. 분류기 신경망 모델은 주어진 입력에 대해 0에서 9까지의 표본 공간에 대한 확률 분포를 생성하고 제공하고자 하는 레이블로서 가장 높은 확률이 할당된 숫자를 제안한다. 이것이 앞서 다루었던 원칙들과 어떤 관련이 있다는 것을 의미할까? 분류기는 확률 분포를 기반으로 생성되므로 원칙을 따라야 한다. 예를 들어, 분류기의 최종 결과물인 0부터 9까지의 숫자와 관련된 확률의 총합은 1이어야 한다. 이는 모델로부터 오류가 존재하는지를 확인하기 위한 가장 간단한 디버깅 방법론으로도 활용된다. 다음 절에서는 새로운 정보가 기존에 이미 제공된 정보에 의한 확률과 함께 사용되는 방법론에 대해 알아볼 것이다.

2.2 조건부 확률

사전적으로 무엇에 대한 정보를 안다는 것은 미래 결과를 예측하는 데 있어 가능성에 영향을 미친다. 고전적인 주사위 예제로 돌아가서, 주사위가 공정하다고 가정하여 주사위를 굴릴 수는 있지만 실제로는 주사위 중심에 숨겨진 가중치가 있어 3보다 큰 숫자가 나올 가능성이 더 높을 수도 있다. 주사위를 굴릴 때 우리가 이 패턴을 알아차리기 시작한다면, 주사위의 공정성에 대한 믿음도 바뀌기 시작할 것이다. 이것은 **조건부 확률**Conditional Probability이란 개념을 이해하는 데 핵심적인 예시이다. 단순히 편향된 확률인 $P(biased)$ 또는 공정한 확률인 $P(fair)$에 대해 생각하는 대신 기존에 주어진 정보를 통한 편향된 결과로 가능성인 확률인 $P(biased \mid information)$에 대해 생각해 보아야 한다. 그렇다. 조건부 확률은 '우리가 본 정보에 따라 주사위가 편향될 확률'을 의미한다.

직관적으로 그러한 확률을 어떻게 머릿속에 떠올릴 수 있을까? 우선, 기존에 생각했던 공정함을 가정한 환경과는 다른 환경에 있다고 상상해야 한다. 새로운 환경에서는 실험이 시작된 이후로 본 정보(⬛ 과거 주사위 굴림)에 의해 편향된 환경이다. MNIST 예제로 돌아가서 훈련된 신경망이 생성하는 확률 분포는 실제로 조건부 확률 분포로 나타난다. 예를 들어 입력 이미지가 0일 확률은 $P(0 \mid input)$으로 나타낼 수 있다. 즉, 우리는 신경망에 입력할 특정 입력 이미지를 구성하는 모든 픽셀이 주어지면 출력값으로 0이 될 확률을 찾고 싶다. 우리의 새로운 환경은 입력 픽셀이 이 특정한 값으로 구성되는 환경이다. 이것은 단순히 0을 반환할 확률인 $P(0)$을 떠올리는 것과는 다르다. 이는 사전적으로 가지고 있던 정보에 의한 믿음의 관점으로부터 생각하는 것이다. 입력 픽셀 구성에 대한 사전적인 지식이 없으면 0을 반환할 가능성이 다른 숫자의 가능성보다 높거나 낮을 것이라고 믿을 수 있는 유의미한 근거가 없기 때문이다.

때때로는 특정 조건에 해당하는 정보를 보는 것이 우리의 확률을 변화시키지 않는다. 우리는 이것을 '독립성'이라고 부른다. 예를 들어, 미식축구 MVP로 유명한 톰 브레이디Tom Brady라는 사람은 주사위 실험 중 세 번째로 주사위를 굴릴 시에 쿼터백으로서 터치다운 패스의 방식으로 던졌을 수 있지만 해당 정보를 새로운 환경에 통합해도 주사위가 편향될 가능성에 영향을 미치지 않는다. 우리는 이 독립적인 속성을 $P(biased \mid$ 톰 브레이디가 터치다운 패스를 던짐$) = P(biased)$으로 나타낸다. 이 속성을 충족하는 두 사건 E_1(주사위를 던지는 사건) 및 E_2(톰 브레이디가 터치다운 패스를 던진다)는 독립적이다. 아마 약간 덜 직관적으로, 지금까지 모든 주사위 굴림이 주사위의 공정성에 관한 우리의 사전적인 믿음을 수치적으로 변경하지 않는 경우(어쩌면 지금까지 주사위 굴림이 1에서 6까지 그리고 우리의 초기 이전의 믿음은 주사위가 공정하다는 것이었다), 우리는 여전히 이러한 사건이 '독립적'이라고 말할 것이다. 마지막으로 독립성은 대칭을 만족한다. $P(E_1 \mid E_2) = P(E_1)$이면 $P(E_2 \mid E_1) = P(E_2)$인 경우도 마찬가지로 만족한다.

이전 절에서 교집합과 합집합 표기법을 소개했다. 조건부 확률을 활용하면 교차 연산($\cap$)을 확률 곱 형태인 $P(E_1 \cap E_2) = P(E_1 \mid E_2) * P(E_2)$로 분해해서 표현할 수 있다. 이 표현은 직관으로 이해하기 어려울 수도 있으니 집중해서 살펴보도록 하자. 좌변에는 두 사건 E_1 그리고 E_2가 모두 발생한 상태이다. 우변에는 같은 의미이지만 약간 다르게 표현되어 있다. 두 사건이 모두 발생하는 환경에 도달하는 또 다른 방법은 먼저 E_2가 발생한 다음, E_2가 발생한 조건에서 E_1가 발생하도록 하는 것이다. 이 직관을 수학적 용어로 나타내려면 먼저 E_2가 발생했을 확률을 찾은 다음 E_2가 이미 발생한 환경에서 E_1이 발생했을 확률을 찾아야 한다. 이후 직관적으로 두 확률을 어떻게 결합해야 하는 것인지 궁금할 것이다. 첫 번째 발생한 사건 E_2는 무조건적으로 발생하는 확률이며, 두 번째는 첫 번째가 이미 발생한 환경에서 발생해야 한다. 따라서, 곱하는 방식으로 결합을 진행하게 된다. E_2와 E_1 순서를 반대로 바꾼다고 하더라도 모두 동일한 환경으로 연결되기 때문에 사건들의 순서는 실제로 중요하지 않다. 즉, $P(E_1 \cap E_2) = P(E_1 \mid E_2) * P(E_2) = P(E_2 \mid E_1) * P(E_1)$를 만족한다.

그러나 E_2부터 발생하는 것을 가정하는 순서로 접근하는 방식은 반대로 순서가 표현되는 접근 방식보다 물리적으로 훨씬 더 의미가 있을 수 있다. 예를 들어, E_1을 누군가가 질병에 걸린 사건으로 생각하고 E_2를 환자가 질병의 증상을 보이는 사건으로서 생각한다면 환자가 질병에 걸린 후 증상을 보이는 순서가 반대보다 물리적으로 더 유의미하게 표현될 수 있기 때문이다.

또한, 두 사건이 독립적인 경우에는 $P(E_1 \cap E_2) = P(E_1 \mid E_2) * P(E_2) = P(E_1) * P(E_2)$를 만족한다. 즉, 독립적인 시나리오에서 E_2가 발생했다는 사실은 E_1이 발생할 확률에 전혀 영향을 미치지 않기 때문이다. 이러한 정보를 새로운 환경에 적용해도 다음 사건의 확률에는 영향을 미치지 않는다. 다음 절에서는 사건과 관련된 개념을 정리하고, 확률 분포를 가지는 확률 변수라는 개념을 다루어 보도록 하자.

2.3 확률 변수

이번에는 동전을 던지는 실험에 대해 살펴보자. 동전을 유한한 횟수만큼 던지면 자연스럽게 질문이 생기기 시작한다. 실험하는 동안 얼마나 많은 앞면^{Head}이 나타났을까? 거꾸로 뒷면^{Tail}이 나온 횟수는? 혹은 첫 번째 앞면이 나오기까지 몇 번의 뒷면이 나왔을까? 이러한 각 실험의 모든 결과에는 나열된 각 질문에 대한 답변이 있다. 동전을 다섯 번 던지고 TTHHT라는 배열의 형태로 결과를 받게 되었다면 앞면이 2번, 뒷면이 3번 나왔고, 첫 번째 앞면이 나올 때까지 뒷면이 두 번 발생하였음을 알 수 있다.

확률 변수는 [그림 2-3]에 나와 있는 정수로 표현된 출력값처럼 표본 공간에서 다른 표본 공간으로의 맵 또는 함수로 생각할 수 있다. 이러한 함수는 배열 TTHHT를 입력값으로 사용하고 우리가 묻는 세 가지 질문에 따라 나열된 답변 중 하나를 출력한다. 즉, 확률 변수가 취하는 값은 실험 결과와 관련된 출력값이다. 확률 변수는 주어진 입력값을 단일 출력값에 매핑한다는 점에서 하나의 값으로 결정이 되는 경향을 보이기도 하지만, 확률 변수에 의해 발생가능한 출력 공간은 관련된 분포를 가지게 된다는 점에서 하나로 결정되지 않는 시각도 존재한다. 이는 실험에 내재된 **무작위성**randomness 때문이다. 즉, 입력 결과가 발생할 확률에 따라 해당 출력값이 다른 출력값보다 더 많이 발생할 수도 혹은 더 적게 발생할 수도 있다.

그림 2-3 확률 변수 X, Y, Z는 모두 동일한 표본 공간에서 작동하지만 출력값은 다양하다. 측정하고자 하는 목표 값을 잘 기억하자.

> ✎ NOTE 여러 입력이 동일한 출력값에 대응되는 경우도 있다. 예를 들어, [그림 2-3]처럼 앞면의 개수를 출력하는 X 함수의 두 번째 예시인 $X(HHTH)$ 외에도 출력값이 3인 경우는 $X(HHH) = 3$으로 존재한다.

가장 쉽게 확률 변수를 만드는 방법은 무엇일까? 그중 하나는 바로 입력값인 자기 자신의 값을 출력하는 항등함수로 대응하는 것이다. 우리가 동전을 뒤집거나 주사위를 굴릴 때, 출력 공간으로의 대응은 입력과 정확히 동일하게 나오도록 해 보자. 앞면을 1로, 뒷면을 0으로 인코딩하면 동전 던지기를 나타내는 확률 변수를 동전coin 앞면이 나왔는지 여부, 즉 $C(1) = 1$로 정의할 수 있다. 여기서 C는 확률 변수이다. 주사위^{dice} 시나리오에서 대응된 출력값은 우리가 굴려서 나온 결괏값과 동일하다. 즉, $D(5) = 5$이다. 여기서 D는 확률 변수이다.

확률 변수와 그 분포에 관심을 가져야 하는 이유는 무엇일까? 이는 딥러닝과 머신러닝 전체에서 중요한 역할을 하기 때문이다. 예를 들어, 4장에서는 신경망 모델을 훈련할 때 과적합을 보완하는 기술인 **드롭아웃**^{dropout}의 개념을 다룰 것이다. 드롭아웃 레이어$^{dropout\ layer}$의 개념은 훈련 중에 독립성을 고려하여 무작위로 이전 레이어의 모든 뉴런을 어느 정도 확률로 1로 마스킹^{masking} 처리하는 것이다. 이렇게 하면 네트워크가 특정 연결이나 하위 네트워크에 지나치게 의존하는 것을 방지할 수 있다. 이전 레이어의 모든 뉴런은 동전 던지기 유형의 실험을 나타내는 것으로 생각해보도록 하자. 유일한 차이점은 양쪽이 나타날 확률이 기본 확률이 $\frac{1}{2}$인 공정한 동전이 아니라 이 실험의 확률을 설정한다는 것이다. 각 뉴런에는 확률 변수 X가 연관되어 있으며, 드롭아웃 레이어가 이를 마스킹하기로 한 경우 입력이 1이고 그렇지 않은 경우 0이다. X는 입력 공간에서 출력 공간으로의 항등함수이다. 즉, $X(1) = 1$ 및 $X(0) = 0$이다.

일반적으로 확률 변수는 항등 사상$^{identity\ map}$일 필요가 없다. 생각할 수 있는 대부분의 함수는 입력 공간을 출력 공간에 매핑하는 작업에 유효한 방법이며, 여기서 확률 변수가 정의된다. 예를 들어, 입력 공간이 동전 던지기에서 가능한 모든 n개 길이의 시퀀스라면, 해당 함수는 시퀀스에서 앞면의 숫자를 세어 이를 제곱하는 것일 수 있다. 또한 뒤에서 보게 되겠지만, 일부 확률 변수는 심지어 다른 확률 변수의 함수로 표현될 수 있고, 혹은 함수의 함수 형태로 나타낼 수도 있다. 동전 던지기에서 가능한 모든 n개 길이의 시퀀스 입력 공간을 다시 생각해 보면, 입력 시퀀스에서 앞면의 수를 세는 확률 변수는 각각의 동전 던지기에서 앞면이 나왔는지를 확인해서 그 값의 합을 취하는 것과 같다. 수학적 표기법으로는 $X = \sum_{i=1}^{n} C_i$ 라고 한다. 여기서 X는 총 앞면 수를 나타내는 확률변수다. C_i는 i번째 동전 던지기와 관련된 이진 확률 변수이다. 드롭아웃 예제로 돌아가면, 마스킹된 뉴런의 총 개수를 나타내는 확률 변수를 각 뉴런을 나타내는 이진 확률 변수의 합으로 생각할 수 있다.

이 책에서 확률 변수 X가 입력값으로 특정 값 c를 취하는 사건을 참조하려는 경우, 우리는 이것을 $X = c$로 간결하게 나타낼 것이다. 또한, 확률 변수가 특정 값을 취할 확률을 $P(X = c)$로 나타낸다. 확률 변수가 출력 공간에서 주어진 값을 취할 확률은 그것에 대응되는 입력값이 나타난 개별 확률 값들의 합일뿐이다. 합으로 표현되는 것의 이유는 모든 사건이 개별적이고 독립적인 별개의 입력으로 시작되기 때문에 기본적으로 두 사건 사이의 교차점이 빈 집합이다.

따라서, 확률의 네 번째 원칙에 의해서 교집합이 0이므로 단순 합으로 표현될 수 있음을 직관적으로 쉽게 이해할 수 있다. $P(X)$ 자체는 2.1절에서 설명한 확률의 모든 기본 원칙을 따르는 확률 분포이다. 다음 절에서는 확률 변수에 대한 통계 지표 개념들을 살펴보도록 하자.

2.4 기댓값

앞서 다뤘듯이 확률 변수는 입력 공간에서 출력 공간으로의 매핑이며, 여기서 입력값은 특정한 확률 분포에 따라 생성된다. 확률 변수는 입력값과 연관된 요약으로 생각할 수 있으며, 던지는 질문에 따라 다양한 형태가 될 수 있다. 때로는 확률 변수에 대한 통계를 이해하는 것이 유용하다. 예를 들어, 동전을 8번 던진다고 할 때 평균적으로 앞면이 몇 개 정도 나올 것을 기대할까? 그리고 물론 매번 평균적인 수치를 보는 것은 아니므로 실제 수치는 얼마나 변동할까에 대한 의문이 생긴다. 첫 번째 수치는 확률 변수의 **기댓값**expectation이고, 두 번째 수치는 확률 변수의 **분산**variance이다.[1]

확률 변수 X의 경우 기댓값을 $\mathbb{E}[X]$로 표현한다. 우리는 직관적으로 기댓값에 대해 X가 취하는 평균값으로 생각할 수 있다. 또한 각 결과가 발생할 확률에 사전적으로 가중치를 반영할 수도 있다. 수학적으로 이것은 $\mathbb{E}[X] = \sum_o o * P(X = o)$로 나타낸다. 모든 결과outcome o의 가능성이 동일하면 모든 결괏값의 단순 평균을 얻는 것이다. 즉, 결과의 확률을 가중치로 사용하는 것은 합리적이다. 일부 결과는 다른 결과보다 발생할 확률 값이 더 높고 관찰되는 평균값은 그러한 결과에 치우칠 것이기 때문이다. 한 번의 공정한 동전 던지기의 경우 예상 앞면 수는 $\sum_{o \in \{0,1\}} o * P(o) = 0 * 0.5 + 1 * 0.5 = 0.5$이다. 다시 말해서, 공정한 동전 던지기에서는 앞면을 절반가량 볼 것으로 예상한다. 물론, 이것은 우리가 앞면의 절반을 뒤집을 수 없다는 점에서 물리적인 의미가 없지만, 이것은 동전을 8회 던지는 실험을 장기적으로 진행하게 될 때 앞면이 나타나는 비율을 예상하는 데 있어 아이디어를 제공한다.

길이가 n인 동전 던지기 배열의 예로 돌아가서 이러한 배열에서 예상되는 앞면의 수를 구해 보자. $n+1$개의 가능한 앞면의 수를 입력 공간으로 가지고 있으며, 공식에 따라 가중

---

1   옮긴이 1_ 랜덤 변수가 입력 데이터에서 중요한 정보만을 요약해서 제공함을 의미한다. 예로 동전 던지기 입력 시퀀스에서 앞면이 나온 횟수를 표현하는 랜덤 변수는 해당 시퀀스 전체의 정보를 앞면의 횟수로 요약한 것으로 볼 수 있다.

치로 사용할 가능한 숫자별로 얻게 될 각각의 확률을 알아야 한다. 수학적으로, 우리는 $\sum_{x \in \{0,...,n\}} x * P(X = x)$를 계산해야 하기 때문이다. 여기서 X는 앞면의 총 수를 나타내는 확률 변수이다. 그러나 n이 점점 커지면 이 계산을 수행하는 것이 점점 더 복잡해지기 시작할 것이다.

따라서 X_i를 i번째 동전 던지기에 대한 이진 확률 변수로 표시하고 모든 개별 동전 던지기에 대한 앞면이 나온 횟수 및 뒷면이 발생한 횟수의 합계로 총 앞면 수를 나눌 수 있다는 이전 절에서 만들었던 관찰 방법을 활용해 보자. X_i는 각 i와 개별적으로 독립임을 만족하므로 $X = X_1 + X_2 + ... + X_n$을 알고 있기 때문에 $\mathbb{E}[X] = \mathbb{E}[X_1 + X_2 + ... + X_n]$이라고 표현할 수 있다. 이처럼 다른 방법을 활용하면 문제를 얼마나 더 쉽게 만들 수 있는지 궁금한가? 이제 우변을 합 $\mathbb{E}[X_1] + \mathbb{E}[X_2] + ... + \mathbb{E}[X_n]$으로 나눌 수 있다는 기댓값의 **선형성**^{linearity} 개념을 소개하려 한다. 이미 동전을 던지는 각각의 시행에 대한 앞면이 나올 예상 확률이 0.5라는 것을 알고 있으므로 n번의 동전 던지기에서 예상되는 앞면 수는 $0.5 \times n$이다. 이 접근 방식의 난이도는 던지기 횟수와 비례하지 않기 때문에 이전 방식으로 기댓값을 계산하는 것보다 훨씬 간단하다.

기존에 활용했던 수식의 가장 간단한 사례를 통해 조금 더 자세히 살펴보자. 두 개의 독립 확률 변수 A와 B가 있다면 수학적으로 다음과 같이 나타낼 수 있다.

$$
\begin{aligned}
\mathbb{E}[A + B] &= \sum_{a,b} (a + b) * P(A = a, B = b) \\
&= \sum_{a,b} (a + b) * P(A = a) * P(B = b) \\
&= \sum_{a,b} a * P(A = a) * P(B = b) + b * P(A = a) * P(B = b) \\
&= \sum_{a,b} a * P(A = a) * P(B = b) + \sum_{a,b} b * P(A = a) * P(B = b) \\
&= \sum_{a} a * P(A = a) \sum_{b} P(B = b) + \sum_{b} b * P(B = b) \sum_{a} P(A = a) \\
&= \sum_{a} a * P(A = a) + \sum_{b} b * P(B = b) \\
&= \mathbb{E}[A] + \mathbb{E}[B]
\end{aligned}
$$

> **✏ NOTE** 사건 $A = a$ 및 사건 $B = b$의 확률을 두 개의 개별 확률의 곱으로 분리할 때 이번 장 앞부분에서 독립성을 가정하여 연산하였다. 나머지 변환을 진행할 때는 간단한 대수학 개념을 활용하였다. 종속적인 확률 변수 간에는 직접 증명을 하지는 않겠지만, 기댓값의 선형성은 동일하다.

드롭아웃 예시로 돌아가서, 마스킹된 뉴런의 전체 개수에 대한 기댓값은 각 뉴런에 대한 기댓값들의 합으로 분해될 수 있다. 마스킹된 뉴런의 기대 개수는 동전 던지기 시퀀스에서 앞면이 나올 기대 횟수와 비슷하게 $p * n$이며, 여기서 p는 뉴런이 마스킹될 확률(그리고 뉴런을 나타내는 각각의 개별 이진 확률 변수의 기댓값)이고 n은 뉴런의 전체 개수다.

이전에 언급한 바와 같이, 실험의 모든 반복 시행 결과로부터 사건의 발생 기대 횟수가 항상 확인되는 것은 아니다. 앞서 공정한 동전 던지기에서 단 한번의 시행으로 앞면이 나올 기대 횟수와 같은 경우에는 해당 기대 횟수를 실제로는 결코 보지 못한다. 다음으로는 실험 반복 결과에서 확인되는 기댓값으로부터 평균 편차(또는 분산)를 정량화할 것이다.

2.5 분산

분산, 즉 $\text{Var}(x)$는 $\mathbb{E}[(X - \mu)^2]$로 정의하며 여기서 $\mu = \mathbb{E}[X]$다. 쉽게 설명하면, 이 측정치는 X가 가지는 값과 X의 기대값 간 차이의 제곱의 평균을 나타낸다. $(X - \mu)^2$ 자체도 함수 (X)로 구성된 함수이기 때문에 확률 변수다. 이 공식을 사용하는 이유를 특별히 자세히 설명하지는 않겠지만, $\mathbb{E}[X - \mu]$와 같은 다른 공식을 대신 사용하지 않는 이유에 대해서는 한번 생각해 보는 것이 좋다. 분산의 더 단순한 형태를 얻기 위해 다음과 같이 단순화해 보자.

$$
\begin{aligned}
\mathbb{E}[(X - \mu)^2] &= \mathbb{E}[X^2 - 2\mu X + \mu^2] \\
&= \mathbb{E}[X^2] - \mathbb{E}[2\mu X] + \mathbb{E}[\mu^2] \\
&= \mathbb{E}[X^2] - 2\mu \mathbb{E}[X] + \mu^2 \\
&= \mathbb{E}[X^2] - 2\mathbb{E}[X]^2 + \mathbb{E}[X]^2 \\
&= \mathbb{E}[X^2] - \mathbb{E}[X]^2
\end{aligned}
$$

단계별로 자세히 살펴보자. 먼저 첫 번째 단계에서는 전통적인 이항 확장$^{binomial expansion}$을 사용하여 해당 확률 변수를 모든 성분 항들로 완전히 전개하여 나타낸다. 두 번째 단계에서는 기댓값의 선형성을 사용하여 성분 항들을 개별 기댓값으로 나타낸다. 세 번째 단계에서는 μ(또는 $\mathbb{E}[X]$)와 μ의 제곱이 모두 상수이므로 이들을 포함하는 기댓값에서 빼낼 수 있다. 이들은 X가 취하는 값에 대한 함수가 아니라 전체 도메인(X가 취할 수 있는 값들의 집합)을 사용하여 평가되므로 상수이다. 상수는 하나의 값만 취할 수 있는 확률 변수로 볼 수 있는데, 해당 값은 그 상수 자체이다. 따라서, 이들 상수의 기댓값(또는 해당 확률 변수가 취하는 평균 값)은 항상 상수다. 최종 단계는 단순화된 결과로 이어지는 대수학적 조작 방법algebraic manipulations이다. 이제 이 공식을 사용하여 드롭아웃dropout이 적용된 단일 뉴런을 나타내는 이진 확률 변수binary random variable의 분산을 다음과 같이 찾아보자. 공식에서 p는 뉴런이 마스킹될 확률이다.

$$
\begin{aligned}
\mathbb{E}[X^2] - \mathbb{E}[X]^2 &= \sum_{x \in 0,1} x^2 * P(X=x) - \left(\sum_{x \in 0,1} x * P(X=x) \right)^2 \\
&= \sum_{x \in 0,1} x^2 * P(X=x) - p^2 \\
&= p - p^2 \\
&= p(1-p)
\end{aligned}
$$

2.4절 '기댓값'에서 뉴런을 나타내는 이진 확률 변수의 기댓값이 단지 p이고, 나머지는 간단한 계산으로서 분산이 $p(1-p)$로 표현됨을 알 수 있다. 이러한 풀이 과정은 직접 손으로 따라해 볼 것을 적극 권장한다. 전체 레이어에서 마스킹된 뉴런의 수를 나타내는 확률 변수에 대해 생각하기 시작하면서 자연스럽게 분산에 대해서도 기댓값에서와 마찬가지로 선형성이 유사하게 존재하는지 질문을 하게 될 것이다. 불행히도, 분산의 경우는 선형성이 일반적으로 유지되지 않는다.

$$
\begin{aligned}
Var(A+B) &= \mathbb{E}[(A+B)^2] - \mathbb{E}[A+B]^2 \\
&= \mathbb{E}[A^2 + 2*A*B + B^2] - (\mathbb{E}[A] + \mathbb{E}[B])^2 \\
&= \mathbb{E}[A^2] + 2\mathbb{E}[A*B] + \mathbb{E}[B^2] - \mathbb{E}[A]^2 - 2\mathbb{E}[A]\mathbb{E}[B] - \mathbb{E}[B]^2 \\
&= \mathbb{E}[A^2] - \mathbb{E}[A]^2 + \mathbb{E}[B^2] - \mathbb{E}[B]^2 + 2\mathbb{E}[A*B] - 2\mathbb{E}[A]\mathbb{E}[B] \\
&= Var(A) + Var(B) + 2(\mathbb{E}[A*B] - \mathbb{E}[A]\mathbb{E}[B]) \\
&= Var(A) + Var(B) + 2Cov(A,B)
\end{aligned}
$$

마지막 줄 결과를 보면 알 수 있듯이 두 확률 변수 간의 **공분산**Covariance이라고 하는 마지막 항은 선형성에 대한 희망을 잃게 만든다. 그러나, 공분산은 확률의 또 다른 핵심 개념이다. 공분산에 대한 직관적인 의미로는 두 확률 변수 간 종속성을 수치로 측정하는 것이다. 한 확률 변수가 다른 확률 변수의 값을 완벽하게 결정함에 따라(동일한 동전 던지기 시행에 따라 사건 A를 배열의 앞면 수로, 사건 B를 배열의 뒷면 수로 가정하는 경우) 공분산의 크기가 증가하게 된다. 따라서 A와 B가 독립 확률 변수인 경우 이들 사이의 공분산은 0이어야 하고, 이처럼 독립성이라는 특정 조건이 만족하는 경우에는 선형성이 유지된다.

드롭아웃 예제로 돌아가서 마스킹된 뉴런들의 총 숫자의 분산은 각 뉴런이 독립적으로 마스킹되기 때문에 각 뉴런에 대한 분산의 합으로 표현할 수 있다. 즉, 마스킹된 뉴런 수의 분산은 $p(1-p)$는 주어진 뉴런에 대한 분산이고 n은 뉴런 수일 때 $p(1-p)*n$이다. 이후 드롭아웃 예제를 통한 기댓값과 분산을 도출하는 과정을 기반으로 심층 신경망이 훈련되는 과정을 더 깊게 이해할 수 있을 것이다.

2.6 베이즈 정리

앞서 조건부 확률에 대해 다시 설명하면, 두 사건 사이의 교집합에 대한 확률이 조건부 분포와 단일 사건에 대한 분포의 곱으로 나타낼 수 있다는 점을 다루었다. 이를 확률 변수 개념으로 다시 표현을 해보려고 한다. A를 하나의 확률 변수로, B를 또 다른 확률 변수로 나타낸다. A가 취할 수 있는 값은 a로, B가 취할 수 있는 값을 b라고 해 보자. 이후 확률 변수에 대한 교차 연산에 대한 표현은 결합 확률 분포 $P(A=a, B=b)$로 나타낼 수 있다. $A=a$ 및 $B=b$를 각각 개별 사건으로 생각할 수 있으며 $P(A=a, B=b)$를 두 사건이 모두 발생할 확률, 즉 교차점으로 표현한 $P(A=a \cap B=b)$와 동일하다. 확률 변수 A와 B의 가능한 모든 결합 설정을 포함하기 때문에 일반적으로 결합 확률 분포를 $P(A, B)$로 다루고자 한다.

앞서 교차 연산이 조건부 분포와 단일 사건에 대한 분포의 곱으로 작성될 수 있다고 언급했다. 이것을 확률 변수 형식으로 다시 작성하면 $P(A=a, B=b) = P(A=a|B=b)P(B=b)$가 된다. 그리고 더 일반적으로 두 확률 변수의 가능한 모든 결합 가능한 환경을 고려하면 $P(A, B) = P(A|B)P(B)$로 표현된다. 또한 이 결합 분포를 곱으로 작성하는 두 번째 경우 또한 항상 존재하는 것에 대해서도 논하였다. $P(A=a, B=b) = P(B=b|A=a)P(A=a)$, 또한 일반적으로 $P(A, B) = P(B|A)P(A)$로 표현할 수 있다. 때때로 이러한 경로 중 하나가 다른 것보다 더 의미가 있다는 점에 주목했던 것을 떠올려 보자. 예를 들어, 증상이 A로 표시되고 질병이 B로 표시되는 경우 B가 값 b를 취한 다음 A가 해당 환경에서 값 a를 취하는 경로는 그 반대보다 훨씬 더 의미가 있다. 생물학적으로 사람들은 먼저 질병에 걸리고 그 이후로 그 질병에 대한 증상이 나타나기 때문이다.

그러나 의외로 이 내용이 역방향은 유용하지 않다는 것을 의미하지는 않는다. 사람들이 가벼운 증상으로 병원에 내원하는 것은 거의 보편적인 경우이며 의료 전문가는 기저 질환을 효과적으로 치료하기 위해 가벼운 증상으로부터 가장 가능성이 높은 질병을 추론하기 위해 노력해야한다. **베이즈 정리** Bayes' Theorem 는 관찰된 증상이 주어졌을 때 질병의 확률을 계산하는 방법을 제공한다. 동일한 결합 확률 분포 $P(A, B)$는 이전 단락에서 언급한 두 가지 방식 $P(A|B)P(B)$ 또는 $P(B|A)P(A)$로 작성할 수 있으므로 다음과 같은 등식을 갖는다.

$$P(B \mid A) = \frac{P(A \mid B)P(B)}{P(A)}$$

만약 B가 질병을 나타내고 A가 증상을 나타내는 경우, 위 수식은 증상이 나타났을 경우 질병의 가능성을 계산하는 방법을 제공한다. 우변을 분석하여 등식이 직관적으로 의미가 있는지 살펴보도록 하자. 질병에 주어진 증상의 가능성과 질병의 가능성은 단지 결합 분포이며 여기에서 분자로 의미가 있다. 분모는 이러한 증상이 나타날 가능성이며 모든 가능한 질병에 대한 분자의 합으로 표현될 수도 있다. 이것은 **주변화** marginalization 라는 모든 가능한 **주변 확률** marginal probability 의 경우의 수를 모두 합산한다. 즉, 아래 수식처럼 하위 집합의 가능한 모든 구성을 합산하여 결합 분포에서 확률 변수의 하위 집합을 제거한다.

$$P(A) = \sum_b P(A, B = b)$$

위 수식을 통해 베이즈 정리를 다시 이해하기 쉽게 표현하면 아래와 같다.

$$P(B = b_{query} \mid A) = \frac{P(B = b_{query}, A)}{\sum_b P(B = b, A)}$$

베이즈 정리는 질병 예측의 경우 현실 세계에서 발생할 확률을 매우 유의미하게 예측해 낸다. 또한, 증상에 대한 확률변수를 특정 질병에 대한 검사 결과를 나타내는 확률변수로, 그리고 모든 질병에 대한 확률변수를 특정 질병의 유무에 대한 확률변수로 대체하면 확률을 유추할 수 있다. 베이즈 정리를 활용하여 특정 질병에 대해 양성 테스트를 받았을 때 실제로 확률을 가지게 되는 것이다. 이는 대부분의 병원에서 공통적으로 발생하는 문제이다. 특히, COVID-19의 발생을 고려할 때의 역학조사 방법과 주요한 관련이 있다.

2.7 엔트로피, 교차 엔트로피 및 KL 발산

확률 분포는 정의에 따라 다양하게 발생 가능한 사건의 가능성을 비교하는 방법을 제공한다. 그러나 발생할 가능성이 가장 높은 사건을 알고 있더라도 실험을 진행할 때 모든 종류의 사건을 직접 확인해볼 수밖에 없다. 이 절에서는 먼저 분포의 **엔트로피**^{entropy}로 정의할 확률 분포 내의 모든 불확실성을 의미하는 단일 평가지표를 정의해 보려 한다.

다음 시나리오를 살펴보자. 나는 실험하는 연구원이다. 실험은 동전을 던지거나 주사위를 던지는 것과 같은 간단한 것을 진행하고 있다. 또한 실험 결과를 빠짐없이 기록하고 있다. 다른 사람과 나는 서로 다른 방에 있지만 전화선으로 연결되어 있다. 실험하고 결과를 받아 그 결과를 전화로 알려준다. 그 결과를 메모장에 기록하면 해당 결과의 일부 이진 문자열 표현 방식을 선택하여 기록한다. 서기의 역할로 당신은 이 상황에서 꼭 필요한 인물이다. 수많은 시험을 진행할 수도 있는데 내 기억력에는 한계가 있어서 모든 실험 결과를 기억할 수 없기 때문이다.

예를 들어, 내가 주사위를 굴렸는데 우리 중 누구도 주사위의 공정성에 대해 아무것도 모른다면 결과 1을 '0', 2를 '1', 3을 '10', 4를 '11', 5는 '100'으로, 6은 '101'로 표시할 수 있다. 내가 실험 결과를 전달할 때마다 그 결과에 해당하는 문자열 표현을 지금까지의 모든 결과로 구성된 문자열 끝에 추가한다. 1을 한 번, 2를 두 번, 마지막으로 1을 굴린다면 지금까지 정의된 인코딩 체계를 사용하여 '0110'이라고 적을 것이다.

실험의 모든 시행이 끝난 후 나는 당신과 회의를 갖고 이 문자열 '0110'을 내 연구에 사용할 일련의 결과로 해독하려고 한다. 그러나 연구원으로서 나는 이 문자열에 대해 의아해한다. 이 문자열이 1을 나타내고, 그다음에는 2가 오고, 마지막으로 1이 나타날까? 아니면 1, 2, 3을 나타낼까? 아니면 1 뒤에 4가 오고 1이 올까? 인코딩 체계를 사용하여 이 문자열을 결과로 번역할 수 있는 가능성이 최소한 몇 가지 있음을 알 수 있다.

이러한 상황이 재발하지 않도록 하기 위해, 결과를 나타내는 데 사용되는 이진 문자열에 대해 일부 제한을 부과하기로 결정한다. **접두사 코드**^{prefix code}라고 하는 개념을 사용한다. 접두사 코드는 이진 문자열 표현의 서로 다른 결과들이 서로의 접두사가 되는 것을 불허한다. 이 방식이 문자열을 결과로 번역하는 데 왜 도움이 되는지를 이해하는 것은 어렵지 않다. 이진 문자열을 가지고 있고, 문자열에서 일부 접두사를 일련의 결과로 성공적으로 디코딩할 수 있었다고 하자. 문자열에서 나머지 부분 혹은 접미사를 디코딩하려면, 먼저 연속된 데이터에서 다음 결과를 찾아야 한다. 결과로 번역되는 이 접미사의 접두사를 찾을 때는, 이미 정의에 의해 유효한 결과로 번역되는 더 작은 접두사가 없다는 사실을 이미 알고 있다. 이제 성공적으로 일련의 결과물로 번역되는 이진 문자열의 더 큰 접두사를 가지고 있다. 그런 다음 이 논리를 재귀적으로 사용하여 문자열의 끝에 도달할 때까지 반복한다.

결과에 대한 문자열 표현에 대한 몇 가지 지침이 있었으므로 1은 '0', 2는 '10', 3은 '110', 4는 '1110', 5는 '11110', 6은 '111110'으로 원래 실험을 다시 진행하려 한다. 그러나 앞서 언급했듯이 나는 수백 번의 시도를 수행할 수 있으며 서기로서 당신이 해야 하는 글쓰기 양을 제한하고 싶을 것이다. 주사위에 대한 정보가 없으면 이보다 더 잘할 수는 없다. 각 결과가 공정한 주사위의 가정처럼 $\frac{1}{6}$의 확률로 표시된다고 가정하면 시도당 적어야 하는 예상 글자 수는 3.5이다. 예를 들어 1을 '000'으로, 2를 '001'로, 3을 '010'으로, 4를 '011'로, 5를 '100'으로, 6을 '101'로 설정해서 글자수를 3개씩으로 고정하게 되면 예상 평균 글자수는 3으로 줄일 수도 있다.

하지만 주사위에 대한 정보를 알고 있다면 어떤 의사결정을 하게 될까? 예를 들어, 거의 항상 6이 나타나는 가중치 주사위라면 말이다. 이런 경우 당신은 예상되는 쓰기 양을 잘 제한할 수 있도록 아마도 (1에 '0'을 할당하는 대신에) '111110'이 아니라 '0'과 같이 더 짧은 이진 문자열을 6에 할당하기를 원할 것이다. 단일 시도의 결과가 점점 더 확실해지면 가장 짧은 이진 문자열을 가장 가능성 있는 결과에 할당하여 작성해야 할 예상 문자 수가 줄어든다는 것은 직관적으로 이해된다.

이는 결과에 대한 확률 분포가 주어졌을 때, 무엇이 가장 최적 인코딩 방식일까 라는 의문을 제기하도록 만든다. 여기서 최적이란 테스트 당 쓰기 작업에 사용될 예상 문자 수가 가장 적을 때를 의미한다. 전체적인 상황이 조금 과장된 것처럼 느껴질 수 있지만, 이러한 상황은 확률 분포 내의 불확실성을 이해하는 데 조금 다른 관점을 제공한다. 앞서 언급했듯이, 실험 결과가 점점 더 명확해짐에 따라 이 최적 인코딩 방식을 사용하면 서기는 실험당 예상하는 문자 수를 점점 더 줄여서 적을 수 있게 된다. 예를 들어, 6이 항상 나타날 것을 미리 알고 있는 극단적인 경우라고 하면 서기는 아무것도 적을 필요가 없다.

여기서 보여주지는 않을 것이나, 할 수 있는 최선은 길이 $\log_2 \frac{1}{p(x_i)}$ 인 이진 문자열을 각 가능한 결과물 x_i에 할당하는 것이다. 여기서 $p(x_i)$는 해당 확률이다. 그러면 주어진 시행의 기대 문자열 길이는 다음과 같을 것이다.

$$\mathbb{E}_{p(x)}\left[\log_2 \frac{1}{p(x)}\right] = \sum_{x_i} p(x_i)\log_2 \frac{1}{p(x_i)}$$

$$= -\sum_{x_i} p(x_i)\log_2 p(x_i)$$

이 표현식은 확률 분포의 엔트로피entropy로 정의된다. 최종 결과에 대해 완벽히 확신하는 경우 (예를 들어 항상 주사위 6이 나오는 경우), 엔트로피에 대한 표현식을 평가해서 그 결과가 0임을 확인할 수 있다. 또한, 가장 높은 엔트로피를 갖는 확률 분포는 모든 가능한 결과에 대해 동일한 확률을 부여한다. 이는 주어진 어떤 시행에 있어서도, 특정 결과가 다른 임의의 결과와 대조적으로 나타나리라는 확신이 더 이상 없기 때문이다. 그 결과로, 임의의 단일 결과에 더 짧은 문자열을 할당하는 전략은 사용할 수 없다.

엔트로피를 정의했으므로 이제 두 분포의 구별성을 측정하는 방법을 제공하는 **교차 엔트로피** Cross Entropy에 대해 살펴보자.

식 2-1 교차 엔트로피

$$CE(p\,||\,q) = \mathbb{E}_{p(x)}\left[\log_2 \frac{1}{q(x)}\right] = \sum_{x} p(x)\log_2 \frac{1}{q(x)} = -\sum_{x} p(x)\log_2 q(x)$$

교차 엔트로피는 $\log\frac{1}{q(x)}$ 항을 가지며, 결과가 확률 분포 $q(x)$에 따라 나타난다고 가정할 때 각 결과에 할당된 최적의 이진 문자열 길이로 해석될 수 있다. 그러나 이것은 $p(x)$에 대한 기댓값이므로 이 전체 표현식을 어떻게 해석해야 할까? 분포 $q(x)$에 대한 인코딩 방식을 최적화 했다고 할 때, 모든 결과가 실제로는 분포 $p(x)$에 따라 나타나고 있다고 가정하면, 해당 크로스 엔트로피를 임의의 시행에 대한 기대 문자열 길이로 이해할 수 있다. 이는 사전에 실험 관련 제한된 정보만 있어서 해당 인코딩 방식을 최적화하기 위해 분포 $q(x)$를 가정하지만, 시행을 진행할수록 실제 분포 $p(x)$에 가까워지게 하는 더 많은 정보들을 학습하게 되는 실험에서 확실히 발생 가능하다.

KL 발산 Kullback - Leibler divergence은 이 논리를 조금 더 발전시킨다. 잘못된 분포 $q(x)$에 대해 인코딩을 최적화한 경우 각 시행 당 예상 비트 수를 알려주는 교차 엔트로피를 취하고, 다시 그 확률 분포의 엔트로피를 빼면 주어진 시행에 따른 예상 비트 수를 알려준다. 올바른 분포 $p(x)$에 대해 최적화했으며, $p(x)$와 비교하여 $q(x)$를 사용할 때 시행을 나타내는 데 필요한 추가 비트의 예상 수를 얻는다. 다음은 KL 발산에 대한 표현식이다.

$$KL(p \| q) = \mathbb{E}_{p(x)}[\log_2 \frac{1}{q(x)} - \log_2 \frac{1}{p(x)}] = \mathbb{E}_{p(x)}[\log_2 \frac{p(x)}{q(x)}]$$

고유한 최솟값 $q(x) = p(x)$에서 KL 발산은 정확히 0이다. 이것이 고유한 최솟값인 이유는 이 텍스트의 범위를 약간 벗어나므로 연습 문제로 남겨둔다.

실제로 발생한 분포 $p(x)$를 학습된 분포 $q(x)$와 일치시키려고 할 때 KL 발산은 종종 목적 함수로서 최소화에 사용된다. 대부분의 모델은 실제로 KL 발산 대신 교차 엔트로피를 최소화한다. 이는 $p(x)$의 엔트로피는 상수이며 $q(x)$를 파라미터화하는 가중치에 종속되지 않을 때, KL이 교차 엔트로피와 $p(x)$의 엔트로피 사이의 차이이기 때문에 사실상 동일한 최적화 문제가 되기 때문이다. 따라서 둘 중 어떤 목적 함수를 사용해도 $q(x)$를 파라미터화하는 가중치에 대한 경사는 동일하다.

교차 엔트로피/KL 발산이 최적화된 일반적인 예는 신경망 분류기의 일반적인 훈련 방식의 예이다. 신경망의 목적은 주어진 예제 x_i에 대해 $p_\theta(y \mid x = x_i)$가 실제 분포 $p(y \mid x = x_i)$와 일치하도록 타깃 클래스에 대한 분포를 학습하는 것이다. 실제 레이블은 y_i에 대해 모든 확률 질량이 배치되고, 다른 모든 클래스는 확률이 0이다. 모든 예제에 대해 학습된 분포와 실제 분포 사이의 교차 엔트로피 합계를 최소화하는 것은 실제로 데이터의 음의 로그 가능성을 최소화하는 것과 정확히 동일하다. 둘 다 신경망이 어떻게 훈련되었는지에 대한 유효한 해석이며 동일한 목적 함수로 이어진다. 스스로 두 가지 수식을 모두 작성해 보기를 권장한다.

2.8 연속 확률 분포

지금까지 이산 결과discrete outcome와 이산 사건discrete event을 통해 확률 분포를 살펴봤다. 그러나, 확률 분포는 CIFAR-10 타깃 클래스나 MNIST 숫자와 같은 이산 결과 셋에만 국한되어 적용되는 것은 아니다. 모든 실수와 같이 무한 크기의 표본 공간에 대한 확률 분포를 정의할 수 있다. 이 절에서는 앞에서 다뤘던 기본 원리들을 연속 영역으로 확장해서 설명할 것이다.

연속 영역에서 확률 분포는 종종 **확률 밀도 함수**Probability Density Function 또는 PDF라고 한다. PDF는 하나에 통합되는 모든 실수와 같은 표본 공간에 대한 음이 아닌 함수이다. 예전에 수강하였던 미적분학 수업에서 함수의 적분은 x축으로 경계를 이루는 함수 아래 영역이라는 것을 떠올리길 바란다. PDF는 첫 번째 절에서 소개된 기본 원칙을 따르지만 사건의 확률을 얻기 위해 결과 확률을 합산하는 대신 적분을 사용한다. 예를 들어, X가 모든 실수에 대해 정의된 연속확률변수라고 가정한다. 이벤트 $P(X \leq 2)$의 확률을 알고 싶다면 X의 PDF의 값을 음의 무한대 $(-\infty)$에서 2로 적분하기만 하면 된다.

그러나 $P(X = 2)$와 같이 개별 결과의 확률은 어떨까? 연속 공간에서 확률을 찾기 위해서는 적분을 사용하기 때문에 개별 결과의 확률은 실제로는 0(확률 밀도 함수값은 0 이상의 값을 갖지만 말이다.)이다. 대신 우리는 사건의 확률과 PDF가 X의 설정을 입력할 때 나타내는 값을 구별하기 위해 연속 공간에서 실험할 때는 **가능도**^{likelihood}라는 용어를 사용한다. 앞으로 연속 확률 분포를 고려할 때 개별 결과가 아닌 범위가 주어져서 확률이 있는 사건들만 참조할 것이다.

연속 확률 분포의 한 유명한 예는 일부 구간에서 특정 양의 실수 값을 갖는 선에 대한 **균등 분포**^{uniform distribution}이다. 균등 분포에서 각 결과의 PDF 값은 동일하다. 즉, 다른 결과보다 더 많이 나타날 가능성이 없다. 따라서 균등 분포는 직사각형의 밑변이 영역을 구성하는 구간이고 높이 또는 각 결과의 가능성이 직사각형의 면적을 1로 만드는 값인 직사각형처럼 보일 것이다. [그림 2-4]는 구간 [0, 0.5]에 대한 균등 분포를 보여준다.

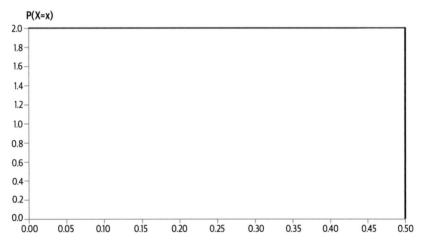

그림 2-4 균등 분포는 전체 영역에 걸쳐 균등한 높이를 가지며, 이는 분포 영역의 각 PDF 값이 동일한 가능성을 갖는다는 것을 보여준다.

이 예는 연속 영역에서 가능성과 확률 사이의 구체적인 차이를 보여주기 위해 특별히 선택되었다. 직사각형의 높이가 2인 것은 오류가 아니다. 1보다 작거나 같아야 하는 이산 확률 분포와는 다르게 연속 확률 분포의 가능성 크기에는 음수가 아니라는 조건 이외에는 제한이 없다.

연속 확률 분포의 또 다른 유명한 예는 **가우스 분포**^{gaussian distribution}로, 이는 데이터가 실제 세계에서 나타나는 가장 일반적인 분포들 중 하나이다. 가우스 분포는 기댓값 μ와 표준편차 σ의 두 가지 파라미터로 정의된다. 가우스 분포의 PDF는 다음과 같다.

$$f(x;\mu,\sigma) = \frac{1}{\sigma\sqrt{2\pi}} e^{-\frac{1}{2}\left(\frac{x-\mu}{\sigma}\right)^2}$$

이 함수가 실수 영역에서 1로 적분되는 이유는 이 장의 범위를 벗어난다. 그러나 가우스 분포의 중요한 특성 중 하나는 기댓값이 '유일하게 존재하는 최빈값'과 같다는 점이다. 즉, 가능성이 가장 높은 결과는 유일하며, 평균이 된다. 모든 분포가 동일한 경우에 해당되는 것은 아니다. 예를 들어, [그림 2-4]에서는 이러한 특성이 나타나지 않는다. 평균이 0이고 단위 분산이 있는 표준화된 가우스 그래프는 [그림 2-5]에 나와 있다(PDF는 양방향으로 한계에서 점근적으로 0에 도달한다).

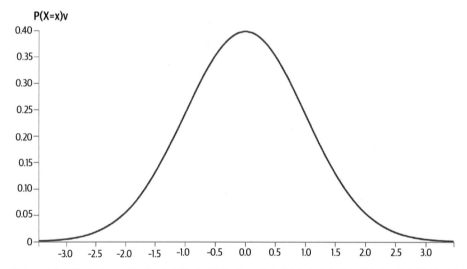

그림 2-5 가우스 분포는 종 모양을 가진다. 중심에서 최대 가능도값이 나타나며 해당 값이 중심에서 멀어질수록 기하급수적으로 0으로 떨어진다.

가우스 분포가 실제 데이터에서 흔하게 보이는 이유가 무엇일까? 그 이유 중 하나는 **중심극한정리**^{Central Limit Theorem}(CLT)이다. 이 정리에서는 독립 확률 변수 각각이 가우스 분포를 따르지 않더라도, 이들의 합은 해당 변수의 수가 무한대로 늘어날수록 가우스 분포에 수렴한다고 설명한다. 한 가지 예는 드롭아웃 레이어가 적용된 후 마스킹된 뉴런의 수다. 이전 레이어의 뉴런수가 무한대로 갈 때, 마스킹된 뉴런의 수(2.2절 '확률 변수'에서 설명한 독립 베르누이 확률변수의 합)는 올바르게 표준화되었다면 표준 가우스 분포와 비슷한 분포가 된다. 여기서 중심극한정리를 더 자세하게 다루지는 않겠지만, 중심극한정리는 최근 특정 조건에서 약 종속 변수 weakly dependent variable에 대해서도 확장되었다.

많은 실생활에서의 데이터들은 많은 확률 변수의 대략적인 합계로 표현될 수 있다. 예를 들어, 드롭아웃을 적용한 후 마스킹된 뉴런의 수와 유사하게 주어진 모집단 내에서 질병 유병률의 분포는 많은 베르누이 확률 변수의 합이다(여기서 각 사람은 1의 값을 갖는 베르누이 확률 변수이다. 질병이 있으면 1, 그렇지 않은 경우는 0의 값을 갖는다.)

연속 확률 변수는 이산 확률 변수를 정의한 것처럼 여전히 함수이다. 유일한 차이점은 이 함수의 범위가 연속 공간이라는 것이다. 연속 확률 변수의 기댓값과 분산을 계산하려면 다음과 같이 합계를 적분으로 바꾸기만 하면 된다.

$$\mathbb{E}[X] = \int_x x * f(X = x)dx$$
$$Var(X) = \int_x (x - \mathbb{E}[X])^2 * f(X = x)dx$$

예를 들어, 앞서 정의한 균등 확률 변수에 대한 기댓값을 계산해 보자. 먼저, 간격의 끝점이 0과 0.5이고 그 사이의 모든 값의 가능성이 같으므로 직관적으로 기댓값은 0.25여야 한다. 이제 적분 값을 직접 계산하고 그 계산 결과가 우리의 직관과 일치하는지 확인해 보자.

$$\int_0^{0.5} x * f(x)dx = \int_0^{0.5} 2x dx$$
$$= x^2 \Big|_0^{0.5}$$
$$= 0.25$$

| 기호에서의 위 첨자와 아래 첨자는 적분이 진행된 함수에 대입할 값들을 나타내며, 그런 다음 적분이 진행된 함수를 얻은 후 각 값들의 차이를 통해서 구한다. 이후 기댓값이 0.25로 직관적인 값으로 나오는지 확인하였다. 이렇게 쉽고 간단하게 검사를 진행할 수 있다.

베이즈 정리는 연속 변수에도 적용된다. 유일한 주요 차이점은 변수의 하위 집합을 통합할 때 하위 집합의 가능한 모든 구성에 대해 이산 합계를 취하는 대신 하위 집합의 전체 도메인에 대

해 적분을 진행해야 하는 것이다. 다시 말하지만, 이것은 합을 적분으로 대체하여 확률의 원칙을 연속 공간으로 확장하는 예시이다. 다음은 2.6절 '베이즈 정리' 표기법을 따르는 연속 확률 분포에 대한 베이즈 정리이다.

$$P(B = b_{query} \mid A) = \frac{P(A \mid B = b_{query})P(B = b_{query})}{P(A)} = \frac{P(A \mid B = b_{query})P(B = b_{query})}{\int_b P(A, B = b)db}$$

마지막으로 엔트로피, 교차 엔트로피 및 KL 발산에 대해 다루어보려고 한다. 이 세 가지 모두 연속 공간에도 멋지게 확장된다. 우리는 합을 적분으로 대체하고 이전 절에서 소개한 속성이 여전히 유지된다는 점에 주목한다. 예를 들어, 주어진 영역에서 엔트로피가 가장 높은 분포는 균등 분포이고 두 분포 사이의 KL 발산은 두 분포가 정확히 동일한 경우에만 0이다. 다음은 [식 2–1]에 따라 연속형으로 정의된 것이다.

$$H(f(x)) = -\int_x f(x)\log_2 f(x)dx$$

$$KL(f(x) \| g(x)) = \int_x f(x)\log_2 \frac{f(x)}{g(x)}dx$$

$$CE(f(x) \| g(x)) = -\int_x f(x)\log_2 g(x)dx$$

이러한 개념을 연속 공간으로 확장하는 것은 10장에서 매우 유용할 것이다. 10장에서는 여러 가지 분포를 가우스 분포로 모델링한다. 또한 KL 발산 항과 교차 엔트로피 항을 모델이 학습한 특정 분포의 복잡성을 규제하는 절차로 사용한다. KL 발산은 질의 분포가 타깃 분포와 일치할 때만 0이 되므로, 타깃 분포를 가우스 분포로 설정하면 해당 특정 분포가 가우스 분포와 비슷해지도록 강제된다.

요약

이 장에서는 확률의 기초를 다뤘다. 먼저 확률 분포의 기초를 직관적으로 이해했고, 다음으로 조건부 확률, 확률 변수, 기댓값, 분산 등 확률 관련 응용 개념을 살펴봤다. 딥러닝에서 확률의 응용 사례 몇 가지, 즉 신경망이 분류 작업 동안 확률 분포를 파라미터화하는 방법과 신경망 규제화 기법인 드롭아웃의 수학적 속성을 정량화하는 방법을 알아보았다. 마지막으로 엔트로피와 같은 확률 분포의 불확실성 측정 방법을 살펴봤고, 이후 최종적으로 개념을 연속 영역으로 일반화했다.

확률은 일상 생활의 선택에 영향을 미치는 분야이며, 숫자 뒤에 숨겨진 의미를 이해하는 것이 중요하다. 추가적으로, 이 장에서 소개한 내용을 통해 이 책의 나머지 부분을 폭넓게 이해하고 개념들을 더 세밀하게 이해할 수 있기를 기대한다. 다음 장에서는 다양한 신경망 구조와 그 설계 배경을 알아본다.

## 3장

신경망

3.1 지능형 머신 구축

뇌는 인체에서 가장 놀라운 기관 중 하나이다. 인간의 시각, 청각, 후각, 미각, 촉각을 포함하는 모든 지각을 관장한다. 기억을 저장하며, 감정을 경험하고, 심지어 꿈을 꿀 수도 있게 하는 기관이다. 만약 뇌가 없었다면 인간은 가장 단순한 반사 작용 외에는 아무것도 할 수 없는 원시 유기체가 되었을 것이다. 즉, 뇌는 본질적으로 인간을 지능을 가진 존재로 만드는 것이다.

유아의 두뇌 무게는 1파운드에 불과하다. 하지만 세상에서 가장 크고 강력한 슈퍼컴퓨터도 불가능하다고 생각하는 문제를 어떻게든 해결한다고 알려져 있다. 출생 후 몇 달 안에 영아는 부모의 얼굴을 인식하고 배경과 별개의 물체를 식별하며 동시에 목소리를 구별할 수도 있기 때문이다. 1년 이내에 그들은 이미 자연에 존재하는 물리학에 대한 직관을 배우며, 물체가 부분적으로 또는 완전히 차단된 경우에도 물체를 추적할 수 있으며 소리를 어떠한 역할로서의 의미와 연관시킬 수도 있다. 그리고 어린 시절이 되면 문법과 어휘에 포함된 수천 개의 단어[1]에 대해 정교한 수준의 이해도를 갖게 된다.

수십 년 동안 집을 청소하는 로봇 도우미, 자율주행 자동차, 질병을 자동으로 감지하는 현미경과 같은 인간의 두뇌를 가진 듯한 지능형 머신을 만드는 꿈을 이루고자 노력해 왔다. 그러나 이런 수준의 인공지능 머신을 구축하려면 가장 복잡한 계산 문제(인간의 두뇌라면 수 밀리초에 해결할 수 있는 문제지만) 중 일부를 풀 수 있어야 한다. 또한 근본부터 이를 프로그램으로 제

---

1   Kuhn, Deanna, et al. *Handbook of Child Psychology*. Vol. 2, Cognition, Perception, and Language. Wiley, 1998.

작하고자 한다면 지난 10년 동안 크게 발전된 기술을 사용하여 컴퓨터를 프로그래밍하는 방법으로 직접 구현해야 한다. 이를 대표하는 **딥러닝** deep learning 은 인공지능이란 분야 내에서도 활발하게 발전하고 있는 분야이다.

3.2 전통적인 컴퓨터 프로그램의 한계

컴퓨터가 해결하기 어려운 특정 문제에는 어떤 것들이 있으며 어느 정도 수준으로 어려운 것일까? 전통적인 컴퓨터 프로그램은 1)산술 계산을 빠르게 수행하는 것, 2)명시적으로 정리된 형태의 명령을 따르는 것, 이 두 가지를 잘하도록 설계되어 있다. 즉, 대량의 데이터로 존재하는 수치형 데이터를 처리하고 싶다면 운이 좋게도 전통적인 컴퓨터 프로그램이 그 과정을 수행할 수 있다. 하지만, 누군가의 손 글씨를 자동으로 읽는 프로그램같이 조금 더 흥미로운 작업을 수행하려면 어떻게 해야 할까? [그림 3-1]을 통해서 처음부터 하나씩 알아보도록 하자.

그림 3-1 MNIST 필기 숫자 데이터셋의 이미지[2]

---

2 Y. LeCun, L. Bottou, Y. Bengio, and P. Haffner. "Gradient-Based Learning Applied to Document Recognition." *Proceedings of the IEEE*, 86(11):2278–2324, November 1998.

[그림 3-1]의 모든 숫자는 각각 다른 글씨체로 작성되었지만, 첫 번째 행의 모든 숫자는 0으로, 두 번째 행의 모든 숫자는 1로 인식할 수 있음을 쉽게 알 수 있다. 이러한 작업을 컴퓨터 프로그램을 만드는 방식으로 해결해 보자.

먼저, 한 숫자와 다른 숫자를 구별하기 위해 어떠한 규칙을 사용해야 할까? 예시를 통해서 하나씩 규칙을 설정하도록 하자. 예를 들어 이미지에 '닫혀있는 루프 하나만' 있다면 0이라고 말할 수 있을 것이다. [그림 3-1]의 모든 0의 예시는 이 기준에 부합하는 것처럼 보이지만 실제로는 0을 완전히 구별해 내는 충분한 조건이 아니다. 누군가가 0에서 루프를 애매한 수준으로 완벽하게 닫지 않았다면 어떻게 될까? 즉 [그림 3-2]와 같이 애매모호하다면 위 기준만으로 0과 6을 구별할 수 있을까?

그림 3-2 '닫혀있는 루프 하나만' 있어야 하는 알고리즘으로는 구별하기 어려운 0과 6

루프의 시작점과 끝점 사이의 거리에 대해 일종의 컷오프 기준을 설정할 수 있지만, 어디에서 선을 그리기 시작하고 어디에서 끝나는지는 명확하게 알기 쉽지 않다. 그러나 이 딜레마는 우리 걱정의 시작일 뿐이다. 3과 5는 또 어떠한 방식으로 구별할 수 있을까? 혹은 4와 9 사이? 우리는 주의깊은 관찰과 몇 달간의 시행착오를 통해 점점 더 많은 규칙이나 기능을 추가할 수는 있겠지만, 이것이 쉬운 과정이 아닐 것이라는 것만큼은 분명해 보인다.

객체 인식, 음성 이해, 자동 번역 등 다른 많은 유형의 문제가 동일한 범주에 속한다. 또한, 우리는 두뇌에서 어떻게 이를 분별하는 작업이 수행되는지 모르기 때문에 어떠한 프로그램을 어떤 환경으로부터 시작해서 어떻게 작성해야 하는지조차 알 수 없다. 그리고 우리가 만약 프로세스에 대해서 정확히 이해한다고 해도 프로그램을 직접 구현해야 할 때의 그 난이도는 이루 말할 수 없을 정도로 어려운 수준일 것이다.

3.3 머신러닝 동작 원리

따라서 이러한 종류의 문제를 해결하기 위해서는 다른 종류의 접근 방식을 사용해야 한다. 우리가 자라면서 학교에서 배우는 많은 것들은 전통적인 컴퓨터 프로그램과 유사했을 것이다. 즉, 일련의 수식과 같은 방식으로 명령어를 내재화하여 숫자를 곱하고 방정식을 풀고 미분을 통해 도함수를 구하는 방법을 배운다. 그러나, 우리가 아주 어린 나이에 배우는 것과 가장 자연스럽다고 여기는 것은 공식이 아니라 예를 통해 배우기 시작했음을 떠올려 보자.

우리가 두 살 때 우리 부모님은 코 모양이나 몸의 윤곽을 직접 측정하여 개를 식별하는 방법을 가르쳐주지 않았다. 우리는 여러 예를 보고 잘못된 추측하면 부모님이 이를 수정해 줌으로써 개를 인식하는 법을 배웠다. 또한, 태어났을 때부터 이미 뇌는 우리가 세상을 바라볼 수 있고 구별할 수 있는 모델을 제공하였다. 성장하면서 그 모델은 우리의 감각에 의한 입력을 받아들이고 우리가 경험한 것을 기반으로 더욱 개선된 추측을 하게 되었다. 그 추측이 우리 부모님에 의해 확인 혹은 검증된다면, 우리의 모델은 계속해서 강화되었을 것이다. 만약 부모님이 우리가 틀렸다고 말한다면, 우리는 이 새로운 정보를 오답으로 통합하기 위해 모델을 재수정할 것이다. 즉, 일생에 걸쳐 우리의 모델은 더 많은 예를 경험함에 따라 점점 더 정확해지고 견고해진다. 이 모든 것은 무의식적으로 발생하고 있다. 우리는 이러한 방식을 더 자세히 살펴보아야 한다.

딥러닝은 AI의 분야 중에서도 가장 일반적으로 불리는 **머신러닝**^{machine learning}의 하위 개념이다. 또한 이는 사례를 기반으로 훈련이 진행된다. 즉, 머신러닝에서는 컴퓨터를 활용해서 문제를 해결하기 위한 방대한 규칙 목록을 가르치는 대신, 예제를 평가할 수 있는 모델과 실수했을 때 모델을 수정하는 작은 **지침**^{instruction}들을 함께 제공한다. 이후, 훈련이 지속됨에 따라 모델이 문제를 매우 정확하게 해결하거나 점점 더 잘 맞출 수 있을 것으로 기대하며 말이다.

이 아이디어를 수학적으로 공식화할 수 있도록 위 내용이 의미하는 바에 대해 조금 더 자세히 탐구해 보자. 먼저, 모델을 함수 $h(\mathbf{x}, \theta)$로 정의한다. 여기서 입력값 x는 벡터 형태로 표현된 예이다. 예를 들어, x가 회색조 이미지인 경우 벡터의 구성 요소는 [그림 3-3]과 같이 각 위치의 픽셀이 가지는 색상의 어두운 정도(0, 0.5, 1 중 하나)가 된다.

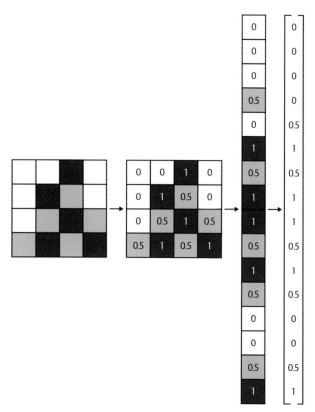

그림 3-3 머신러닝 알고리즘을 위한 이미지 벡터화 과정

입력값 θ는 모델이 사용하는 **파라미터**parameter의 벡터이다. 머신러닝은 점점 더 많은 예제에 노출됨에 따라 이러한 파라미터의 값을 완벽하게 업데이트하려고 한다. 이 내용은 4장에서 더 자세히 살펴보도록 할 것이다.

머신러닝 모델에 대해 보다 직관적인 이해를 돕기 위해 간단한 예시를 살펴보자. 우리의 수면 시간과 전날 공부한 시간을 기반으로 시험 성적을 예측하는 방법을 결정하는 문제를 해결하려 한다. 따라서, 우리는 많은 데이터를 수집하고 각 데이터 포인트에 대해 $\mathbf{x} = \begin{bmatrix} x_1 & x_2 \end{bmatrix}^T$로 표현하였다. 잠을 자는 시간은 x_1으로, 공부한 시간은 x_2로, 그리고 반에서 성적이 평균 이상인지 혹은 평균 미만인지를 따로 기록하였다. 따라서, 여기서의 목표는 파라미터 벡터 θ를 사용하여 모델 $h(\mathbf{x}, \theta)$를 학습하는 것이다. 파라미터 $\theta = \begin{bmatrix} \theta_0 & \theta_1 & \theta_2 \end{bmatrix}^T$는 다음 식을 만족한다.

$$h(\mathbf{x}, \theta) = \begin{cases} -1 & \text{if } \mathbf{x}^T \cdot \begin{bmatrix} \theta_1 \\ \theta_2 \end{bmatrix} + \theta_0 < 0 \\ 1 & \text{if } \mathbf{x}^T \cdot \begin{bmatrix} \theta_1 \\ \theta_2 \end{bmatrix} + \theta_0 \geq 0 \end{cases}$$

우리는 모델 $h(\mathbf{x}, \theta)$에 대한 큰 그림이 묘사된 그대로 진행될 것으로 추측할 수 있다(기하학적으로 이 큰 그림은 좌표 평면을 두 개의 반으로 나누는 선형 분류기를 의미한다). 그런 다음 입력 예시인 x가 주어졌을 때 모델이 올바른 예측(평균 미만을 수행하는 경우 −1, 그렇지 않은 경우 1)을 수행하도록 파라미터 벡터 θ를 학습하려고 한다. 이러한 모델은 1950년대에 발명된 **선형 퍼셉트론**linear perceptron이다.[3] 해당 데이터가 [그림 3-4]와 같다고 가정해 보자.

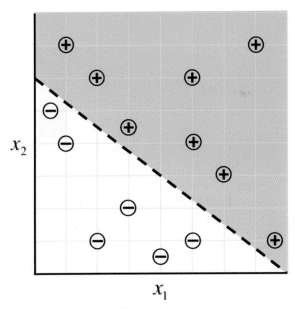

그림 3-4 시험 예측 알고리즘 및 잠재적 분류기에 대한 샘플 데이터

그런 다음 $\theta = \begin{bmatrix} -24 & 3 & 4 \end{bmatrix}^T$를 선택하면 머신러닝 모델이 모든 데이터 포인트에 대해 올바른 예측을 한다는 것이 밝혀졌다고 가정해 보자.

3 Rosenblatt, Frank, "The perceptron: A Probabilistic Model for Information Storage and Organization in the Brain." *Psychological Review* 65,6 (1958): 386.

$$h(\mathbf{x},\theta) = \begin{cases} -1 & \text{if } 3x_1 + 4x_2 - 24 < 0 \\ 1 & \text{if } 3x_1 + 4x_2 - 24 \geq 0 \end{cases}$$

최적의 파라미터 벡터 θ는 가능한 한 많은 입력값이 분류기를 통해 정확히 예측될 수 있도록 결정된다. 대부분의 경우 최적의 θ에 대해 가능한 수많은(또는 무한히 많은) 선택지가 있을 것이다. 다행히도 이러한 대안끼리는 서로 예측값이 비슷할 수 있어서 그 차이는 충분히 무시할 수 있다. 만약에 그렇지 않은 경우가 존재한다면 θ로 선정 가능한 선택지의 범위를 좁히기 위해 더 많은 데이터를 수집하는 것이 좋다.

앞서 유의미한 예시를 설정해서 쉽게 최적의 파라미터 θ를 표현하였지만, 여전히 몇 가지 중요한 질문이 남아 있다. 먼저, 파라미터 벡터 θ에 대한 최적의 값을 초기에 어떻게 생각해 낼 수 있을까? 이 문제를 해결하려면 일반적으로 **최적화**optimization라고 하는 기술이 필요하다. **옵티마이저**optimizer는 파라미터를 반복적으로 조정하여 머신러닝 모델의 성능을 최적화하고 오류를 최소화하는 과정 중 하나이다. 우리는 4장에서 파라미터 벡터를 학습하는 **경사하강법**gradient descent이라는 프로세스에 대해 더 자세히 다룰 것이다.[4] 다음 장에서 경사하강법을 훨씬 더 효율적으로 만드는 방법 또한 알아보도록 하자.

두 번째로, 선형 퍼셉트론 모델이 학습할 수 있는 관계는 상당히 제한적이라는 것이 매우 분명하다. 예를 들어 [그림 3-5]에 표시된 데이터 분포는 선형 퍼셉트론으로 나타내기가 어려운 예시들이다.

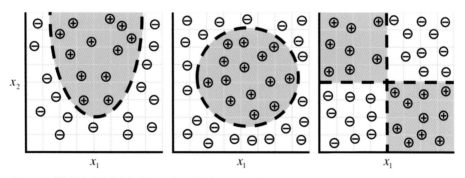

그림 3-5 복잡한 형태의 데이터의 경우, 모델로 데이터를 묘사하기 위해서는 더 복잡한 모델이 필요하다.

4 Bubeck, Sébastien. "Convex Optimization: Algorithms and Complexity." *Foundations and Trends® in Machine Learning*. 8,3–4 (2015): 231–357.

그러나 이러한 예시들은 빙산의 일각에 불과하다. 객체 인식 및 텍스트 분석과 같은 훨씬 더 복잡한 문제로 넘어감에 따라 데이터는 극도로 고차원이 되고 찾고자 하는 패턴에 해당하는 그 관계는 매우 비선형성을 띠고 있다. 이러한 복잡성을 고려하기 위해 머신러닝에 대한 최근 연구에서는 인간의 두뇌에서 사용하는 구조와 유사한 모델을 구축하려 한다. 일반적으로 머신러닝 내에서도 딥러닝이라고 불리는 연구 분야는 본질적으로 컴퓨터 비전 및 자연어 처리 문제를 해결하는 데 눈부신 성공을 이끌어내고 있다. 이 알고리즘은 다른 종류의 머신러닝 알고리즘을 훨씬 능가할 뿐만 아니라 인간이 달성한 정확도 또한 능가하는 경우도 다양하게 나타나고 있으니 말이다.

3.4 뉴런

인간의 두뇌를 나타내는 기본 단위는 **뉴런**neuron이다. 쌀알만 한 작은 뇌 조각에는 10,000개 이상의 뉴런이 포함되어 있으며, 각 뉴런은 다른 뉴런과 평균 6,000개의 연결을 형성한다.[5] 인간이 주변 환경을 인지할 수 있게 해주는 것은 이 거대한 생물학적 네트워크 덕분이다. 따라서, 이번 절을 통해서 인간의 두뇌 구조와 유사한 방식으로 문제를 해결하는 머신러닝 모델을 구축하는 방법에 대해서 알아보자.

기본적으로 뉴런은 다른 뉴런으로부터 정보를 수신하고, 받은 정보를 다시 고유한 방식으로 처리하여 나온 결과를 다른 세포로 전송하도록 최적화되어 있다. 이 프로세스를 요약하면 [그림 3-6]로 표현된다. 뉴런은 먼저 **수상돌기**dendrites라고 하는 안테나와 같은 구조를 통해 입력받는다. 각각 들어오는 연결은 사용 빈도에 따라 동적으로 강화되거나 약화되며(이것이 새로운 개념을 배우는 방법이다) 입력이 뉴런의 출력에 미치는 영향을 결정하는 것은 각 연결의 강도이다. 각각의 연결 강도에 따라 **가중치**weight가 부여된 후 입력은 **세포 본체**cell body에서 함께 합산된다. 이 합계는 **세포의 축삭**cell's axon을 따라 전파되고 다른 뉴런으로 전송되는 새로운 신호로 변환된다.

---

5   Restak, Richard M. and David Grubin. *The Secret Life of the Brain*. Joseph Henry Press, 2001.

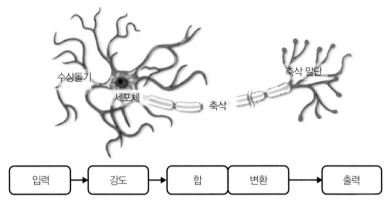

그림 3-6 생물학적 뉴런의 구조에 대한 기능적 설명

이처럼 뇌 속에 존재하는 뉴런의 기능에 대한 프로세스는 컴퓨터 기반의 인공 모델로도 충분히 구현이 가능하다. 이러한 모델은 1943년 Warren S. McCulloch와 Walter H. Pitts가 처음 개발한 접근 방식을 활용한 [그림 3-7]에 나타나 있다.[6] 생물학적 뉴런에서와 마찬가지로 인공 뉴런은 $x_1, x_2, \ldots, x_n$ 각각에 특정 가중치 $w_1, w_2, \ldots, w_n$를 곱하는 방식으로 연결한다. 이전에 생성된 가중치의 입력은 뉴런들과 곱을 더해서 $z = \sum_{i=0}^{n} w_i x_i$와 같이 합산된 로짓 z를 생성한다. 많은 경우, 로짓에는 상수 형태의 **편향**bias도 포함된다. 이후, 로짓 z는 함수 f를 통해 전달되어 출력 $y = f(z)$를 생성한다. 이 출력은 다른 뉴런으로도 전송될 수 있다.

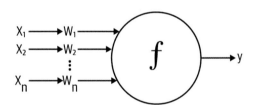

그림 3-7 인공 신경망의 뉴런 개념도

인공 뉴런에 대한 수학적 논의를 벡터 형태로 기능을 다시 표현함으로써 마무리한다. 입력을 벡터 $x = [x_1\ x_2\ \cdots\ x_n]$로, 뉴런의 가중치를 $w = [w_1\ w_2\ \cdots\ w_n]$로 재구성해 보자.

6   McCulloch, Warren S., and Walter Pitts. "A Logical Calculus of the Ideas Immanent in Nervous Activity." *The Bulletin of Mathematical Biophysics*. 5.4 (1943): 115–133.

그러면 뉴런의 출력을 $y = f(\mathbf{x} \cdot \mathbf{w} + b)$로 다시 표현할 수 있다. 여기서 b는 편향 항이다. 입력 벡터와 가중치 벡터의 내적을 수행하고, 로짓을 산출하기 위해 편향 항을 더한 다음, 변환 함수를 적용하여, 출력을 계산할 수 있다. 이것이 사소한 재구성처럼 보일 수 있으나, 뉴런들을 일련의 벡터 조작들로 생각하는 관점은 이 책의 뒷부분에서 다루게 되는 소프트웨어 구현 측면에서 꽤 중요한 역할을 할 것이다.

3.5 뉴런으로 나타낸 선형 퍼셉트론

3.3절 '머신러닝 동작 원리'에서 머신러닝 모델을 사용하여 시험 성적과 공부 및 수면 시간 간의 관계를 파악하는 방법에 대해 다루었다. 또한, 이 문제를 해결하기 위해 데카르트 좌표 평면을 두 부분으로 나누는 선형 퍼셉트론 분류기를 다음과 같이 구성하였다.

$$h(\mathbf{x}, \theta) = \begin{cases} -1 & \text{if } 3x_1 + 4x_2 - 24 < 0 \\ 1 & \text{if } 3x_1 + 4x_2 - 24 \geq 0 \end{cases}$$

[그림 3-4]에서 볼 수 있듯이 이는 데이터셋의 모든 샘플을 올바르게 분류하기 때문에 θ에 대한 최적의 선택이다. 여기서 우리는 모델 h가 뉴런을 간단하고 쉽게 사용하고 있음을 볼 수 있다. [그림 3-8]에 묘사된 뉴런을 고려해 보자. 해당 뉴런에는 두 개의 입력과 한 개의 편향이 있고, 다음 함수를 사용한다.

$$f(z) = \begin{cases} -1 & \text{if } z < 0 \\ 1 & \text{if } z \geq 0 \end{cases}$$

설명했던 선형 퍼셉트론과 뉴런 모델이 완전히 동일하다는 것을 쉽게 알 수 있다. 그리고 일반적으로 단일 뉴런이 선형 퍼셉트론보다 표현력이 더 높다는 것을 보여주는 것은 매우 간단하다. 모든 선형 퍼셉트론은 단일 뉴런으로 표현할 수 있지만 단일 뉴런은 선형 퍼셉트론으로 표현할 수 없는 모델도 표현할 수 있다.[7]

----

7   옮긴이 1_ 뉴런은 다양하고 복잡한 형태의 활성화 함수를 사용할 수 있다.

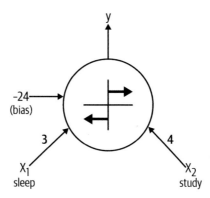

그림 3-8 시험 수행 퍼셉트론을 뉴런으로 표현하기

3.6 순방향 신경망

단일 뉴런은 선형 퍼셉트론보다 강력하지만, 복잡한 학습 문제를 해결하기에는 충분하지 않다. 즉, 우리의 뇌가 하나 이상의 뉴런으로 구성되는 데는 다 그럴만한 이유가 있기 때문이다. 예를 들어, 단일 뉴런만으로 손으로 쓴 숫자를 구별하는 것은 불가능한 작업이다. 따라서 훨씬 더 복잡한 작업을 처리하려면 머신러닝 모델을 더욱 발전시켜야 한다.

인간 두뇌의 뉴런은 **레이어**layer로 구성되어 있다. 사실, 인간의 대뇌 피질cerebral cortex (인간 지능의 대부분을 담당하는 구조)은 6개의 레이어로 구성되어 있다.[8] 정보는 감각에 의한 입력값이 개념적으로 이해되는 수준까지 정리될 때까지 한 레이어에서 다른 레이어로 흐른다. 예를 들어, 시각 피질의 맨 아래 레이어는 눈에서 원시 시각 데이터를 받는다. 이 정보는 각 레이어에서 처리되고 다음 레이어로 전달되어 여섯 번째 레이어에서 우리가 보고 있는 것이 고양이인지 탄산음료인지 비행기인지 결론을 내리는 것이다.

이러한 개념으로부터 **인공 신경망**artificial neural network을 구축할 수 있다. 뉴런들을 서로 연결하고, 입력 데이터와 연결하고, 학습 문제에 대한 네트워크의 답에 해당하는 출력 노드에 연결하기 시작하면 신경망이 된다. [그림 3-9]는 1943년 McCulloch와 Pitt의 작업에서 설명한 아키텍처와 유사한 인공 신경망의 간단한 예시이다.

----

8 Mountcastle, Vernon B. "Modality and Topographic Properties of Single Neurons of Cat's Somatic Sensory Cortex." *Journal of Neurophysiology* 20.4 (1957): 408–434.

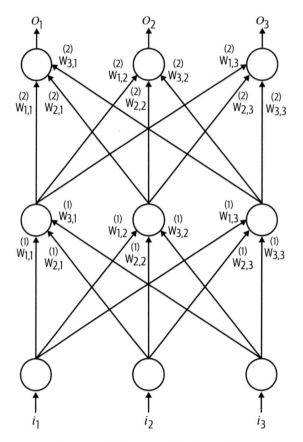

그림 3-9 밑에서부터 3개의 레이어(입력, 은닉, 출력)와 각 레이어당 3개의 뉴런이 있는 순방향 신경망이다.

네트워크의 맨 아래 하위에 존재하는 **입력 레이어**input layer는 입력 데이터를 가져온다. 뉴런의 최상위 **출력 레이어**output layer는 최종 답인 출력값을 계산한다. 뉴런의 중간 레이어는 **은닉 레이어**hidden layer라 한다. 그리고 $w_{i,j}^{(k)}$는 k번째 레이어의 i번째 뉴런과 $k+1$번째 레이어의 j번째 뉴런끼리 연결된 가중치이다. 이 가중치는 파라미터 벡터 θ를 구성하며 이전과 마찬가지로 신경망 문제를 해결하는데 중요한 역할은 θ라는 최적값을 찾는 데 있음을 기억해야 한다.

[그림 3-9]처럼 연결은 하위 레이어에서 상위 레이어로만 이동한다. 같은 레이어의 뉴런들 사이에는 연결이 없고, 상위 레이어에서 또한 하위 레이어로 데이터를 전송하는 연결이 없다. 이러한 신경망을 순방향 네트워크feed forward network라 하며, 분석이 가장 간단하기 때문에 이러한 네트워크에 대해 먼저 설명하는 것으로 신경망의 구조에 대해 알아보기 시작할 것이다. 특히,

가중치에 대한 최적값을 선택하는 프로세스는 4장에서 설명할 것이다. 더 복잡한 네트워크는 그 이후 추가로 계속해서 다룰 예정이다.

순방향 신경망에 사용되는 주요 레이어 타입을 설명할 것이다. 하지만 더 진행하기 전에 염두에 두어야 할 몇 가지 중요한 사항이 있다.

1 이전에 언급했듯이, 첫 번째 뉴런 레이어(입력 레이어)와 마지막 뉴런 레이어(출력 레이어) 사이에 끼어 있는 뉴런 레이어를 은닉 레이어라고 한다. 이것은 신경망이 문제를 해결할 때 대부분의 마법이 일어나는 곳이다. 수기 숫자 인식 예제에서처럼 이전에는 유용한 피처를 식별하는 데 많은 시간을 소비해야 했지만 은닉 레이어는 이러한 프로세스를 자동화한다. 은닉 레이어가 하는 일들을 자세히 살펴보면 신경망이 데이터로부터 자동으로 학습하고 추출하는 피처들에 대해 많은 것을 알 수 있다.

2 [그림 3-9]에서 모든 레이어가 같은 수의 뉴런을 가지고 있기는 하지만 이것이 필수적이거나 권장되지는 않는다. 은닉 레이어는 일반적으로 입력 레이어보다 뉴런 수가 적기 때문에 신경망으로 하여금 원본 입력의 압축된 표현을 학습하도록 강제한다. 예를 들어, 인간의 눈은 주변 환경에서 원본 픽셀값을 얻는 반면, 인간의 뇌는 가장자리edge와 윤곽outline의 관점에서 생각한다. 이것은 인간의 뇌에 있는 생물학적 뉴런 은닉 레이어가 인간으로 하여금 지각하는 모든 것에 대해 더 나은 표현을 찾아내도록 강제하기 때문이다.

3 모든 뉴런의 출력이 다음 레이어의 모든 뉴런의 입력에 연결되어야 하는 것은 아니다. 사실, 다음 레이어의 다른 뉴런에 어떤 레이어가 연결될 것인지 선택하는 것은 경험에서 오는 예술이다. 이후에 다양한 신경망 예제를 다루면서 좀 더 깊이 논의하도록 하자.

4 신경망에서 입력과 출력은 벡터화된 표현이다. 예를 들어, 이미지의 개별 픽셀 RGB 값이 벡터 표현 입력으로 들어가는 신경망을 상상할 수 있다(그림 3-3 참조). 신경망의 마지막 레이어에는 문제에 해답이 되는 두 개의 뉴런이 있다. 이때 이미지에 개가 있으면 [1,0], 이미지에 고양이가 있으면 [0,1], 이미지에 개와 고양이가 둘 다 있으면 [1,1], 이미지에 둘 다 없다면 [0,0]이 된다.

또한 뉴런에 대한 구조와 유사하게 신경망을 수학적으로 일련의 벡터 및 행렬 연산으로 표현할 수도 있음을 알아보도록 하자.

신경망의 i번째 레이어에 대한 입력을 벡터 $x = [x_1\ x_2\ \cdots\ x_n]$이라 가정해 보자. 뉴런을 통해 입력을 전파하여 생성된 벡터 $y = [y_1\ y_2\ \cdots\ y_m]$을 찾아내려 한다. 크기가 $n \times m$인 가중치 행렬 W와 크기가 $n \times m$인 편향 벡터 b를 구성하면 이것을 단순 행렬 곱으로 표현할 수 있다. 행렬 W에서 각 열은 뉴런에 해당하며 열의 j번째 원소는 입력의 j번째 원소로 표현된 가중치이다. 즉, $y = f(W^T x + b)$, 여기서 변환 함수 f는 원소별로 벡터에 적용된다. 이러한 변환 방식은 소프트웨어로 신경망을 직접 구현하기 시작하게 될 때 더욱 중요하게 쓰일 것이다.

3.7 선형 뉴런과 그 한계

대부분의 뉴런 타입은 뉴런의 로짓 z에 적용되는 함수 f에 의해 정의된다. 먼저 $f(z) = az + b$ 형태의 선형 함수를 사용하는 뉴런들의 레이어를 고려해 보자. 예를 들어, 패스트푸드 레스토랑에서 식사 비용을 추정하려는 뉴런은 $a = 1$이고 $b = 0$인 선형 뉴런을 사용할 것이다. $f(z) = z$를 사용하고, 각 항목 가격과 동일한 가중치들을 사용하면, [그림 3-10]의 선형 뉴런은 햄버거, 감자튀김, 탄산음료의 세 가지의 서빙 수가 순서대로 나열된 결과를 입력으로 받고, 해당 조합의 가격을 출력할 것이다.

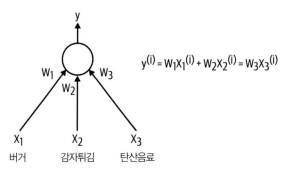

그림 3-10 선형 뉴런의 예

선형 뉴런은 계산하기 쉽지만, 심각한 한계를 가지고 있다. 실제로, 선형 뉴런만으로 구성된 임의의 순방향 신경망은 은닉 레이어가 없는 신경망으로도 표현할 수 있다. 이것은 큰 문제가 되는데, 이전에 설명했듯이 은닉 레이어는 입력 데이터로부터 중요한 피처를 학습할 수 있게 해주기 때문이다. 다시 말해서 복잡한 관계성을 학습하려면, 일종의 비선형성을 가지는 뉴런을 사용해야 한다.

3.8 시그모이드 뉴런, Tanh 뉴런, ReLU 뉴런

실질적으로 계산 과정에서 비선형성을 사용하는 세 가지 중요한 뉴런의 타입에 대해 알아보자. 첫 번째는 **시그모이드 뉴런**sigmoid neuron[9]이며 다음과 같은 함수를 사용한다.

....

9   옮긴이 1_시그모이드 함수를 활성화 함수로 사용하는 뉴런이다.

$$f(z) = \frac{1}{1 + e^{-z}}$$

시그모이드 함수에 대해 직관적으로 살펴보자. 이 로짓인 z가 매우 작을 때 로지스틱 뉴런의 출력이 0에 가깝다는 것을 의미한다. 로짓이 매우 커지면 커질수록 로지스틱 뉴런의 출력이 1에 가까워진다. 이 두 값 [0, 1] 사이에서 뉴런 [그림 3-11]과 같이 S자 모양으로 나타난다.

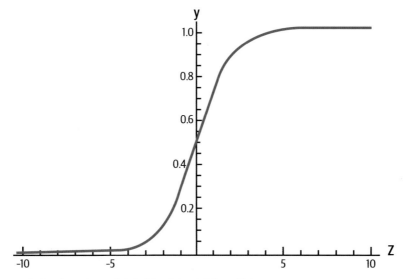

그림 3-11 z에 따른 시그모이드 뉴런의 출력은 0에서 1사이에 존재한다.

***Tanh* 뉴런**^{hyperbolic tangent neuron}은 유사한 종류의 S자형 비선형성을 사용하지만, 시그모이드 함수의 출력값 범위였던 0에서 1까지의 범위 대신 −1에서 1까지로 출력 범위가 나타난다. 또한, $f(z) = \tanh(z)$로 정의된다. 출력 y와 로짓 z 사이의 관계는 [그림 3-12]에 나와 있다. S자형 비선형성이 사용되는 경우 *tanh* 뉴런은 중심이 0이기 때문에 시그모이드 뉴런보다 선호되는 경우가 많다.

ReLU 뉴런^{rectified linear unit neuron}은 다른 비선형성을 사용한다. 또한, $f(z) = \max(0, z)$로 정의된다. [그림 3-13]과 같이 특징적인 하키스틱 모양의 그래프로 표현된다.

ReLU는 최근 몇 가지 단점에도 불구하고 여러 가지 이유로 많은 작업(특히 컴퓨터 비전에서)에서 선택되는 뉴런이 되었다.[10] 이러한 이유는 7장에서 살펴볼 딥러닝에서 잠재적인 위험 요소들과 그에 적합한 대응 전략들과 함께 다루어질 것이다.

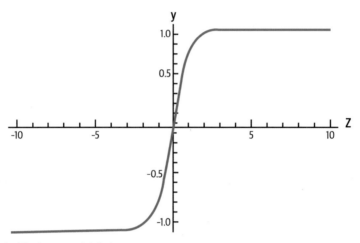

그림 3-12 z가 변할 때 tanh 뉴런의 출력

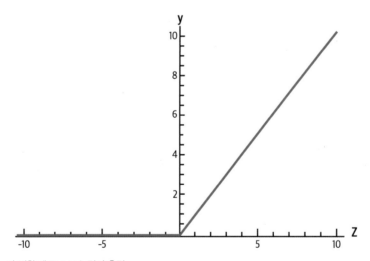

그림 3-13 z가 변할 때 ReLU 뉴런의 출력

10 Nair, Vinod, and Geoffrey E. Hinton. "Rectified Linear Units Improve Restricted Boltzmann Machines." *Proceedings of the 27th International Conference on Machine Learning* (ICML–10), 2010.

3.9 소프트맥스 출력 레이어

종종 우리는 출력 벡터가 상호 배타적인 레이블 집합에 대한 확률 분포로 표현되기를 원한다. 예를 들어 MNIST 데이터셋에서 손으로 쓴 숫자를 인식하는 신경망을 구축한다고 가정해 보자. 각 레이블(0에서 9까지)은 상호 배타적임에도 100% 신뢰도를 기반으로 숫자를 인식하기란 참 어렵다. 하지만, 확률 분포의 형태를 사용하면 예측에 대해 얼마나 확신이 가능한지 확률로는 나타낼 수 있다. 출력 벡터를 $\sum_{i=0}^{9} p_i = 1$ 을 만족하는 조건으로 다음과 같은 형식으로 표현해 보도록 하자.

$$[p_0 \quad p_1 \quad p_2 \quad p_3 \quad \cdots \quad p_9]$$

이것은 소프트맥스 레이어^softmax layer라는 특수 출력 레이어를 사용해서 구현할 수 있다. 다른 레이어 유형과는 달리, 소프트맥스 레이어의 뉴런 출력은 해당 레이어의 다른 모든 뉴런 출력에 의존성을 가진다. 이는 모든 뉴런 출력의 합이 1이 되어야 하기 때문이다. i번째 소프트맥스 뉴런의 로짓을 Z_i라고 하면, 다음과 같이 뉴런 출력을 설정하여 정규화^normalization를 수행할 수 있다.

$$y_i = \frac{e^{z_i}}{\sum_j e^{z_j}}$$

예측이 잘 되는 경우 벡터의 단일 항목은 1에 가까워지며, 나머지 항목은 0에 가까워질 것이다. 반대로 예측이 잘 안되는 경우는 여러 레이블이 거의 동일한 확률을 가질 것이다.

요약

이 장에서는 머신러닝과 신경망의 기본 개념을 직관적으로 다루었으며, 뉴런의 구조, 순방향 신경망 작동 방식, 복잡한 학습 문제를 해결하는 데 있어 비선형성의 중요성에 대해 살펴보았다. 다음 장에서는 신경망 훈련에 필요한 수학적 배경과 최적의 파라미터를 찾는 방법, 신경망 훈련 시 도움이 되는 모범적 사례 및 주요 과제에 대해 배운다. 이후 4장부터는 이러한 기본 아이디어를 사용하여 전문적으로 신경망 구조를 구현한다.

## 4장

순방향 신경망 훈련

4.1 패스트푸드 문제

딥러닝을 사용하여 몇 가지 흥미로운 문제를 해결하는 방법에 대해 이해하기 시작했지만, 큰 질문이 하나 남아 있다. 그것은 이상적인 파라미터 벡터(신경망의 모든 연결에 대한 가중치) 설정값을 어떻게 정확히 알아낼 수 있는가이다. 이것은 흔히 훈련이라고 이야기하는 프로세스에 의해 이뤄진다(그림 4-1 참고). 훈련 과정이 진행되는 동안 신경망에 다수의 훈련 예시를 보여주고, 해당 훈련 예시에서 발생하는 오류를 최소화하기 위해 가중치를 반복적으로 수정한다. 충분한 예시로 이를 진행한 이후에는 해당 신경망이 훈련된 목적이 되는 과제를 아주 효과적으로 해결할 것을 기대하게 된다.

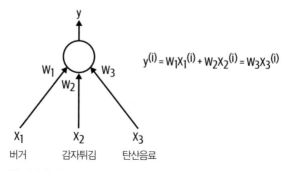

$$y^{(i)} = w_1 x_1^{(i)} + w_2 x_2^{(i)} = w_3 x_3^{(i)}$$

그림 4-1 패스트푸드 문제에 대해 훈련시키고자 하는 뉴런의 예시

선형 뉴런을 다루었던 3장의 패스트푸드 레스토랑 예제를 이어서 살펴보자. 매일 햄버거, 감자 튀김, 탄산음료로 구성된 레스토랑 식사를 메뉴별로 몇 인분씩 구매한다. 이것으로 한끼 식사의 가격을 예측하길 원하지만 각 세부 항목에는 가격표가 붙어 있지 않다. 캐셔는 식사의 총 가격만 알려줄 것이다. 이 문제를 해결하기 위해 단일 선형 뉴런을 훈련하고자 한다. 어떻게 해야 할까?

한 가지 아이디어는 해당 훈련 사례를 유의미하게 선정하는 것이다. 한끼 식사로는 햄버거 하나만 살 수 있고, 다음 한끼 식사에는 감자 튀김 하나만 살 수 있으며, 마지막 한끼 식사에는 탄산음료 하나만 살 수 있다. 많은 연구에 따르면, 현명하게 훈련 셋을 설계하면 신경망을 훨씬 더 효과적으로 만들 수 있다. 하지만 이러한 접근 방식만 사용하는 경우에 발생하는 문제는 실제 상황에서는 거의 해결책에 다가가지 못한다는 것이다. 예를 들어, 이미지 인식에는 이 전략이 잘 들어맞지 않는다. 그리 실용적인 해결책이 아닌 것이다.

위 아이디어를 대신할 일반적인 방법에는 무엇이 있을까? 먼저, 많은 훈련 데이터 샘플이 있다고 가정해 보자. 간단한 공식을 적용하면 i번째 훈련 데이터 예시로부터 신경망이 출력하게 될 결과를 계산할 수 있다. 이후 데이터 예시에서 만드는 오차를 최소화하여 최적의 가중치를 찾기 위해 뉴런을 훈련하게 될 것이다. 즉, 모든 훈련 데이터 예시에 대해 **제곱 오차**^{Squared Error}를 최소화하는 방법으로 말이다. $t^{(i)}$가 i번째 훈련 데이터 예시에 대한 정답이며, $y^{(i)}$가 신경망으로부터 예측된 값이라는 것을 가정하여 오차 함수 E의 값을 최소화해 보도록 수식으로 확인해 보자.

$$E = \frac{1}{2} \sum_i (t^{(i)} - y^{(i)})^2$$

모델이 모든 훈련 예시에 대해 완벽히 올바른 예측을 해 낸다면 제곱 오차는 0이 된다. 추가적으로 E가 0에 가까울수록 모델의 성능은 더 좋아진다. 결과적으로 여기서의 목표는 E가 최대한 0에 가깝도록 하는 파라미터 벡터 θ(모델의 모든 가중치 값)를 선택하는 것이다.

일반적으로 이런 문제들은 방정식으로 정의하여 쉽게 풀 수 있음에도 불구하고, 여기서는 오차 함수라는 방식을 정의하였다. 현재 많은 미지수(가중치)와 방정식 셋(각 훈련 데이터 예시에 대해 하나씩)을 가지고 있다. 항상 일관된 훈련 데이터 예시 세트가 존재한다면, 자동으로 0의 오차가 발생하도록 훈련 또한 가능할 것이다. 그럼 오차 함수는 왜 필요한 것일까?

방정식으로 최적의 파라미터를 쉽게 구하고자 하는 시각은 현명해 보일 수 있지만, 아쉽게도 이는 딥러닝 분야에서 일반화하기에는 어려운 방법으로 알려져 있다. 또한 현재는 선형 뉴런을 사용하고 있지만 실제 환경에서는 선형 뉴런으로 훈련할 수 있는 범위가 극히 드물기 때문에 간단한 방정식 풀이로는 해결이 어렵다. 또한 3장의 후반부에서 다뤘던 시그모이드, tanh 또는 ReLU 뉴런과 같은 비선형 뉴런을 사용하게 된다면 더 이상 선형 방정식을 푸는 방식으로는 문제를 정의하는 것조차 어렵다. 즉, 일반적인 방법으로 훈련 과정을 진행하기 위해서는 반드시 더 나은 전략을 찾아야만 한다.

4.2 경사하강법

문제를 간략화하여 모든 훈련 예제에 대해 제곱 오차를 최소화하는 방법을 시각화해 보자. 선형 뉴런에 입력값으로 두 개(가중치 또한 w_1과 w_2로 두 가지 가중치만 있음)만이 존재한다고 가정해 보자. 그런 다음 수평으로의 2차원 평면이 각각 가중치 w_1 및 w_2로부터 정의되고 수직 차원이 오차 함수 E의 값에 해당하는 3D 공간을 상상할 수 있다. 이 공간에서 수평면의 점은 가중치 w_1 및 w_2의 값을 각각 다르게 설정했을 때를 의미하며, 해당 지점의 높이는 발생한 오차에 해당한다. 즉, 가능한 모든 가중치에 대해 발생하는 오차를 이 3D 공간에서 굴곡이 있는 표면의 형태로 나타내면 [그림 4-2]와 같은 그릇 모양으로 표현된다.

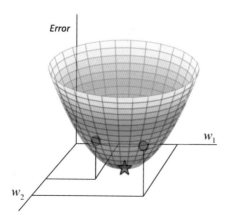

그림 4-2 선형 뉴런의 2차 오차 표면의 시각화

[그림 4-2]의 표면은 **최소 오차**^{minimum error}와 함께 타원의 중심으로부터 표현되는 일련의 타원형 윤곽선으로 [그림 4-3]처럼 2차원으로 편리하게 시각화할 수 있다. 이는 두 개의 가중치에 해당하는 2D 평면에서 등고선을 통해 오차를 표현하고 있다. 등고선은 E의 값이 동일하게 나타나는 w_1 및 w_2의 설정으로 확인할 수 있다. 등고선이 서로 가까울수록 실제 3차원에서는 경사가 더 가파르다. 가장 가파른 내리막 방향은 항상 등고선에 수직이며, 이 방향은 **경사**^{gradient}라는 벡터로 정의된다.

이제 오차 함수를 최소화해 줄 최적의 가중치를 찾는 전략에 대해 알아보도록 하자. 먼저, 네트워크의 가중치를 무작위로 초기화하여 수평면의 어딘가에 있다고 가정해 보자. 그 위치에서 경사를 계산하여 가장 가파른 내리막 방향을 찾고 그 방향으로 한 걸음 내딛을 것이다. 그러면 우리는 이전보다 최솟값에 더 가까운 새로운 위치에 도달하게 된다. 우리는 이 새로운 위치에서 다시 경사를 계산하고 또다시 새로운 방향으로 한 걸음 내딛는다. 이후 가장 가파른 내리막 방향을 다시 계산할 수 있다. [그림 4-3]과 같이 이 전략을 따르면 결국 최소 오차 지점에 도달한다는 것을 쉽게 알 수 있다. 이런 알고리즘을 **경사하강법**^{gradient descent}이라 한다. 경사하강법은 개별 뉴런을 훈련하는 문제와 전체 네트워크를 훈련하는 일반적인 문제를 해결하는 데 사용하게 될 것이다.[1]

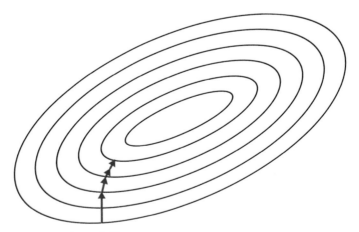

그림 4-3 오차 표면을 등고선 세트로 시각화

---

1 Rosenbloom, P. "The Method of Steepest Descent." *Proceedings of Symposia in Applied Mathematics.* Vol. 6. 1956.

4.3 델타 규칙과 학습률

패스트푸드 문제에서 뉴런을 훈련하기 위한 알고리즘을 자세히 설명하기 이전에 간단히 **하이퍼파라미터**hyperparameter에 대해 알아보도록 하자. 신경망으로부터 정의된 가중치를 나타내는 파라미터 이외에도 학습 알고리즘에는 훈련 프로세스를 효과적으로 수행하기 위한 몇 가지 하이퍼파라미터가 추가로 존재한다. 이러한 하이퍼파라미터 중 하나는 **학습률**learning rate이다.

등고선에서 수직으로 움직이는 각 단계에서 우리는 새로운 방향을 다시 계산하기 전에 한 번에 걸어가고자 하는 보폭의 크기를 정해두어야 한다. 그리고 이 거리는 표면의 경사도에 따라 달라져야 한다. 왜냐하면, 최솟값에 가까워질수록 앞으로 나아가고자 하는 거리가 짧아야 보다 최솟값에 근사하게 도달할 수 있기 때문이다. 또한 표면이 훨씬 더 평평해지는 공간에 가까워질수록 최솟값에 가깝다는 것을 알고 있으므로 **급경사**steepness를 통해서도 최솟값에 얼마나 가까워지고 있는지 파악할 수 있다. 하지만, 오차 표면의 경사가 다소 완만한 경우 경사가 가장 작아지는 방향을 잘 정하더라도 보폭이 적어진 이유로 최소 오차를 찾기까지 시간이 오래 걸릴 수 있다. 따라서, 우리는 종종 경사에 학습률인 계수 ϵ을 곱하는 작업을 필요로 한다. 일반적으로 이러한 학습률을 최적화하여 제안하는 것은 굉장히 어렵다. 앞서 논의한 것처럼 학습률을 너무 작게 선택하면 훈련 과정이 너무 오래 걸리며, [그림 4-4]처럼 오히려 너무 큰 학습률을 선택하면 대부분 최솟값에 가까이 가지 못하고 계속해서 벗어나기 시작할 것이다. 따라서 다음 장에서는 학습률 선택 프로세스를 자동화하기 위해 **적응 학습률**adaptive learning rate을 활용하는 다양한 최적화 기술을 다루어 볼 것이다.

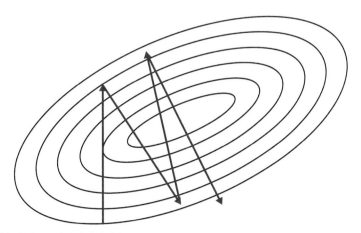

그림 4-4 학습률이 너무 크면 수렴이 어렵다.

마침내 선형 뉴런 훈련을 위한 **델타 규칙**[delta rule]을 유도할 준비가 되었다. 각 가중치 변경을 계산하기 위해 경사를 평가한다. 경사는 실제로 각 가중치에 대한 오차 함수의 편미분이며, 다음과 같이 나타낼 수 있다.

$$\Delta w_k = -\epsilon \frac{\partial E}{\partial w_k}$$

$$= -\epsilon \frac{\partial}{\partial w_k} \left(\frac{1}{2} \sum_i (t^{(i)} - y^{(i)})^2 \right)$$

$$= \sum_i \epsilon (t^{(i)} - y^{(i)}) \frac{\partial y_i}{\partial w_k}$$

$$= \sum_i \epsilon x_k^{(i)} (t^{(i)} - y^{(i)})$$

매 반복[iteration]마다 가중치를 변경하는 이 방식을 적용하여, 드디어 경사하강법을 활용할 수 있게 되었다.

4.4 시그모이드 뉴런을 이용한 경사하강법

이번 절과 다음 절에서는 비선형성을 활용하는 뉴런과 신경망의 훈련을 다룰 것이다. 여기서는 시그모이드 뉴런을 모델로 사용하고, 다른 비선형 뉴런들에 대한 유도는 숙제로 남긴다. 단순한 설명을 위해 뉴런이 편향 항을 사용하지 않는다고 가정한다(편향 항을 사용하는 경우로 분석을 확장하는 것이 어렵지는 않다). 편향은 단지 입력값이 항상 1인 입력 연결[incoming connection]의 가중치라고 가정하면 된다.

로지스틱 뉴런이 입력을 받아 출력을 계산하는 메커니즘을 다음과 같이 다시 떠올려 보자.

$$z = \sum_k w_k x_k$$

$$y = \frac{1}{1+e^{-z}}$$

해당 뉴런은 입력값으로부터 가중치 합인 로짓 z를 계산하고 나서, z를 입력 함수인 로지스틱 함수에 넣어 최종 출력인 y를 계산한다. 다행히도 이들 함수(로짓 함수와 로지스틱 함수)들은 좋은 도함수를 가지고 있어 학습이 쉽다. 학습을 위해 가중치에 대한 오차 함수의 경사를 구하고자 한다. 이를 위해 다음과 같이 입력과 가중치에 대한 로짓의 편도함수를 구하는 것으로 시작한다.

$$\frac{\partial z}{\partial w_k} = x_k$$

$$\frac{\partial z}{\partial x_k} = w_k$$

또한 꽤 놀랍게도, 출력에 대한 로짓의 도함수는 출력을 사용해서 표현하면 다음과 같이 매우 간단해진다.

$$\frac{dy}{dz} = \frac{e^{-z}}{\left(1 + e^{-z}\right)^2}$$

$$= \frac{1}{1 + e^{-z}} \frac{e^{-z}}{1 + e^{-z}}$$

$$= \frac{1}{1 + e^{-z}} \left(1 - \frac{1}{1 + e^{-z}}\right)$$

$$= y(1 - y)$$

그런 다음 **연쇄 법칙**chain rule을 사용하여 각 가중치에 대한 출력의 편도함수를 다음과 같이 얻는다.

$$\frac{\partial y}{\partial w_k} = \frac{dy}{dz} \frac{\partial z}{\partial w_k} = x_k y(1 - y)$$

이 모든 것을 종합하면, 각 가중치에 대한 오차 함수의 편도함수를 다음과 같이 계산할 수 있다.

$$\frac{\partial E}{\partial w_k} = \sum_i \frac{\partial E}{\partial y^{(i)}} \frac{\partial y^{(i)}}{\partial w_k} = -\sum_i x_k^{(i)} y^{(i)} \left(1 - y^{(i)}\right)\left(t^{(i)} - y^{(i)}\right)$$

따라서 가중치를 수정하는 마지막 규칙은 다음과 같다.

$$\Delta w_k = \sum_i \epsilon x_k^{(i)} y^{(i)} \left(1 - y^{(i)}\right)\left(t^{(i)} - y^{(i)}\right)$$

앞의 수식에서 알 수 있듯이, 이 새로운 수정 규칙은 델타 규칙과 매우 유사하지만, 시그모이드 뉴런의 로지스틱 성분을 반영하기 위해 여분의 곱셈 항을 포함하고 있다.

4.5 역전파 알고리즘

이제 드디어 단일 뉴런 대신 멀티 레이어 신경망 훈련 관련 문제를 해결할 준비가 되었다. 이를 위해 1986년에 데이빗 럼멜하트David E. Rumelhart, 제프리 힌튼Geoffrey E. Hinton, 로널드 윌리엄스Ronald J. Williams가 개척한 역전파backpropagation라는 접근 방식을 사용할 것이다.[2] **역전파**의 아이디어는 어떤 것일까? 은닉 유닛[3]들이 수행해야 하는 역할에 대해서는 알 수 없지만, 은닉 활동을 변경할 때 오차가 얼마나 빠르게 변하는지는 계산할 수 있다. 이같은 사실로부터 개별 연결 가중치를 변경할 때 오차가 얼마나 빠르게 변하는지를 알아낼 수 있다. 궁극적으로는 가장 가파른 하강 경로를 찾으려 시도하게 될 것이다. 유일한 문제점은 현재 극도로 고차원인 공간에서 작업하고 있다는 점이다. 이제 단일 훈련 예시에 대한 오차 도함수를 계산해 보는 것으로 설명을 시작해 보자.

각 은닉 유닛은 여러 출력 유닛에 영향을 줄 수 있다. 따라서 오차에 이르는 여러 개별 영향들을 결합할 때는 정보 활용 측면에서 효과적인 방식으로informative 해야 한다. 이때 사용할 전략은 **동적 프로그래밍**dynamic programming이 될 것이다. 은닉 유닛들 중 하나의 레이어에 대해 오차 도함수를 얻으면, 이들 도함수를 사용해서 그 아래 레이어의 활동에 대한 오차 도함수들을 계산한다. 그리고 은닉 유닛들의 활동에 대한 오차 도함수들을 찾으면 은닉 유닛으로 들어가는 가중치에 대한 오차 도함수를 얻는 것은 아주 쉽다. 논의의 용이성을 위해 일부 표기법을 재정의하고 [그림 4-5]를 참조할 것이다.

---

2 Rumelhart, David E., Geoffrey E. Hinton, and Ronald J. Williams. "Learning Representations by Back-Propagating Errors." *Cognitive Modeling* 5.3 (1988): 1.
3 옮긴이 1_ 은닉 레이어에 존재하는 개별 뉴런과 같은 의미이다.

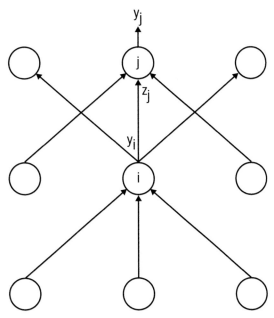

그림 4-5 유도 과정에 대한 참조 다이어그램

여기서 사용할 아래 첨자는 뉴런의 레이어를 나타낸다. y 기호는 평소처럼 뉴런의 활동을 나타낼 것이다. 이와 비슷하게, z 기호는 뉴런의 로짓을 나타낸다. 이제 동적 프로그래밍 문제의 기본적인 경우를 살펴보자. 구체적으로 출력 레이어에서 오차 함수의 편도함수를 다음과 같이 계산한다.

$$E = \frac{1}{2} \sum_{j \in output} \left(t_j - y_j \right)^2 \Rightarrow \frac{\partial E}{\partial y_j} = -(t_j - y_j)$$

이제 귀납적 단계를 해결해 보자. 레이어 j에 대한 오차 편도함수가 있다고 가정한다. 그 다음 목표는 그 하위 레이어인 레이어 i에 대한 오차 편도함수를 구하는 것이다. 이를 위해서 레이어 i의 뉴런 출력이 레이어 j의 모든 뉴런의 로짓에 영향을 미치는 방식에 대한 정보를 축적해야 한다. 이는 하위 레이어로부터 들어오는 출력 데이터에 대한 로짓의 편미분이 단순히 연결 가중치 w_{ij}임을 이용해서 다음과 같이 수행된다.

$$\frac{\partial E}{\partial y_i} = \sum_j \frac{\partial E}{\partial z_j} \frac{dz_j}{dy_i} = \sum_j w_{ij} \frac{\partial E}{\partial z_j}$$

더 나아가 다음을 관찰할 수 있다.

$$\frac{\partial E}{\partial z_j} = \frac{\partial E}{\partial y_j}\frac{dy_j}{dz_j} = y_j(1-y_j)\frac{\partial E}{\partial y_j}$$

이들 두 가지 오차 편도함수를 합치면, 다음과 같이 레이어 j의 오차 도함수의 관점에서 레이어 i의 오차 도함수를 최종적으로 나타낼 수 있다.

$$\frac{\partial E}{\partial y_i} = \sum_j w_{ij}y_j(1-y_j)\frac{\partial E}{\partial y_j}$$

동적 프로그래밍 루틴을 모두 거친 후, 여기서 소개한 모든 편미분(은닉 유닛 활동에 대한 오차 함수의)으로 동적 프로그래밍 테이블을 채우고 나면, 가중치에 대한 오차 변화 정도를 결정할 수 있다. 이는 각 훈련 예시 후에 가중치를 수정하는 방법을 다음과 같이 제공한다.

$$\frac{\partial E}{\partial w_{ij}} = \frac{\partial z_j}{\partial w_{ij}}\frac{\partial E}{\partial z_j} = y_i y_j(1-y_j)\frac{\partial E}{\partial y_j}$$

마지막으로, 이전과 마찬가지로 해당 알고리즘을 완성하기 전에 단순히 데이터셋의 모든 훈련 예시에 대한 편미분을 합산한다. 이렇게 하면 다음과 같은 수정 공식이 나온다.

$$\Delta w_{ij} = -\sum_{k\in dataset} \epsilon y_i^{(k)} y_j^{(k)}\left(1-y_j^{(k)}\right)\frac{\partial E^{(k)}}{\partial y_j^{(k)}}$$

이것으로 역전파 알고리즘에 대한 설명을 마친다.

4.6 확률적 경사하강법과 미니배치 경사하강법

4.5절 '역전파 알고리즘'에서 설명한 알고리즘은 **배치 경사하강법**^{batch gradient descent}으로 알려진 경사하강법을 활용한 사례이다. 배치 경사하강법은 전체 데이터셋을 사용하여 **오차 표면**^{error surface}을 계산한 다음 경사를 따라 가장 가파른 하강 경로를 찾아낸다. 간단히 2차원으로 표현된 오차 표면의 경우 이것은 아주 잘 작동할 것이다. 그러나 대부분의 경우 오차 표면은 훨씬 더 복

잡하다. [그림 4-6]의 시나리오를 살펴보도록 하자.

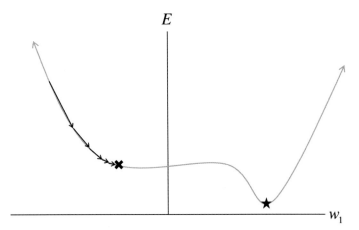

그림 4-6 배치 경사하강법은 안장점들에 민감하게 하강하여 전역 최솟값을 찾기 전 조기에 수렴될 수 있다.

가중치는 하나뿐이며 최적의 설정을 찾기 위해 **무작위 초기화**random initialization 및 배치 경사하강법을 사용한다고 가정해 보자. 오차 표면에는 평평한 영역(고차원 공간에서는 안장점saddle point이라 불림)이 존재하며 운이 좋지 않으면 경사하강법을 수행하는 동안 왼쪽의 평평한 영역에서 극소값을 찾은 다음 오른쪽 아래에 있는 전역 최솟값으로 가지 못하고 바로 멈출 수도 있다.

배치 경사하강법과 또 다른 접근 방법은 **확률적 경사하강법**stochastic gradient descent (SGD)이다. 이 방법은 각 반복iteration에서 단일 데이터 예시만을 활용하여 오차 표면을 계산하여 가중치를 업데이트한다. [그림 4-7]를 보면 단일 데이터 예시로 인한 오차 표면은 예시 데이터가 변함에 따라 동적으로 변화됨을 보여준다. 결과적으로 이 확률적 표면을 따라 내려가면 전역 최솟값이 있는 평평한 지역을 탐색하는 능력이 크게 향상될 것이다.

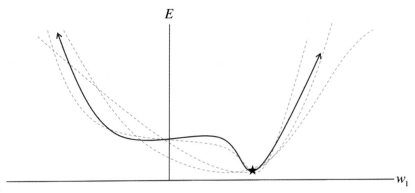

그림 4-7 확률적 오차 표면은 배치 오차 표면과 다르게 동적으로 변화되므로 극소값에 해당하는 안장점 회피를 통해 전역 최솟값으로의 훈련이 더 쉬워진다.

그러나 확률적 경사하강법에는 중요한 함정이 숨어있다. 한 번에 하나의 데이터 예시에서 발생하는 오차를 보는 것이 배치 경사하강법에서 보았던 전체 데이터로 만들어졌던 오차 표면에 대한 근사치로 활용하기에는 충분하지 않을 수 있다는 것이다. 이는 잠재적으로 전역 최솟값에 하강하기까지 경사 하강에 상당한 시간이 소요될 수 있음 또한 내포하고 있다. 따라서, 이 문제를 해결하는 한 가지 방법으로 **미니배치 경사하강법**^{minibatch gradient descent}이 나오게 되었다. 미니배치 경사하강법은 가중치 업데이트를 진행하는 모든 반복 과정에서 전체 데이터셋의 일부 하위 데이터 집합(단 하나의 데이터를 쓰는 확률적 경사하강법과 다르게)을 활용하여 오차 표면을 계산한다. 이 부분집합을 미니배치라 하며, 학습률 이외에도 미니배치의 크기가 또 다른 하이퍼파라미터로 쓰일 수 있다. 즉, 미니배치는 배치 경사하강법의 효율성과 확률적 경사하강법에 의해 제공되는 극소값을 찾는 이슈를 회피하는 능력 사이에서 균형을 유지하는 방법이다. 미니배치를 활용하여 역전파 알고리즘에 의한 가중치 업데이트 방법은 아래와 같다.

$$\Delta w_{ij} = - \sum_{k \in minibatch} \epsilon y_i^{(k)} y_j^{(k)} \left(1 - y_j^{(k)}\right) \frac{\partial E^{(k)}}{\partial y_j^{(k)}}$$

이것은 4.5절인 '역전파 알고리즘'에서 유도했던 방법과 동일하지만 데이터셋의 모든 예를 합산하는 대신 미니배치라는 데이터 예시들을 합산하고 있음을 알 수 있다. 확률적 경사하강법 및 미니배치 경사하강법이 전체 데이터에서 경사를 계산하지 않음에도 편향되지 않은 추정이 가능한 이유에 대해서는 '신경망 학습 이론'에서 더 자세히 다루도록 하겠다.

4.7 테스트셋, 검증셋, 과적합

인공 신경망의 주요 문제 중 하나는 모델이 상당히 복잡하다는 것이다. 예를 들어, MNIST 데이터베이스(28×28 픽셀)의 이미지에서 데이터를 가져와서 30개의 뉴런이 있는 2개의 은닉레이어에 공급하고 마침내 10개의 뉴런으로 구성된 소프트맥스 레이어에 도달하는 신경망이 있다고 해 보자. 신경망의 총 파라미터 개수는 약 25,000개이며, 이것은 문제가 될 수 있다. [그림 4-8]에 나와 있는 데이터셋에 의한 두 가지 모델 예시를 통해 자세한 이유를 살펴보도록 하자.

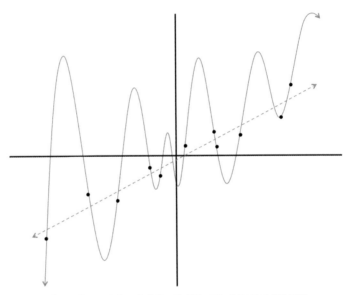

그림 4-8 데이터셋을 설명할 수 있는 두 가지 모델 예시: 1차 선형 모델 대 12차 다항식 모델

여기서의 목표는 2차원 평면에 많은 데이터 포인트가 주어지고, 이 데이터셋을 가장 잘 설명하는 곡선을 찾는 것이라고 가정해 보자. 즉, 새로운 포인트의 x좌표가 주어지면 y좌표를 잘 예측하는 모델을 찾아야 한다. 그러므로 데이터를 사용하여 1차 선형 모델과 12차 다항식 모델이라는 두 가지 모델을 훈련하였다. 결과적으로 모든 포인트가 곡선에 포함된 12차 곡선과 포인트가 하나도 포함되어 있지 않은 1차 선형 모델 중 무엇이 더 믿음직할까? 훈련은 12차 다항식 모델이 더 잘 되었음이 분명하지만, 우리는 직관적으로 선형 모델이 훨씬 덜 인위적으로 보이기 때문에 성능이 일반적으로는 더 높을 것임을 알아야 한다. 하지만, 더 확실하게 이를 입증하

기 위해 [그림 4-9]처럼 데이터셋에 더 많은 데이터를 추가한 후 다시 살펴보도록 하자.

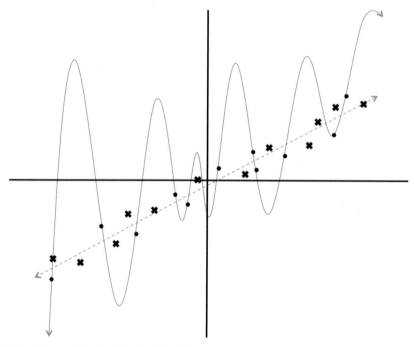

그림 4-9 새 데이터로 모델을 평가하면 1차 선형 모델이 12차 다항식보다 훨씬 더 성능이 좋다.

이제 각 모델에 대한 평가는 명확해진다. 1차 선형 모델은 주관적으로 더 좋을 뿐만 아니라 양적으로도 더 좋음을 알 수 있다(제곱 오차라는 평가지표를 사용해서 측정해 보면 알 수 있다). 이것은 머신러닝 모델을 훈련하고 평가하는 것에 대한 흥미로운 인사이트를 제공한다. 매우 복잡한 모델을 구축하면 훈련 데이터셋의 관측값에 맞게 자체적으로 왜곡할 수 있는 충분한 자유도를 모델에 제공하기 때문에 훈련 데이터셋을 완벽하게 맞추는 것이 매우 쉬워질 것이다. 하지만, 복잡한 모델로 새로운 데이터에 대해 예측 후 평가를 진행하게 되면 그에 비해 성능이 좋지 않은 경우가 생기게 된다. 즉, 모델로 새로운 데이터를 포함한 모든 데이터를 일반화하는 것이 잘되지 않을 수 있다. 이러한 경우를 **과적합**overfitting이라 하며, 이 현상은 머신러닝 엔지니어가 해결해야 하는 가장 큰 숙제 중 하나이다. 이는 특히 많은 뉴런을 포함하는 신경망의 경우, 또한 많은 수의 레이어를 가지는 딥러닝에서 특히 더 중요한 문제이다. 일반적으로 최근에 알려진 딥러닝 모델의 파라미터 수는 수백만~수십억 개에 이른다. 즉, 일반적으로 딥러닝은 과적합이 될 가능성이 높다.

1차 모델 및 12차 모델이 아닌 신경망 모델에서는 어떠한 패턴이 나타나는지 살펴보자. 2개의 입력, 소프트맥스 함수에 의한 2개의 출력, 그리고 은닉 레이어의 뉴런이 각각 3, 6, 20인 총 3개의 신경망이 있다고 가정해 보자. [그림 4-10]은 미니배치 경사하강법(배치 크기: 10)을 사용하여 네트워크를 훈련하고 **ConvNetJS**를 사용하여 시각화한 결과이다.

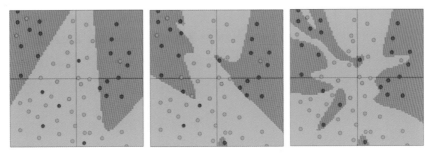

그림 4-10 왼쪽부터 순서대로 은닉 레이어에 3, 6, 20개의 뉴런이 있는 신경망 결과 시각화

[그림 4-10]에서 뉴런의 수가 클수록 네트워크의 파라미터 수가 증가하여 데이터에 과적합되는 경향이 있음을 확인하였다. [그림 4-11]에서는 신경망의 레이어 수를 늘려서 신경망을 더 깊게 만들수록 과적합 현상이 유사하게 나타남을 알 수 있다.

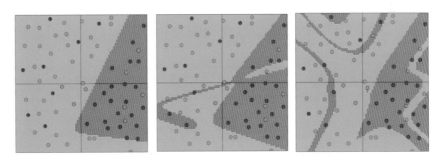

그림 4-11 왼쪽부터 순서대로 각각 3개의 뉴런으로 구성된 1, 2, 4개의 은닉 레이어가 있는 신경망 결과 시각화

따라서 딥러닝을 활용할 때는 일반적으로 세 가지 중요한 경우를 고려해야 한다. 첫째, 머신러닝 엔지니어는 항상 과적합과 모델 복잡성 간의 균형을 유지하면서 훈련을 진행한다. 모델이 너무 단순하면 문제를 해결하는 데 필요한 모든 유용한 정보 및 패턴을 인식할 만큼 강력하지

않을 수 있다. 반대로 모델이 매우 복잡한 경우(즉, 파라미터 수 대비 상대적으로 데이터 양이 부족한 수준인 경우) 과적합의 위험이 발생한다. 따라서, 딥러닝은 복잡한 모델로 복잡한 문제를 해결하고 과적합을 방지하기 위해 일반적인 머신러닝 알고리즘 대비 다양한 과적합을 방지하는 방법들이 필요하게 된다. 이번 장과 다음 장에서 자세히 살펴보도록 하자.

둘째, 훈련에 사용한 데이터를 사용하여 모델을 다시 평가하는 것은 문제가 될 수 있다. [그림 4-8]의 예를 활용하여 훈련뿐만 아니라 평가 또한 적절히 잘했다는 방식으로 보고하게 된다면 12차 다항식 모델이 1차 선형 모델보다 더 우수하다고 잘못 제안된 것이기 때문이다. 따라서 이를 보완하기 위해 데이터를 [그림 4-12]처럼 **훈련 데이터**^{training data}와 **테스트 데이터**^{test data}로 나누어 보도록 하자. 이것은 우리가 아직 보지 못한 새로운 데이터를 직접 테스트 데이터로 활용하여 훈련에 쓰이지 않은 데이터 또한 얼마나 잘 일반화되는지 측정하여 공정한 평가가 될 수 있도록 할 것이다.

> ⚠ **CAUTION** 현실 세계에서는 대량의 데이터셋을 얻기 어렵기 때문에 훈련 과정에서 모든 데이터를 사용하지 않는 것은 낭비처럼 보일 수 있다. 따라서, 결과적으로 테스트 데이터가 준비되는 동안 훈련 데이터를 테스트를 위해 재사용하거나 테스트가 잘되도록 더 개선된 형태로 데이터를 변환하고 싶을 수 있다. 하지만 테스트 데이터셋이 제대로 구성되지 않으면 모델에 대해 의미 있는 결론을 도출하지 못한다.

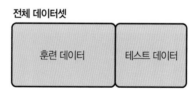

그림 4-12 훈련 및 테스트 데이터셋을 겹치지 않도록 구성하기

셋째, 데이터를 훈련하기 위해 반복적인 과정을 진행함에 있어서 유용한 패턴을 오랜 반복을 통해 배우다 보면, 오히려 훈련 데이터셋에 대해 과적합이 되기 시작하는 시점이 존재할 수 있다. 따라서, 잘못된 일반화로 과적합이 되는 것을 방지하기 위해 과적합이 시작되는 즉시 훈련 프로세스를 중지할 수 있기를 바란다. 이를 위해 반복적인 훈련 과정 전체를 1회의 **에포크**^{epoch}로 나타낼 것이다. 즉, 에포크는 전체 훈련 데이터셋에 대한 단일 반복이다. 크기가 d인 훈련 데이터셋이 있고 배치 크기가 b인 미니배치 경사하강법을 수행하는 경우 하나의 에포크에서는

$\frac{d}{b}$번 반복을 통해 모델 업데이트가 진행된다. 각 에포크가 끝날 때마다 모델이 얼마나 잘 일반화되는지 측정할 것이다. 이를 위해 [그림 4-13]에 표시된 검증 데이터셋을 추가로 사용하려한다.

전체 데이터셋

| 훈련 데이터 | 검증 데이터 | 테스트 데이터 |

그림 4-13 훈련 과정에서 각 에포크가 진행될 때 과적합을 방지하기 위한 검증 데이터셋을 추가한다.

각 에포크가 끝날 때마다 검증을 위한 데이터셋은 모델이 아직 보지 못한 데이터에 대해 어떠한 예측 결과가 나타나는지 알 수 있다. **검증 데이터**^{validation data}셋의 정확도가 동일하게 유지(또는 감소)하는 동안 훈련 데이터셋의 정확도가 계속 증가하면 과적합이 점차 진행되는 중이므로 훈련을 중단할 때가 되었다는 좋은 신호인 것 또한 알 수 있다.

검증 데이터셋은 하이퍼파라미터 최적화 과정에서 훈련 데이터셋을 대신해서 정확도를 측정하는 데이터셋으로 유용하게 쓰인다. 지금까지 여러 하이퍼파라미터(학습률, 미니배치 크기 등)를 다루었지만, 이러한 하이퍼파라미터에 대한 최적의 값을 찾는 방법에 대한 프레임워크를 아직제공하지 않았다. 최적의 하이퍼파라미터 설정을 찾는 한 가지 방법은 **그리드 검색**^{grid search}을 활용하는 것이다. 즉, 유한한 옵션셋(**예** $\epsilon \in \{0.001, 0.01, 0.1\}$, batch size $\in \{16, 64, 128\}, \ldots$)에서 각 하이퍼파라미터에 대한 값을 선택해서 훈련 및 검증을 진행해 보는 것이다. 먼저, 하이퍼파라미터들로부터 모든 선택 가능한 순열에 대해 모델을 훈련한다. 이후 검증 데이터셋에서 최고의 성능을 가진 하이퍼파라미터의 조합을 선택하고, 마지막으로 테스트 데이터셋에서 최고의 조합으로 훈련된 모델의 정확도를 측정 후 최종으로 결과를 보고한다.[4]

앞서 알아보았던 딥러닝을 활용할 때 중요한 세 가지 이외에도 과적합을 직접적으로 방지하는다양한 방법이 있다. 이에 대해 알아보기 전에 딥러닝 모델을 구축하고 훈련 및 평가할 때 사용하는 워크플로에 대해 잠깐 살펴보도록 하자. [그림 4-14]에 자세히 워크플로를 나타냈다. 다소 복잡할 수 있지만 신경망을 적절하게 훈련시키기 위해 워크플로로 표현된 파이프라인의 각

---

4   Nelder, John A., and Roger Mead. "A Simplex Method for Function Minimization." *The Computer Journal* 7.4 (1965): 308–313.

과정을 제대로 이해해 보도록 하자.

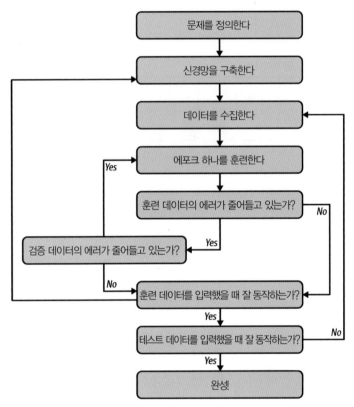

그림 4-14 딥러닝 모델 훈련 및 평가를 위한 세부 워크플로

첫째, 해결할 문제를 엄밀하게 정의해야 한다. 여기에는 입력, 잠재적 출력, 그리고 입력과 출력을 벡터화된 표현으로 연결하는 작업에 관한 프로세스들이 포함된다. 예를 들어, 암을 식별하기 위해 딥러닝 모델을 훈련한다고 가정해 보자. 입력값은 픽셀값이 벡터로 표현된 RGB 이미지이다. 출력 결과는 (1)정상, (2)양성 종양(아직 전이되지 않은 암) 또는 (3)악성 종양(다른 장기로 이미 전이된 암)의 세 가지 상호 배타적인 가능성에 대한 확률 분포이다.

둘째, 문제 정의 후 이를 해결하기 위해 신경망 모델의 **아키텍처**architecture를 구축해야 한다. 입력 레이어는 이미지의 원본 데이터를 수용할 수 있는 적절한 크기여야 하고 출력 레이어는 3개의 소프트맥스 뉴런으로서 크기가 3이어야 한다. 또한 신경망 네트워크의 내부 아키텍처(은닉 레이어의 수 및 뉴런의 수)도 정의해야 한다. 6장에서 합성곱 신경망에 대해 이야기할 때 이미지 인식 모델의 아키텍처에 대해 더 자세히 다룰 것이다. 또한 우수한 훈련을 위해 상당한 양의 데이터도 수집하려고 할 것이며, 이 데이터는 의료 전문가가 라벨을 붙인 균일한 크기의 병리학적 이미지의 형태로서 존재할 것이다. 결과적으로 우리는 이 데이터를 섞은 후 훈련, 검증 및 테스트 데이터셋으로 나눈다.

다음으로 경사하강법을 활용해서 한 에포크 동안 여러 반복 과정을 통해 훈련 데이터셋에서 모델을 훈련한다. 각 에포크가 끝날 때 훈련 데이터셋과 검증 데이터셋에 대한 오차가 감소하는지 확인한다. 이들 중 하나가 개선을 멈추면 훈련을 종료하고 테스트 데이터에 대한 모델의 성능을 통해 만족스러운 수준인지를 확인한다. 불만족스러운 경우에는 다시 처음부터 신경망 구조를 수정하거나 데이터의 수량뿐만 아니라 수집한 데이터에 예측을 수행하는 데 필요한 정보가 잘 포함되어 있는지 등을 자세히 살펴보아야 한다. 즉, 훈련 데이터셋 오차가 개선되지 않으면 데이터의 중요한 패턴을 더 잘 캡처하도록 훈련해야 하며, 검증 데이터셋 오차가 개선되지 않으면 과적합을 방지하기 위한 조치를 취해야 한다.

마지막으로 훈련 및 검증 데이터에 대한 모델의 성능에 만족한다면 모델이 이전에 본 적이 없는 테스트 데이터에 대해 성능을 측정할 수 있다. 테스트 데이터셋은 훈련 데이터셋에서 잘 표현되지 않은 예시 유형으로 데이터셋이 구성될 가능성이 있으므로, 만약 성능이 불만족스러운 경우 데이터셋에 더 많은 데이터를 추가해 보도록 하자. 성능이 만족스럽다면, 훈련 및 평가를 위한 워크플로는 마무리된다.

4.8 심층 신경망 과적합 방지

지금까지 훈련 과정의 워크플로에서 과적합을 방지하기 위한 몇 가지 기술들을 알아보았다. 이번 절에서는 또 다른 기술들을 자세히 살펴보도록 하자.

과적합을 방지하는 또 다른 방법은 **규제화**regularization이다. 규제화는 너무 큰 가중치 값을 가지지 않도록 **불이익**penalty을 주는 항을 추가하는 방식으로 목적 함수를 변경하는 것이다. 즉, 목적 함수를 $Error + \lambda f(\theta)$가 되도록 변경한다. 여기서 $f(\theta)$는 θ의 성분이 커질수록 커지고, λ는 규제화를 조절하는 강도regularization strength(또 하나의 하이퍼파라미터)로서 과적합을 방지하려는 정도를 결정하는 값이다. 즉, $\lambda = 0$은 과적합 가능성에 대해 어떠한 규제화도 진행하지 않음을 의미한다. λ가 너무 크면 모델은 훈련 데이터셋에서 잘 수행되는 최적화된 파라미터 값을 찾는 것보다 θ를 최대한 작게 유지하는 것을 우선시하게 된다. 결과적으로 λ를 선택하는 것은 매우 중요한 작업이며 약간의 시행착오가 필요할 수 있다.

머신러닝에서 가장 일반적인 규제화 유형은 $L2$ 규제화이다.[5] 이는 신경망에 있는 모든 가중치의 제곱 크기로서 오차 함수를 증대하는 방법으로 구현된다. 즉, 신경망의 모든 가중치 w에 대해 오차 함수에 $\frac{1}{2}\lambda w^2$를 추가한다. $L2$ 규제화는 직관적으로 높은 가중치 벡터에 많은 페널티를 부여하여, 가중치 벡터를 잘 분산되도록 한다. 이것은 신경망이 입력 중 일부 뉴런을 집중적으로 많이 사용하는 것보다 모든 입력을 조금씩 받아서 사용하도록 권장하는 매력적인 기능이다. 특별히 주의할 점은 경사하강법 업데이트 중에 $L2$ 규제화를 사용하게 되면 궁극적으로 모든 가중치가 선형적으로 0으로 감소하게 된다. 이 현상으로 인해 $L2$ 규제화는 일반적으로 **가중치 감쇠**weight decay라 불린다.

ConvNetJS를 사용하여 $L2$ 규제화의 효과를 시각화해 보자. [그림 4-10] 및 [그림 4-11]과 유사하게 입력이 2개이며 소프트맥스 출력이 2개, 그리고 총 20개의 뉴런이 있는 은닉 레이어를 사용하는 신경망으로 가정하였다. [그림 4-15]를 통하여 미니배치(배치크기 10) 경사하강법을 사용하여 총 3개(0.01, 0.1, 1)의 규제화 강도에 따른 훈련한 결과들을 확인해 보자.

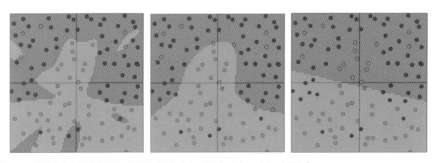

그림 4-15 왼쪽부터 순서대로 규제화 강도 0.01, 0.1, 1로 훈련된 신경망 시각화

또 다른 일반적인 규제화 유형은 $L1$ 규제화이다. 이번에는 신경망의 모든 가중치 w에 대해 $\lambda|w|$라는 항을 추가한다. $L1$ 규제화는 가중치 벡터를 희소하게 만드는(즉, 정확히 0에 가까

---

5   Tikhonov, Andrei Nikolaevich, and Vladlen Borisovich Glasko. "Use of the Regularization Method in Non- Linear Problems." *USSR Computational Mathematics and Mathematical Physics* 5.3 (1965): 93–107.

운) 흥미로운 특성이 있다. $L1$ 규제화가 적용된 뉴런들은 가장 중요한 입력들의 작은 부분집합만을 사용하게 되며, 입력에 포함된 노이즈에 매우 강해진다. 이에 비해 $L2$ 규제화에서 얻는 가중치 벡터들은 보통 분산되어 있고 작은 숫자들이다. $L1$ 규제화는 어떤 피처들이 결정에 기여하는지 정확히 이해하고 싶을 때 유용하다. 이러한 수준의 피처 분석이 필요 없는 경우라면 $L2$ 규제화를 더 선호하는데, 이는 $L2$ 규제화가 선험적으로 성능이 더 좋기 때문이다.

맥스 노름$^{\text{max-norm}}$ 규제화는 θ가 너무 커지지 않도록 제한하려는 목표를 통해 더 직접적으로 과적합을 방지한다.[6] 역전파가 진행되는 경사 하강 단계마다 $\|w\|_2 > c$ 가 되도록 들어오는 가중치 벡터를 모두 반경이 c인 공 (원점 중심)으로 벡터를 다시 투영하는 방식으로 변형한다. 일반적으로 c의 값은 3과 4이다. 맥스 노름 규제화의 좋은 기능 중 하나는 파라미터 벡터가 원하는 크기를 벗어나는 방식으로 발산할 수 없다는 점이다. 학습률이 높더라도 가중치 업데이트가 제한된 수준 내에서 진행되기 때문이다.

드롭아웃 ^{dropout}은 심층 신경망에서 과적합을 방지하는 가장 선호되는 방법 중 하나이다.[7] 훈련하는 동안 드롭아웃은 약간의 확률 p(하이퍼파라미터)에 의해 무작위로 선정된 뉴런을 활성 상태로 유지되도록 한다. 그렇지 않으면 0으로 설정한다. [그림 4-16]으로부터 활성 상태로 유지되거나, 0으로 설정되어 탈락하는 과정을 확인할 수 있다. 직관적으로 이것은 특정 변수의 값이 존재하지 않는 경우에도 네트워크가 정확하게 훈련되도록 도와준다. 즉, 네트워크가 하나의 뉴런에 너무 의존하는 것을 방지하는 것이다. 수학적으로 바라보면 기존 하나의 구조에서 존재하는 기하급수적으로 다양한 부분 집합에 해당하는 신경망 구조를 효율적으로 결합하는 방법을 제공하는 방식으로도 과적합을 방지한다.

드롭아웃은 매우 직관적이지만 고려해야 할 몇 가지 중요한 사항이 있다. 첫째, 테스트를 진행할 때 뉴런의 출력이 훈련을 진행할 때 목표로 정하는 성능과 동일하기를 원한다. 따라서, 순진하게도 테스트를 진행할 때 다시 드롭아웃으로 출력되는 성능을 높이려는 오류를 범할 수 있다. 예를 들어, $p = 0.5$인 경우 뉴런은 훈련 중에 가질 수 있는 것과 동일한 출력값을 갖게 하기 위해 테스트 중에도 출력을 절반으로 줄어들게 한다. 이것은 뉴런의 출력이 0일 확률이 $1-p$로 설정되는 것을 통해 쉽게 확인할 수 있다. 드롭아웃 이전의 뉴런의 출력이 x였다면 드롭아웃

6 Srebro, Nathan, Jason DM Rennie, and Tommi S. Jaakkola. "Maximum-Margin Matrix Factorization." *NIPS*, Vol. 17, 2004.

7 Srivastava, Nitish, et al. "Dropout: A Simple Way to Prevent Neural Networks from Overfitting." *Journal of Machine Learning Research* 15.1 (2014): 1929–1958.

이후의 기대 출력은 $E[\text{output}] = px + (1 - p) \cdot 0 = px$ 가 된다. 그러나 드롭아웃의 이러한 성질은 테스트를 진행할 때 출력되는 뉴런의 크기 조정이 되도록 구현될 수 있기 때문에 바람직하지 않다. 결과적으로, 테스트를 진행할 때의 성능은 모델 평가에 매우 중요하므로 스케일링이 테스트 훈련 때에 발생하는 역 드롭아웃을 사용하는 것이 항상 바람직하다. 역 드롭아웃을 진행하게 되면 활성화가 억제되지 않은 뉴런은 값이 다음 레이어로 전파되기 전에 출력을 p로 나눈 값으로 변환된다. 이런 과정을 통해 $E[\text{output}] = p \cdot \dfrac{x}{p} + (1 - p) \cdot 0 = x$ 이 된다. 테스트를 진행할 때 뉴런의 출력이 임의로 조정되는 것을 피할 수 있다.

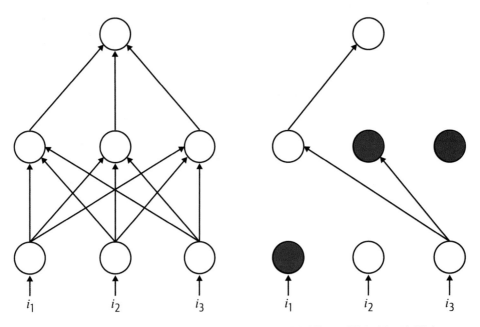

그림 4-16 드롭아웃은 네트워크의 각 뉴런을 훈련의 각 미니배치 동안 임의의 확률로 비활성 상태로 설정한다.

신경망 훈련 이론

확률적 경사하강법과 미니배치 경사하강법을 뒷받침하는 몇 가지 이론을 살펴보도록 하자. 이 장에서 확률적 경사하강법과 미니배치 경사하강법으로부터 몇 가지 실증적인 예시를 통해 배치 경사하강법 대비 더욱 효과적인 결과를 얻을 수 있음을 확인할 수 있었다. 우리는 이론상으로도 이러한 훈련 알고리즘들을 전체 데이터셋에 대한 배치 경사하강법의 대안으로 사용하는 것이 더 나은 이유를 이해하고 싶을 것이다. 하지만, 종종 많은 훈련 데이터 예시에서 배치 경사하강법은 다루는 것조차 어려울 수 있어 프로그래밍으로 확인조차 해보지 못하는 경우들이 존재할 것이다. 하나의 에포크 내에서 한 번에 모든 훈련 데이터 예시에 대해 신경망의 모든 가중치에 대해 편미분을 취해야 하기 때문이다. 이는 대규모 데이터셋뿐만 아니라 중간 크기의 신경망에서조차도 메모리의 제한을 넘게 될 가능성이 높아 작업조차 어려울 수 있다.

이론상 단순화 작업을 위해 X를 전체 데이터를 나타낸 행렬이라 하자. 이 행렬은 $n \times d$차원의 행렬이다. 여기서 n은 전체 데이터셋의 입력 수를 나타내고 d는 주어진 입력과 관련된 변수의 개수를 나타낸다. 즉, X의 각 행은 단일 훈련 데이터 예시이다. X 이외에도 데이터 행렬의 각 입력과 연결된 레이블 벡터 또는 원하는 출력인 y가 있다. 유추할 수 있듯이 y는 $n \times 1$차원이다. $f(\cdot, \theta)$는 신경망에 의해 정의된 함수로, θ는 이를 파라미터화하는 가중치이다. 마지막으로 예측 출력 $\hat{y}$를 실제 출력 y와 비교할 때 $L(\hat{y}, y)$를 오차 또는 **손실 함수**^{loss function}라 한다.

기본적인 가정으로 시작해 보자. X와 y는 어디서 오는 것일까? X와 y가 산출되는 임의의 기저 데이터 생성 프로세스가 있다고 가정한다. 입력과 레이블에 대한 결합 분포 $p(x,y)$가 존재하며, 여기서 관찰되는 데이터셋은 무작위로 샘플링되었다. 고전적인 학습 이론에서는 학습된 함수 또는 신경망 $f(\cdot, \theta)$이 다음의 목적 함수를 최소화하기를 원한다.

$$E_{p(x,y)}[L(f(x,\theta),y)]$$

또는 실제 분포인 $p(x, y)$에 대해 **기대 손실**^{expected loss}을 최소화하기를 원한다. 모집단이란 분포에 의한 실제 목적 함수를 모집단 위험^{population risk}이라고 부른다. 모집단 위험을 최소화하려는 이유가 무엇일까? 직관적으로, 실제 분포에서 입력 데이터 포인트 $x^{(i)}$와 출력 레이블 $y^{(i)}$의 주어진 쌍이 더 자주 발생할수록 $f(x^{(i)}, \theta)$가 $y^{(i)}$와 유사한 출력에 더 많은 가중치를 주고 싶을 것이다. $L(f(x^{(i)}, \theta), y^{(i)})$는 $f(x^{(i)}, \theta)$의 출력이 $y^{(i)}$와 얼마나 유사한지를 수량화한다. 최적의 가중치는 단순히 $p(x^{(i)}, y^{(i)})$이며, 이는 페어링의 빈도를 수량화한 것이다. 이 논리를 가능한 모든 조합에 대해 나타내면 모집단에 의한 위험이란 목적 함수로 도출된다. 이 논리는 x와 y가 이산형이든 연속형이든 동일하게 만족한다.

만약 실제 분포 $p(x, y)$를 알 수 있었다면 문제는 이미 해결되었을 것이다. 하지만, 불행히도 우리는 실제 분포에는 접근이 불가능하다. 따라서 할 수 있는 최선은 여기서 보는 데이터로 만들어낼 수 있는 유사하게 근사한 $p(x, y)$이다. 이 경험적 분포를 $p_D(x, y)$라고 부르며, 이는 무한한 데이터가 사용된다는 전제하에 $p(x, y)$로 수렴되어 경험적 분포를 기반으로 하는 모든 경사 업데이트가 편향되지 않음을 의미한다. 그리고 경험적 분포의 영역은 훈련 데이터셋만으로 도출하는 것이 중요하다. 즉, 여기서는 경험적 위험에 의해 목적 함수를 최소화하는 것으로 모집단 위험을 최소화하는 것을 대신할 것이다.

$$E_{p_D(x,y)}[L(f(x;\theta),y)] = \frac{1}{n}\sum_{i=1}^{n}L(f(x^{(i)};\theta),y^{(i)})$$

이제 경험적 위험을 최소화하는 가중치 θ를 찾아보기 위해 θ에 대한 목적 함수의 경사를 계산해 보자.

$$\nabla_\theta E_{p_D(x,y)}[L(f(x;\theta),y)]$$
$$= \nabla_\theta \frac{1}{n}\sum_{i=1}^{n}L(f(x^{(i)};\theta),y^{(i)})$$
$$= \frac{1}{n}\sum_{i=1}^{n}\nabla_\theta L(f(x^{(i)};\theta),y^{(i)})$$

새로이 나타낸 경험적 위험의 최소화 방법론과 4.5절 '역전파 알고리즘'의 유일한 차이점은 학습률에 적용할 수 있는 상수인 인수 $\frac{1}{n}$이다. 마지막 등식을 확장하면 다음과 같다.

$$\frac{1}{n}\sum_{i=1}^{n}\nabla_\theta L(f(x^{(i)};\theta),y^{(i)}) = E_{p_D(x,y)}[\nabla_\theta L(f(x;\theta),y)]$$

여기서는 거의 똑같은 논리를 사용하여 모집단 위험에 대한 대안으로서 경험적 위험을 통하여 훈련을 수행할 수 있음을 살펴보았다. 반복적인 샘플링을 통해 경험적 분포에 대한 기대치를 근사화하여 모집단 위험을 대신할 것이다. 이렇게 무한 번 샘플을 활용하여 근사하게 된다면 경험적 분포는 모집단 위험에 가까워지게 되며 편향되지 않을 것이다.

이 장에서는 순방향 신경망 훈련에 관한 모든 기본 내용들을 학습했다. 경사하강법, 역전파 알고리즘, 과적합 방지에 사용하는 여러 가지 방법을 논의했다. 다음 장에서는 이제까지 배운 내용들을 실습해 본다. PyTorch 라이브러리를 사용해서 첫 번째 신경망을 효율적으로 구현해 볼 것이다. 그런 다음 6장에서는 신경망 훈련을 위해 목적 함수를 최적화하는 문제로 돌아가서 성능을 크게 향상시키는 알고리즘을 설계해 볼 것이다. 이러한 개선 사항들은 훨씬 더 많은 데이터를 처리하게 해 줄 것이고, 이는 더 광범위한 모델을 구축할 수 있음을 의미한다.

5장

PyTorch 기반 신경망 구현

5.1 PyTorch 소개

이 장에서는 현업에서 가장 활발하게 활용되고 있는 딥러닝 프레임워크 중 하나인 PyTorch의 기본에 대해 배워보도록 하자. PyTorch는 2016년 Facebook의 AI Research Lab에서 시작되었으며 여러 해 동안 업계와 연구 분야에서 많은 사용자들을 확보하고 있다. PyTorch가 전 세계적으로 많은 이들에게 채택된 이유들 중 하나는 바로 딥러닝 실무자가 따르는 기존 업무 환경 및 코딩 패러다임에 보다 직관적이며 Pythonic한 느낌 때문이다.

특히 이번 장에서는 PyTorch에서 사용하는 데이터 구조, PyTorch에서 신경망 모델을 정의하는 방법, 훈련 및 테스트를 위해 데이터를 모델과 함께 활용하는 방법에 대해 설명한다. 마지막으로 실제 예시를 통해 PyTorch를 직접 구현해 볼 것이다. MNIST 숫자 데이터셋을 위한 분류기를 훈련 및 테스트하기 위해 보도록 하자.

5.2 PyTorch 설치

PyTorch의 CPU 호환 버전을 설치를 시작해 보자. 먼저, PyTorch 문서에서는 패키지 관리 시스템인 conda의 사용을 권장한다. Conda를 활용하면 하나의 PC에 쉽고 빠르게 여러 개의 환경을 세팅할 수 있기 때문이다. 예를 들면, 여러 환경에 각각 다르게 패키지를 세팅하는 것이 간단하다. 하지만, 서로 다른 환경 사이에는 패키지에 대한 접근 혹은 전달이 불가능하다. 따라서, 사용자는 개별 환경 내에서 패키지를 다운로드하여 서로 다른 환경끼리 독립적으로 명확히 구분할 수 있다. 딥러닝을 활용할 때도 경우에 따라 필요한 환경에 맞추어 전환할 수 있는 서로 다른 conda 환경을 만드는 것이 좋으니 참고하도록 하자. conda를 다운로드하는 방법에 대한 지침과 환경에 대한 추가적인 내용을 알고 싶다면 conda 문서를 직접 참고하길 바란다.

conda를 설치하였다면, 딥러닝 환경을 세팅하고 그 환경을 활용해 보자. PyTorch 문서에 나오는 것처럼 커맨드 창 혹은 터미널 창에서 다음 코드를 실행하여 macOS에서 CPU 호환 버전의 PyTorch를 다운로드해 보자.

```
conda install pytorch torchvision torchaudio -c pytorch
```

설치를 위한 위 명령어에는 pytorch 패키지 이외에도 '이미지 데이터' 및 '오디오 데이터' 작업을 위한 특수한 패키지인 torchvision 및 torchaudio를 같이 설치한다. 혹시라도 Linux 시스템을 사용하는 경우는 터미널에서 다음 코드를 실행하기를 권장한다.

```
conda install pytorch torchvision torchaudio cpuonly -c pytorch
```

앞서 설정한 딥러닝 환경 내에서 Python Shell로 이동 후 아래 명령을 실행해 보도록 하자.

```
import torch
```

이는 다음 절에 배우게 될 코드들을 실행하기 전에 PyTorch 패키지를 모두 가져올 수 있는 기능으로 필수이다. 따라서, Python Shell에서 이 명령을 오류 없이 실행하는 것은 매우 중요하다.

5.3 PyTorch 텐서

텐서^{Tensor}는 PyTorch가 수치 정보를 저장하고 조작하는 기본 데이터 구조다. 텐서는 1장 선형 대수학에서 자세히 다루었던 배열과 행렬의 일반화된 형태이다. 특히, 텐서는 2D 행렬과 1D 배열의 형태로 다차원 데이터를 저장할 수 있다. 다차원 데이터의 예시로는 세 가지 색감을 표현한 채널 기반 이미지의 배치 형태의 데이터가 있다. 각 이미지는 3D(채널 차원 포함)이고 개별 이미지를 색인화하는 데 필요한 네 번째 차원이 존재한다. 따라서, 4D 데이터 저장을 필요로 한다. 텐서는 4D 공간을 뛰어넘는 고차원을 표현할 수 있지만 실제로 이러한 텐서를 사용하는 것은 흔하지 않으니 이 책에서는 4D 데이터까지 활용할 것이다.

PyTorch에서는 주로 텐서라는 데이터 구조를 활용한다. 모델에 적용될 입력값의 형태, 모델 자체 내의 레이어 간 연결에 필요한 가중치 및 모델의 출력값 등을 나타낸다. 또한 텐서는 더하기, 곱하기, 전치, 역행렬 등의 표준 선형대수 연산이 모두 가능하다.

5.3.1 텐서 초기화

텐서는 어떻게 초기화할 수 있을까? 텐서는 다양한 데이터 타입으로부터 초기화가 가능하다. 아래는 Python의 List 및 Python 기본형 숫자로부터 텐서 구조로 초기화하는 예시이다.

```
arr = [1,2]
tensor = torch.tensor(arr)
val = 2.0
tensor = torch.tensor(val)
```

numpy 배열 또한 tensor로 초기화할 수 있으므로 PyTorch를 활용하면 기존 데이터 과학 및 머신러닝 작업도 쉽게 진행할 수 있다.

```
import numpy as np
np_arr = np.array([1,2])
x_t = torch.from_numpy(np_arr)
```

또한 간단한 수준의 PyTorch API 엔드포인트를 통해서도 텐서를 구성할 수 있다.

```
zeros_t = torch.zeros((2,3)) # Returns 2x3 tensor of zeros
ones_t = torch.ones((2,3)) # Returns 2x3 tensor of ones
rand_t = torch.randn((2,3)) # Returns 2x3 tensor of random numbers
```

5.3.2 텐서 속성

5.3.1절의 예시에서는 PyTorch API 엔드포인트의 각 함수를 활용하기 위한 인수로 튜플을 입력하였다. 튜플의 색인 개수는 생성될 텐서의 차원이며, 색인의 숫자 각각은 해당 특정 차원의 크기를 나타내다. 텐서의 차원에 접근하기 위해 **텐서 속성**^{tensor attribute}인 shape를 호출해 보자.

```
zeros_t.shape # torch.Size([2, 3])를 리턴한다
```

만약, 텐서의 모양이 중간에 수정되지 않았다고 가정하면 이전 예제에서 shape 속성을 호출하면 생성할 때의 인수 입력값과 동일한 튜플을 반환해야 한다.

텐서의 다른 속성에는 어떤 것이 있을까? 텐서는 속성으로 텐서의 모양 외에도 데이터 타입 (부동 소수점, 복소수, 정수 및 부울)에 대한 정보 또한 저장된다. 이러한 데이터 범주 내에는 하위 데이터 타입^{subtype}이 존재하지만 이번 장에서는 하위 데이터 타입과의 차이점에 대해서는 설명하지 않으니 궁금하다면 따로 살펴보도록 하자. 또한 텐서는 여러 데이터 타입을 조합하거나 매칭하는 것이 불가능하다. 즉, 단일 텐서 내의 모든 데이터는 동일한 데이터 타입이어야 한다. 텐서의 데이터 타입을 확인하고 싶다면 dtype 속성을 활용해 보자.

```
x_t = torch.tensor(2.0)
x_t.dtype # Returns torch.float32
```

또한 초기화 진행 시 사전적으로 텐서의 데이터 타입 설정이 가능하다. 이전 예시 중 하나를 통해 확인해 보자.

```
arr = [1,2]
x_t = torch.tensor(arr, dtype=torch.float32)
```

텐서의 데이터 타입과 모양 이외에도, 해당 텐서가 할당된 장치를 알 수 있다. 이들 장치는 유명한 CPU를 포함하는데, CPU는 모든 컴퓨터에 표준으로 장착되어 있고 모든 텐서의 기본 저장소다. 그리고 GPU, 즉 그래픽 처리 유닛이 있는데, 이는 이미지 공간에서 자주 사용되는 특별한 데이터 처리 유닛이다. GPU는 수백여 개의 작고 전문화된 코어에서 수행되는 병렬 처리

작업을 통해 곱셈과 같이 일반적인 텐서 연산을 대폭 가속하며, 이는 GPU를 대부분의 딥러닝 응용에 매우 유용하게 한다. 텐서 장치에 접근하려면, 해당 장치 속성을 다음과 같이 호출할 수 있다.

```
x_t.device # Returns device(type='cpu') by default
```

데이터 타입과 유사하게 초기화 진행 시 텐서의 장치 또한 사전적으로 설정이 가능하다.

```
# PyTorch will use GPU if it's available
device = 'cuda' if torch.cuda.is_available() else 'cpu'
arr = [1,2]
x_t = torch.tensor(arr, dtype=torch.float32, device=device)
```

위 코드는 사전적으로 GPU가 사용 가능한지 확인하며, 만약 GPU를 활용할 수 있으면 GPU 를 사용하고 그렇지 않은 경우에는 오류 없이 CPU를 사용하도록 작성한 코드이다.

만약 이미 특정 속성들을 활용하여 텐서를 정의하고, 다시 이 속성들을 수정하고자 한다면 to 함수를 사용해 보자.

```
x_t = x_t.to(device, dtype=torch.int)
```

마지막으로 5.4절 'PyTorch에서의 경사'에서 다루겠지만 PyTorch 텐서는 require_grad 인 수로 초기화가 가능하다. 이 인수를 True로 설정하면 텐서의 경사를 grad라는 속성에 저장 한다.

5.3.3 텐서 연산

PyTorch API는 텐서의 산술 기능부터 색인화 기능에 이르기까지 다양한 텐서 연산을 제공한 다. 이번 절에서는 딥러닝 응용 프로그램에서 자주 사용하게 될 유용한 텐서 연산들에 대해 알 아보자.

가장 기본적인 연산 중 하나는 텐서에 임의의 스칼라 c를 곱하는 것이다. 이것은 다음 코드와 같이 수행된다.

```
c = 10
x_t = x_t*c
```

그 결과 텐서의 입력값들과 스칼라값이 각 요소의 위치에 맞추어서 곱셈이 진행된다. 가장 기본적인 텐서의 또 다른 연산들은 텐서 덧셈과 뺄셈이다. 텐서는 + 기호를 통해 더할 수 있으며, 뺄셈은 첫 번째 텐서에 스칼라 −1을 곱한 두 번째 텐서를 덧셈하는 방식으로 연산을 하게 된다.

```
x1_t = torch.zeros((1,2))
x2_t = torch.ones((1,2))
x1_t + x2_t
# tensor([[1., 1.]])를 리턴한다
```

해당 결과는 두 텐서의 요소별 합element-wise sum이다. 이것은 모든 차원성에 대한 행렬 덧셈을 직접적으로 일반화한 것으로 볼 수 있다. 이 직접적인 일반화는 앞서 행렬 덧셈에서 설명한 내용과 동일한 제약 조건, 즉 합산되는 두 텐서의 차원이 같다는 것을 암시적으로 가정한다. PyTorch도 이와 비슷하게 브로드캐스팅broadcasting[1] 가능한 두개의 입력을 문제 없이 처리할 수 있다. 이때 브로드캐스팅은 두 입력을 공통 모양common shape으로 해결하는 절차이고, 브로드캐스팅 가능의 의미는 두 입력을 공통 모양으로 해결할 수 있는지의 여부를 나타낸다. 두 텐서가 이미 같은 모양이라면 브로드캐스팅이 필요 없다. 두 입력이 브로드캐스팅 가능한지와 브로드캐스팅이 이러한 경우에 수행되는 방식에 대한 자세한 내용은 PyTorch 문서를 참고하기 바란다.

텐서 곱셈은 익숙해져야 하는 굉장히 중요한 연산이다. 텐서 곱셈은 각 텐서의 차원이 2보다 작거나 같을 때 행렬 및 벡터 곱셈과 동일하게 작동한다. 그러나 텐서 곱셈은 두 텐서가 호환되는 경우 높은 차원의 텐서에서도 작동한다. 누적된 행렬 데이터 간 각각 곱셈을 진행하는 방식으로 고차원의 텐서 곱셈의 예시를 살펴보도록 하자. 두 개의 3차원 텐서가 있을 때 첫 번째는 모양이 (2, 1, 2)이고 두 번째는 모양이 (2, 2, 2)라고 가정해 보자. 첫 번째 텐서는 1×2 행렬의 개수가 2개인 리스트로 표현할 수 있고, 두 번째 텐서는 2×2 행렬의 개수가 2개인 리스트로 나타낼 수 있다. 마지막으로 곱은 길이가 2인 리스트에서 요소별로 진행되며, 여기서 곱이 진행되는 색인 i는 [그림 5-1]과 같이 첫 번째 텐서의 색인 i와 두 번째 텐서의 색인 i의 행렬 곱이 이루어진다.

1　옮긴이 1_ 두 행렬 A, B 사이의 계산을 가능하게 하기 위해 둘 중 크기가 더 작은 행렬을 크기가 더 큰 행렬과 모양에 맞게 확장시켜 주는 것을 의미한다.

$$\begin{bmatrix} \begin{bmatrix} a & b \end{bmatrix} & \begin{bmatrix} c & d \end{bmatrix} \end{bmatrix} \quad * \quad \begin{bmatrix} \begin{bmatrix} e & f \\ g & h \end{bmatrix} & \begin{bmatrix} i & j \\ k & l \end{bmatrix} \end{bmatrix}$$

$$= \begin{bmatrix} \begin{bmatrix} a^*e+b^*g & a^*f+b^*h \end{bmatrix} & \begin{bmatrix} c^*i+d^*k & c^*j+d^*i \end{bmatrix} \end{bmatrix}$$

그림 5-1 이 그림은 일반적인 텐서 곱셈 방법을 시각화하는 데 도움이 되도록 2개의 2차원 행렬이 각각 주어졌을 때 행렬 곱셈을 통해 텐서 곱셈이 진행되는 방식을 보여준다.

결과 리스트를 3D 텐서로 다시 쌓으면 제품의 모양이 (2,1,2)임을 알 수 있다. 이를 통해 이제 4차원으로도 일반화해 보자. 여기서 행렬로 구성된 리스트가 있다고 상상하는 대신, 각 4D 텐서를 행렬 그리드로 나타내고 곱셈 결과 P의 (i, j)번째 색인은 입력값인 A와 B 두 개의 4D 입력 텐서의 (i, j)번째 색인에 존재하는 행렬들의 연산에 의해서 만들어지게 된다. 이것을 수학적으로 표현하면 아래와 같다.

$$P_{i,j,x,z} = \sum_y A_{i,j,x,y} * B_{i,j,y,z}$$

이 과정은 두 개의 입력 텐서가 행렬 곱셈의 제약 조건을 따른다고 가정하면 모든 차원으로 일반화할 수 있다. 텐서 덧셈과 마찬가지로 브로드캐스팅과 관련하여 예외들이 있지만 여기서는 자세히 다루지 않도록 하겠다. 브로드캐스팅에 대한 자세한 정보는 PyTorch 문서를 참조하도록 한다.

PyTorch에서는 두 개의 텐서를 곱하기 위해 `torch.matmul`이란 함수를 사용한다.

```
x1_t = torch.tensor([[1,2],[3,4]])
x2_t = torch.tensor([[1,2,3],[4,5,6]])
torch.matmul(x1_t, x2_t) # Returns tensor([[9,12,15],[19,26,33]])
```

텐서에 대한 산술 연산 외에도 텐서 색인화 및 슬라이싱이 가능하다. NumPy에 대한 사전 경험이 있는 경우에는 PyTorch 색인화가 이와 매우 유사하며, 선형대수학 기초로 연산이 진행된다. 3D 텐서가 있는 경우 다음 코드를 통해 (i, j, k) 위치의 값에 접근이 가능하다.

```
i,j,k = 0,1,1
x3_t = torch.tensor([[[3,7,9],[2,4,5]],[[8,6,2],[3,9,1]]])
```

```
print(x3_t)
# out:
# tensor([[[3, 7, 9],
#          [2, 4, 5]],
#         [[8, 6, 2],
#          [3, 9, 1]]])

x3_t[i,j,k]
# out:
# tensor(4)
```

텐서의 특정 범위의 값들을 슬라이싱하려면, 예를 들어 3D 텐서의 위치 0에 있는 행렬에 접근하려면 다음 코드를 활용할 수 있다.

```
x3_t[0] # 텐서 위치 0의 행렬을 리턴한다
x3_t[0,:,:] # 역시 텐서 위치 0의 행렬을 리턴한다
# out:
# tensor([[3, 7, 9],
#         [2, 4, 1]])
```

위의 두 줄의 코드는 PyTorch API에서 같은 결과를 출력하게 된다. 즉, x3_t[0]과 같은 단일 색인화기를 사용하면 사용자가 $i = 0$(즉, 원래 3D 텐서인 행렬)에 해당하는 데이터에 접근하게 된다. ':' 기호를 사용하는 것은 PyTorch 사용자가 해당 차원의 데이터 부분 집합을 원하지 않고 전체를 활용하려 한다는 것을 직접 알려주어 첫 줄의 코드보다 암시적으로 더 명확한 표현을 한 것임을 의미한다. 또한 ':' 기호를 사용하게 되면 데이터의 하위 집합을 지정하는 것도 가능해진다. 예를 들면 다음과 같다.

```
x3_t[0,1:3,:]
# tensor([[2, 4, 5]])를 리턴한다
```

위 코드는 $i = 0$ 및 $1 \leq j < 3$를 만족하는 모든 색인 (i, j, k)에 해당하는 데이터를 가져오는 것이다. 일반적으로 3D 텐서인 행렬에서 가장 첫 행렬의 두 번째 및 세 번째 행에 접근하려고 한다. 이 ':'의 사용법은 표준인 Python 리스트의 색인화 방법과 동일하다.

텐서의 색인이나 슬라이스에 접근하는 것 이외에도 해당하는 색인과 슬라이스에 새로운 값을 대입하는 것 또한 가능하다. 단일 색인의 경우 다음과 같이 새로운 값을 대입할 수 있다.

```
x3_t[0,1,2] = 1
# out:
# tensor([[[3, 7, 9],
#          [2, 4, 1]],
#         [[8, 6, 2],
#          [3, 9, 1]]])
```

텐서의 슬라이스를 대입에 활용하려면 가장 간단한 방법은 슬라이스와 같은 차원의 텐서를 새로 정의한 후 아래 코드처럼 입력하면 된다.

```
x_t = torch.randn(2,3,4)
sub_tensor = torch.randn(2,4)
x_t[0,1:3,:] = sub_tensor
```

또한 브로드캐스팅을 통해 아래 코드와 같은 작업을 수행할 수 있다.

```
x_t[0,1:3,:] = 1
sub_tensor = torch.randn(1,4)
x_t[0,1:3,:] = sub_tensor
```

첫 번째 줄은 두 행의 전체 값을 1이란 스칼라값으로 입력하고 두 번째와 세 번째 줄은 슬라이스의 두 행을 sub_tensor라는 1차원 단일 행으로 입력해서 브로드캐스팅에 의해 2차원 텐서 슬라이스에 값을 입력한다. 다음 절에서는 PyTorch에서 함수의 경사를 계산하는 방법과 계산된 경사의 값에 접근하는 방법에 대해 알아보도록 하자.

5.4 PyTorch에서의 경사

미적분학에서 도함수와 편도함수를 간단히 복습해 보자. 함수의 편도함수는 몇 개의 변수를 갖는 아주 간단한 다항식 함수부터 신경망과 같이 복잡한 것에 이르기까지 함수의 입력 중 하나의 값이 변할 때 그에 따른 함수 출력값의 변화율을 나타낸다. 따라서, 큰 크기의 도함수는 그 출력이 입력의 작은 변화에 매우 불안정함을 나타내며(x가 중간 크기일 때 $f(x) = x^{10}$을 생각해 보자), 반면에 작은 크기의 도함수는 그 출력이 입력의 작은 변화에 상대적으로 안정적임을 나타낸다($f(x) = \dfrac{x}{10}$ 을 생각해 보자). 해당 함수가 두 개 이상의 입력을 받는 경우, 해당 경사는 다음과 같이 모든 편도함수로 구성된 벡터다.

$$f(x,y,z) = x^2 + y^2 + z^2$$

$$\frac{\partial f}{\partial x} = \nabla_x f(x,y,z) = 2x$$

$$\nabla f = [2x\,2y\,2z]$$

PyTorch를 활용하여 위 예시에 대한 코드를 작성해 보자.

```
x = torch.tensor(2.0, requires_grad=True)
y = torch.tensor(3.0, requires_grad=True)
z = torch.tensor(1.5, requires_grad=True)
f = x**2+y**2+z**2
f.backward()
x.grad, y.grad, z.grad
# out:
# (tensor(4.), tensor(6.), tensor(3.))
```

backward() 호출은 각 입력 변수에 대한 출력 f의 편미분을 계산한다. x.grad, y.grad 및 z.grad의 값이 각각 4.0, 6.0 및 3.0이 될 것으로 예상해야 한다. 신경망에서는 어떠할까? 먼저, 신경망은 $f(x, \theta)$로 나타낼 수 있다. 여기서 f는 신경망, x는 입력값을 나타내는 벡터, θ는 f의 파라미터이다. 이전의 예시처럼 x에 대한 f라는 신경망 출력값의 경사를 계산하는 대신 θ에 대한 f의 출력값 손실의 경사를 계산한다. 경사를 통해 θ를 조정하면 결국 훈련 데이터에 대한 작은 손실과 f가 이전에 본 적이 없는 데이터로 일반화되는 θ의 설정으로 이어질 것이다. 다음 절에서는 신경망을 구성하는 기본 개념들에 대해 알아보자.

5.5 PyTorch nn 모듈

PyTorch nn 모듈은 모델을 정의, 훈련, 테스트하는 데 필요한 모든 기본 기능을 제공한다. nn 모듈을 가져오려면 다음 코드 한 줄을 실행해 보자.

```
import torch.nn as nn
```

이번 절에서는 nn 모듈의 일반적인 용도들 중 일부만을 다룰 것이다. 예를 들어, 순방향 신경망에 필요한 가중치 행렬을 초기화하려면 다음 코드를 사용한다.

```
in_dim, out_dim = 256, 10
vec = torch.randn(256)
layer = nn.Linear(in_dim, out_dim, bias=True)
out = layer(vec)
```

위 코드는 입력으로 차원이 256인 벡터를 사용하고 이후 차원이 10인 벡터를 출력하는 가중치 행렬인 순방향 신경망에서 편향이 존재하는 단일 레이어를 정의한 것이다. 코드의 마지막 줄은 단일 레이어를 입력 데이터들에 쉽게 적용할 수 있는 방법을 보여준다. 즉, 레이어에 입력 벡터를 대입하며, 이후 얻게 된 출력을 새로운 텐서에 저장하는 것이다. 이전 절의 지식만 사용하여 동일한 작업을 수행하려 했다면 torch.tensor를 통해 가중치 행렬 W와 편향 벡터 b를 수동으로 정의하고 명시적으로 계산해야 했다.

```
W = torch.rand(10,256)
b = torch.zeros(10,1)
out = torch.matmul(W, vec) + b
```

따라서, nn 모듈의 선형 레이어를 사용하면 앞서 수동적으로 진행했던 작업들을 추상화하여 깨끗하고 간결한 코드로 표현된다.

순방향 신경망은 단순히 이들 레이어의 조합으로 생각할 수 있다. 예를 들면 다음과 같다.

```
in_dim, feature_dim, out_dim = 784, 256, 10
vec = torch.randn(784)
layer1 = nn.Linear(in_dim, feature_dim, bias=True)
layer2 = nn.Linear(feature_dim, out_dim, bias=True)
out = layer2(layer1(vec))
```

위 코드는 함수의 합성 layer2(layer1(vec)) 또는 수학적으로 $W_2(W_1 * x + b_1) + b_2$ 인 신경망을 나타낸다. 더욱 복잡한 비선형 함수를 나타내기 위해 nn 모듈은 nn.ReLU를 통해 접근할 수 있는 ReLU 및 nn.Tanh를 통해 접근할 수 있는 tanh와 같은 비선형성을 추가로 제공한다. 이러한 비선형성은 아래와 같이 레이어들 사이에 적용된다.

```
relu = nn.ReLU()
out  = layer2(relu(layer1(vec)))
```

이제 PyTorch에서 모델을 정의하는 데 필요한 대부분을 살펴보았다. 마지막으로 다룰 것은 PyTorch에서 모든 신경망을 서브클래싱하는 기본 클래스인 nn.Module 클래스이다.

nn.Module 클래스에는 특정 모델의 하위 클래스가 재정의할 중요한 **메서드**method가 하나 있다. 메서드란 특정 작업을 수행하기 위한 명령문의 집합과 같으며 파이썬에서는 함수와 같다. 이 메서드는 forward 메서드이며 모델의 **생성자**constructor에서 초기화된 레이어가 입력과 상호 작용하여 모델의 출력을 생성하는 방법을 정의한다. 생성자란 클래스 객체가 생성될 때 객체의 초기화를 위해 실행되는 메소드를 의미한다. 아래는 방금 정의한 간단한 2개 레이어 기반의 신경망을 캡슐화하는 데 사용할 수 있는 몇 가지 코드 예시이다.

```
class BaseClassifier(nn.Module):
    def __init__(self, in_dim, feature_dim, out_dim):
        super(BaseClassifier, self).__init__()
        self.layer1 = nn.Linear(in_dim, feature_dim, bias=True)
        self.layer2 = nn.Linear(feature_dim, out_dim, bias=True)
        self.relu = nn.ReLU()

    def forward(self, x):
        x = self.layer1(x)
        x = self.relu(x)
        out = self.layer2(x)
        return out
```

이제 PyTorch에서 첫 번째 신경망을 작성했다. BaseClassifier는 in_dim, feature_dim, out_dim을 정의한 후 인스턴스화될 수 있는 버그-프리 모델 클래스다. 생성자는 이 세 가지 변수를 생성자의 인수로 사용하므로 레이어 크기 측면에서 모델을 유연하게 만든다. 이것은 5.7절 'PyTorch에서 MNIST 분류기 구축'에서 설명하는 것처럼 MNIST와 같은 데이터셋에 대한 1차 통과 분류기로 효과적으로 사용할 수 있는 일종의 모델이다. 일부 입력 데이터셋에 대한 모델의 출력값을 생성하려면, 우리는 다음 코드와 같이 모델을 사용할 수 있다.

```
no_examples = 10
in_dim, feature_dim, out_dim = 784, 256, 10
x = torch.randn((no_examples, in_dim))
classifier = BaseClassifier(in_dim, feature_dim, out_dim)
out = classifier(x)
```

마지막 줄에서 분류기 모델을 함수로 사용할 때 암시적으로 forward 함수를 호출한다는 점에 유의하도록 하자. 이 표현 방식은 앞서 수동으로 각 레이어의 파라미터를 토치 텐서로 정의하고 matmul 연산을 통해 출력을 계산하는 초기 접근 방식에 비해 신경망을 정의하는 측면에서 더 깔끔한 모듈을 활용하고 있다. 이후 재사용 또한 가능하기 때문에 굉장히 효과적이다.

모델을 정의하고 인스턴스화하며, 모델로 데이터를 구동하는 것뿐만 아니라 이 모델을 훈련하고 테스트할 수 있어야 한다. 모델을 훈련 및 테스트를 하려면 모델을 평가하기 위한 손실함수와 관련한 통계 지표가 필요하다. 훈련 중에 이 손실 통계 지표를 계산하면 이전 절에서 배웠던 개념을 통해 계산된 손실에 대해 backward()를 호출할 수 있다. 이를 통해 각 파라미터 p의 grad 속성에 경사가 저장될 것이다. 이후 분류기 모델을 정의했으므로 PyTorch nn의 교차 엔트로피 손실 평가 지표를 사용해보도록 하자.

```
loss = nn.CrossEntropyLoss()
target = torch.tensor([0,3,2,8,2,9,3,7,1,6])
computed_loss = loss(out, target)
computed_loss.backward()
```

위의 코드에서 target은 텐서이고 각 색인은 해당 색인에 해당하는 입력의 정답 클래스를 나타낸다. 분류기의 모든 파라미터에 대한 예제의 미니배치 손실 경사를 계산했으므로 경사하강법의 각 단계를 수행할 수 있다. 신경망을 nn.Module의 하위 클래스로 정의할 때 PyTorch API에서 제공하는 또 다른 편리함인 parameters() 함수를 통해 모든 파라미터에 접근할 수 있다. 신경망에서 각 파라미터의 모양을 보려면 다음 코드를 실행해 보도록 하자.

```
for p in classifier.parameters():
  print(p.shape)
# out:
# torch.Size([256, 784])
# torch.Size([256])
# torch.Size([10, 256])
```

```
# torch.Size([10])
```

첫 번째 레이어는 256 × 784 가중치와 256 길이의 편향 벡터를 가지고 있다. 마지막 레이어에는 10 × 256 크기의 가중치와 길이가 10인 편향 벡터가 있다.

경사하강법을 진행하는 동안 우리는 그들의 경사를 기반으로 파라미터를 조정해야 한다. 수동으로 할 수도 있지만 PyTorch는 이 기능을 `torch.optim` 모듈로 추상화하였다. 이 모듈은 고전적인 경사하강법보다 더 복잡할 수 있는 옵티마이저를 설정하고 모델의 파라미터를 업데이트하는 기능을 제공한다. 다음과 같이 옵티마이저를 정의해 보도록 하자.

```
from torch import optim

lr = 1e-3
optimizer = optim.SGD(classifier.parameters(), lr=lr)
```

이 코드는 각 미니배치가 끝날 때 SGD를 통해 분류기의 파라미터를 업데이트하는 최적화 프로그램이다. 실제 이 업데이트를 수행하려면 아래 코드를 사용하면 된다.

```
optimizer.step() # Updates parameters via SGD
optimizer.zero_grad() # Zeroes out gradients between minibatches
```

BaseClassifier에 정의된 간단한 수준의 순방향 네트워크의 경우에는 테스트 방법이 훈련 방법과 동일하다. 테스트셋의 모든 미니배치에서 `classifier(test_x)`를 호출하여 모델을 평가할 수 있다. 그러나 나중에 논의하겠지만 이것이 모든 신경망 아키텍처에 적합한 방법은 아니니 알아두자.

이 코드는 단일 미니배치에 대해 작동한다. 전체 데이터셋에 대한 교육을 수행하려면 각 에포크에서 데이터셋을 수동으로 섞고 데이터셋을 반복할 수 있는 미니배치로 분할해야 한다. 감사하게도 PyTorch는 이 프로세스를 PyTorch 데이터셋 및 데이터 로더라고 하는 것으로 추상화해서 쉽게 활용할 수 있다. 다음 절에서 이런 특성을 가지는 모듈에 대해 자세히 살펴보도록 하자.

5.6 PyTorch 데이터셋과 데이터 로더

PyTorch Dataset은 특정 데이터에 접근하는 데 사용하는 기본 클래스이다. 실제로 __len__
() 및 __getitem__()의 두 가지 중요한 메서드를 재정의하여 Dataset 클래스를 하위 클래스
로 만든다. 첫 번째 방법은 이름에서 알 수 있듯이 데이터셋의 길이, 즉 모델을 훈련하거나 테
스트할 예시 데이터의 수를 나타낸다. 데이터셋을 예시 리스트로 생각하면 두 번째 방법은 색
인을 입력으로 받아 해당 색인의 예시를 반환한다. 각 예제는 데이터 포인트(⑪ 이미지)와 레
이블(⑪ MNIST의 경우 0에서 9 사이의 값)으로 구성된다. 다음은 데이터셋에 대한 몇 가지
예시 코드이다.

```python
import os
from PIL import Image
from torchvision import transforms

class ImageDataset(Dataset):
    def __init__(self, img_dir, label_file):
        super(ImageDataset, self).__init__()
        self.img_dir = img_dir
        self.labels = torch.tensor(np.load(label_file, allow_pickle=True))
        self.transforms = transforms.ToTensor()

    def __getitem__(self, idx):
        img_pth = os.path.join(self.img_dir, "img_{}.jpg".format(idx))
        img = Image.open(img_pth)
        img = self.transforms(img).flatten()
        label = self.labels[idx]
        return {"data":img, "label":label}

    def __len__(self):
        return len(self.labels)
```

위 예시에서는 데이터셋이 포함된 디렉토리가 img_idx.png 명명 규칙을 따르는 이미지로 구
성되어 있다고 가정한다. 여기서 idx는 이미지의 색인을 나타낸다. 또한 실측 레이블이 저장된
NumPy 배열에 저장되어 있다고 가정한다. NumPy 배열은 각 이미지의 해당 레이블을 찾기
위해 idx를 사용하여 로드 및 색인화가 가능하다.

PyTorch의 DataLoader 클래스는 데이터셋 인스턴스화를 입력으로 사용하고 미니배치에

의해 데이터셋에 로드하고 에포크 간에 데이터셋을 섞는 데 필요한 모든 복잡한 과정이 추상화되어 간단하게 활용 가능하다. 즉, 너무 깊이 들어가지는 않겠지만 **DataLoader** 클래스는 Python의 다중 처리 내장 모듈을 사용하여 미니배치를 병렬로 효율적으로 로드하는 것이다. 다음은 데이터셋 설정 및 로더를 활용하는 과정을 간단히 진행할 수 있도록 몇 가지 예제 코드를 살펴보도록 하자.

```
train_dataset = ImageDataset(img_dir='./data/train/',
                             label_file='./data/train/labels.npy')
train_loader = DataLoader(train_dataset,
                          batch_size=4,
                          shuffle=True)
```

이러한 데이터 로더를 반복하려면 다음 코드를 템플릿으로 사용하면 좋을 것이다.

```
for minibatch in train_loader:
    data, labels = minibatch['data'], minibatch['label']
    print(data)
    print(labels)
```

반환된 데이터는 모양 $(64, 784)$의 텐서이고 반환된 레이블은 모양 $(64,)$이다. 알 수 있듯이 데이터 로더는 네트워크를 통해 모든 데이터를 한 번에 실행할 수 있도록 단일 텐서로서 입력하는 것도 가능하다.

```
for minibatch in train_loader:
    data, labels = minibatch['data'], minibatch['label']
    out = classifier(data) # to be completed in the next section!
```

여기서 out은 MNIST의 경우 모양 $(64, 10)$이다. 다음 절에서는 MNIST 데이터셋에서 훈련 및 테스트를 진행할 수 있는 신경망 구조를 구축하기 위해 모든 훈련 과정을 통합할 것이다. 이번 절의 작업을 기반으로 모델을 훈련 및 테스트하기 위한 코드 샘플을 제공하였고, 학습 및 테스트 손실 곡선에 대한 시각화 예시를 살펴볼 것이다.

5.7 PyTorch에서 MNIST 분류기 구축

드디어 PyTorch에서 MNIST 분류기를 만들어볼 시간이 되었다. 대부분 이전 절에서 살펴보았던 코드가 재사용될 예정이니 참고하기 바란다.

```python
import matplotlib.pyplot as plt
import torch
from torch import optim
import torch.nn as nn
from torch.utils.data import Dataset, DataLoader
from torchvision.datasets import MNIST
from torchvision.transforms import ToTensor

class BaseClassifier(nn.Module):
    def __init__(self, in_dim, feature_dim, out_dim):
        super(BaseClassifier, self).__init__()
        self.classifier = nn.Sequential(
            nn.Linear(in_dim, feature_dim, bias=True),
            nn.ReLU(),
            nn.Linear(feature_dim, out_dim, bias=True)
        )

    def forward(self, x):
        return self.classifier(x)

# PyTorch에서 MNIST 데이터셋을 읽어들인다
train_dataset = MNIST(".", train=True,
                      download=True, transform=ToTensor())
test_dataset = MNIST(".", train=False,
                     download=True, transform=ToTensor())
train_loader = DataLoader(train_dataset,
                          batch_size=64, shuffle=True)
test_loader = DataLoader(test_dataset,
                         batch_size=64, shuffle=False)
```

기본적으로 미니배치 텐서와 모델 파라미터는 CPU에 있으므로 장치를 변경하기 위해 이들 각각에서 to 함수를 호출할 필요는 없다. 또한 PyTorch에서 제공하는 MNIST 데이터셋에는 불행히도 유효성 검사 셋이 제공되지 않으므로 훈련 손실 곡선에서 얻은 인사이트만으로 테스트 셋에 대한 최종 하이퍼파라미터 결정을 내리기 위해 노력해 본다.

```python
# 모델, 옵티마이저, 하이퍼파라미터를 인스턴스화한다
in_dim, feature_dim, out_dim = 784, 256, 10
lr=1e-3
loss_fn = nn.CrossEntropyLoss()
epochs=40
classifier = BaseClassifier(in_dim, feature_dim, out_dim)
optimizer = optim.SGD(classifier.parameters(), lr=lr)

def train(classifier=classifier,
          optimizer=optimizer,
          epochs=epochs,
          loss_fn=loss_fn):
    classifier.train()
    loss_lt = []
    for epoch in range(epochs):
        running_loss = 0.0
        for minibatch in train_loader:
            data, target = minibatch
            data = data.flatten(start_dim=1)
            out = classifier(data)
            computed_loss = loss_fn(out, target)
            computed_loss.backward()
            optimizer.step()
            optimizer.zero_grad()

            # 각 미니배치 손실 합을 기록한다
            running_loss += computed_loss.item()
        loss_lt.append(running_loss/len(train_loader))
        print("Epoch: {} train loss: {}".format(epoch+1,
              running_loss/len(train_loader)))
    plt.plot([i for i in range(1,epochs+1)], loss_lt)
    plt.xlabel("Epoch")
    plt.ylabel("Training Loss")
    plt.title(
        "MNIST Training Loss: optimizer {}, lr {}".format("SGD", lr))
    plt.show()

    # 상태를 체크포인트로서 파일에 저장한다
    torch.save(classifier.state_dict(), 'mnist.pt')

def test(classifier=classifier,
         loss_fn = loss_fn):
    classifier.eval()
    accuracy = 0.0
```

```
computed_loss = 0.0

with torch.no_grad():
    for data, target in test_loader:
        data = data.flatten(start_dim=1)
        out = classifier(data)
        _, preds = out.max(dim=1)

        # 손실과 정확도를 구한다
        computed_loss += loss_fn(out, target)
        accuracy += torch.sum(preds==target)

    print("Test loss: {}, test accuracy: {}".format(
        computed_loss.item()/(len(test_loader)*64),
        accuracy*100.0/(len(test_loader)*64)))
```

또한 훈련 및 테스트 함수의 시작 부분에서 각각 따로 classifier.train() 및 classifier.eval()을 호출한다. 이러한 함수에 대한 호출은 모델이 훈련 모드인지 혹은 테스트와 관련된 **추론**Inference 모드인지에 관계없이 PyTorch의 백엔드와 통신을 한다. 훈련과 테스트 진행할 때, 신경망의 동작에 차이가 없다면 왜 classifier.train() 및 classifier.eval()와 같이 서로 다른 메소드를 각각 호출해야 하는지 궁금할 것이다. 우리의 첫 번째 예제에서는 동일하게 진행되어도 되지만, 다른 신경 아키텍처에 대한 훈련 및 테스트 모드가 반드시 동일한 것은 아니기 때문이다. 예를 들어, 드롭아웃 레이어가 모델의 구조에 추가되면 테스트 단계에서 드롭아웃 레이어를 무시해 주어야 한다. 일반적으로 그렇게 하는 것이 좋은 방법으로 간주되기 때문에 여기에 train() 및 eval()에 대한 호출을 따로 추가해서 진행할 것이다.

그럼 이제 첫 번째 단계로 모델 훈련을 위한 몇 가지 시작 하이퍼파라미터를 설정해보도록 하자. 우리는 약간 보수적인 학습률인 1e-4에서부터 시작하여 전체 데이터셋을 통한 반복을 통해 40 에포크동안 훈련을 진행한 후에 훈련 손실 곡선과 테스트 정확도를 검사한다. [그림 5-2]는 에포크에 따른 훈련 손실 곡선의 그래프를 보여준다.

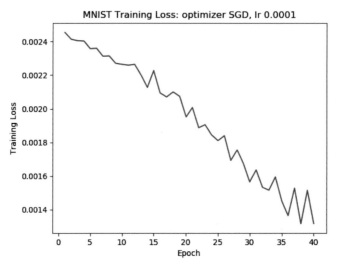

그림 5-2 훈련 세트의 모델 성능이 평준화가 되고 있지 않아 아직 과소적합인 상태로 보이는 손실 곡선

위의 손실 곡선이 훈련이 거의 끝나갈 즈음이 되었음에도 평평해지고 있지 않다는 것을 눈으로 쉽게 알 수 있다. 그리고 가설을 직접 확인해 볼 수 있는 검증 데이터셋은 없지만 직관적으로 더 높은 학습률을 활용하면 도움이 될 것이다. 학습률을 약간 더 공격적인 1e-3으로 설정한 후, 우리가 보고자 하는 것과 훨씬 더 일치하는 훈련 손실 곡선을 관찰하도록 하자(그림 5-3).

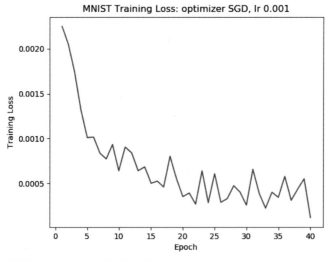

그림 5-3 손실 곡선을 통해 1e-3이 더 적절한 학습률임을 알 수 있다.

드디어 손실 곡선은 훈련이 끝날 무렵에 평평해지기 시작한다. 이 추세는 모델이 이전 시도와 같이 훈련 데이터에 대한 과소적합과 훈련 데이터에 대한 과적합 사이의 최적 지점에 있을 가능성이 있음을 의미한다. 테스트셋에서 40회의 에포크로 훈련된 모델을 평가했더니 91%의 정확도를 달성하였다! 이것은 주로 합성곱 신경망 분류기를 사용하는 오늘날 MNIST의 최고 성능에 근접하지는 못하지만 시작으로는 매우 훌륭하다고 볼 수 있다. 더 개선하기 위해서는 은닉 레이어의 수를 늘리고 보다 정교한 옵티마이저로 대체하는 등으로 코드의 확장을 시도해 보도록 하자.

요약

이 장에서 우리는 PyTorch의 기본적인 기능들을 다루어 보았다. 특히, PyTorch에서 텐서의 개념과 텐서가 숫자 정보를 어떻게 저장하는지 배웠다. 또한 텐서를 변환해 보았고, 텐서 내의 데이터에 접근하고 몇 가지 중요한 속성을 설정하는 방법을 살펴보았다. 이후에는 PyTorch의 경사와 텐서 내에서 경사를 저장하는 방법에 대해 다루었다. PyTorch nn 모듈 절에서 표준적으로 활용되는 nn 기능을 통해 첫 번째 신경망을 구축해보았다. nn 기반 접근 방식을 PyTorch 텐서만 사용하는 접근 방식과 비교하면 nn 모듈이 제공하는 효과적인 추상화된 기능들이 많아 사용이 더 간편해짐을 알 수 있었다. 마지막으로, 우리는 마지막 절에 모든 훈련 및 테스트 과정을 진행해 보았다. 그 결과 MNIST 숫자 순방향 신경망 분류기를 PyTorch로 훈련하였고, 제공된 테스트셋에서 91% 정확도로 테스트를 진행하였다. 이제 우리는 기본기에 해당하는 내용들을 폭 넓게 다루어, 다양한 지식을 갖추게 되었다. 하지만, 아직 PyTorch API가 제공하는 전체에서 일부분만을 배워보았을 뿐이다. 그러니, PyTorch 문서를 방문하여 CIFAR-10 이미지 인식 데이터셋과 같은 다양한 온라인 데이터셋을 기반으로 다른 아키텍처들에 대한 시도뿐만 아니라 더 자세히 알아보고 자신만의 신경망을 구축하는 연습을 많이 해보길 바란다. 다음 장에서는 오늘날 가장 널리 사용되는 딥러닝 프레임워크인 신경망 구현에 대해 다루어 볼 것이다.

## 6장

경사하강법

6.1 경사하강법의 도전 과제

신경망을 이루는 기본 아이디어는 수십 년 동안 존재했지만, 신경망 기반 학습 모델이 주류가 된 것은 최근이다. 신경망이 지닌 매력은 많은 레이어로 구성된 네트워크를 생성해서 얻은 품질에 기인한다. 이전 장에서 살펴보았듯이, 심층 신경망$^{Deep\ Neural\ Network}$을 사용하면 이전에는 해결이 불가능했던 문제를 해결할 수 있다. 하지만 딥러닝을 종단 간 훈련$^{end-to-end\ training}$시키려면 많은 기술 혁신이 필요하다. 예를 들어 방대한 양의 레이블링 된 데이터셋(ImageNet, CIFAR-10 등), 빠른 GPU 가속 하드웨어, 다양한 알고리즘 고안 등이 있다.

수년 동안 연구자들은 딥러닝 모델이 나타내는 복잡한 오차 표면$^{error\ surface}$을 해결하기 위해 레이어별 그리디 사전훈련$^{layer-wise\ greedy\ pretraining}$에 의존했다.[1] 시간이 많이 소요되는 이러한 전략을 사용하면, 먼저 레이어마다 한번씩 모델 파라미터를 정밀하게 초기화하고, 이후 미니배치 경사하강법$^{minibatch\ gradient\ descent}$을 사용하여 최적 파라미터 설정으로 수렴하게 된다. 그러나 최근에는 최적화 방법론이 획기적으로 발전하여 바로 종단 간$^{end-to-end}$ 방식으로 모델을 훈련시킬 수 있게 되었다.

이 장에서는 이러한 혁신 중 몇 가지를 설명한다. 다음 절에서는 주로 극소점$^{local\ minima}$에 초점을 맞춰서 설명하며, 극소점이 딥러닝 모델을 성공적으로 훈련하는 데 장애물이 될 것인지에 대한 내용도 같이 다룰 것이다. 이후에는 딥러닝 모델이 유도하는 비볼록$^{non-convex}$ 오차 표면,

---

1 Bengio, Yoshua, et al. "Greedy Layer-Wise Training of Deep Networks." Advances in Neural Information Processing Systems 19 (2007): 153.

기본 미니배치 경사하강법$^{\text{vanilla minibatch gradient decent}}$이 조금 부족한 이유, 최신 비볼록 옵티마이저^{optimizer}로 이러한 문제를 해결하는 방법을 상세히 알아볼 예정이다.

6.2 심층 신경망 오차 표면의 극소점

딥러닝 모델을 최적화할 때 기본적인 문제는 극소점 정보를 사용해서 오차 표면의 전체 구조를 추론해야 한다는 점이다. 보통 지역^{local} 구조와 전역^{global} 구조 사이에 일치하는 부분이 거의 없기 때문에 어렵다. 다음의 예제를 통해 설명해 보겠다.

여러분이 미국 대륙에서 곤충이 되었다고 가정해 보자. 여러분은 무작위로 지도의 어느 한 지점에 떨어졌고, 목표는 지도 표면에서 가장 낮은 곳을 찾는 것이다. 어떻게 찾아야 할까? 바로 근처의 환경만 관찰할 수 있다고 하면 어려운 문제일 수 있다. 미국 땅의 표면이 사발 모양(혹은 수학적으로 이야기하면 볼록한^{convex} 모양)이고 학습률을 현명하게 설정한다면 경사하강법 알고리즘을 사용해서 사발의 바닥을 찾을 수 있다. 하지만 미국 땅의 표면은 매우 복잡하며, 다시 말해서 볼록하지 않은 표면이기 때문에 계곡(극소점)을 찾았더라도 그것이 지도상에서 가장 낮은 계곡$^{\text{global minimum}}$(최솟점)일지는 알 수 없다. 4장 순방향 신경망 훈련에서는 경사가 0인 가짜 영역들이 있을 때 미니배치 경사하강법을 사용하면 까다로운 오차 표면을 탐색하는 데 어떻게 도움이 되는지를 이야기했다. 하지만 [그림 6-1]처럼 확률적^{stochastic} 오차 표면일지라도 깊은^{deep} 극소점 환경에서 개선 방향을 찾기는 어려울 것이다.

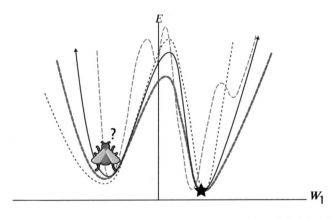

그림 6-1 미니배치 경사하강법은 얕은 극소점을 탈출하는 데 도움이 될 수 있지만, 그림과 같이 깊은 극소점을 처리할 때는 종종 실패한다.

이제 결정적인 질문을 해보자. 이론적으로 극소점은 중요한 문제다. 하지만 실제로 심층 신경망의 오차 표면에서 극소점이 얼마나 흔하게 존재할까? 그리고 어떤 시나리오에서 실제로 훈련에 문제가 되는가? 다음 절에서는 극소점에 대한 일반적인 오해를 짚어본다.

6.3 모델 식별성

극소점의 첫 번째 소스는 일반적으로 모델 식별성$^{\text{model identifiability}}$ 개념과 관련이 있다. 심층 신경망에 대한 한 가지 관찰 사항은 오차 표면에 극소점의 개수가 매우 많고 심지어 어떤 경우에는 무한개가 될 수도 있다는 것이다. 이러한 관찰이 사실임을 뒷받침하는 두 가지 주요 이유가 있다.

첫 번째, 완전 연결$^{\text{fully-connected}}$ 순방향 신경망의 레이어 내에서는 뉴런을 어떻게 재배치^{rearrangement}해도 신경망 말단에서의 최종 출력은 동일하다는 것이다. [그림 6-2]에서 뉴런 세 개를 가진 간단한 레이어 구조로 이를 설명한다. 이때 n개의 뉴런을 가진 레이어 내에서 파라미터를 재배치하는 $n!$개의 방법이 있다. 그리고 각각 n개의 뉴런을 가진 l개의 레이어 심층 신경망의 경우 총 $n!^l$개의 동일한 설정$^{\text{equivalent configurations}}$이 있다.

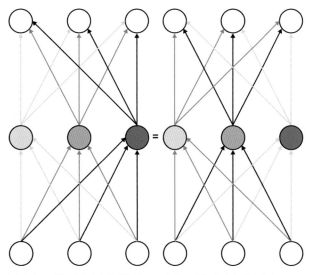

그림 6-2 신경망 레이어에서 뉴런을 재배치하면 대칭성으로 인해 동일한 설정이 생성된다.

두 번째, 뉴런 재배치의 대칭성^{symmetry} 이외에도 특정 종류의 신경망에는 좀 더 다른 형태의 비식별성^{nonidentifiability}이 존재한다. 예를 들어, 개별적인 ReLU 뉴런이 동일한 신경망을 생성하는 동일한 설정의 수는 무한히 많다. ReLU는 부분 선형 함수^{piecewise linear function}를 사용하므로, 들어오는^{incoming} 모든 가중치를 0이 아닌 상수 k에 곱하면서, 신경망의 동작 변경 없이 나가는^{outgoing} 모든 가중치를 $\frac{1}{k}$로 스케일링할 수 있다. 이 설명에 문제가 없는지 확인해 보는 것은 독자를 위한 연습 문제로 남겨둔다.

하지만 심층 신경망의 비식별성으로 인해 발생하는 극소점은 본질적으로 문제가 되지 않는다. 모든 비식별적인 설정은 입력값에 상관 없이 동일한^{indistinguishable} 방식으로 동작하기 때문이다. 즉 데이터셋을 훈련, 검증, 테스트하는 데 있어 모두 동일한 오류가 발생할 것이다. 다시 말해, 이 모든 모델은 훈련 데이터를 동일하게 학습할 것이며 학습하지 않은 예제 데이터^{unseen example}에 대한 일반화^{generalization}에 있어 동일하게 동작할 것이다.

대신 극소점은 가짜^{spurious}일 때만 문제가 된다. 가짜 극소점의 신경망 가중치 설정은 최솟점의 신경망 가중치 설정보다 더 높은 오류를 발생시킨다. 이러한 종류의 극소점이 흔히 발생한다고 하면, 경사 기반^{gradient-based} 최적화 방법을 사용했을 때 심각한 문제에 봉착하게 된다. 이 경우 지역 구조만 고려하기 때문이다.

6.4 심층 신경망에서 가짜 극소점이 미치는 영향

수년 동안 딥러닝 실무자들은 심층 신경망 훈련 중에 발생하는 모든 문제를 가짜 극소점의 탓으로 돌렸지만 이를 뒷받침하는 증거는 거의 없었다. 현재도 최솟점에 비해 오류가 더 많은 가짜 극소점이 실제 심층 신경망에서 자주 발생하는지는 여전히 의문으로 남아 있다. 하지만 최근 연구에 따르면 대부분의 극소점이 최솟점과 매우 비슷한 오류율과 일반화 특성을 가지고 있는 것으로 보인다.

이 문제를 간단히 해결하려면 심층 신경망을 훈련할 때 시간에 따른 오차 함수의 값을 그래프로 그려 보는^{plotting} 방법이 있다. 하지만 이렇게 하면 오차 표면 정보를 충분히 획득하기 어렵다. 오차 표면이 울퉁불퉁^{bumpy}한지를 알기 어렵고, 단순히 어디로 나아가야 하는지조차도 알기 어렵기 때문이다.

이 문제를 효과적으로 분석하기 위해 굿펠로우^{Goodfellow}(구글과 스탠포드 공동 연구팀) 등은 2014년에 이 두 가지 잠재적 문제 요소를 분리하는 논문을 발표했다.[2] 연구팀은 시간에 따른 오차 함수를 분석하는 대신, 선형 보간^{linear interpolation}을 사용해서 무작위로 초기화된 파라미터 벡터와 성공적인 최종 결과 사이의 오차 표면에서 무슨 일이 발생하는지 조사했다. 따라서 여기서는 무작위로 초기화된 파라미터 벡터 θ_i와 확률적 경사하강법^{Stochastic Gradient Descent}(SGD) 결과 θ_f를 사용해서 선형 보간 $\theta_\alpha = \alpha \cdot \theta_f + (1-\alpha) \cdot \theta_i$에 따른 모든 지점에서 오차 함수를 계산하고자 한다.

연구팀은 설사 어느 방향으로 움직일 것인지를 알고 있다고 해도 극소점으로 인해 경사 기반 탐색 시 문제가 생기는지의 여부를 조사하고자 했다. 연구팀은 다양한 형태의 뉴런이 있는 실제 신경망에서 파라미터 공간상의 무작위 초기화 지점과 확률적 경사하강법 해 사이를 바로 연결하는 경로가 극소점으로 인해 방해받지 않는다는 것을 보여주었다.

5장 PyTorch 기반 신경망 구현에서 구축한 순방향 ReLU 네트워크를 사용해서 이를 증명할 수도 있다. 이 순방향 네트워크를 훈련할 때 저장했던 체크포인트^{checkpoint} 파일을 사용해서 `load_state_dict`와 `torch.load`를 이용하는 해당 모델을 다시 인스턴스로 만들 수 있다.

```
# SGD 훈련에서 체크포인트를 로드한다
IN_DIM, FEATURE_DIM, OUT_DIM = 784, 256, 10
model = Net(IN_DIM, FEATURE_DIM, OUT_DIM)

model.load_state_dict(torch.load('mnist.pt'))
```

PyTorch에서는 `mode.parameters()` 메소드가 파라미터의 복사본만 제공하는 생성기^{generator}를 반환하므로 모델의 파라미터에 직접 접근할 수 없다. 모델의 파라미터를 수정하려면 `torch.load`를 사용해서 파일에서 파라미터 값이 포함된 딕셔너리^{dictionary}를 읽은 다음 `load_state_dict`를 이용하여 이 값으로 모델의 파라미터를 설정한다. `torch.load`를 사용하는 대신 `state_dict` 메소드로 모델 자체에서 딕셔너리에 접근할 수도 있다.

```
import copy
```

2 Goodfellow, Ian J., Oriol Vinyals, and Andrew M. Saxe. "Qualitatively characterizing neural network optimization problems." *arXiv preprint arXiv*:1412.6544 (2014).

```
# state_dict를 사용해서 파라미터에 접근한다
opt_state_dict = copy.deepcopy(model.state_dict())

for param_tensor in opt_state_dict:
    print(param_tensor, "\t",
        opt_state_dict[param_tensor].size())

# 출력:
# classifier.1.weight torch.Size([256, 784])
# classifier.1.bias torch.Size([256])
# classifier.3.weight torch.Size([256, 256])
# classifier.3.bias torch.Size([256])
# classifier.5.weight torch.Size([10, 256])
# classifier.5.bias torch.Size([10])
```

딕셔너리를 복사하려면 copy.deepcopy 메소드를 사용해야 한다. opt_state_dict = model.state_dict()로만 설정하면 얕은[shallow] 복사본이 생성되며, 나중에 보간된 파라미터로 모델을 로드할 때 opt_state_dict가 변경된다.

다음으로 무작위 초기화된 파라미터를 이용해서 새로운 모델을 인스턴스로 만들고 이 파라미터 정보를 rand_state_dict로 저장한다.

```
# 무작위로 초기화된 신경망을 생성한다.
model_rand = Net(IN_DIM, FEATURE_DIM, OUT_DIM)
rand_state_dict = copy.deepcopy(model_rand.state_dict())
```

신경망 두 개를 적절히 초기화했으니, 이제 혼합 파라미터 alpha와 beta를 사용하여 다음과 같이 선형 보간을 구축할 수 있다.

```
# 선형 보간된 파라미터를 위해 신규 state_dict를 생성한다
test_model = Net(IN_DIM, FEATURE_DIM, OUT_DIM)
test_state_dict = copy.deepcopy(test_model.state_dict())

alpha = 0.2
beta = 1.0 - alpha
for p in opt_state_dict:
    test_state_dict[p] = (opt_state_dict[p] * beta + rand_state_dict[p] * alpha)
```

다음으로는 선형 보간된 파라미터 모델을 이용하여 전체 테스트 데이터셋의 평균 손실을 계산해 본다. 편의를 위해 추론 함수를 만들어 보자.

```python
def inference(testloader, model, loss_fn):
    running_loss = 0.0
    with torch.no_grad():
        for inputs, labels in testloader:
            outputs = model(inputs)
            loss = loss_fn(outputs, labels)
            running_loss += loss
    running_loss /= len(testloader)
    return running_loss
```

마지막으로, 다음 코드와 같이 **alpha** 값을 변경해 보면 무작위 초기화된 지점과 최종 SGD 해 사이의 선을 따라가면서 오차 표면이 어떻게 변화하는지 알 수 있다.

```python
results = []
for alpha in torch.arange(-2, 2, 0.05):
    beta = 1.0 - alpha
    # 선형 보간된 파라미터를 계산한다
    for p in opt_state_dict:
        test_state_dict[p] = (opt_state_dict[p] * beta +
                              rand_state_dict[p] * alpha)
    # 선형 보간된 파라미터를 테스트 모델로 로드한다
    model.load_state_dict(test_state_dict)
    # 선형 보간된 파라미터를 사용해서 손실을 계산한다
    loss = inference(trainloader, model, loss_fn)
results.append(loss.item())
```

그 결과로 만들어진 [그림 6-3]에서 내용을 직접 확인할 수 있다. 이 실험을 반복하다 보면 실제로 큰 문제가 되는 극소점은 없다는 것을 알게 된다. 다시 말해 경사하강법에서 겪는 진정한 어려움은 성가신 극소점이 아니라, 적절한 방향을 찾기 쉽지 않다는 데 있다. 이 이야기는 조금 후에 다시 이어가기로 한다.

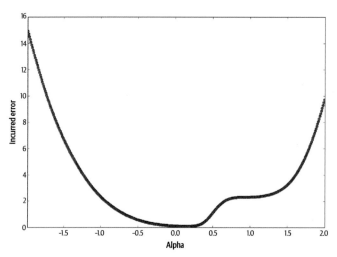

그림 6-3 세 개 레이어 순방향 신경망의 비용 함수. 무작위 초기화된 파라미터 벡터와 SGD 결과를 연결하는 선 위에서 선형 보간을 수행한다.

6.5 오차 표면의 평평한 영역

여기서 진행한 분석에 따르면 문제가 될 만한 극소점이 없어 보이지만, 대략 `alpha=1`에 도달하면 경사가 0에 가까워지는 평평한 영역flat region을 발견하게 된다. 이 지점은 극소점이 아니라서 완전히 멈출 가능성은 낮지만, 운이 나쁘다면 경사가 0이 되면서 학습이 느려질 수 있다.

더 일반적으로 이야기하면, 임의의 함수에 대해 경사가 0 벡터가 되는 지점을 임계점critical point이라고 한다. 임계점은 다양한 형태가 있다. 우리는 그중에 극소점을 이미 설명했다. 이에 반대되는 개념인 극대점local maxima은 확률적 경사하강법에서 큰 문제가 되지는 않는다. 하지만 이들 사이에 존재하는 이상한 임계점이 있다. 잠재적으로 문제의 가능성은 있으나 꼭 치명적인 것은 아닌 이러한 평평한 영역을 안장점saddle point이라고 한다. 함수의 차원 개수가 점점 더 늘어남에 따라(즉, 모델에 파라미터가 점점 더 많이 생기면) 안장점은 극소점보다 훨씬 많이 발생하게 될 가능성이 있다. 그 이유에 대해 더 자세히 살펴보자.

1차원 비용 함수에서 임계점은 [그림 6-4]와 같이 세 가지 중 하나의 형태를 가질 수 있다. 간단하게 이 세 가지 설정이 모두 같은 정도의 가능성을 가지고 있다고 가정하자. 즉 임의의 일차원 함수에서 임의의 임계점이 있다고 하면 이것이 극소점이 될 가능성이 1/3이다. 따라서 총 k개의 임계점이 있다고 하면 총 $\frac{k}{3}$개의 극소점이 있을 것이다.

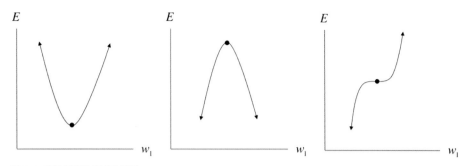

그림 6-4 단일 차원의 임계점 분석

이를 더 고차원 함수로 확장해 볼 수 있다. d차원 공간에서 동작하는 비용 함수와 임의의 임계점을 생각해 보자. 이 점이 극소점인지, 극대점인지, 또는 안장점인지를 알아내는 것은 1차원 경우보다 더 까다롭다. [그림 6-5]의 오차 표면을 살펴보자. 표면을 분할하는 방법(A에서 B로 혹은 C에서 D로)에 따라 임계점은 극소점 혹은 극대점처럼 보일 수 있다. 하지만 실제로는 둘 중 어느 것도 아니고, 이보다 좀 더 복잡한 유형의 안장점이다.

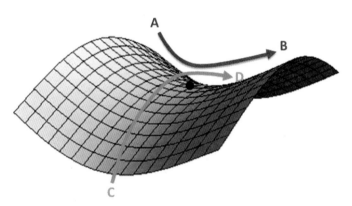

그림 6-5 2차원 오차 표면상의 안장점

일반적으로 d차원 파라미터 공간에서는 임계점을 d개의 축으로 분할할 수 있다. 임계점은 d개의 1차원 부분 공간^{subspace} 모두에서 극소점으로 나타나는 경우에만 극소점이 될 수 있다. 임계점이 1차원 부분 공간에서 세 가지 형태 중 하나가 될 수 있다는 사실을 염두에 두면, 임의의 임계점이 임의의 함수에 있을 확률은 $\frac{1}{3^d}$ 이다. 즉 k개의 임계점을 가진 임의의 함수는 $\frac{k}{3^d}$ 개의 극소점을 가진다. 다시 말해 파라미터 공간의 차원^{dimensionality}이 늘어남에 따라 극소점은 훨씬 더 드물게 된다. 이 주제를 보다 자세히 언급하는 것은 이 책의 범위를 벗어나게 된다. 2014년에 다핀^{Dauphin} 등이 이에 대해 광범위하게 연구했으므로 이를 참고하기 바란다.[3]

그렇다면 이것이 딥러닝 모델 최적화에서 어떤 의미가 있을까? 확률적 경사하강법의 경우에는 아직 명확하지 않다. 오차 표면에서 평평한 부분은 잠재적으로 문제가 있어 보이지만 최종적으로 확률적 경사하강법이 정답에 수렴하는 것을 막지 못한다. 하지만 경사가 0인 지점을 직접 알아내는 방법의 경우에는 이것이 심각한 문제가 된다. 이것은 딥러닝 모델에 적용되는 이차 최적화$^{\text{second-order optimization}}$의 유용성을 저해하는 주요 요소가 된다. 이와 관련해서는 나중에 좀 더 논의한다.

6.6 경사 방향이 잘못된 경우

심층 신경망의 오차 표면을 분석해 보면, 심층 신경망을 최적화하는 데 있어 가장 중요한 과제는 올바른 궤적^{trajectory}을 찾는 것이라고 생각할 수 있다. 하지만 극소점 주변의 오차 표면에서 발생하는 현상을 살펴보면, 올바른 궤적을 찾는 것이 상당히 어려운 문제임을 알 수 있다. 예를 들어 [그림 6-6]같이 2차원 파라미터 공간상에 정의된 오차 표면을 생각해 보자.

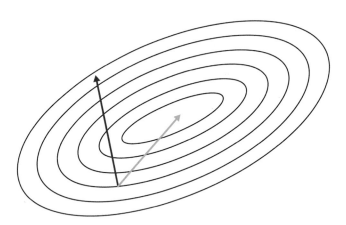

그림 6-6 경사에 반영되는 지역적 정보는 오차 표면의 전역적 구조(최솟점 정보 등)와는 일치하지 않는다.

3   Dauphin, Yann N., et al. "Identifying and attacking the saddle point problem in high-dimensional non-convex optimization." Advances in Neural Information Processing Systems, 2014

4장에서 본 등고선 다이어그램을 다시 살펴보면 경사가 항상 좋은 궤적을 나타내는 유용한 지표가 아니라는 것을 알 수 있다. 구체적으로는 등고선이 완벽하게 원형일 때만 경사가 극소점의 방향을 나타낸다. 그러나 등고선이 극도로 타원형인 경우(심층 신경망의 오차 표면의 경우처럼)에는 경사가 올바른 방향에서 90도 정도 벗어날 정도로 부정확할 수 있다.

몇 가지 수학적 접근법^{mathematical formalism}을 사용하여 이 분석을 임의의 차원 개수로 확장해 보자. 파라미터 공간의 모든 가중치 w_i에 대해 경사는 $\frac{\partial E}{\partial w_i}$의 값, 즉 w_i의 값을 변경할 때 오차 값이 변하는 정도를 계산한다. 파라미터 공간의 모든 가중치를 합하면 경사는 가장 가파른 하강 방향을 알려준다. 그러나 이 방향으로 큰 스텝을 움직일 때 일반적으로 발생하는 문제는 이동할 때 발밑의 경사가 바뀔 수 있다는 것이다. [그림 6-7]에서 이를 간단히 확인할 수 있다. 2차원 예제로 돌아가 보자. 등고선이 완벽하게 원형이고 가장 가파른 하강 방향으로 크게 한 스텝을 내디딘다면 이동하는 동안 경사 방향이 바뀌지 않는다. 그러나 매우 타원형인 등고선의 경우에는 그렇지 않다.

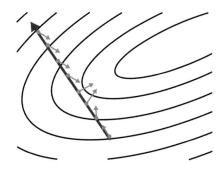

그림 6-7 시작점에서 정한 가장 가파른 하강 방향을 따라 이동할 때 경사의 방향이 바뀐다. 이때 경사 벡터는 경사 벡터의 방향 변화를 강조하기 위해 동일한 길이로 정규화되었다.

보다 일반적으로 우리는 이차 미분을 계산하여 특정 방향으로 움직일 때 발밑의 경사가 어떻게 변하는지를 정량화할 수 있다. 구체적으로 $\frac{\partial(\partial E / \partial w_j)}{\partial w_i}$를 측정하고자 하는데, 이는 w_i의 값을 변경할 때 w_j의 경사 성분이 얼마나 변화하는지 알려준다. 이 정보를 헤세 행렬^{Hessian matrix}($\boldsymbol{H}$)이라는 행렬로 구성할 수 있다. 가장 가파른 하강 방향으로 이동함에 따라 발밑의 경사가 변하는 오차 표면을 설명할 때, 헤세 행렬이 나쁜 조건^{ill-conditioned}이 되었다고 표현한다.

헤세 행렬의 특성을 고려한 최적화

헤세 행렬의 특정 특성(특히 실수이고 대칭이라는 점)을 이용하면 특정 방향으로 이동할 때 두 번째 미분(표면의 곡률을 근사화하는)을 효율적으로 결정할 수 있다. 구체적으로 단위 벡터 d가 있는 경우 해당 방향의 이차 미분은 $d^H d$로 주어진다. 이제 테일러 급수$^{\text{Tayler series}}$를 통한 이차 근사를 사용하여 현재 파라미터 벡터 $\mathbf{x}^{(i)}$에서 평가된 경사 벡터 $\mathbf{g}$를 따라 새로운 파라미터 벡터 $\mathbf{x}$로 이동할 때 오차 함수에 어떤 일이 발생하는지 이해할 수 있다.

$$\left(E\left(\mathbf{x}\right) \approx E\left(\mathbf{x}^{(i)}\right) + \left(\mathbf{x} - \mathbf{x}^{(i)}\right)^{\top} \mathbf{g} + \frac{1}{2}\left(\mathbf{x} - \mathbf{x}^{(i)}\right)^{\top} \mathbf{H}\left(\mathbf{x} - \mathbf{x}^{(i)}\right)\right)$$

여기서 더 나아가 경사의 반대 방향으로 ε 단위를 이동한다고 이야기하면 수식을 훨씬 더 단순화할 수 있다.

$$E\left(\mathbf{x}^{(i)} - \epsilon \mathbf{g}\right) \approx E\left(\mathbf{x}^{(i)}\right) - \epsilon \mathbf{g}^{\top} \mathbf{g} + \frac{1}{2}\epsilon^{2} \mathbf{g}^{\top} \mathbf{H} \mathbf{g}$$

이 수식은 세 개의 부분으로 구성된다.

(1) 기존 파라미터 벡터에서의 오차 함수 값

(2) 경사의 크기에 따른 오차 개선

(3) 헤세 행렬로 표현되는 표면의 곡률을 통합하는 보정 부분

일반적으로 이 정보를 사용하여 더 나은 최적화 알고리즘을 설계할 수 있어야 한다. 예를 들어, 오차 함수의 이차 근사를 간단히 사용하여 오차 함수의 감소를 최대화하는 각 스텝의 학습률을 결정할 수도 있다. 그러나 헤세 행렬을 정확히 계산하는 것은 어려운 작업이다. 이어지는 절에서 헤세 행렬을 직접 계산하지 않고도 나쁜 조건을 해결하는 혁신적인 최적화 방안을 살펴보자.

6.7 모멘텀 기반 최적화

기본적으로 나쁜 조건의 헤세 행렬 문제는 급격하게 변동하는 경사의 형태로 나타난다. 따라서 나쁜 조건 문제를 처리하기 위해 널리 사용되는 메커니즘 중 하나는 헤세 계산을 생략하고, 이를 생략한 대신 훈련 기간 동안 이러한 변동을 상쇄하는 방법에 초점을 맞춘다.

이 문제를 해결하는 방법은 공이 언덕길에서 어떻게 굴러가는지 살펴보는 것이다. 중력에 의해 움직인 공은 결국 최저 높이의 표면에 안착하지만, 어떤 이유에서인지 경사하강법 시 발생하는 급격한 변동과 발산을 겪지 않는다. 그 이유가 무엇일까? 경사만 사용하는 확률적 경사하강법과 달리, 공이 오차 표면을 따라 굴러 내려가는 방식을 결정하는 두 가지 주요 구성 요소가 있다. 첫 번째는 이미 확률적 경사하강법에서 경사로 모델링한 것으로, 일반적으로 가속도acceleration라고 부르는 요소이다. 하지만 가속도만으로 공의 움직임이 결정되지는 않는다. 공이 움직일 때는 속도velocity가 더 직접적으로 영향을 준다. 가속도는 공의 속도를 바꿔 오로지 간접적으로만 공의 위치를 변경한다.

속도 기반 움직임은 무척 바람직하다. 이 경우 공의 궤적이 지난 경로의 기록을 감안하며 스무딩smoothing되면서, 급격히 변동하는 경사의 영향을 상쇄하기 때문이다. 속도는 일종의 메모리 역할을 하며, 이를 통해 직교 방향의 진동 가속도를 상쇄하면서 최솟값 방향으로 이동하는 움직임 정보를 더 효과적으로 축적할 수 있다. 따라서 목표는 어떻게든 최적화 알고리즘에서 속도에 대응하는 유사 개념을 만들어 내는 것이다. 과거 경사에서 지수 가중 감쇠exponentially weighted decay를 추적함으로써 이를 수행할 수 있다. 전제는 간단하다. 모든 업데이트는 마지막 반복의 업데이트와 현재 경사를 결합하여 계산된다. 구체적으로는 다음과 같이 파라미터 벡터의 변화를 계산한다.

$$\mathbf{v}_i = m\mathbf{v}_{i-1} - \epsilon\mathbf{g}_i$$
$$\theta_i = \theta_{i-1} + \mathbf{v}_i$$

모멘텀 하이퍼파라미터 m을 사용하여 새 업데이트에서 이전 속도를 얼마나 유지할지 결정하고, 과거 경사에 대한 메모리를 현재 경사에 추가한다. 이러한 접근 방식을 일반적으로 모멘텀momentum이라고 한다.[4] 모멘텀 항은 스텝 사이즈를 증가시키므로 모멘텀을 사용하면 기본 확

4   Polyak, Boris T. "Some methods of speeding up the convergence of iteration methods." *USSR Computational Mathematics and Mathematical Physics* 4.5 (1964): 1–17.

률적 경사 하강에 비해 학습률이 낮아질 수 있다.

모멘텀의 동작 방식을 더 잘 나타내기 위해 간단한 예를 살펴보겠다. 특히, 랜덤 워크^{random walk}
중에 모멘텀이 업데이트에 어떤 영향을 미치는지 알아본다. 랜덤 워크는 무작위로 선택된 스텝
의 연속이다. 이 예제에서는 시간 간격마다 −10에서 10 사이의 스텝 사이즈를 무작위로 선택
하고 해당 방향으로 이동하는 선 위의 입자를 상상해 보자. 이를 간단히 표현하면 다음과 같다.

```
rand_walk = [torch.randint(-10, 10, (1,1)) for x in range(100)]
```

그런 다음 모멘텀을 약간 수정하여(즉, 표준 지수 가중 이동 평균 알고리즘을 사용하여) 모든
시간 간격에서 선택한 스텝을 완화시킬 때 어떤 일이 발생하는지 시뮬레이션해 보겠다. 다음과
같이 간결하게 나타낼 수 있다.

```
momentum = 0.1
momentum_rand_walk = \
    [torch.randint(-10, 10, (1,1)) for x in range(100)]

for i in range(1, len(rand_walk) - 1):
    prev = momentum_rand_walk[i-1]
    rand_choice = torch.randint(-10, 10, (1,1)).item()
    new_step = momentum * prev + (1 - momentum) * rand_choice
    momentum_rand_walk[i] = new_step
```

모멘텀을 0에서 1까지 변화시키면 놀라운 결과를 볼 수 있다. 모멘텀으로 인해 업데이트의 변
동성이 크게 줄어든다. 모멘텀이 클수록 새로운 업데이트에 대한 반응성이 떨어진다(예를 들
어 궤적의 첫 번째 추정에서 큰 부정확성이 상당한 기간 동안 전파된다). 간단한 실험의 결과
는 [그림 6-8]에 요약되어 있다.

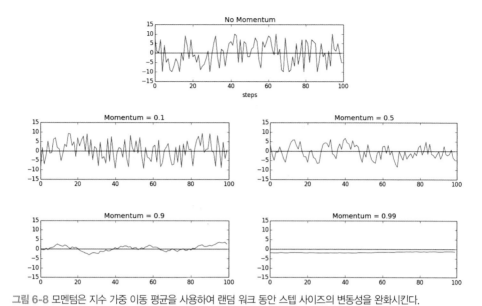

그림 6-8 모멘텀은 지수 가중 이동 평균을 사용하여 랜덤 워크 동안 스텝 사이즈의 변동성을 완화시킨다.

모멘텀이 순방향 신경망의 훈련에 실제로 어떤 영향을 미치는지 조사하기 위해 신뢰할 수 있는 MNIST 순방향 네트워크를 PyTorch 모멘텀 옵티마이저로 재훈련할 수 있다. 이 경우 일반적인 모멘텀 0.9에 동일한 학습률(0.01)을 사용하면 된다.

```
optimizer = optim.SGD(model.parameters(),
                      lr = 0.01,
                      momentum = 0.9) optimizer.step()

optimizer.step()
```

PyTorch 옵티마이저를 생성할 때 model.parameters()를 전달해야 한다는 점에 주목하자. 그 결과 속도가 엄청나게 빨라진다. [그림 6-9]에서는 시간에 따라 비용 함수가 어떻게 변화하는지를 비교하여 보여준다. 그림에서 모멘텀 없이(왼쪽) 비용 0.1을 달성하려면 거의 18,000개의 스텝(미니배치)이 필요한 반면에, 모멘텀이 있으면(오른쪽) 2,000개가 조금 넘는 스텝이 필요하다는 것을 알 수 있다.

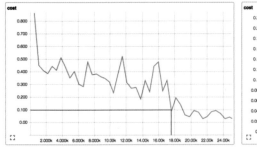 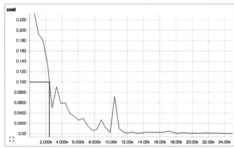

그림 6-9 모멘텀이 있는(오른쪽) 순방향 신경망과 모멘텀이 없는(왼쪽) 순방향 신경망의 훈련을 비교하면 모멘텀이 있는 쪽의 훈련 시간이 크게 줄어든 것을 알 수 있다.

최근에는 고전적인 모멘텀 기법을 개선할 방법을 모색하는 연구가 더 많이 이루어지고 있다. 2013년 Sutskever 등은 속도 업데이트 중에 θ가 아닌 $\theta + \mathbf{v}_{i-1}$에서 오차 표면의 경사를 계산하는 네스테로프 모멘텀$^{\text{Nesterov momentum}}$이라는 대안을 제안했다.[5] 이 미묘한 차이로 인해 네스테로프 모멘텀이 더 반응성이 높은 방식으로 속도를 변경할 수 있는 것으로 보인다. 이 방법은 배치 경사 하강에서 분명한 이점(수렴 보장 및 기존 모멘텀에 비해 주어진 학습률에서 더 높은 모멘텀을 사용할 수 있음)이 있는 것으로 나타났지만, 대부분의 딥러닝 최적화 접근 방식에 사용된 확률적 미니배치 경사 하강에도 이러한 이점이 적용되는지는 명확하지 않다.

PyTorch에서 네스테로프 모멘텀은 `nesterov` 인수를 설정하면 바로 지원된다.

```python
optimizer = optim.SGD(model.parameters(),
                      lr = 0.01,
                      momentum = 0.9,
                      nesterov = True)
```

6.8 간략한 이차 근사 방법 개요

앞서 설명했듯이 헤세 계산은 어려운 작업이지만, 모멘텀을 사용하면 전혀 걱정할 필요 없이 최적화에 소요되는 속도를 크게 높일 수 있다. 그러나 지난 몇 년 동안 헤세 근사치를 직접 구

---

5   Sutskever, Ilya, et al. "On the importance of initialization and momentum in deep learning," *ICML* (3) 28 (2013): 1139–1147.

하는 여러 가지 이차 방법에 대한 연구가 이루어졌다. 완결성을 위해 이러한 방법을 대략적으로 소개하지만 자세한 설명은 이 글의 범위를 벗어나므로 생략한다.

첫 번째는 켤레 경사하강법$^{\text{conjugate gradient descent}}$이다. 이는 가장 가파른 하강법$^{\text{steepest decent}}$이라는 단순한^{naive} 방식을 개선하기 위한 것이다. 가장 가파른 하강법에서는 경사 방향을 계산한 다음 선 탐색$^{\text{line search}}$을 통해 해당 방향을 따라 극소점을 찾는다. 극소점으로 이동한 다음 경사를 다시 계산하여 다음 선 탐색 방향을 결정한다. [그림 6-10]에 표시된 것처럼 이 방법은 가장 가파른 경사 방향으로 이동할 때마다 다른 방향으로 조금씩 진행을 되돌리므로 결과적으로 상당히 많은 지그재그 진행을 보이게 된다. 이 문제를 해결하는 방법은 가장 가파른 하강 방향이 아니라 이전 선택에 관련된 켤레 방향으로 이동하는 것이다. 켤레 방향은 헤세 행렬 간접 근사법을 사용하여 경사와 이전 방향을 선형적으로 조합하여 선택한다. 이 방법은 조금 수정하면 심층 신경망에서 나타나는 비볼록^{nonconvex} 오차 표면에도 일반화할 수 있다.[6]

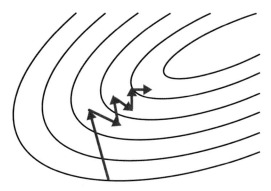

그림 6-10 가장 가파른 하강 방법은 종종 지그재그로 진행되며, 켤레 하강은 이 문제를 해결한다.

브로이덴–플레처–골드파브–샤노$^{\text{Broyden - Fletcher - Goldfarb - Shanno}}$(BFGS) 알고리즘으로 알려진 대체 최적화 알고리즘은 헤세 행렬의 역행렬을 반복적으로 계산하고 해당 역행렬을 사용하여 파라미터 벡터를 보다 효과적으로 최적화한다.[7] 원본 형태의 BFGS는 메모리를 상당히 사용하지

---

6 Møller, Martin Fodslette. "A Scaled Conjugate Gradient Algorithm for Fast Supervised Learning." *NeuralNetworks* 6.4 (1993): 525–533.

7 Broyden, C. G. "A New Method of Solving Nonlinear Simultaneous Equations." *The Computer Journal* 12.1(1969): 94–99.

만, 최근 연구에서는 L-BFGS라는 메모리 효율이 더 높은 버전이 등장했다.[8]

일반적으로 이러한 방법은 어느 정도 가능성을 가지고 있지만, 이차 근사second-order 방법은 아직 활발한 연구가 필요한 분야이며 실무자들 사이에서 인기가 높지 않다. 그러나 PyTorch에서는 L-BFGS뿐만 아니라 평균 확률적 경사 하강Averaged Stochastic Gradient Descent과 같은 다른 이차 근사 방법도 지원하므로 직접 실험해 볼 수 있다.

6.9 학습률 적응

앞서 설명한 것처럼 심층 신경망을 훈련할 때 또 다른 주요 과제는 학습률을 적절하게 선택하는 것이다. 올바른 학습률을 선택하는 것은 신경망의 성능에 큰 영향을 미치기 때문에 오랫동안 심층 신경망 훈련에서 가장 까다로운 측면 중 하나였다. 학습률이 너무 작으면 충분히 빠르게 학습하지 못하고, 학습률이 너무 크면 극소점이나 나쁜 조건의ill-conditioned 영역에 가까워질 때 수렴하는 데 어려움을 겪을 수 있다.

최신 심층 신경망 최적화의 주요 혁신 중 하나는 학습률 적응Learning Rate Adaptation 기능의 등장이다. 학습률 적응의 기본 개념은 학습 기간 동안 최적의 학습률이 적절하게 수정되어 우수한 수렴 특성을 달성한다는 것이다. 이어지는 절에서 가장 유명한 적응형 학습률 알고리즘 AdaGrad, RMSProp, Adam을 소개한다.

6.9.1 AdaGrad: 경사 누적 알고리즘

첫 번째로 살펴볼 알고리즘은 2011년 Duchi 등이 처음 제안한 경사 누적을 사용하여 시간에 따라 전역 학습률을 조정하는 AdaGrad이다.[9] 구체적으로는 각 파라미터의 학습률을 추적한다. 이 학습률은 모든 파라미터의 경사 기록의 제곱 합계(평균 제곱근)의 제곱근에 반비례하여 스케일링된다.

....

8 Bonnans, Joseph-Frédéric, et al. *Numerical Optimization: Theoretical and Practical Aspects*. Springer Science &Business Media, 2006.
9 Duchi, John, Elad Hazan, and Yoram Singer. "Adaptive Subgradient Methods for Online Learning and Stochastic Optimization." *Journal of Machine Learning Research* 12.Jul (2011): 2121-2159

이는 수식으로 표현할 수 있다. 경사 누적 벡터를 $\mathbf{r}_0 = \mathbf{0}$으로 초기화하고 모든 스텝에서 다음과 같이 모든 경사 파라미터의 제곱을 누적한다(여기서 $\odot$ 연산은 요소별 텐서 곱이다).

$$\mathbf{r}_i = \mathbf{r}_{i-1} + \mathbf{g}_i \odot \mathbf{g}_i$$

그런 다음 전역 학습률 ε을 경사 누적 벡터의 제곱근으로 나눈다는 점을 제외하고는 기본적인 경사하강법과 같은 방식으로 업데이트를 계산한다.

$$\theta_i = \theta_{i-1} - \frac{\epsilon}{\delta \oplus \sqrt{\mathbf{r}_i}} \odot \mathbf{g}$$

0으로 나누는 것을 방지하기 위해 분모에 작은 수 $\delta(\sim 10^{-7})$를 추가한다. 또한 나누기와 더하기 연산은 경사 누적 벡터의 크기에 전달되어 요소별로 적용된다. PyTorch에서는 내장된 옵티마이저를 통해 AdaGrad를 학습 알고리즘으로 쉽게 활용할 수 있다.

```
optimizer = optim.Adagrad(model.parameters(),
            lr = 0.01,
            weight_decay = 0,
            initial_accumulator_value = 0)
```

유일한 문제는 PyTorch에서 δ와 초기 경사 누적 벡터가 `initial_accumulator_value` 인수로 함께 통합된다는 것이다. 함수 수준에서 이 업데이트 메커니즘은 경사가 가장 큰 파라미터는 학습률이 급격히 감소하는 반면, 경사가 더 작은 파라미터는 학습률이 약간만 감소한다는 것을 의미한다. 궁극적인 효과는 AdaGrad가 오차 표면의 더 완만한 경사 방향으로 더 많은 진전을 이루도록 하여 나쁜 조건의 표면을 극복하는 데 도움이 될 수 있다. 이는 이론적으로는 좋은 결과를 가져다주지만, 실제로 AdaGrad로 딥러닝 모델을 훈련하는 데는 다소 문제가 있을 수 있다. 실험 결과를 살펴보면 AdaGrad는 학습률이 조기에 떨어지는 경향이 있으며, 그 결과 일부 딥러닝 모델에서는 특히 잘 작동하지 않는 것으로 나타났다. 다음 절에서는 이러한 단점을 보완하는 RMSProp에 대해 설명하겠다.

6.9.2 RMSProp: 경사 지수 가중 이동 평균

AdaGrad는 간단한 볼록 함수에는 잘 작동하지만, 심층 신경망의 복잡한 오차 표면을 탐색하도록 설계되지 않았다. 평평한 영역에서는 AdaGrad가 최솟값에 도달하기 전에 학습률을 감소시킬 수 있다. 결론은 단순한 경사 누적만으로는 충분하지 않다는 것이다. 해결책은 앞서 경사의 변동을 완화하기 위해 모멘텀을 설명하면서 소개했던 개념을 다시 도입하는 것이다. 지수 가중 이동 평균은 단순한 누적 방식과 비교하면 오래전에 만든 측정값을 버릴 수 있다는 점이 특징이다. 경사 누적 벡터에 대한 업데이트는 다음과 같다.

$$\mathbf{r}_i = \rho\mathbf{r}_{i-1} + (1-\rho)\mathbf{g}_i \odot \mathbf{g}_i$$

감쇠 계수 ρ는 오래된 경사를 얼마나 오래 유지할지 결정한다. 감쇠 계수가 작을수록 유효 윈도우가 짧아진다. AdaGrad에 이런 수정 사항을 적용하면 제프리 힌튼이 처음 제안한 RMSProp 학습 알고리즘이 탄생하게 된다.[10]

PyTorch에서는 다음 코드를 사용하여 RMSProp 옵티마이저를 인스턴스로 만들 수 있다. 이 경우 AdaGrad와 달리 생성자에 epsilon 인수 δ를 별도로 전달한다는 점에 유의하라.

```
optimizer = optim.RMSprop(model.parameters(),
                          lr = 0.01,
                          alpha = 0.99,
                          eps = 1e-8,
                          weight_decay = 0,
                          momentum = 0)
```

템플릿에서 알 수 있듯이, 모멘텀(특히 네레스토프 모멘텀)과 함께 RMSProp을 활용할 수 있다. 전반적으로 RMSProp은 심층 신경망에 매우 효과적인 최적화 도구로 입증되었으며, 많은 실무자의 기본 선택 사항이 되고 있다.

---

10 Tieleman, Tijmen, and Geoffrey Hinton. "Lecture 6.5–rmsprop: Divide the Gradient by a Running Average of Its Recent Magnitude." *COURSERA: Neural Networks for Machine Learning* 4.2 (2012).

6.9.3 Adam: 모멘텀과 RMSProp의 결합

최신 옵티마이저에 대한 논의를 마무리하기 전에 마지막 알고리즘인 Adam에 대해 설명하겠습니다.[11] 간단히 말해, Adam은 RMSProp과 모멘텀의 결합으로 변형된 조합으로 생각할 수 있다.

기본 아이디어는 다음과 같다. 경사(본질적으로 고전적 모멘텀의 속도 개념)의 지수 가중 이동 평균을 추적하며, 이를 다음과 같이 표현할 수 있다.

$$\mathbf{m}_i = \beta_1 \mathbf{m}_{i-1} + (1 - \beta_1)\mathbf{g}_i$$

이것은 경사의 일차 모멘트$^{\text{first moment}}$ 또는 $\mathbb{E}[\mathbf{g}_i]$라고 부르는 근사치다. 그리고 RMSProp과 유사하게 과거 경사의 지수 가중 이동 평균을 유지할 수 있는데, 이것이 바로 경사의 이차 모멘트$^{\text{second moment}}$ 또는 $\mathbb{E}[\mathbf{g}_i \odot \mathbf{g}_i]$라고 부르는 추정치다.

$$\mathbf{v}_i = \beta_2 \mathbf{v}_{i-1} + (1 - \beta_2)\mathbf{g}_i \odot \mathbf{g}_i$$

그러나 이러한 추정치는 두 벡터를 모두 0 벡터로 초기화하여 시작하기 때문에 실제 모멘트에 비해 편향된 것으로 나타났다. 이 편향을 해결하기 위해 두 추정치 모두에 대한 보정 계수를 도출한다. 여기서는 이차 모멘트를 추정하기 위한 유도식을 설명하겠다. 여기에서 진행한 전개와 유사한 일차 모멘트 유도는 여러분을 위한 연습용으로 남겨두겠다.

먼저 이차 모멘트 추정을 과거의 모든 경사로 표현하는 것으로 시작한다. 이것은 단순히 반복 관계를 확장하여 수행된다.

$$\mathbf{v}_i = \beta_2 \mathbf{v}_{i-1} + (1 - \beta_2)\mathbf{g}_i \odot \mathbf{g}_i$$

$$\mathbf{v}_i = \beta_2^{i-1}(1 - \beta_2)\mathbf{g}_1 \odot \mathbf{g}_1 + \beta_2^{i-2}(1 - \beta_2)\mathbf{g}_2 \odot \mathbf{g}_2 + \ldots + (1 - \beta_2)\mathbf{g}_i \odot \mathbf{g}_i$$

$$\mathbf{v}_i = (1 - \beta_2)\sum_{k=1}^{i} \beta^{i-k}\mathbf{g}_k \odot \mathbf{g}_k$$

그런 다음 양쪽의 예상값을 구하여 추정치 $\mathbb{E}[\mathbf{v}_i]$가 실제 값인 $\mathbb{E}[\mathbf{g}_i \odot \mathbf{g}_i]$와 어떻게 비교되는지 확인할 수 있다.

---

11 Kingma, Diederik, and Jimmy Ba. "Adam: A Method for Stochastic Optimization." *arXiv preprint arXiv*:1412.6980 (2014).

$$\mathbb{E}[\mathbf{v}_i] = \mathbb{E}\left[(1-\beta_2)\sum_{k=1}^{i}\beta^{i-k}\mathbf{g}_k \odot \mathbf{g}_k\right]$$

또한 경사의 이차 모멘트가 과거 값 이후 변경되었더라도 경사의 이전 이차 모멘트가 본질적으로 관련성이 없도록 β_2를 선택해야 하므로 $\mathbb{E}[\mathbf{g}_k \odot \mathbf{g}_k] \approx \mathbb{E}[\mathbf{g}_i \approx \mathbf{g}_i]$라고 가정할 수 있다. 따라서 다음과 같이 단순화할 수 있다.

$$\mathbb{E}[\mathbf{v}_i] \approx \mathbb{E}[\mathbf{g}_i \odot \mathbf{g}_i](1-\beta_2)\sum_{k=1}^{i}\beta^{i-k}$$

$$\mathbb{E}[\mathbf{v}_i] \approx \mathbb{E}[\mathbf{g}_i \odot \mathbf{g}_i](1-\beta_{2^i})$$

기본 대수 항등식elementary algebraic identity을 사용하여 최종 단순화를 수행한다는 점에 유의하라. 이 유도 결과와 일차 모멘트에 대한 비슷한 유도 결과는 초기화 편향을 고려하여 보정하는 다음과 같은 보정 기법이다.

$$\tilde{\mathbf{m}}_i = \frac{m_i}{1-\beta_1^i}$$

$$\tilde{\mathbf{v}}_i = \frac{\tilde{\mathbf{v}}_i}{1-\beta_2^i}$$

그런 다음 이렇게 보정된 모멘트를 사용하여 파라미터 벡터를 업데이트하면 최종 Adam 업데이트가 이루어진다.

$$\theta_i = \theta_{i-1} - \frac{\epsilon}{\delta \oplus \sqrt{\tilde{\mathbf{v}}_i}}\tilde{\mathbf{m}}$$

최근 Adam은 0으로 초기화 편향(RMSProp의 약점)에 대한 보정 수단과 RMSProp의 핵심 개념을 모멘텀과 효과적으로 결합할 수 있어 인기를 얻고 있다. PyTorch는 다음 생성자를 통해 Adam 옵티마이저를 제공한다.

```
optimizer = optim.Adam(model.parameters(),
                lr=0.001,
                betas=(0.9, 0.999),
                eps=1e-08,
```

```
weight_decay=0,
amsgrad=False)
```

PyTorch용 Adam의 기본 하이퍼파라미터 설정은 일반적으로 매우 우수한 성능을 발휘한다. Adam은 일반적으로 하이퍼파라미터 선택에 있어서도 견고한 면을 보인다. 유일한 예외는 학습률이 특정한 경우에 기본값인 0.001에서 일부 수정되어야 한다는 점이다.

6.10 옵티마이저 선택의 철학

이 장에서는 심층 신경망의 복잡한 오차 표면을 보다 쉽게 탐색하기 위한 몇 가지 전략에 대해 설명했다. 이러한 전략은 각각 고유한 장단점을 가진 여러 최적화 알고리즘이다.

어떤 알고리즘을 언제 사용해야 하는지 알 수 있다면 정말 좋겠지만, 전문가들 사이에서는 이에 대한 합의가 거의 이루어지지 않고 있다. 현재 가장 많이 사용되는 알고리즘은 미니배치 경사하강법, 모멘텀이 있는 미니배치 경사, RMSProp, 모멘텀이 있는 RMSProp, Adam, AdaDelta(여기서는 다루지 않았지만 PyTorch에서는 역시 지원된다) 등이다. 이번에 구축한 순방향 네트워크 모델에서 이러한 최적화 알고리즘을 실험해 보기 바란다.

그러나 한 가지 중요한 점은 대부분의 딥러닝 실무자에게 있어 딥러닝의 최신 기술을 발전시키는 가장 좋은 방법이 진보된 옵티마이저 구축은 아니라는 것이다. 지난 수십 년 동안 딥러닝 분야에서 이루어진 혁신은 지저분한 오차 표면과 씨름하지 않고 더 쉽게 훈련할 수 있는 아키텍처를 발견함으로써 달성되었다. 따라서 이 책의 나머지 부분에서는 아키텍처를 활용하여 신경망을 보다 효과적으로 훈련하는 방법을 집중적으로 살펴볼 것이다.

요약

이 장에서는 복잡한 오차 표면을 가진 심층 신경망을 훈련할 때 발생할 수 있는 몇 가지 문제를 설명했다. 가짜 극소점의 문제는 과장되었을 수 있지만, 안장점과 나쁜 조건이 기본 미니배치 경사 하강의 성공에 심각한 위협이 될 수 있다는 점을 살펴봤다. 모멘텀을 사용하여 나쁜 조건을 극복하는 방법을 소개했고, 헤세 행렬을 근사화하는 이차 근사 방법 관련 최근 연구를 간략하게 설명했다. 또한 더 나은 수렴을 위해 훈련 과정에서 학습률을 조정하는 적응형 학습률 옵티마이저의 진화도 알아봤다.

이제 신경망 아키텍처와 설계라는 더 큰 문제를 다뤄볼 것이다. 컴퓨터 비전과 복잡한 이미지를 효과적으로 학습하는 심층 신경망 설계 방법을 살펴보도록 하자.

## 7장

합성곱 신경망

7.1 인간 시각에서의 뉴런

인간의 시각은 믿을 수 없을 정도로 발달했다. 인간은 단 몇 초 만에 시야에 보이는 물체를 바로 식별할 수 있다. 보이는 물체의 이름을 바로 말할 뿐만 아니라 물체의 깊이를 감지하고 윤곽을 완벽하게 파악하며 물체와 배경을 구분할 수 있다. 인간의 눈은 색상 데이터를 미가공 복셀[raw voxel][1] 형태로 받아들이지만, 뇌는 이 정보를 선, 곡선, 도형 등 보다 의미 있는 기본 요소[primitive]로 변환하여 현재 특정 물체(예를 들어 고양이)를 보고 있다는 것을 인식한다.[2]

인간 시각 감각의 기초는 뉴런[neuron]이다. 특수한 뉴런은 인간의 눈에 들어오는 빛 정보를 포착하는 역할을 한다.[3] 빛 정보는 전처리[preprocess] 과정을 거쳐 뇌의 시각 피질[visual cortex of the brain]로 전달되어 분석된다. 이러한 모든 기능을 뉴런이 담당한다. 따라서 컴퓨터 비전 시스템의 품질을 향상시키기 위해서는 이제까지 설명한 신경망 모델을 확장하여 적용하는 것이 합리적일 것이다.

이 장에서는 인간 시각에 대한 이해를 바탕으로 이미지 문제를 효과적으로 해결하는 딥러닝 모델을 구축해 보려고 한다. 본격적으로 시작하기 전에 전통적인 이미지 분석 방식에 대해 설명하고, 이러한 방식에는 어떤 문제가 있는지 살펴볼 것이다.

---

1 옮긴이 1_ 2D 데이터의 픽셀에 해당하는 3D 데이터 포인트

2 Hubel, David H., and Torsten N. Wiesel. "Receptive Fields and Functional Architecture of Monkey StriateCortex." *The Journal of Physiology* 195.1 (1968): 215–243.

3 Cohen, Adolph I. "Rods and Cones." *Physiology of Photoreceptor Organs*. Springer Berlin Heidelberg, 1972.63–110.

7.2 피처 선택의 한계

간단한 컴퓨터 비전 문제를 살펴보자. [그림 7-1]과 같이 무작위로 선택된 이미지가 있다. 이제 여러분의 임무는 이 사진 속에 사람의 얼굴이 있는지 알려주는 것이다. 이것이 바로 폴 비올라Paul Viola와 마이클 존스Michael Jones가 2001년에 발표한 논문에서 다루었던 문제다.[4]

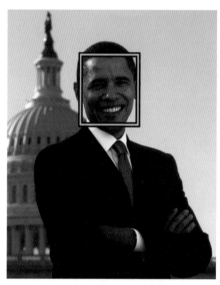

그림 7-1 가상의 얼굴 인식 알고리즘을 사용하여 이 사진에서 버락 오바마 전 미국 대통령의 얼굴을 감지해내야 한다.

인간에게는 이 작업이 아주 사소한 일이지만 컴퓨터에게는 어려운 문제다. 이미지 안에 얼굴이 포함되어 있다는 것을 컴퓨터에게 어떻게 가르칠 수 있을까? 3장에서 설명했던 내용과 유사한 전통적인 머신러닝 알고리즘에 이미지의 미가공 픽셀값을 주고 적절한 분류기가 나타나기를 바라면서 학습시켜볼 수 있다. 하지만 신호 대 노이즈비signal-to-noise ratio가 너무 낮아 딱히 쓸만한 학습이 이루어지지 않으므로 이 방법은 전혀 효과가 없다. 따라서 대안이 필요하다.

결국 인간이 모든 논리와 규칙을 정의하는 전통적인 컴퓨터 프로그램 방식과 컴퓨터가 복잡한 작업을 모두 알아서 처리하는 순수 머신러닝 접근 방식 사이에서 균형점을 찾게 되었다. 이 균

---

4 Viola, Paul, and Michael Jones. "Rapid Object Detection using a Boosted Cascade of Simple Features."Computer Vision and Pattern Recognition, 2001. CVPR 2001. *Proceedings of the 2001 IEEE Computer SocietyConference on*. Vol. 1. IEEE, 2001.

형점에서는 인간이 분류 결정을 내리는 데 중요한 수백 또는 수천 개의 피처 중 일부를 선택하며, 이 과정에서 같은 학습 문제를 더 낮은 차원으로 표현하게 된다. 그 다음 머신러닝 알고리즘이 이 새로운 피처 벡터를 사용하여 분류를 결정한다. 이렇게 하면 피처를 추출하는 과정 중에 신호 대 노이즈비가 개선되기 때문에(피처가 적절히 잘 선택되었다는 가정 하에) 당시의 최신 기술에 비해 상당히 성공적이었다.

비올라와 존스는 얼굴에 밝은 부분과 어두운 부분으로 구성되는 특정한 패턴이 있다는 사실을 알아냈다. 예를 들어, 눈 부위와 윗 볼 사이에는 광도light intensity에 차이가 있다. 또한 콧대와 양쪽 눈 사이에도 광도 차이가 있다. [그림 7-2]는 이러한 패턴을 감지하는 감지기detector의 예제를 나타낸다.

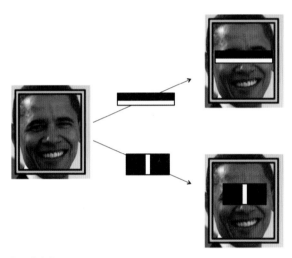

그림 7-2 비올라-존스 광도 감지기

이러한 각각의 피처는 얼굴을 식별하는 데 그다지 효과적이지 않다. 그러나 이 피처들을 원래 논문(*https://oreil.ly/UAgvR*)에 설명된 부스팅boosting이라는 고전적인 머신러닝 알고리즘을 통해 함께 조합하여 사용하면 그 효과가 크게 증가한다. 130개의 이미지와 507명의 얼굴로 구성된 데이터셋에 이 알고리즘을 적용하면 50개의 거짓 양성false positive과 91.4%의 인식률을 달성했다. 당시로서는 타의 추종을 불허하는 성능이었지만 알고리즘에 근본적인 한계가 있었다. 만약 얼굴이 부분적으로 그늘에 가려지면 광도 비교가 제대로 동작하지 않을 것이고, 구겨진 전단지의 얼굴이나 만화 캐릭터의 얼굴인 경우면 아예 실패할 가능성이 높다.

문제는 얼굴을 '보는see 방법'이 알고리즘 측면에서 충분히 학습되어 있지 않다는 것이었다. 인간의 뇌는 광도 차이 외에도 윤곽선, 얼굴 피처의 상대적 위치, 색상 등 수많은 시각적 단서를 토대로 시야에 사람의 얼굴이 포함되어 있음을 인식한다. 시각적 단서 중 하나만 일치하지 않더라도(예 얼굴의 일부가 시야에서 가려지거나 그늘로 광도가 변하는 경우) 시각 피질에서는 여전히 얼굴을 제대로 식별할 수 있다.

기존의 머신러닝 기술을 사용하여 컴퓨터에게 '보는 방법'을 가르치려면 정확한 의사 결정을 위해 훨씬 더 많은 피처를 프로그램에 입력해야 한다. 딥러닝이 등장하기 전에는 컴퓨터 비전 연구팀들이 여러 피처의 유용성을 토론하는 데 몇 년씩이나 걸렸다. 인식 문제가 점점 더 까다로워지면서 복잡도가 늘어났기 때문에 연구자들이 무척 어려움을 겪었다.

딥러닝의 힘을 설명하기 위해 컴퓨터 비전 분야에서 가장 권위 있는 벤치마크(컴퓨터 비전 분야의 올림픽이라고도 하는)인 ImageNet 경진 대회를 살펴보자.[5] 대회에서 매년 많은 연구자들이 약 45만 개의 이미지로 구성된 훈련 데이터셋을 가지고 이미지를 200개의 가능한 클래스 중 하나로 분류한다. 이때 테스트 데이터셋의 다음 이미지로 넘어가기 전에 정답을 맞추는 데 5번의 기회가 있다. 이 대회의 목표는 컴퓨터 비전의 최신 기술을 인간 시각의 정확도(약 95%~96%)에 필적하는 수준으로 끌어올리는 것이다.

2011년 ImageNet 벤치마크의 우승자는 25.7%의 오류율을 기록했다. 이미지 4장 중 1장 꼴로 실수가 있었던 셈이다.[6] 무작위 추측보다는 많이 개선되었지만 상용 애플리케이션에 충분한 정도는 아니었다. 그러던 중 2012년 토론토 대학교 제프리 힌튼Geoffrey Hinton 연구실의 알렉스 크리제프스키Alex Krizhevsky가 상상할 수 없는 일을 해냈다. 알렉스는 이 정도 규모와 복잡성을 가진 대회에서는 처음으로 합성곱 신경망convolution neural network으로 알려진 딥러닝 아키텍처를 선보이며 다른 경쟁자들을 압도했다. 이 대회의 준우승 팀은 26.1%라는 훌륭한 오류율을 기록했다. 하지만 알렉스는 불과 몇 달간의 연구로 개발한 AlexNet으로 약 16%의 오류율을 달성하여 50년간의 기존 컴퓨터 비전 연구를 완전히 무너뜨렸다. AlexNet으로 인해 컴퓨터 비전 분야에서 딥러닝이 득세하게 되었고 이 분야가 완전히 혁신되었다고 해도 과언이 아닐 것이다.

5　Deng, Jia, et al. "ImageNet: A Large-Scale Hierarchical Image Database." *Computer Vision and PatternRecognition*, 2009. CVPR 2009. IEEE Conference. IEEE, 2009.

6　Perronnin, Florent, Jorge Sénchez, and Yan Liu Xerox. "Large-Scale Image Categorization with Explicit Data Embedding." *Computer Vision and Pattern Recognition* (CVPR), 2010 IEEE Conference. IEEE, 2010.

7.3 기본 심층 신경망의 확장 한계

딥러닝을 컴퓨터 비전에 적용하는 근본적인 목표는 아주 번거롭고 제한적인 피처 선택 프로세스를 없애는 것이다. 3장에서 설명한 것처럼 심층 신경망은 신경망의 각 레이어가 수신한 입력 데이터를 나타내는 피처를 학습하고 구축하는 역할을 담당하므로 이러한 프로세스에 아주 적합하다. 단순한^{naive} 접근 방식으로는 5장에서 MNIST 데이터셋용으로 설계한 네트워크 레이어 기본 요소를 이용한 기본 심층 신경망으로 이미지 분류 작업을 수행하는 것을 들 수 있다.

그러나 이러한 방식으로 이미지 분류 문제를 해결하려고 한다면 [그림 7-3]에서 확인할 수 있듯이 상당히 어려운 문제에 직면하게 된다. MNIST는 28x28 픽셀 흑백 이미지를 가지고 있다. 따라서 완전 연결$^{fully\ connected}$ 은닉 레이어의 뉴런은 784개의 가중치를 갖게 된다. 이는 MNIST 작업에 매우 적합하며, 앞서 기본 신경망에서도 우수한 성능을 보였다. 그러나 이 기법은 이미지가 커질수록 확장성이 떨어진다. 예를 들어 200×200 픽셀 풀컬러 이미지의 경우, 입력 레이어의 가중치는 200×200×3 = 120,000개이다. 그리고 다중 레이어에 걸쳐 이러한 뉴런을 대량으로 배치해야 하므로 파라미터의 수가 매우 빠르게 증가한다. 이렇게 완전 연결하면 낭비일 뿐만 아니라 훈련 데이터셋에 과적합할 가능성이 훨씬 더 높다.

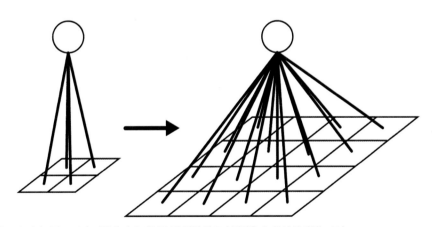

그림 7-3 이미지의 크기가 커짐에 따라 레이어 간 연결 밀도가 걷잡을 수 없이 증가하는 모습

합성곱 신경망에서는 이미지 분석을 활용하고 심층 신경망의 아키텍처를 합리적으로 제한하여 모델의 파라미터 수가 대폭 줄어든다. 인간의 시각이 작동되는 방식에서 영감을 얻은 합성곱 신경망의 레이어에서는 뉴런이 3차원으로 배열되어 있어 [그림 7-4]와 같이 레이어마다 너비,

높이, 깊이가 있다.[7]

앞으로 살펴보겠지만 합성곱 레이어의 뉴런은 이전 레이어의 작은 국소 영역에만 연결되므로 완전 연결 뉴런에서 보이는 낭비를 피할 수 있다. 합성곱 레이어의 기능은 간단히 표현하면 3차원 데이터인 볼륨[volume][8]을 처리하여 새로운 3차원 볼륨을 생성하는 것이다. 다음 절에서 어떻게 작동하는지 자세히 살펴보자.

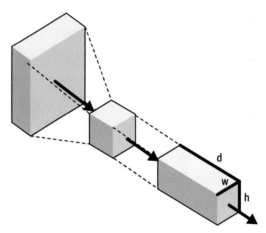

그림 7-4 합성곱 레이어는 뉴런을 3차원으로 배열하므로 레이어마다 너비, 높이, 깊이가 있다.

7.4 필터와 피처 맵

합성곱 레이어의 기본 요소를 이해하기 위해 인간의 뇌가 시각 정보를 어떻게 처리하는지 직관적인 방법으로 정리해 보자. 이 분야에서 가장 유명한 연구는 시각 피질의 일부가 윤곽선을 감지한다는 사실을 발견한 데이비드 휴벨[David Hubel]과 토르스텐 위젤[Torsten Wiesel]로부터 나왔다. 이들은 고양이 뇌에 전극을 삽입하고 화면에 흑백 패턴을 투사하는 실험을 1959년에 수행했으며, 그 결과 일부 뉴런은 수직선이 있을 때만, 다른 뉴런은 수평선이 있을 때만, 또 다른 뉴런은 선이 특정 각도에 있을 때만 활성화된다는 사실을 발견했다.[9]

---

7   LeCun, Yann, et al. "Handwritten Digit Recognition with a Back-Propagation Network." *Advances in NeuralInformation Processing Systems*. 1990.

8   옮긴이 1_ 3차원 구조를 가진 이미지 입력 데이터 (여기서는 R, G, B의 3개 채널을 포함)

9   Hubel, David H., and Torsten N. Wiesel. "Receptive Fields of Single Neurones in the Cat's Striate Cortex." *TheJournal of Physiology* 148,3 (1959): 574–591.

이후에 추가 연구를 통해 시각 피질이 여러 레이어로 구성되어 있다는 사실이 밝혀졌다. 시각 피질의 각 레이어에서 선, 윤곽선, 도형, 전체 물체 등 이전 레이어에서 감지된 피처를 기반으로 현재 레이어의 피처가 구축된다. 또한 시각 피질의 한 레이어 내에서 동일한 피처 감지기가 전체 레이어 영역에 복제되어 존재하므로 이미지의 모든 부분에서 피처를 감지할 수 있다. 이러한 연구 결과는 합성곱 신경망의 설계에 큰 영향을 미쳤다.

합성곱 신경망 설계에서 가장 먼저 등장한 개념은 필터다. 필터는 기본적으로 피처 감지기이며, 그 작동 방식을 이해하기 위해 [그림 7-5]의 간단한 이미지를 살펴보자.

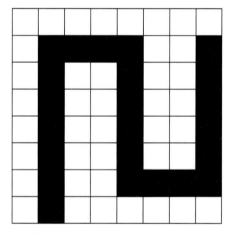

그림 7-5 단순한 흑백 이미지를 분석하는 예제

이미지에서 수직선과 수평선을 검출한다고 가정해 보자. 한 가지 방법은 [그림 7-6]과 같이 적절한 피처 감지기를 사용하는 것이다. 예를 들어 수직선을 감지하려면 그림 상단의 수직선 피처 감지기를 사용하여 이미지 전체에 걸쳐 가로질러 내려가면서[slide] 단계마다 혹시 수직선 패턴과 일치하는 것이 있는지 확인한다. 일치 결과는 오른쪽 상단의 행렬에 기록하는데, 일치하면 해당 상자를 검은색으로 음영 처리하고, 일치하지 않으면 흰색으로 남겨둔다. 이 결과가 피처 맵[feature map]이며, 원본 이미지에서 찾고자 하는 피처를 찾은 위치를 나타낸다. 그림 아래쪽의 수평선 감지기로도 동일한 작업을 수행하면 그림 오른쪽 아래와 같이 피처 맵이 생성된다.

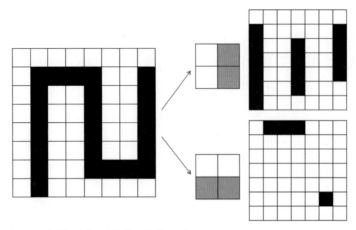

그림 7-6 수직선과 수평선 검출 필터를 적용하는 간단한 예제

이러한 연산을 합성곱이라고 한다. 하나의 필터를 취하고 입력 이미지의 전체 영역에 걸쳐 이 필터를 곱한다. 다른 방식으로 표현하자면, 이 연산을 신경망에서 뉴런으로 표현할 수 있다. 여기서 순방향 신경망의 뉴런 레이어는 원본 이미지 또는 피처 맵을 나타낸다. 필터는 입력 전체에 걸쳐 복제되는 연결의 조합을 나타낸다(그림 7-7에서 이러한 조합 중 하나가 강조 표시됨). [그림 7-7]에서 같은 색상의 연결은 항상 같은 가중치를 갖도록 제한된다. 그룹의 모든 연결을 동일한 가중치로 초기화하고 각 역전파 반복이 끝날 때마다 그룹의 가중치 업데이트를 평균내어 적용하면 이를 달성할 수 있다. 출력 레이어는 이 필터에 의해 생성된 피처 맵이다. 이전 레이어의 특정 위치에서 피처를 감지한 필터가 피처 맵의 뉴런 활성화에 영향을 주는 경우 해당 뉴런이 활성화될 수 있다.

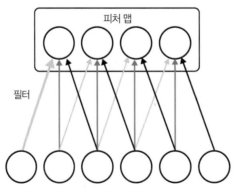

그림 7-7 필터와 피처 맵을 합성곱 레이어의 뉴런으로 표현한 것이다.

레이어 m의 k번째 피처 맵을 m^k로, 해당 필터를 가중치 W의 값으로 표시하자. 그런 다음 피처 맵의 뉴런이 편향 b^k(피처 맵의 모든 뉴런에 대해 편향이 동일하게 유지)를 갖는다고 가정하면 피처 맵을 다음과 같이 수학적으로 표현할 수 있다.

$$m_{ij}^k = f((W * x)_{ij} + b^k)$$

이 수식은 단순하지만 합성곱 신경망에서 사용하는 필터를 완전히 설명하지는 못한다. 구체적으로 설명하자면, 필터는 단순히 하나의 피처 맵에서만 작동하는 것이 아니라 특정 레이어에서 생성된 피처 맵 전체 볼륨에 대해 작동한다. 예를 들어, 합성곱 신경망의 특정 레이어에서 얼굴을 감지하는 상황을 생각해 보자. 눈, 코, 입에 피처 맵 각각 하나씩 총 세 개가 준비되어 있다고 하자. 이들 개별 피처 맵의 특정 위치에 적절한 피처(눈 두 개, 코 하나, 입 하나)가 있으면 그 위치에 얼굴이 있다는 것을 알 수 있다. 즉, 얼굴의 존재 여부를 판단하려면 여러 피처 맵에 걸쳐 근거를 조합해야 한다. 이는 풀컬러 입력 이미지도 마찬가지다. 이러한 이미지에는 RGB 값으로 표시되는 픽셀이 있으므로 입력 볼륨에서 세 개의 슬라이스(색상당 하나씩)가 필요하다. 따라서 피처 맵은 단순히 면적뿐만 아니라 볼륨에 대해서도 작동할 수 있어야 한다. 이는 [그림 7-8]에 나와 있다. 입력 볼륨의 각 셀은 뉴런이다. 필터가 적용되는 지역적인 부분[local portion]에 필터(합성곱 레이어의 가중치에 해당)를 곱하여 다음 볼륨 뉴런 레이어의 필터 맵에서 뉴런을 생성한다.

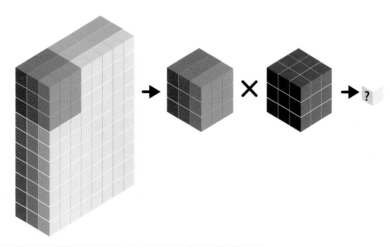

그림 7-8 볼륨으로 나타낸 풀컬러 RGB 이미지와 볼륨 형태의 합성곱 필터

앞서 설명한 것처럼 필터 집합으로 구성된 합성곱 레이어에서는 볼륨을 다른 볼륨 형태로 변환한다. 필터의 깊이는 입력 볼륨의 깊이와 일치한다. 이렇게 하면 이제까지 필터에 학습된 모든 피처의 정보가 통합된다. 합성곱 레이어의 출력 볼륨 깊이는 각 필터마다 자체 슬라이스가 있으므로 해당 레이어의 필터 수와 동일하다. 이러한 관계는 [그림 7-9]에 시각화하여 설명한다.

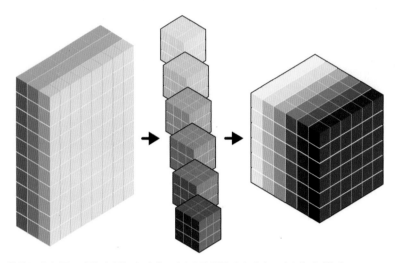

그림 7-9 합성곱 레이어를 3차원 시각화. 각 필터는 결과 출력 볼륨의 슬라이스 하나에 해당한다.

다음 절에서는 이제까지 언급한 개념을 활용해서 합성곱 레이어를 상세히 설명하고자 한다.

7.5 합성곱 레이어에 대한 상세 설명

지금까지 설명한 개념을 활용하여 합성곱 레이어를 자세히 살펴보자. 일단 합성곱 레이어는 입력 볼륨을 받는다. 이 입력 볼륨에는 다음과 같은 특징이 있다.

- 너비 w_{in}
- 높이 h_{in}
- 깊이 d_{in}
- 제로 패딩$^{zero\ padding}$ p

이 볼륨은 합성곱 신경망의 가중치와 연결을 나타내는 총 k개의 필터로 처리된다. 이러한 필터에는 다음과 같이 여러 하이퍼파라미터가 있다.

- 공간 범위 e는 필터의 높이 및 너비에 해당한다.
- 스트라이드stride s는 입력 볼륨에 필터를 연속적으로 적용하는 사이의 거리(보폭)다. 스트라이드가 1이면 이전 절에서 설명한 완전한 합성곱을 얻게 된다. 이는 [그림 7-10]에서 설명한다.
- 편향 b(필터값처럼 학습된 파라미터)는 합성곱의 각 구성 요소에 더해진다.

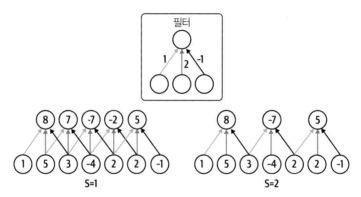

그림 7-10 필터의 스트라이드 하이퍼파라미터

이렇게 하면 다음과 같은 특성을 가진 출력 볼륨이 생성된다.

- 각 뉴런의 입력 로짓에 적용되어 최종 값을 결정하는 함수 f
- 너비 $w_{out} = \left\lceil \dfrac{w_{in} - e + 2p}{s} \right\rceil + 1$
- 높이 $h_{out} = \left\lceil \dfrac{h_{in} - e + 2p}{s} \right\rceil + 1$
- 깊이 $d_{out} = k$

출력 볼륨의 m번째 '깊이 슬라이스' $1 \le m \le k$는 입력 볼륨과 편향 b^m을 통해 합성곱된 m번째 필터의 합에 적용된 함수 f에 해당한다. 또한 이는 필터당 $d_{in}e^2$ 파라미터가 있다는 것을 의미한다. 즉, 레이어에는 총 $kd_{in}e^2$ 파라미터와 k 편향이 있다는 뜻이다. 이를 실제로 보여주기 위해 [그림 7-11]과 [그림 7-12]에서 $5 \times 5 \times 3$ 입력 볼륨과 제로 패딩 $p = 1$의 합성곱 레이어의 예시를 제공한다. 스트라이드 $s = 2$인 $3 \times 3 \times 3$ 필터(공간 범위)를 두 개 사용한다. 선형 함수를 사용하여 $3 \times 3 \times 2$ 크기의 출력 볼륨을 생성한다. 첫 번째 합성곱 필터를 입력 볼륨의 가장 왼쪽 위 3×3 부분에 적용하여 첫 번째 깊이 슬라이스의 가장 왼쪽 위 항목을 생성한다.

일반적으로 필터 크기를 작게 유지하는 것이 좋다(3×3 또는 5×5 크기). 더 큰 크기(7×7)를 사용하기도 하지만, 이는 첫 번째 합성곱 레이어에서만 사용한다. 작은 필터를 많이 사용하면 더 적은 수의 파라미터를 사용하면서 높은 표현력을 얻을 수 있다. 또한 피처 맵에서 유용한 정보를 모두 수집하려면 스트라이드 1을 사용하고 출력 볼륨의 높이와 폭을 입력 볼륨의 높이와 폭과 동일하게 유지하는 제로 패딩을 사용하는 것이 좋다.

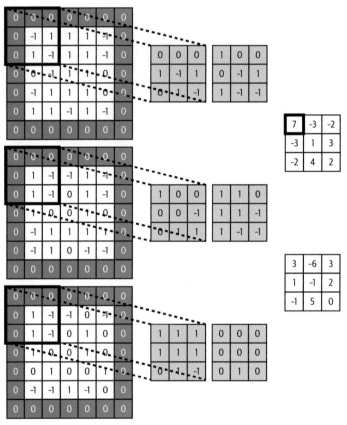

그림 7-11 입력 볼륨 폭 5, 높이 5, 깊이 3, 제로 패딩 1, 필터 2개(공간 범위 3, 스트라이드 2 적용), 출력 볼륨 3×3×2인 합성곱 레이어

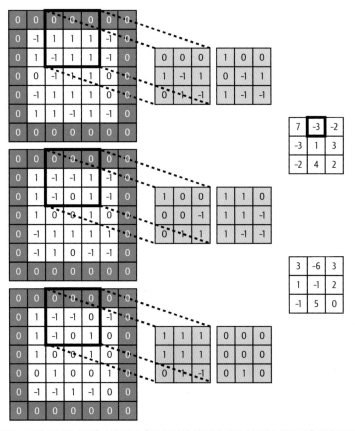

그림 7-12 그림 7-11과 동일한 설정을 사용하여 출력 볼륨의 첫 번째 깊이 슬라이스에서 다음 값을 생성한다.

PyTorch에는 입력 볼륨의 미니배치에서 2차원 합성곱을 쉽게 수행할 수 있는 편리한 기능이 있다.

```
import torch.nn as nn layer = nn.Conv2d(in_channels = 3,
                                          out_channels = 64,
                                          kernel_size = (5, 5),
                                          stride = 2,
                                          padding = 1)
```

여기서 **in_channels**는 깊이, d_{in} 또는 입력 평면의 수를 나타낸다. 컬러 이미지의 경우 입력 채널의 수는 RGB 채널을 나타내는 3인 경우가 많다. **nn.Conv2d** 레이어는 $b_{in} * d_{in} * h_{in} * w_{in}$ 크기의 4차원 텐서를 입력으로 받는다. 여기서 b_{in}은 미니배치에서 예제 수를 의미한다.

out_channels 인수는 출력 평면 또는 피처 맵의 수를 나타낸다. kernel_size 인수는 필터 크기 또는 공간 범위인 e를 결정하고, 스트라이드 및 패딩 인수는 각각 스트라이드 크기인 s와 제로 패딩 크기인 p를 결정한다. 스트라이드와 패딩을 사용하여 여기에 표시된 것처럼 단일 값으로 동일한 차원 설정을 전달할 수 있다.

7.6 맥스 풀링

피처 맵의 차원을 대폭 줄이고 피처를 더 명확하게 만들기 위해 합성곱 레이어 뒤에 맥스 풀링 레이어$^{max\ pooling\ layer}$(*https://oreil.ly/HOYaa*)를 삽입하기도 한다. 맥스 풀링의 기본 개념은 피처 맵을 동일한 크기의 타일^{tile}로 분할해서 압축된 피처 맵을 만드는 것이다. 구체적으로는 각 타일에 대해 셀을 생성하고 타일의 최댓값[10]을 계산한 다음 이 최댓값을 축약된 피처 맵의 해당 셀로 전파한다. 이 과정은 [그림 7-13]에 정리되어 있다.

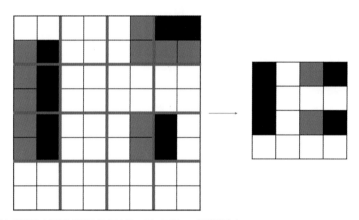

그림 7-13 맥스 풀링은 신경망 끝단으로 갈수록 파라미터를 크게 줄여준다.

좀 더 구체적으로 풀링 레이어를 두 개의 파라미터로 설명할 수 있다.

- 공간 범위 e
- 스트라이드 s

---

10 옮긴이 1_ 맥스 풀링에서 최댓값을 사용하는 이유는 피처 맵에서 가장 대표적인 특성을 보존하여 중요한 정보는 유지하고 나머지는 무시하기 위한 것이다.

풀링 레이어에는 크게 두 가지 변형만 있다는 점을 유의해야 한다. 첫 번째는 $e = 2$, $s = 2$인 비중첩^{nonoverlapping} 풀링 레이어고, 두 번째는 $e = 3$, $s = 2$인 중첩^{overlapping} 풀링 레이어다. 각 피처 맵의 결과 차원은 다음과 같다.

- 너비 $w_{out} = \left\lceil \dfrac{w_{in} - e}{s} \right\rceil + 1$

- 높이 $h_{out} = \left\lceil \dfrac{h_{in} - e}{s} \right\rceil + 1$

맥스 풀링의 한 가지 흥미로운 특성은 국소 불변성$^{local\ invariance}$이다. 즉, 입력이 약간 이동하더라도^{shift} 맥스 풀링 레이어의 출력은 일정하게 유지된다. 이는 시각 알고리즘에서 중요한 의미를 갖는다. 국소 불변성은 어떤 피처의 정확한 위치보다 해당 피처의 존재 여부에 더 관심이 있는 경우 유용한 속성이다. 그러나 국소 불변성을 과도하게 적용하면 중요한 정보를 전달하는 신경 망의 기능이 손상될 수 있다. 따라서 일반적으로 풀링 레이어의 공간 범위는 매우 작게 유지해야 한다.

최근 분수 맥스 풀링$^{fractional\ max\ pooling}$[11]이라는 개념을 제안한 워릭 대학교 그레이엄^{Graham}의 연구[12]가 이러한 맥락에서 나온 바 있다. 분수 맥스 풀링에서는 의사 난수 생성기$^{pseudorandom\ number}$ ^{generator}를 사용하여 풀링에 사용할 비정수^{noninteger} 길이의 타일링^{tiling}을 만들어 낸다. 분수 맥스 풀링은 강력한 규제화 도구로서 합성곱 신경망에서 과적합을 방지하는 데 도움이 된다.

7.7 합성곱 신경망 아키텍처 상세 설명

지금까지 합성곱 네트워크의 구성 요소를 설명했으니 이제 해당 내용을 모두 모아서 살펴보겠다. [그림 7-14]에서는 실제 사용할 수 있는 몇 가지 아키텍처를 보여준다.

더 심화된 심층 신경망을 구축할수록 풀링 레이어의 수를 줄이는 대신 여러 개의 합성곱 레이어를 병렬로 쌓는 경향을 볼 수 있다. 풀링 작업은 태생적으로 파괴적이기 때문에 보통 이 방법은 유용하다. 각 풀링 레이어 앞에 여러 개의 합성곱 레이어를 쌓으면 더 풍부한 표현을 얻을 수 있다.

----

11 옮긴이 1_ 풀링 영역 크기를 고정된 정수 크기 타일링(예 2x2, 3x3)이 아니라 비정수(분수) 비율(예 전체의 1/3)로 설정하는 것이다. 이때 타일링에서 각 풀링 영역의 위치는 의사 난수 생성기에 의해 무작위로 정해진다.

12 Graham, Benjamin. "Fractional Max-Pooling." *arXiv Preprint arXiv*:1412.6071 (2014).

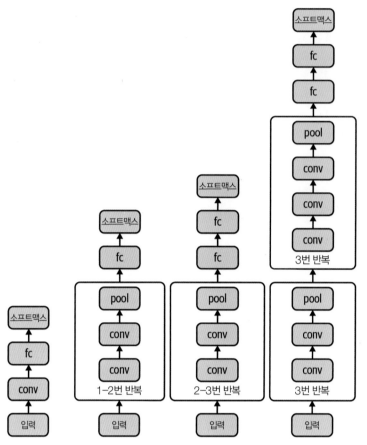

그림 7-14 다양한 복잡성을 지닌 여러 가지 합성곱 신경망 아키텍처

실무에서 심층 합성곱 신경망은 메모리 공간을 상당히 차지할 수 있으며, 대부분의 실무자는 일반적으로 GPU의 메모리 용량으로 인해 병목 현상을 겪는다. 예를 들어, VGGNet 아키텍처는 이미지당 순방향 패스에 약 90MB의 메모리가 필요하고, 파라미터를 업데이트하기 위해 역방향 패스에 180MB 이상의 메모리가 필요하다.[13] 대부분의 심층 신경망은 첫 번째 합성곱 레이어에서 스트라이드 및 공간 범위를 사용하여 신경망에 전파해야 하는 정보의 양을 줄임으로써 절충안을 찾는다.

13 Simonyan, Karen, and Andrew Zisserman. "Very Deep Convolutional Networks for Large-Scale Image Recognition." *arXiv Preprint arXiv*:1409.1556 (2014).

7.8 합성곱 신경망으로 MNIST 문제 해결

이미지를 효과적으로 분석하는 신경망 구축 방법을 잘 이해했을 것이니 앞서 몇 장에 걸쳐 다뤘던 MNIST 문제를 다시 살펴보겠다. 이번 절에서는 합성곱 신경망을 사용해 손으로 쓴 숫자를 인식하는 방법을 알아본다. 순방향 신경망을 사용하면 98.2%의 정확도를 달성할 수 있었다. 이번 목표는 이 결과의 한계를 뛰어넘는 것이다.

이 문제를 해결하기 위해 매우 기본적인 아키텍처(그림 7-14의 두 번째 네트워크를 모델로 함)로 합성곱 신경망을 구축해 본다. 해당 신경망의 구성은 두 개의 합성곱/ReLU/맥스풀링 스택, 드롭아웃이 있는 완전 연결 레이어, 말단의 완전 연결 레이어다. PyTorch에서는 다음 코드와 같이 내장된 nn 클래스를 사용하여 해당 신경망을 쉽게 구축할 수 있다.

```python
class MNISTConvNet(nn.Module):
  def __init__(self):
    super(MNISTConvNet, self).__init__()
    self.conv1 = nn.Sequential(
      nn.Conv2d(1, 32, 5, padding='same'),
      nn.ReLU(),
      nn.MaxPool2d(2)
    )
    self.conv2 = nn.Sequential(
      nn.Conv2d(32, 64, 5, padding='same'),
      nn.ReLU(),
      nn.MaxPool2d(2)
    )
    self.fc1 = nn.Sequential(
      nn.Flatten(),
      nn.Linear(7*7*64, 1024),
      nn.Dropout(0.5),
      nn.Linear(1024, 10)
    )

  def forward(self, x):
    x = self.conv1(x)
    x = self.conv2(x)
    return self.fc1(x)
```

__init__ 메서드에서는 두 개의 Conv2d/ReLU/MaxPool 블록을 생성한 다음 완전 연결된 두 개의 레이어를 포함하는 블록을 생성한다. 합성곱 레이어는 특정한 모양으로 생성된다. 기본값으로 스트라이드는 1로 설정되고, 패딩은 입력 텐서와 출력 텐서 사이의 폭과 높이를 일정하게 유지하기 위해 same으로 설정된다. 기본값으로 각 nn.Conv2d 생성자는 가중치를 자동으로 초기화한다.

맥스 풀링 레이어는 k 크기의 비중첩 윈도우들windows로 구성된다. 기본값은 k=2이며, MNIST 합성곱 신경망에서 이 기본값을 사용하겠다.

forward 메서드는 레이어와 블록이 순방향 또는 추론을 수행하기 위해 서로 연결되는 방식을 정의한다.

코드는 쉽게 이해할 수 있다. 입력은 $N \times 1 \times 28 \times 28$ 크기의 텐서이며, N은 미니배치의 예제 수, 28은 각 이미지의 너비와 높이, 1은 깊이다(이미지가 흑백이어서 그런 것이고, 만일 이미지가 RGB 컬러인 경우라면 각 컬러 맵을 나타내기 위해 깊이는 3이 될 것이다).

첫 번째 블록인 conv1은 공간 범위가 5인 32개 필터의 합성곱 레이어를 구축한다. 그 결과로 깊이 1의 입력 볼륨을 가져와 깊이 32의 출력 텐서를 내보낸다. 그리고 나서 이 출력은 정보를 압축하는 맥스 풀링 레이어를 통과한다. 그런 다음 두 번째 블록인 conv2는 64개의 필터가 있는 두 번째 합성곱 레이어를 구축하며, 공간 범위 5를 사용하여 깊이 32의 입력 텐서를 가져와 깊이 64의 출력 텐서를 내보낸다. 이 역시 맥스 풀링 레이어를 통과하여 정보를 압축한다.

그런 다음 맥스 풀링 레이어의 출력을 완전 연결 레이어로 전달할 준비를 한다. 이를 위해 텐서를 평탄화flatten한다. 미니배치에서 각 서브텐서subtensor의 전체 크기를 계산하여 이를 수행할 수 있다. 여기에는 64개의 필터가 있으며, 이는 64의 깊이에 해당한다. 이제 맥스 풀링 레이어 두 개를 통과한 이후의 높이와 너비를 결정해야 한다. 이전 절에서 찾은 공식을 사용하면 각 피처 맵의 높이와 너비가 7임을 쉽게 파악할 수 있다. 이를 확인하는 것은 숙제로 남겨두겠다.

완전 연결 레이어를 사용하여 평탄화된 표현을 크기 1,024의 은닉 상태로 압축한다. 이 레이어의 드롭아웃 확률로는 훈련 중에는 0.5, 모델 평가 중에는 1을 사용한다(드롭아웃을 적용하는 표준 절차). 마지막으로 이 은닉 상태를 10개의 빈bin이 있는 출력 레이어로 보낸다(성능 향상을 위해 평소와 같이 loss 생성자에서 소프트맥스를 수행한다).

최종적으로 Adam 옵티마이저를 사용해 네트워크를 훈련한다. 이 데이터셋에 대해 몇 번의 반복 훈련 끝에 99.4%의 정확도를 달성했는데, 이는 SOTA(약 99.7~99.8%)에는 미치지 못하지만 그래도 상당한 수준이라고 할 수 있다.

```python
lr = 1e-4
num_epochs = 40
model = MNISTConvNet()
loss_fn = nn.CrossEntropyLoss()
optimizer = optim.SGD(model.parameters(), lr=lr)

for epochs in range(num_epochs):
  running_loss = 0.0
  num_correct = 0
  for inputs, labels in trainloader:
    optimizer.zero_grad()
    outputs = model(inputs)
    loss = loss_fn(outputs, labels)
    loss.backward()
    running_loss += loss.item()
    optimizer.step()
    _, idx = outputs.max(dim=1)
    num_correct += (idx == labels).sum().item()
  print('Loss: {} Accuracy: {}'.format(running_loss/len(trainloader), num_correct/
len(trainloader)))
```

7.9 이미지 전처리 파이프라인으로 더욱 강건한 모델 지원

지금까지는 다소 다루기 쉬운 데이터셋을 설명했다. MNIST가 왜 다루기 쉬운 데이터셋일까? 기본적으로 MNIST는 이미 전처리되어 데이터셋의 모든 이미지가 서로 유사하기 때문이다. 손으로 쓴 숫자는 동일한 방식으로 완벽하게 크롭crop되거나 MNIST는 흑백이어서 색수차aberrations가 없는 것처럼 말이다.

그러나 실제 이미지는 완전히 다른 존재다. 실제 이미지는 지저분하기 때문에 훈련을 조금 더 쉽게 하기 위해 활용할 수 있는 여러 가지 전처리 연산이 있다. 다행히도 PyTorch에는 이미지 처리에 일반적으로 사용되는 많은 트랜스폼transform이 포함된 **Torchvision**이라는 패키지가 제공된다. PyTorch에서 기본적으로 지원되는 기능 중 하나는 이미지 화이트닝Image Whitening이다.

화이트닝의 기본 개념은 데이터셋의 평균을 빼고 분산^{Variance}을 단위 1로 정규화^{normalization}하여 이미지의 모든 픽셀을 제로 센터$^{zero-center}$로 만드는 것이다. 이렇게 하면 이미지 간 동적 범위의 잠재적 차이를 보정하는 데 도움이 된다. PyTorch에서는 `Nomalize` 변환을 사용하여 이 작업을 수행할 수 있다.

```
from torchvision import transforms

transform = transforms.Normalize(mean = (0.1307,),
                                  std = (0.3081,)
                                  )
```

`mean`의 매직 넘버 0.1307과 `std`의 매직 넘버 0.3081은 전체 MNIST 데이터셋에 대해 계산 되었으며, 이 기법을 데이터셋 정규화라고 한다. 이미지를 무작위로 자르고, 이미지를 뒤집고^{flipping}, 채도^{saturation}와 밝기를 수정하는 등의 방법으로 데이터셋을 인위적으로 확장할 수도 있다.

```
transform = transforms.Compose([
  transforms.RandomCrop(224),
  transforms.RandomHorizontalFlip(),
  transforms.ColorJitter(
    brightness=0,
    contrast=0,
    saturation=0,
    hue=0
  ),
  transforms.ToTensor(),
  transforms.Normalize(
    mean=(0.1307,),
    std=(0.3081,)
  )
])
```

여기서는 `Compose` 트랜스폼을 사용하여 목록에서 트랜스폼 순서를 만들었다. 무작위 자르기, 뒤집기, 색상 조정을 적용한 후 이미지 데이터를 PyTorch 텐서로 변환하고 데이터를 정규화 했다. PyTorch 모델을 사용하려면 데이터는 텐서 형식이어야 하며, 마지막 두 단계는 딥러닝 에 PyTorch를 사용하는 데 있어 일반적인 방식이다.

이러한 트랜스폼을 적용하면 실제 이미지에 존재하는 다양한 종류의 변형에 강건한 네트워크를 구축하고, 잠재적인 왜곡에도 불구하고 높은 정확도로 예측할 수 있다.

7.10 배치 정규화를 통한 훈련 가속화

2015년에 Google의 연구자들은 배치 정규화batch normalization라는 기술을 사용하여 순방향 신경망과 합성곱 신경망의 학습을 더욱 가속화할 수 있는 흥미로운 방법을 고안했다. 배치 정규화[14]의 직관적인 개념은 [그림 7-15]와 같이 블록으로 탑을 쌓는 것과 같다고 생각할 수 있다.

블록 탑이 깔끔하게 쌓여 있으면 안정적이다. 그러나 블록을 무작위로 옮기면 탑은 점점 더 불안정한 구성으로 변할 수 있다. 불안정한 상태가 이어지다 보면 탑은 결국 무너지게 된다.

신경망을 훈련하는 과정에서도 비슷한 현상이 발생할 수 있다. 두 개의 레이어로 구성된 신경망을 상상해 보자. 신경망의 가중치를 훈련하는 과정에서 하위 레이어에 있는 뉴런의 출력 분포가 변화하기 시작한다. 하위 레이어의 출력 분포가 변화한다는 것은 상위 레이어에서 적절한 예측 방법을 학습해야 하며 입력 분포incoming distribution 변화 수용을 위해 적응해야 한다는 것을 의미한다. 이로 인해 훈련 속도가 상당히 느려지고, 신경망에 더 많은 레이어가 있을수록 문제가 더욱 복잡해진다.

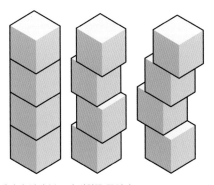

그림 7-15 배치 정규화를 통해 레이어 입력 분포의 변화를 줄인다.

14 S. Ioffe, C. Szegedy, "Batch Normalization: Accelerating Deep Network Training by Reducing Internal Covariate Shift," arXiv Preprint arXiv:1502.03167, 2015.

이미지 입력을 정규화하면 변동성에 더 강해져 훈련 프로세스에 도움이 된다. 배치 정규화는 신경망의 모든 레이어에 대한 입력을 정규화함으로써 이를 더 개선한다. 구체적으로는 다음과 같은 연산을 포함하도록 신경망의 아키텍처를 수정한다.

1 레이어로 들어오는 로짓 벡터가 비선형성 활성화 함수를 통과하기 전에 이를 얻는다.
2 미니배치의 모든 예제에서 로짓 벡터의 구성 요소에 대해 평균을 빼고 표준 편차로 나누어 정규화한다(지수 가중 이동 평균을 사용하여 모멘트를 추적한다).
3 정규화된 입력 $\hat{x}$가 주어지면 어파인Affine 변환을 사용하여 (훈련 가능한) 파라미터의 두 벡터인 $\gamma\hat{x} + \beta$로 표현력을 복원한다.

PyTorch는 합성곱 레이어에 배치 정규화를 수행할 수 있는 **BatchNorm2d** 클래스를 제공한다.

```
layer = nn.BatchNorm2d(
    num_features=32,
    eps=1e-05,
    momentum=0.1,
    affine=True,
    track_running_stats=True
)
```

여기서 **num_features** 인수는 배치 정규화 레이어에 대한 입력의 깊이 또는 입력 채널 수를 나타낸다. 따라서 배치 정규화는 채널 차원에 걸쳐 수행되어 2D 채널의 각 미니배치 평균과 분산을 계산한다. **num_features**는 유일한 필수 인수다. 다른 모든 인수는 기본값으로 설정된다.

BatchNorm2d 레이어는 다음과 같은 **affine** 변환을 수행한다.

$$y = \frac{x - E[x]}{\sqrt{Var[x] + \epsilon}} * \gamma + \beta$$

파라미터 γ와 β는 학습 가능한 파라미터이며, **affine** = **True**인 경우 훈련 프로세스 중에 학습된다. 그렇지 않으면 입력에서 평균을 빼고 표준 편차로 나누어 정규화한다. ϵ 인수는 수학적 안정성을 위해서만 사용된다.

track_running_stats = **True**인 경우, 이 레이어는 평가 단계에서 사용하기 위해 이동 평균running mean과 이동 분산running variance을 추적한다. 이 이동 평균과 이동 분산은 **momentum** 값을 사용하여 업데이트된다. **BatchNorm1d** 생성자를 사용하여 비선형 순방향 레이어에 대한 배치 정규화를 표현할 수도 있다. 여기서는 num_features = 32만 설정하고 다른 인수는 기본값을 사용한다.

```
layer = nn.BatchNorm1d(num_features=32)
```

배치 정규화를 사용하면 각 레이어로 입력이 분산되는 큰 이동을 방지하여 훈련 속도를 높일 수 있을 뿐만 아니라 학습률도 크게 높일 수 있다. 또한 배치 정규화는 정규화 역할을 하므로 드롭아웃과 L2 정규화가 필요하지 않다. 여기서는 활용하지 않았지만, 저자는 배치 규칙화가 광도 왜곡photometric distortion의 필요성을 제거하고, 훈련 과정에서 신경망을 더 많은 '실제' 이미지에 노출시킬 수 있다고 주장한다. 다음 절에서는 배치가 아닌 피처 축에 걸친 정규화의 변형에 대해 살펴볼 것이다.

7.11 메모리 제약이 있는 학습 작업을 위한 그룹 정규화

지난 10년 동안 이미지 처리에서 다양한 형태의 정규화가 연구 및 활용되었다. 그중 가장 유명한 것은 배치 정규화batch normalization다. 이전 절에서 설명한 내용을 요약하면, 배치 정규화는 합성곱 레이어의 출력에서 각 채널의 평균과 분산을 계산하여, 각 채널을 정규화한 후 정규화된 출력을 다음 합성곱 레이어로 전달하는 것이다. 따라서 정규화된 출력의 모든 채널은 배치 전체에서 동일한 평균과 분산(각각 0과 1)을 갖게 된다. 실제로 모델은 평균 파라미터 β와 표준편차 파라미터 γ도 학습하며, 이 파라미터는 정규화된 출력에 적용되어 평균 β와 표준편차 γ를 갖도록 한 후 다음 레이어에 전달된다. 이 프로세스는 특정 채널의 분포가 한 배치에서 다음 배치로 이동하는 것을 줄이는 데 사용된다. 채널 분포는 평균과 분산이 동일하더라도 배치마다 완전히 다르게 보일 수 있으므로 이는 편차를 줄이는 것일 뿐 완전히 제거하는 것은 아니다. 이론적으로나 경험적으로 관찰된 바와 같이, 내부 공변량covariate 변화를 줄이면 훈련의 안정성을 향상시키고 성과를 크게 향상시킬 수 있다.

그러나 배치 크기가 큰 경우 채널별 평균 및 분산 계산으로 인해 메모리 비용이 크게 증가한다. 또한, 배치 크기가 작을수록 배치 정규화에서 노이즈가 있는 평균과 분산 추정으로 인해 성능이 크게 저하될 수 있으므로 배치 정규화에서는 배치의 크기가 매우 중요하다. 이러한 문제를 피하기 위해 그룹 정규화group normalization가 도입되었다.[15] 그룹 정규화는 배치 차원 대신 채널 차원을 따라 정규화를 수행하므로 앞서 언급한 문제의 영향을 받지 않는다. 그룹 정규화는 여러 채널 그룹을 미리 정의하고 각 인스턴스에 대해 배치의 각 인스턴스에서 각 채널 그룹에 대한 평균 μ와 분산 σ를 계산한다. 계산된 각 β 및 γ 파라미터 세트는 해당 파라미터가 계산된 항목 세트를 정규화하는 데 사용된다. 또한 배치 정규화와 마찬가지로 각 항목 세트에 대해 오프셋/평균 파라미터 β와 스케일/표준편차 파라미터 γ가 개별적으로 학습된다.

이는 배치 차원 전체 길이가 아닌 채널 차원 전체 길이에 걸쳐 효과적으로 배치 정규화를 수행하는 레이어 정규화layer normalization라는 다른 인기 기법과 유사하다. 그러나 레이어 정규화는 채널 그룹 수가 1로 설정된 그룹 정규화의 특수한 경우에 해당한다는 점에 유의해야 한다. [그림 7-16]은 배치 정규화와 그룹 정규화 및 레이어 정규화를 비교한 것이다. 각 큐브에서 차단된 부분은 정규화가 발생하는 차원과 함께 정규화되는 항목 그룹을 보여준다. 시각화를 위해 표준 4D 표현을 3D로 압축했다.

그림 7-16 배치 정규화, 레이어 정규화, 그룹 정규화 비교

그룹 정규화나 레이어 정규화와 같은 기법이 효과적인 이유에 대해 궁금해 할 수 있다. 배치 정규화는 각 피처(이 경우에는 채널)가 동일한 평균과 분산을 가지도록 강제하기 때문에 효과가 있다. 레이어 정규화에 대한 초기 논문에서는 각 인스턴스의 피처를 개별적으로 정규화하는 이유에 대해 '한 레이어의 출력 변화가 다음 레이어에 대한 합산 입력에서 높은 상관관계를 갖는 변화를 유발하는 경향이 있기 때문'이라고 설명했다. 요약하면, 순방향 네트워크의 모든 후속 레이어를 구성하는 뉴런은 레이어 정규화를 통해 한 훈련 예시에서 다음 훈련 예시까지 동일한 통계를 보게 된다.

그렇다면 왜 레이어 정규화보다 그룹 정규화를 사용할까? Wu 등의 연구에 따르면 그룹 정규화를 사용하는 이유는 레이어 정규화보다 덜 제한적이라는 점, 즉 각 피처 그룹에 대해 다른 분

---

15 Wu et. al. "Group Normalization." 2018. *https://arxiv.org/abs/1803.08494*.

포를 학습할 수 있다는 이점 때문이다. 이는 그룹마다 잠재적으로 다른 수준의 기여도와 중요도를 학습할 수 있다는 것을 의미한다.

그룹 정규화의 개념, 이전 작업과의 연관성, 그룹 정규화를 사용하는 이유를 충분히 살펴보았으므로 이제 PyTorch를 사용하여 그룹 정규화를 구현하는 코드를 살펴보겠다.

PyTorch에는 그룹 정규화 레이어를 생성하기 위한 `torch.nn.GroupNorm` 클래스가 있다.

```
layer = nn.GroupNorm(num_groups=1,
                     num_channels=32)
```

여기서는 그룹 수와 채널 수만 지정하면 된다. 합성곱 신경망을 이용하여 실제 이미지를 분석하기 위한 향상된 툴킷을 개발했다. 이제 CIFAR-10 과제를 해결하기 위한 분류기^{classifier}를 만들어 보자.

7.12 CIFAR-10을 위한 합성곱 신경망 구축

CIFAR-10 데이터셋은 10개의 클래스로 구분되는 32 × 32 컬러 이미지들로 구성되어 있다.[16] 이미지가 작고 해상도가 낮아 인간조차도 그림에 무엇이 있는지 파악하기 어려울 수 있기 때문에 풀기 어려운 과제다. 예시는 [그림 7-17]에 나와 있다.

그림 7-17 CIFAR 데이터셋의 개 그림

16 Krizhevsky, Alex, and Geoffrey Hinton. "Learning Multiple Layers of Features from Tiny Images." Universityof Toronto (2009).

이 절에서는 비교를 위해 배치 정규화가 있는 경우와 없는 경우로 나눠 신경망을 구축한다. 배치 정규화 신경망의 이점을 최대한 활용하기 위해 학습률을 10배로 높였다. 기본 합성곱 신경망을 구축하는 방법은 비슷하므로 여기서는 배치 정규화 신경망에 대한 코드만 보여준다.

입력 이미지의 무작위 24×24 크롭을 변형하여 훈련 신경망에 입력한다. 이를 위해 구글이 제공한 예제 코드를 사용한다. 이제 바로 신경망 아키텍처로 넘어가겠다. 먼저 배치 정규화를 합성곱 레이어와 완전 연결 레이어에 통합하는 방법을 살펴보자. 예상대로 배치 정규화는 로짓이 비선형 활성화 함수에 전달되기 전에 로짓에 적용된다.

```python
class Net(nn.Module):
  def __init__(self):
    super(Net, self).__init__()
    self.block1 = nn.Sequential(
      nn.Conv2d(1, 32, 3, 1),
      nn.BatchNorm2d(32),
      nn.ReLU(inplace=True),
      nn.Conv2d(32, 64, 3, 1),
      nn.BatchNorm2d(64),
      nn.ReLU(inplace=True),
      nn.MaxPool2d(2),
      nn.Dropout(0.25),
    )
    self.block2 = nn.Sequential(
      nn.Flatten(),
      nn.Linear(9216, 128),
      nn.BatchNorm1d(128),
      nn.ReLU(inplace=True),
      nn.Dropout(0.5),
      nn.Linear(128, 10),
      nn.BatchNorm1d(10)
    )

  def forward(self, x):
    x = self.block1(x)
    return self.block2(x)
```

마지막으로 Adam 옵티마이저를 사용해 합성곱 신경망을 훈련한다. 일정 시간을 훈련한 후, 해당 신경망을 이용하여 배치 정규화 없이 CIFAR−10 작업에서 인상적인 92.3%의 정확도를, 배치 정규화를 사용하면 96.7%의 정확도를 달성할 수 있었다. 이 결과는 실제로 이 작업에 대한 최신 연구 결과와 일치한다. 어쩌면 이를 능가할 수도 있다. 다음 절에서는 학습 부분을 자세히 살펴보고 신경망 성능을 시각화해 볼 것이다.

7.13 합성곱 신경망에서 학습 시각화

훈련을 시각화하는 가장 간단한 방법은 훈련이 진행됨에 따라 시간에 따른 비용 함수와 검증 오류를 그래프로 그리는 것이다. 두 신경망 간의 수렴 속도를 비교하여 배치 정규화의 이점을 명확하게 보여줄 수 있다. 훈련 프로세스 중간에 그린 그래프는 [그림 7-18]에 표시되어 있다.

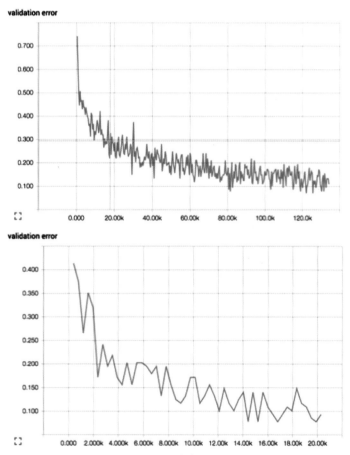

그림 7-18 배치 정규화를 적용하지 않은 합성곱 신경망 훈련(위)과 배치 정규화를 적용한 합성곱 신경망 훈련(아래)

배치 정규화를 사용하지 않을 경우에 90% 정확도^{accuracy} 임계값을 돌파하려면 8만 개 이상의 미니배치가 필요하다. 반면, 배치 정규화를 사용하면 동일한 임계값을 넘을 때 1만 4천 개가 조금 넘는 미니배치만 필요하다.

또한 합성곱 신경망이 학습하는 필터를 검사하여 네트워크가 분류^{classification} 결정에 중요하다고 여기는 것이 무엇인지 파악할 수 있다. 합성곱 레이어는 계층 구조^{hierarchical} 표현을 학습하므로 첫 번째 합성곱 레이어에서는 기본적인 피처(가장자리, 단순한 곡선 등)를 학습하고 두 번째 합성곱 레이어에서는 더 복잡한 피처를 학습하게 된다. 안타깝게도 두 번째 합성곱 레이어는 시각화하더라도 해석하기 어렵기 때문에 [그림 7-19]에는 첫 번째 레이어 필터만 포함했다.

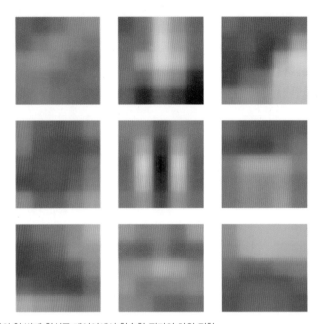

그림 7-19 신경망의 첫 번째 합성곱 레이어에서 학습한 필터의 하위 집합

필터에서 수직, 수평, 대각선 가장자리와 작은 점 또는 한 색상이 다른 색상으로 둘러싸인 얼룩 등 여러 가지 흥미로운 피처를 발견할 수 있다. 필터가 단순한 노이즈가 아니기 때문에 신경망과 관련된 피처가 잘 학습되고 있다고 확신할 수 있다.

또한 신경망에서 다양한 종류의 이미지를 어떻게 클러스팅해 왔는지를 시각화해 볼 수 있다. 이를 설명하기 위해 ImageNet 경진 대회에서 사용된 큰 신경망 중 하나를 가져와 각 이미지에 대한 소프트맥스 바로 전에 위치한 완전 연결 레이어의 은닉 상태를 추출한다. 이것은 이미지의 피처를 고차원 데이터의 형태로 나타낸 것이다. 그리고 이 고차원 표현을 t-분산 확률적 이웃 임베딩t-Distributed Stochastic Neighbor Embedding(t-SNE)이라는 알고리즘을 사용하여 시각화할 수 있는 2차원 표현으로 압축한다.[17] 이 책에서는 t-SNE의 세부 사항은 자세히 다루지 않는다. t-SNE를 구현한 공개 소프트웨어 도구가 많이 있으며 이러한 형태의 스크립트(*https://oreil.ly/7NA1K*)가 포함되어 있다. [그림 7-20]은 t-SNE 임베딩을 시각화한 예제인데 매우 훌륭한 결과를 보인다.

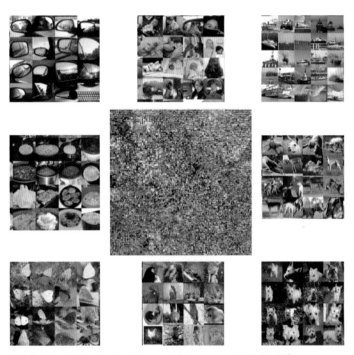

그림 7-20 임베딩의 확대된 하위 세그먼트(주변부)로 둘러싸인 t-SNE 임베딩(가운데)[18]

언뜻 보기에는 비슷한 색상의 이미지가 서로 가까이 있는 것처럼 보인다. 이것 자체도 흥미롭지만 더 놀라운 것은 시각화 부분의 일부를 확대하면 단순한 색상 그 이상이라는 것을 깨닫게

17 Maaten, Laurens van der, and Geoffrey Hinton. "Visualizing Data Using t-SNE." *Journal of Machine Learning Research* 9. Nov (2008): 2579–2605.
18 Image credit: Andrej Karpathy. *http://cs.stanford.edu/people/karpathy/cnnembed*.

된다. [그림 7-20]을 보면 모든 보트 사진이 한곳에 모여 있고, 모든 사람 사진이 다른 한 곳에 모여 있으며, 모든 나비 사진 역시 또 다른 곳에 한데 모여 있다는 것을 알 수 있다. 합성곱 신경망은 확실히 놀라운 학습 능력을 가지고 있다.

7.14 복잡한 심층 신경망을 위한 잔차 학습과 스킵 연결

지난 10년 동안 컴퓨터 비전 분야에서 많은 진전이 있었다. 이 절에서는 최근에 발전된 기술 중 하나를 소개한다. 앞서 이미지 분류에 적용된 신경망 방법의 획기적인 발전인 AlexNet에 대해 설명했다. 그 이후로 연구자들은 이미지 분류를 해결하기 위해 더욱 심층적인deeper and deeper 아키텍처를 개발하기 위해 노력했다. 그러나 AlexNet의 혁신 이후, 몇 개의 유명한 연구에서 레이어를 얕게 쌓을 때보다 깊게 쌓을 때 훈련 정확도가 떨어지는 경향을 보인다는 결과를 발표했다.

특히 흥미로운 점은 이 문제가 낮은 훈련 정확도와 높은 검증 정확도에서 알 수 있듯이 과적합에 기인한 것이 아니라는 점이다.[19] 이는 파라미터 개수가 많은 신경망에서는 이해할 수 있는 현상이다. 또한 훈련된 얕은 신경망 레이어를 가져와 항등 연산identity operation을 수행하는 레이어를 쌓기만 하면 얕은 신경망과 똑같은 성능을 가진 심층 신경망을 쉽게 구축할 수 있다. 단순한 구축 방식에 비해 특화된 최적화 알고리즘을 통해 더 나쁜 성능을 낸다는 사실은 매우 놀라운 부분이다. 문제는 설명할 수 없는 이유로 훈련이 멈춰서 벗어날 수 없는 극소값에 안착한다는 것이다. 안타깝게도 이에 대한 이론적 근거는 아직 모호하다.

2015년에 He가 주축인 연구진[20]이 주요 이미지 분류 경연 대회에서 모든 경쟁자를 능가하는 심층 신경망 아키텍처 ResNet34를 소개했다. 해당 연구진은 30개 이상의 레이어로 구성된 이 버전을 통해 심층 신경망 컴퓨터 비전 아키텍처의 훈련 방법을 재정의했다. 특히 한 레이어의 피처 벡터를 현재 레이어에서 한두 레이어 이후의 피처 벡터에 추가하는 스킵 연결skip connection이라는 개념을 도입한 것이 중요하다. 좀 더 정확한 설명을 위해, 우리가 네트워크의 중간 부분 정도에 있고 원본 입력 x가 중간 표현intermediate representation x'로 변환되어 있다고 가정하자. 스킵

19   옮긴이 1_ 과적합은 일반적으로 훈련 데이터에 대한 정확도는 높지만, 검증 데이터에 대한 정확도는 낮은 경향을 보인다.

20   He et. al. "Deep Residual Learning for Image Recognition." arXiv Preprint arXiv:1512.03385. 2015.

연결은 x'를 다음 레이어의 결과인 $F(x')$에 더한다. 따라서 G의 입력은 $F(x')$ 대신 $F(x') + x'$가 된다. 스킵 연결에서 F의 결과에 x'을 꼭 추가할 필요는 없다. [그림 7-21]에서처럼 G의 결과에 x'를 추가할 수도 있다. 이 경우 H 레이어의 $G(F(x'))$ 대신 $G(F(x')) + x'$가 된다.

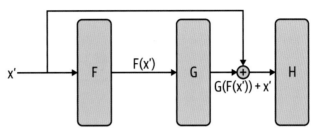

그림 7-21 여기서 스킵 연결은 F와 G를 스킵하고, F에 대한 입력과 G의 출력을 합산하여 H에 대한 입력을 구성한다.

> ✎ NOTE 스킵 연결은 항등 연산일 뿐이므로, 훈련할 추가 파라미터가 필요 없다. 또한 스킵 연결이 항등 연산이기 때문에 스킵 연결이 두 레이어를 스킵하는 해당 예제에서 x'와 $G(F(x'))$는 반드시 동일한 차원이어야 한다. 만일 동일한 차원이 아니라면, 두 피처 벡터를 더할 수 없을 것이다. 이렇듯 스킵 연결을 이용하는 방식은 신경망 아키텍처에 제약을 만들지만, 차원성(차원의 수)이 너무 빨리 감소하지 않는 것이 심층 신경망에서 중요하므로(앞서 패딩에 관한 설명을 상기해 보자) 심층 신경망에 잘 맞는다고 할 수 있다.

스킵 연결이 잘 동작하는 이유가 궁금할 수 있다. 사실 이는 보통의 심층 신경망 아키텍처를 아주 간단하게 수정한 것에 불과한 것처럼 보인다. 연구자들은 실험을 통해 신경망의 깊이가 깊어질수록 성능이 저하된다는 사실을 발견했다. 그러나 추가되는 레이어가 항등 매핑identity mapping인 단순한 해결책을 구축할 수 있기 때문에, 심층 신경망은 그보다 얕은 신경망 버전만큼은 성능을 낼 수 있어야 한다. 또한 AlexNet과 같은 얕은 신경망에서 학습된 표현이 불과 몇 년 전에 SOTA 성능을 달성할 정도로 상당히 우수하다는 점에 주목할 필요가 있다. 심층 신경망의 다운스트림downstream 레이어에서의 표현이 그다음 레이어와 약간만 다를 것으로 가정한다면, 이는 얕은 신경망일지라도 매우 좋은 표현을 학습할 수 있다는 사실에 비추어 볼 때 합리적이다. 따라서 표현들(모든 가중치에 대해 0에 가까워야 하는) 간의 차이를 최적화하는 것이 항등 연산(매우 특정하고 불균형적인 가중치 설정)에 가까운 것을 달성하려는 시도보다 더 의미가 있을 것이다.

이것이 바로 스킵 연결 혹은 잔차 연결$^{residual Connection}$이 필요한 이유이다. 신경망의 하위 레이어 (**예** F와 G)는 이러한 표현 간의 차이를 정확히 학습하고 그 차이를 입력 표현 x'에 다시 추가하여 살짝만 다른 표현인 $G(F(x')) + x'$를 만들어 낸다. 이는 기존의 순방향 신경망 패러다임이 F와 G에 대해 거의 항등에 가까운 가중치 설정을 학습하려고 시도하는 것과는 대조적이며, 여기서 기존의 패러다임을 사용하는 것은 스킵 연결 혹은 잔차 연결을 사용하는 것보다 훨씬 더 어려워 보인다. 다음 절에서는 이러한 지식을 종합하여 잔차 신경망$^{residual network}$을 구축해 보려고 한다.

7.15 인간을 초월한 시각을 지닌 잔차 신경망 구축

이전 절에서는 잔차 연결과 심층 신경망 통해 잔차 연결이 어떻게 향상된 경사 흐름을 만들 수 있는지에 대해 설명했다. 이번에는 ResNet34 아키텍처를 구현해 보겠다.

PyTorch의 **torchvision** 라이브러리는 보통 많이 사용되는 resnet에 대한 생성자를 지원한다. 이 라이브러리를 사용해서 ResNet34 모델을 만들 수 있다.

```
from torchvision.models import resnet34

model = resnet34()
```

resnet34가 어떻게 잔차 신경망을 생성하는지 살펴보자.

대부분의 잔차 신경망 버전은 다음과 같은 구조로 구성된다.

- 합성곱 블록(CONV-)BN-)ReLU-)MAXPOOL)
- 4개의 잔차 레이어
- 평균 풀링과 선형 레이어가 있는 분류기 블록

각 잔차 레이어는 하나 이상의 잔차 블록으로 구성된다. 예를 들어 [그림 7-21]의 레이어 F와 G는 잔차 블록을 형성한다. 다음은 ResNet34에 대한 잔차 블록의 단순화된 구현을 위한 PyTorch 코드다.

```python
class ResidualBlock(nn.Module):
  def __init__(self, in_layers, out_layers, downsample=None):
    super(ResidualBlock, self).__init__()
    self.conv1 = nn.Conv2d(in_layers, out_layers, kernel_size=3, stride=1, padding=1)
    self.bn1 = nn.BatchNorm2d(out_layers)
    self.conv2 = nn.Conv2d(out_layers, out_layers, kernel_size=3, stride=1, padding=1)
    self.bn2 = nn.BatchNorm2d(out_layers)
    self.downsample = downsample
    self.relu = nn.ReLU(inplace=True)

  def forward(self, inp):
    # 잔차 블록
    out = self.conv1(inp)
    out = self.bn1(out)
    out = self.relu(out)
    out = self.conv2(out)
    out = self.bn2(out)

    if self.downsample:
      inp = self.downsample(inp)

    # 단축 연결
    out += inp
    return out
```

이전 절과 유사하게 ResNet34 아키텍처의 각 잔차 블록은 두 개의 합성곱 레이어로 구성된다. downsample 인수는 선택적 다운샘플러 기능을 허용한다. 다운샘플링의 목적은 입력과 잔차 블록의 크기가 다른 경우 입력의 크기를 잔차 블록의 출력과 일치시키는 것이다.

다음은 입력의 채널 수를 잔차 블록의 출력 채널 수와 일치시키는 다운샘플러downsampler의 예시이다. 이 다운샘플러는 kernel_size가 1이고 stride도 1인 각 피처 맵의 크기를 변경하지 않으며, 피처 맵의 수를 64에서 128로 늘림으로써 차원에만 영향을 미친다,

```python
downsample = nn.Sequential(
  nn.Conv2d(64, 128, kernel_size=1, stride=1, bias=False),
  nn.BatchNorm2d(128)
)
```

ResNet34에서 4개의 잔차 레이어 각각에 대한 잔차 블록의 수는 각각 [3, 4, 6, 3]으로 정의된다. ResNet34 아키텍처는 33개의 합성곱 레이어와 신경망의 예측 역할^{predictor}을 하는 1개의 완전 연결 레이어가 마지막에 있기 때문에 이런 식으로 명명되었다. 33개의 합성곱 레이어는 순서대로 3개, 4개, 6개, 3개의 잔차 블록이 있는 4개의 절으로 구성된다. 총 33개의 합성곱 레이어에 접근하기 위해 3개의 채널이 있는 것으로 가정되는 원본 이미지 입력을 처리하는 단일 합성곱 레이어가 처음 부분에 있다.

다음 PyTorch 코드는 이러한 각 구성 요소^{component}[21]를 초기화하며, 원본 논문에 제시된 다양한 버전의 공식 PyTorch 구현에 가깝게 모델링되어 있다. 첫 번째 구성 요소는 원본 입력에 대해 작동하며, 다음의 각 구성 요소는 구성 요소 간에만 다운샘플링이 필요하다. 이는 각 구성 요소 내에서 각 잔차 블록의 입력과 출력이 동일한 차원이기 때문이다. 이 절에서는 명시적으로 보여주지 않지만, kernel_size 3, stride 1, padding 1의 조합은 각 피처 맵의 크기가 처음부터 끝까지 일정하게 유지되도록 보장한다. 또한 각 구성 요소 내에서 피처 맵의 수가 일정하게 유지되므로 모든 차원도 동일하게 유지된다.

```python
class ResNet34(nn.Module):
  def __init__(self):
    super(ResNet34, self).__init__()
    self.conv1 = nn.Sequential(
      nn.Conv2d(3, 64, kernel_size=7, stride=2, padding=3, bias=False),
      nn.BatchNorm2d(64),
      nn.ReLU(),
      nn.MaxPool2d(kernel_size=3, stride=2, padding=1)
    )

    # 각 ResidualBlock은 합성곱 레이어를 2개씩 가지고 있다
    # 연속으로 3개의 블록, 6개의 합성곱 레이어
    self.comp1 = nn.Sequential(
      ResidualBlock(64, 64),
      ResidualBlock(64, 64),
      ResidualBlock(64, 64)
    )

    #연속으로 4개의 블록, 8개의 합성곱 레이어
    downsample1 = nn.Sequential(
```

---

21 옮긴이 1_ 이 절에서 구성 요소는 서브신경망(subnetwork)을 의미한다. 예로 첫 번째 구성 요소는 self.conv1이고, 4개의 레이어로 이루어져 있다.

```python
        nn.Conv2d(64, 128, kernel_size=1, stride=1, bias=False),
        nn.BatchNorm2d(128)
    )
    self.comp2 = nn.Sequential(
        ResidualBlock(64, 128, downsample=downsample1),
        ResidualBlock(128, 128),
        ResidualBlock(128, 128),
        ResidualBlock(128, 128)
    )

    # 연속으로 6개의 블록, 12개의 합성곱 레이어
    downsample2 = nn.Sequential(
        nn.Conv2d(128, 256, kernel_size=1, stride=1, bias=False),
        nn.BatchNorm2d(256)
    )
    self.comp3 = nn.Sequential(
        ResidualBlock(128, 256, downsample=downsample2),
        ResidualBlock(256, 256),
        ResidualBlock(256, 256),
        ResidualBlock(256, 256),
        ResidualBlock(256, 256),
        ResidualBlock(256, 256)
    )

    # 연속으로 3개의 블록, 6개의 합성곱 레이어
    downsample3 = nn.Sequential(
        nn.Conv2d(256, 512, kernel_size=1, stride=1, bias=False),
        nn.BatchNorm2d(512)
    )
    self.comp4 = nn.Sequential(
        ResidualBlock(256, 512, downsample=downsample3),
        ResidualBlock(512, 512),
        ResidualBlock(512, 512)
    )

    self.avgpool = nn.AdaptiveAvgPool2d((1, 1))
    # ImageNet 분류기: 1000개 클래스
    self.fc = nn.Linear(512, 1000)

def forward(self, inp):
    out = self.conv1(inp)
    out = self.comp1(out)
    out = self.comp2(out)
    out = self.comp3(out)
```

```
out = self.comp4(out)
out = self.avgpool(out)
out = torch.flatten(out, 1)
out = self.fc(out)
return out
```

다음 절에서는 신경망 스타일 트랜스퍼[neural style transfer]와 관련된 컴퓨터 비전의 최신 기술 몇 가지를 소개한다.

7.16 합성곱 필터를 활용한 예술 스타일 재현

지난 몇 년 동안 훨씬 더 창의적인 방식으로 합성곱 신경망을 활용하는 알고리즘들이 개발되었다. 이러한 알고리즘 중 하나를 신경망 스타일[neural style][22]이라고 한다. 신경망 스타일의 목표는 임의의 사진을 찍어 이를 마치 유명 아티스트의 화풍으로 직접 그린 것처럼 렌더링[rendering]하는 것이다. 이는 무척 어려운 작업이며, 합성곱 신경망이 없었다면 이 문제를 어떻게 풀어 나가야 할지 몰랐을 것이다. 그러나 합성곱 필터를 적절히 이용하면 이 문제에서 놀라운 결과를 얻을 수 있음이 밝혀졌다.

사전훈련된 합성곱 신경망을 예로 들어 보겠다. 여기서는 이미지 3개를 사용한다. 처음 2개의 이미지는 사진 콘텐츠 p의 소스와 스타일 a의 소스다. 나머지는 생성된 이미지 x이다. 목표는 역전파할 수 있는 오차 함수를 유도하는 것인데, 이 오차 함수를 최소화하면 원하는 사진의 내용과 원하는 예술 작품[artwork]의 스타일이 완벽하게 결합된다.

먼저 사진 콘텐츠부터 시작해 보자. 신경망 레이어에 k_l개 필터가 있는 경우 총 k_l개 피처 맵을 생성한다. 각 피처 맵의 크기를 피처 맵의 높이와 너비를 곱한 값인 m_l이라고 부르겠다. 즉, 이 레이어의 모든 피처 맵에 있는 활성화[activation]는 $k_l \times m_l$ 크기의 행렬 $F^{(l)}$에 저장할 수 있다. 또한 사진 콘텐츠의 모든 활성화는 행렬 $P^{(l)}$로, 생성된 이미지의 모든 활성화는 행렬 $X^{(l)}$로 나타낼 수 있다. 여기서는 원본 VGGNet의 relu4_2를 사용한다.

$$E_{content}(p, x) = \sum_{ij} (P_{ij}^{(l)} - X_{ij}^{(l)})^2$$

22 Gatys, Leon A., Alexander S. Ecker, and Matthias Bethge. "A Neural Algorithm of Artistic Style." *arXiv Preprint arXiv*:1508.06576 (2015).

이제 스타일 쪽을 다뤄 보겠다. 이를 위해 주어진 레이어에서 피처 맵 간의 상관관계를 나타내는 그램 행렬$^{gram\ matrix}$을 구성한다. 이 상관관계는 지금 보고 있는 피처에 관계없이 모든 피처에서 공통적으로 나타나는 질감^{texture}과 느낌^{feel}을 나타낸다. 주어진 이미지에 대해 $k_l \times k_l$ 크기의 그램 행렬을 구성하는 방법은 다음과 같다.

$$\mathbf{G}^{(l)}{}_{ij} = \sum_{c\,=\,0}^{ml} \mathbf{F}^{(l)}{}_{ic}\, \mathbf{F}^{(l)}{}_{jc}$$

행렬 $\mathbf{A}^{(l)}$의 예술작품과 행렬 $\mathbf{G}^{(l)}$의 생성된 이미지 모두에 대한 그램 행렬을 계산할 수 있다. 그런 다음 오차 함수를 다음과 같이 표현할 수 있다.

$$E_{style}(\mathbf{a}, \mathbf{x}) = \frac{1}{4k_l^2 m_l^2} \sum_{l=1}^{L} \sum_{ij} \frac{1}{L} \left(A_{ij}^{(l)} - G_{ij}^{(l)} \right)^2$$

여기서 각 제곱 차$^{squared\ difference}$를 스타일 재현에 포함하려는 레이어 수로 나눠서 동일한 가중치를 부여한다. 구체적으로는 원본 VGGNet의 relu1_1, relu2_1, relu3_1, relu4_1, relu5_1 레이어를 사용한다. PyTorch 코드에 대한 자세한 설명은 생략하지만, [그림 7-22]에서 볼 수 있듯이 결과는 매우 훌륭하다. 상징적인 MIT 돔^{dome} 사진과 레오니드 아프레모프$^{Leonid\ Afremov}$의 Rain Princess를 혼합한 결과를 볼 수 있다.

그림 7-22 Rain Princess와 MIT 돔 사진을 혼합한 결과[23]

23 Image credit: Anish Athalye.

7.17 다른 문제 도메인에 적용되는 합성곱 필터 학습

이 장에서는 이미지 인식에 초점을 맞췄지만 합성곱 신경망이 유용하게 사용될 수 있는 다른 문제 도메인도 몇 가지 있다. 이미지 분석의 자연스러운 확장은 비디오 분석이다. 실제로 5차원 텐서(새로운 차원으로 시간 개념을 포함)를 사용하고 3차원 합성곱을 적용하면 합성곱 패러다임을 비디오로 쉽게 확장할 수 있다.[24] 합성곱 필터는 오디오그램audiogram[25] 분석에도 성공적으로 사용되고 있다.[26] 이러한 애플리케이션에서는 합성곱 네트워크가 오디오그램 입력 위로 슬라이드하면서[27] 반대편의 음소phoneme[28]를 예측한다.

다소 덜 직관적이긴 하나, 합성곱 신경망은 자연어 처리에도 일부 사용되고 있다. 이에 대한 몇 가지 예는 앞으로 다룰 남은 장에서 살펴볼 것이다. 합성곱 신경망의 좀 더 이색적인 용도로는 보드게임을 위한 알고리즘 학습과 신약 개발drug discovery을 위한 생물학 분자biological molecules 분석이 있다. 이 책의 뒷부분에서 이 두 가지 예에 대해서도 설명할 것이다.

요약

이 장에서는 이미지를 분석하는 신경망 구축 방법에 대해 학습했다. 합성곱이라는 개념을 소개하고, 이 개념을 활용하여 단순한 이미지와 복잡한 실제natural 이미지를 모두 분석할 수 있는 다루기 쉬운 네트워크를 만들어 보았다. TensorFlow로 여러 합성곱 신경망을 구축하고 다양한 이미지 처리 파이프라인과 배치 정규화를 활용하여 네트워크를 더욱 빠르고 강건하게 훈련했다. 마지막으로, 합성곱 신경망 학습을 시각화하고 흥미로운 다른 응용 분야를 탐색했다.

이미지를 텐서로 표현하는 효과적인 방법을 생각해낼 수 있었기 때문에 이미지 분석이 비교적 용이했다. 자연어와 같은 다른 상황에서는 입력 데이터를 텐서로 표현하는 방법이 명확하

---

24 Karpathy, Andrej, et al. "Large-scale Video Classification with Convolutional Neural Networks." *Proceedings of the IEEE Conference on Computer Vision and Pattern Recognition.* 2014.

25 옮긴이 1_ 오디오의 시각적 표현

26 Abdel-Hamid, Ossama, et al. "Applying Convolutional Neural Networks Concepts to Hybrid NN-HMMModel for Speech Recognition." IEEE International Conference on Acoustics, Speech, and Signal Processing(ICASSP), Kyoto, 2012, pp. 4277-4280.

27 옮긴이 1_ 필터가 입력 데이터 위에서 움직이는 것을 일컫는다.

28 옮긴이 1_ 말의 뜻을 구별하여 주는 최소의 언어 단위

지 않다. 새로운 딥러닝 모델을 위한 발판으로 이 문제를 해결하기 위해 다음 장에서 벡터 임베 딩^{vector embedding}과 표현 학습의 몇 가지 핵심 개념을 살펴본다.

8장

임베딩과 표현 학습

8.1 저차원 표현 학습

이전 장에서는 간단한 논증을 통해 합성곱 아키텍처의 필요성을 설명했다. 입력 벡터가 클수록 모델도 커진다. 파라미터가 많은 큰 모델은 표현력이 뛰어나서 복잡한 내용도 잘 학습할 수 있지만, 그만큼 데이터도 많이 필요하다. 즉, 학습 데이터가 충분하지 않으면 과적합이 발생할 가능성이 높다. 합성곱 아키텍처를 사용하면 모델의 표현력이 필요 이상으로 많이 줄어들지 않으면서도 모델의 파라미터 수를 줄일 수 있어 차원의 저주curse of dimensionality[1]를 극복하는 데 크게 도움이 된다.

그럼에도 불구하고 합성곱 신경망을 위해서는 여전히 레이블이 붙은labeled 많은 양의 훈련 데이터가 필요하다. 그리고 여러 문제 케이스에서 레이블이 붙은 데이터가 이미 갖춰진 경우가 드물어 이러한 데이터 준비에 비용이 많이 든다. 이 장의 목표는 레이블이 붙은 데이터는 별로 없지만 레이블이 붙지 않은 미가공raw 데이터로 풍부한 상황에서 효과적인 학습 모델을 개발하는 것이다. 이 문제를 해결하기 위해 비지도unsupervised 방식으로 임베딩embedding (저차원low-dimensional 표현이라고도 함)을 학습하여 이용하려고 한다. 이처럼 비지도 모델을 사용하면 자동 피처 선택 작업을 진행하는 경우 수반되는 여러 가지 복잡한 작업을 피할 수 있으며, 이러한 방식으로 생성한 임베딩을 사용하여 데이터가 적게 필요한 작은 모델로 학습 문제를 해결할 수 있다. 이 과정은 [그림 8-1]에 요약되어 있다.

---

1   옮긴이 1_ 고차원을 다루게 되면 데이터 부족, 계산 복잡도 증가, 모델 성능 저하 등 여러 가지 문제가 발생하는 것을 지칭한다.

알고리즘을 개발하는 과정에서 좋은 임베딩을 학습하는 방식에 추가로 시각화 및 시맨틱 해 싱$^{semantic\ hashing}$과 같이 저차원 표현을 학습하는 다른 응용 분야도 같이 살펴볼 것이다. 먼저 중 요한 정보가 모두 원본 입력 벡터 자체에 이미 포함되어 있는 상황을 고려하기로 한다. 이 경우 임베딩 학습과정은 효과적인 압축 알고리즘 개발과정과 같다.

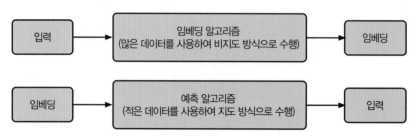

그림 8-1 레이블이 붙은 데이터가 부족한 상황에서 피처 선택 자동화를 위해 임베딩을 사용

다음 절에서는 주성분 분석$^{principal\ component\ analysis}$(PCA)이라는 고전적인 차원 축소 방법을 소개 할 것이다. 이어서 압축 임베딩$^{compressive\ embedding}$을 학습하기 위한 더 강력한 신경망 방법을 살 펴볼 예정이다.

8.2 주성분 분석

주성분 분석(PCA)의 기본 개념은 데이터셋에 대해 가장 많은 정보를 전달하는 축^{axis}의 셋을 찾는 것이다. 구체적으로는 d차원 데이터가 있는 원본 데이터셋에서 중요한 정보를 최대한 많 이 담고 있는 새로운 $m < d$(d차원보다 낮은 m차원)차원셋을 찾고자 한다. 간단한 설명을 위 해 $d = 2$, $m = 1$(2차원을 1차원으로 축소)을 예로 들어 진행한다. 분산이 높은 축이 정보를 더 많이 가진다는 사실을 염두에 두고, 반복적인 프로세스를 통해 이 차원 축소 변환을 수행한 다. 먼저 데이터셋에서 분산이 최대인 단위 벡터를 찾는다. 이 방향에 가장 많은 정보가 있으므 로 이 방향을 첫 번째 축으로 선택한다. 그런 다음 첫 번째로 선택한 이 축에 직교하는 벡터셋 에서 분산이 최대가 되는 새로운 단위 벡터를 선택한다. 이것이 두 번째 축이 된다.

이와 같이 새로운 축을 나타내는 d개의 새로운 벡터를 모두 찾을 때까지 이 프로세스를 계속해 서 진행한다. 그리고 기존 데이터를 이 새로운 축셋에 좌표 변환하여 투영한다. 그런 다음 적절한 m 값을 결정하고 가장 정보가 많은 m개 축(가장 정보가 많은 주성분)을 제외하고 나머지 축은 모두 버린다. 결과는 [그림 8-2]와 같다.

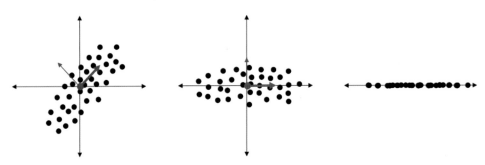

그림 8-2 PCA를 이용하여 정보가 가장 많은(분산이 가장 큰) 차원을 획득하여 차원 축소한 그림

수학적으로 설명하자면, 이 작업은 기존 데이터를 데이터셋 상관 행렬^{correlation matrix}에서 계산한 고윳값^{eigenvalue} 크기 기준 상위 m개 고유 벡터^{eigenvector}로 나타내는 벡터 공간에 투영하는 것으로 볼 수 있다. 이 경우 데이터셋이 z-점수 정규화^{z-score normalization}(각 입력 차원마다 평균을 0^{zero-mean}으로, 단위 분산^{unit-variance}을 0으로 변환함)되었다면 데이터셋의 상관 행렬은 공분산^{covariance} 행렬과 동일하다. 데이터셋을 $n \times d$차원(차원이 d인 입력이 n개) 행렬 $\mathbf{X}$로 표현해 보겠다. 그리고 행렬 $\mathbf{X}$에서 $n \times m$차원 임베딩 행렬 $\mathbf{T}$를 만들고자 한다. 행렬 $\mathbf{T}$는 $\mathbf{X} = \mathbf{XW}$ 관계를 사용해서 계산할 수 있다. 여기서 $\mathbf{W}$의 각 열은 행렬 $\frac{1}{n}X^T X$의 고유 벡터에 해당한다. 선형대수학이나 데이터 사이언스를 공부한 적이 있다면, 주성분 분석(PCA)과 특이값 분해^{singular value decomposition}(SVD) 사이에 뚜렷한 유사점을 발견할 수 있을 것이다. 더 심도있는 내용은 '이론: PCA 및 SVD' 부분에서 다룬다.

수십 년 동안 PCA가 차원성 축소에 사용되었지만, 조각 단위로^{piecewise} 선형이거나 비선형인 주요 관계성을 잡아내는 데는 전혀 도움이 되지 않는다. [그림 8-3]의 예제를 살펴보자.

[그림 8-3]에는 두 개의 동심원 형태로 무작위 배치된 데이터 포인트들이 있다. PCA를 통해 이 데이터셋을 변환하면 데이터 포인트들을 쉽게 구분할 수 있는 새로운 축이 있기를 기대하지만, 안타깝게도 여기에는 더 많은 정보를 담고 있는 선형 방향이 특별히 없다(모든 방향에서 분산이 동일하다). 좀 다르게 인간의 관점에서 본다면, 원점에서 데이터 포인트가 얼마나 멀리 떨어져 있는지를 기준으로 하여 관련 정보가 비선형적으로 인코딩되고 있음을 인지할 수 있다. 이 내용을 염두에 두면 극좌표 변환^{transformation}(데이터 포인트를 나타낼 때 원점으로부터의

거리를 새로운 가로축으로, 원래 x축으로부터의 각도를 새로운 세로축으로 사용)이 이 경우에 잘 맞는다는 것을 알 수 있다.

[그림 8-3]은 복잡한 데이터셋에서 주요 관계성을 알아내는 데 있어 PCA와 같은 접근 방식의 단점을 부각시킨다. 이미지, 텍스트 등 실제로 접하는 대부분의 데이터셋에서 이러한 비선형 관계가 특징이므로 비선형 차원 축소를 수행하는 이론을 개발해야 한다. 딥러닝 연구자들은 신경망 모델을 사용하여 이러한 간극을 메웠으며, 이에 대해서는 다음 절에서 다룰 예정이다.

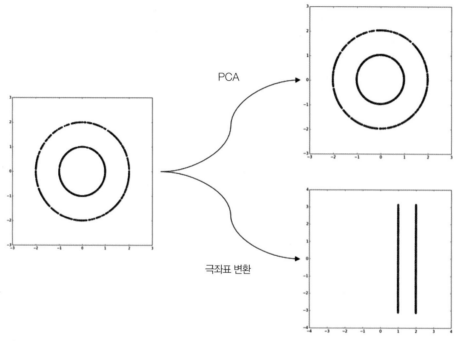

그림 8-3 PCA가 차원 축소를 위한 데이터 최적 변환에 실패한 상황

8.3 오토인코더 아키텍처의 필요성

순방향 신경망을 설명할 때 각 레이어에서 입력에 대해 점진적으로 더 관련성이 높은 표현을 학습하는 방법을 기술했다. 실제로 7장에서는 최종 합성곱 레이어의 출력을 가져와 입력 이미지의 저차원 표현으로 사용했다. 이러한 저차원 표현을 비지도 방식으로 생성하고자 한다는 사실을 제쳐두고, 일반적으로 이러한 접근 방식에는 근본적인 문제가 있다. 구체적으로, 특정 레

이어에 입력 데이터로부터 얻은 정보가 포함되어 있긴 하지만, 신경망은 주어진 특정 작업 해결에 핵심적인 입력 정보에 주목하도록 훈련되어 있다. 그 결과, 다른 분류 작업에는 중요하지만, 당장 당면한 작업에는 덜 중요한 입력 요소에 상당한 양의 정보 손실이 있다.

하지만 신경망에서 입력 데이터의 중요한 특성을 학습한다는 기본적인 원칙은 여전히 유효하다. 여기서는 오토인코더autoencoder라는 새로운 신경망 아키텍처를 정의한다. 먼저 입력을 받아 저차원 벡터로 압축하는데, 신경망에서 이 부분을 인코더라고 부르는 이유는 여기서 저차원 임베딩(코드code라고도 함) 생성을 수행하기 때문이다. 신경망의 두 번째 부분은 순방향 신경망에서처럼 임베딩을 임의의 레이블에 매핑하는 대신 신경망의 전반부 계산을 반전시켜 원본 입력을 재현reconstruct한다. 이 부분을 디코더decoder라고 한다. 전체 아키텍처는 [그림 8-4]에 나와 있다.

그림 8-4 오토인코더 아키텍처에서는 고차원 입력을 저차원 임베딩으로 구성한 다음 이 저차원 임베딩을 사용하여 해당 입력을 재현한다.

오토인코더의 놀라운 효과를 보여주기 위해 [그림 8-4]에서 오토인코더 아키텍처를 구축하고 시각화해 보겠다. 특히 PCA에 비해 MNIST 숫자를 분리하는 기능이 뛰어난 점을 부각할 예정이다.

8.4 PyTorch에서 오토인코더 구현

2006년 힌튼Hinton과 살라쿠디노프Salakhutdinov가 「Reducing the Dimensionality of Data with Neural Networks」 논문[2]에서 오토인코더에 대한 내용을 발표했다. 이들의 가설은 신경망 모델이 제공하는 비선형 복잡성 이해 능력을 통해 PCA와 같은 선형 방식에서는 놓치는 데이터 구조를 신경망은 학습할 수 있다는 것이다. 이 점을 입증하기 위해 MNIST 데이터셋을 오

---

2   Hinton, Geoffrey E., and Ruslan R. Salakhutdinov. "Reducing the Dimensionality of Data with Neural Networks." *Science* 313.5786 (2006): 504–507.

토인코더와 PCA를 모두 사용하여 2차원 데이터 포인트로 축소하는 실험을 진행했다. 이 절에서는 이 가설을 검증하기 위해 해당 실험 설정을 재현하고 순방향 오토인코더의 아키텍처와 속성을 자세히 살펴본다.

[그림 8-5]에 오토인코더의 기본 개념을 이용한 실험 설정을 나타냈다. 하지만 이제는 2차원 임베딩을 입력으로 처리하고 신경망을 통해 원본 이미지 재현을 시도한다. 기본적으로 역연산inverse operation을 적용하기 때문에 디코더 신경망 설계 시 오토인코더가 모래시계 모양을 갖도록 한다. 디코더 신경망의 출력은 28×28 이미지를 재현하는 784차원 벡터다.

```python
class Decoder(nn.Module):
  def __init__(self, n_in, n_hidden_1, n_hidden_2, n_hidden_3, n_out):
    super(Decoder, self).__init__()
    self.layer1 = nn.Sequential(
      nn.Linear(n_in, n_hidden_1, bias=True),
      nn.BatchNorm1d(n_hidden_1),
      nn.Sigmoid())
    self.layer2 = nn.Sequential(
      nn.Linear(n_hidden_1, n_hidden_2, bias=True),
      nn.BatchNorm1d(n_hidden_2),
      nn.Sigmoid())
    self.layer3 = nn.Sequential(
      nn.Linear(n_hidden_2, n_hidden_3, bias=True),
      nn.BatchNorm1d(n_hidden_3),
      nn.Sigmoid())
    n_size = math.floor(math.sqrt(n_out))
    self.layer4 = nn.Sequential(
      nn.Linear(n_hidden_3, n_out, bias=True),
      nn.BatchNorm1d(n_out),
      nn.Sigmoid(),
      nn.Unflatten(1, torch.Size([1, n_size,n_size])))

  def forward(self, x):
    x = self.layer1(x)
    x = self.layer2(x)
    x = self.layer3(x)
    return self.layer4(x)
```

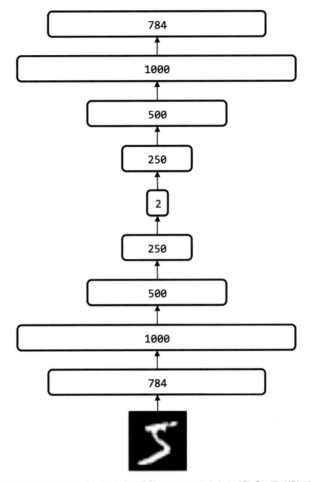

그림 8-5 힌튼과 살라쿠디노프가 2006년 논문에서 사용한 MNIST 데이터셋 차원 축소를 위한 실험 설정

훈련을 가속화하기 위해 7장에서 다뤘던 배치 정규화 전략을 재사용한다. 또한 결과를 시각화할 것이기 때문에 급격한 변화를 보이는 뉴런은 사용하지 않는다. 따라서 이 예제에서는 일반적인 ReLU 뉴런 대신 시그모이드 뉴런을 사용한다.

```
decoder = Decoder(2,250,500,1000,784)
```

마지막 단계로, 모델 기능이 얼마나 잘 작동하는지 나타내는 측정기준(또는 목적 함수)을 구축해야 한다. 구체적으로는 재현된 이미지가 원본 이미지에 얼마나 가까운지 측정하고자 한다. 간단한 측정 방법으로는 원본 784차원 입력과 재현된 784차원 출력 사이의 거리를 계산할 수 있다. 더 구체적으로 설명하자면, 입력 벡터 I와 재현 벡터 O가 주어졌을 때, 두 벡터 간 차이의 L2 노름^{norm}이라고도 하는 $I - O = \sqrt{\sum_i (I_i - O_i)^2}$ 의 값을 최소화하고자 한다. 이 함수를 전체 미니배치에서 평균 내어 최종 목적 함수를 생성한다. 최종적으로 Adam 옵티마이저를 사용해 신경망을 훈련하고, 미니배치에서 발생한 모든 오차에 대한 스칼라 요약을 `torch.utils.tensorboard.SummaryWriter`를 사용해 기록한다. PyTorch에서는 손실 연산과 훈련 연산이 다음과 같이 간결하게 표현된다.

```python
loss_fn = nn.MSELoss()
optimizer = optim.Adam(decoder.parameters(),
                        lr = 0.001,
                        betas=(0.9,0.999),
                        eps=1e-08)

trainset = datasets.MNIST('.',
                            train=True,
                            transform=transforms.ToTensor(),
                            download=True)

trainloader = DataLoader(trainset,
                            batch_size=32,
                            shuffle=True)

# 훈련 루프
NUM_EPOCHS = 5
for epoch in range(NUM_EPOCHS):
  for input, labels in trainloader:
    optimizer.zero_grad()
    code = encoder(input)
    output = decoder(code)
    #print(input.shape, output.shape)
    loss = loss_fn(output, input)
    optimizer.step()
  print(f"Epoch: {epoch} Loss: {loss}")
```

마지막으로 모델의 일반화 가능성^{generalizability}을 평가하는 방법이 필요하다. 평소와 같이 검증 데이터셋을 사용하며 모델 평가를 위해 훈련 데이터셋에 사용했던 것과 동일한 L2 노름^{norm} 측정을 수행한다. 또한 입력 이미지와 재현된 이미지를 비교할 수 있도록 이미지 요약을 수집한다.[3]

```
i = 0
with torch.no_grad():
  for images, labels in trainloader:
    if i == 3:
      break
    grid = utils.make_grid(images)
    plt.figure()
    plt.imshow(grid.permute(1,2,0))
    code = encoder(images)
    output = decoder(code)
    grid = utils.make_grid(output)
    plt.figure()
    plt.imshow(grid.permute(1,2,0))
    i += 1
```

모델 그래프, 훈련 비용과 검증 비용, 이미지 요약을 텐서보드를 사용하여 시각화할 수 있다. 간단히 다음 명령을 실행하면 된다.

```
$ tensorboard --logdir ~/path/to/mnist_autoencoder_hidden=2_logs
```

그런 다음 브라우저에서 *http://localhost:6006/*로 이동한다. 'Graph' 탭의 결과는 [그림 8-6]과 같다.

모델 그래프의 구성 요소에 네임스페이스^{namespace}를 지정한 덕분에 모델이 깔끔하게 정리되었다. 간단히 구성 요소를 클릭하고 더 자세히 살펴볼 수 있으며, 데이터가 인코더의 다양한 레이어와 디코더를 통해 어떻게 흘러가는지, 옵티마이저가 훈련 모듈의 출력을 어떻게 읽는지, 경사가 모델의 모든 구성 요소에 차례로 어떤 영향을 미치는지 추적할 수 있다.

또한 훈련 비용(각 미니배치 후)과 검증 비용(각 에포크 후)을 모두 시각화하여 과적합 가능성을 면밀히 모니터링할 필요가 있다. 훈련 기간 동안의 비용에 대한 텐서보드 시각화는 [그림 8-7]과 같다. 성공적인 모델에서 보통 예상되는 훈련 경향은 훈련 곡선과 검증 곡선 모두 점근

----

3 옮긴이 1_ 텐서보드와 같은 인공지능 훈련 관련 시각화 도구의 기능으로, 훈련 전후에 모델이 생성하는 이미지를 시각적으로 확인할 수 있게 해 준다.

적으로^{asymptotically} 평탄화될 때까지 감소하는 것이다. 약 200회의 에포크를 수행하면 4.78의 검증 비용에 도달한다. 훈련 곡선과 검증 곡선이 매우 긍정적으로 보이지만, 언뜻 봐서는 '적절한' 비용으로 정점에 도달한 것인지 아니면 모델이 여전히 원본 입력을 제대로 재현하지 못하고 있는 것인지 파악하기가 어렵다.

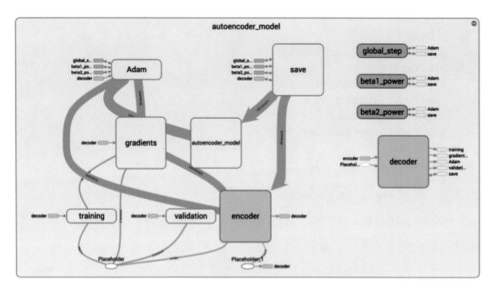

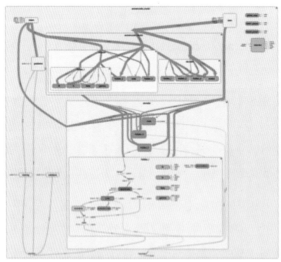

그림 8-6 텐서보드를 사용하면 계산 그래프의 고수준 구성 요소와 데이터 흐름을 깔끔하게 볼 수 있으며(위), 클릭하여 개별 하위 구성 요소의 데이터 흐름을 더 자세히 살펴볼 수도 있다(아래).

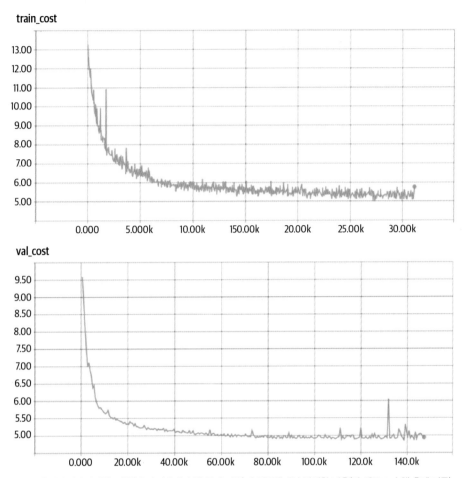

그림 8-7 훈련셋에서 발생한 비용(각 미니배치 수행 후에 기록)과 검증셋에서 발생한 비용(각 에포크 수행 후에 기록)

방금 설명한 내용의 이해를 돕기 위해 MNIST 데이터셋을 살펴보자. 데이터셋에서 임의의 숫자 '1' 이미지를 하나 선택하여 X라고 명명하고, [그림 8-8]에서 이 이미지를 데이터셋의 다른 이미지와 모두 비교한다. 구체적으로는 각 숫자 클래스마다 X를 해당 숫자 클래스의 이미지들과 비교하고 그 결과인 L2 비용의 평균을 계산한다. 시각적 이해를 돕기 위해 각 숫자 클래스에 대한 모든 인스턴스의 L2 비용 평균값도 [그림 8-8]에 함께 표시한다.

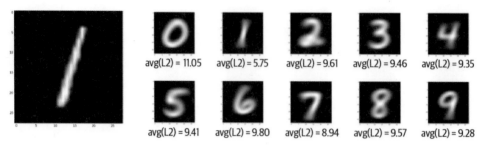

avg(L2) = 11.05 avg(L2) = 5.75 avg(L2) = 9.61 avg(L2) = 9.46 avg(L2) = 9.35

avg(L2) = 9.41 avg(L2) = 9.80 avg(L2) = 8.94 avg(L2) = 9.57 avg(L2) = 9.28

그림 8-8 왼쪽 숫자 '1' 이미지는 MNIST 데이터셋의 다른 숫자와 모두 비교된다. 각 숫자 클래스의 시각적 형태는 멤버 전체의 시각적 평균으로 표시되고, 여기에 왼쪽 숫자 '1' 이미지와 모든 클래스 멤버를 비교한 결과 L2 비용의 평균값이 레이블링되어 같이 표시된다.

X는 MNIST 데이터셋의 다른 숫자 '1' 이미지들과 평균적으로 5.75 단위만큼 떨어져 있다. L2 거리 측면에서 X에 가장 가까운 '1'이 아닌 숫자는 '7'(평균 8.94 단위)이고 가장 먼 숫자는 '0'(평균 11.05 단위)이다. 이러한 측정치를 고려하면 평균 비용 4.78인 해당 오토인코더가 상당히 높은 품질의 재현을 산출한다는 것을 분명히 알 수 있다.

이미 이미지 요약을 수집하고 있기 때문에 입력 이미지와 재현된 이미지를 직접 살펴보면서 이 가설을 직접 확인할 수 있다. 테스트셋에서 무작위로 선택한 샘플 세 가지 대한 재현 결과는 [그림 8-9]에서 참조할 수 있다.

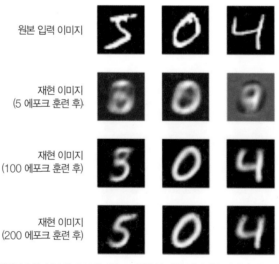

원본 입력 이미지

재현 이미지
(5 에포크 훈련 후)

재현 이미지
(100 에포크 훈련 후)

재현 이미지
(200 에포크 훈련 후)

그림 8-9 검증셋 원본 입력과 5회, 100회, 200회 에포크 훈련 후 재현 이미지를 나란히 비교

에포크 5회 수행 후에는 오토인코더가 원본 이미지의 핵심 획^{stroke} 일부를 식별할 수 있지만, 대부분의 경우 재현 이미지는 여전히 비슷한 숫자들의 흐릿한 혼합물이다. 에포크 100회 수행 이후에 0과 4는 선명한 획으로 재현되지만 오토인코더는 여전히 5, 3, 8을 구분하는 데 어려움을 겪는다. 그러나 200 에포크를 넘어서면 이같은 모호함이 사라지고 모든 숫자가 선명하게 재현된다.

마지막으로 전통적인 PCA로 생성한 2차원 코드와 오토인코더로 생성한 2차원 코드를 살펴보면서 이 절을 마무리한다. 오토인코더에서 더 나은 시각화가 생성되는 것을 보여주고자 한다. 특히 오토인코더가 PCA보다 서로 다른 숫자 클래스의 이미지를 시각적으로 구별하는 데 훨씬 더 효과적이라는 점을 설명한다. 2차원 PCA 코드를 산출해 파이썬 코드를 간략히 살펴본다.

```
from sklearn import decomposition
import input_data

mnist = input_data.read_data_sets("data/", one_hot=False)
pca = decomposition.PCA(n_components=2)
pca.fit(mnist.train.images)
pca_codes = pca.transform(mnist.test.images)
```

우선 MNIST 데이터셋을 가져온다. 레이블을 원핫 벡터 대신 정수로 제공하기 위해 one_hot=False 플래그를 설정했다(간단히 복습하자면, MNIST 레이블을 나타내는 원핫 벡터는 숫자 i를 나타내는 i번째 성분만 1이고 나머지 0인 크기 10의 벡터다). 많이 사용하는 머신러닝 라이브러리 scikit-learn을 사용하여 PCA를 수행하고, scikit-learn이 2차원 코드를 생성하도록 n_components=2로 설정한다. 또한 이렇게 생성한 2차원 코드를 사용해서 원본 이미지를 재현하고 그 결과를 시각화한다.

```
from matplotlib import pyplot as plt

pca_recon = pca.inverse_transform(pca_codes[:1])
plt.imshow(pca_recon[0].reshape((28,28)), cmap=plt.cm.gray)
plt.show()
```

해당 코드 조각$^{code\ snippet}$에서 테스트 데이터셋의 첫 번째 이미지를 시각화하는 방법을 보여 주며, 해당 코드는 데이터셋에서 임의의 하위 집합을 시각화하도록 쉽게 수정할 수 있다. [그림

8-10]에서 PCA 재현과 오토인코더 재현을 비교해 보면, 오토인코더가 2차원 PCA 코드보다 성능이 훨씬 뛰어나다는 것을 알 수 있다. 실제로 PCA의 성능은 에포크 5회 훈련만 거친 오토인코더와 흡사하다. PCA의 경우 숫자 5를 3이나 8과 잘 구분하지 못하고, 0을 8과 잘 구분하지 못하며, 4를 9와 잘 구분하지 못한다. 동일한 실험을 30차원 코드로 반복하면 PCA 재현의 품질이 크게 개선되기는 하지만 여전히 30차원 오토인코더를 사용한 경우보다 현저히 품질이 떨어진다.

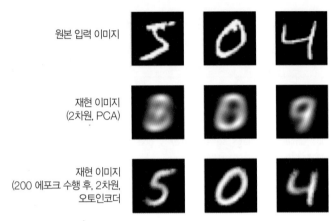

원본 입력 이미지

재현 이미지
(2차원, PCA)

재현 이미지
(200 에포크 수행 후, 2차원,
오토인코더

그림 8-10 PCA 재현과 오토인코더 재현을 나란히 비교

이제 실험을 완료하기 위해 저장되어 있는 PyTorch 모델을 로드하고, 2차원 코드를 추출해서, 2차원 PCA 코드와 2차원 오토인코더 코드를 모두 시각화plotting해야 한다. 훈련 중에 설정한 대로 정확하게 PyTorch 그래프를 재구축하는 것이 필요하다. 훈련 중에 저장한 모델 체크포인트checkpoint의 경로를 스크립트에 명령줄 인수command-line argument로 전달한다. 마지막으로 사용자 정의 플로팅 함수를 사용하여 범례legend를 만들고 여러 숫자 클래스의 데이터 포인트를 적절히 색칠한다.

[그림 8-11] 시각화 결과를 보면, 2차원 PCA 코드의 경우 클러스터를 구별해 내는 것이 매우 어렵지만, 오토인코더의 경우에는 서로 다른 숫자 클래스의 코드를 클러스터링하는 데 명백히 탁월한 성능을 발휘했다. 이것은 단순한 머신러닝 모델이 PCA 임베딩보다 오토인코더 임베딩으로 구성된 데이터 포인트를 훨씬 더 효과적으로 분류할 수 있다는 것을 의미한다.

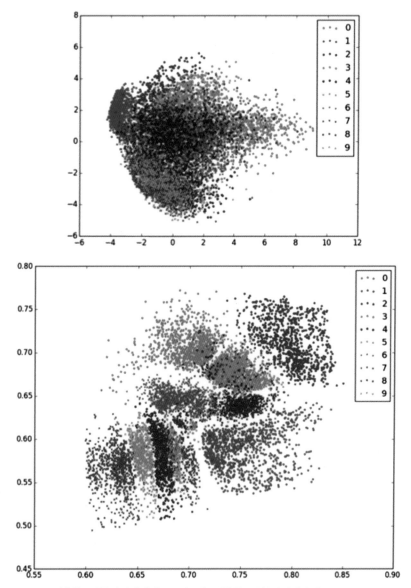

그림 8-11 PCA로 산출한 2차원 임베딩(위)과 오토인코더로 산출한 2차원 임베딩(아래)

이 절에서는 순방향 오토인코더를 성공적으로 설정하고 훈련시켰으며, 그 결과로 얻은 임베딩이 고전적인 차원 축소 방법인 PCA보다 우수하다는 것을 입증했다. 다음 절에서는 디노이징^{denoising}이라는 개념을 살펴볼 것이다. 디노이징은 이러한 임베딩을 더욱 견고하게 만들어 일종의 규제화^{regularization} 역할을 한다.

8.5 노이즈에 강한 표현을 위한 디노이징

디노이징은 노이즈에 강한 임베딩을 생성하는 오토인코더의 기능을 향상시킨다. 인간의 지각 능력은 놀라울 정도로 노이즈에 강하다. 예를 들어 [그림 8-12]를 살펴보자. 각 이미지에서 픽셀의 절반 정도가 손상되었음에도 불구하고 인간은 숫자를 식별하는 데 아무런 문제가 없다. 심지어 2와 7처럼 혼동하기 쉬운 숫자도 충분히 식별할 수 있다.

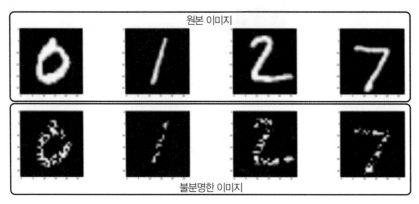

그림 8-12 인간은 불분명한 숫자까지도 식별할 수 있다.

이 현상을 확률론적으로probabilistically 해석해 볼 수 있다. 인간의 두뇌는 특정 이미지에서 무작위로 추출한 일부 픽셀만 볼 수 있더라도 어느 정도 충분한 정보가 있다면 픽셀이 나타내는 실체ground truth를 아주 높은 확률로 추론해 낼 수 있다. 인간의 두뇌는 말하자면 빈칸을 채워서 결론을 도출해낼 수 있다. 즉, 손상된 숫자를 보는 경우에도 해당 숫자의 이미지를 표현하는 데 일반적으로 사용하는 활성화셋(코드 또는 임베딩)을 재현할 수 있다. 여기서 다루는 임베딩 알고리즘에서는 이러한 속성property을 강화하고자 한다. 2008년 빈센트Vincent 등이 작성한 논문에서 디노이징 오토인코더를 소개하면서 이 속성을 처음으로 탐구한 바 있다.[4]

디노이징의 기본 원리는 매우 간단하다. 입력 이미지에서 일정 비율의 픽셀값을 0으로 설정하여 손상시킨다. 원본 입력을 X라고 하고 손상된 버전을 $C(X)$라고 지칭하겠다. 디노이징 오토인코더는 인코더 신경망에 입력되는 값이 X 대신 손상된 $C(X)$라는 한 가지 특이 사항을 제외

---

4   Vincent, Pascal, et al. "Extracting and Composing Robust Features with Denoising Autoencoders." *Proceedings of the 25th International Conference on Machine Learning*. ACM, 2008.

하고는 기본 오토인코더와 동일하다. 즉, 오토인코더에서는 각 입력마다 손상에 내성을 가진 코드를 학습해야 하며, 누락된 정보를 보간^{interpolate}하여 손상 없는 원본 이미지를 재생성할 수 있다.

디노이징 오토인코더의 동작 원리를 기하학적으로 고찰해 볼 수도 있다. 다양한 레이블이 있는 2차원 데이터셋이 있다고 가정해 보자. 특정 카테고리(특정 레이블이 붙은)의 데이터 포인트를 모두 가져와서 이를 S라고 하자. 데이터 포인트를 임의로 샘플링하면 시각화될 때 여러 가지 형태를 띨 수 있지만, 현실 세계 관점에서 보면 S에는 모든 포인트를 통합하는 기저 구조$^{underlying structure}$가 있을 가능성이 높다. 이 근본적이고 통합적인 기하학적 구조를 매니폴드^{manifold}라고 한다. 매니폴드는 데이터의 차원을 축소하고자 할 때 찾아내서 사용할 수 있는 기하학적 형태이며, 2013년에 벤지오 등이 논문에서 설명한 것처럼 오토인코더는 병목 지점(코드 레이어)을 데이터가 통과한 후 데이터 재현 방법을 배우면서 이 매니폴드를 암묵적으로 학습한다. 오토인코더는 재현을 생성할 때 어떤 포인트가 어떤 매니폴드에 속하는지 판별해야 한다.

[그림 8-13]의 시나리오를 예로 들어보자. 여기서 S의 데이터 포인트는 단순한 저차원 매니폴드(그림에서 실선 원)이다. A 부분에서는 S의 데이터 포인트(검은색 x 표시)와 이를 가장 잘 설명하는 매니폴드를 볼 수 있다. 또한 손상 연산의 근사도 관찰할 수 있다. 특히 화살표와 비동심^{nonconcentric} 원은 손상 연산으로 데이터 포인트를 이동시키거나 수정할 수 있는 모든 가능성을 보여준다. 손상 연산이 모든 데이터 포인트(즉, 전체 매니폴드에 걸쳐)에 적용되므로, 이러한 작업은 데이터셋을 인위적으로 확장하여 매니폴드뿐 아니라 매니폴드 주변 공간의 모든 포인트까지 최대 오차 범위 내에서 포함한다. 이때 마진은 A 부분에서 점선으로 표시된 원들로, 데이터셋 확장은 B 부분에서 x로 표시된다. 마지막으로 오토인코더는 이 공간의 모든 데이터 포인트를 매니폴드로 다시 접어 넣는 방법을 학습해야 한다. 즉, 디노이징 오토인코더는 데이터 포인트의 어떤 측면이 일반화 가능하고 어떤 측면이 넓은 획이며 어떤 측면이 '노이즈'인지를 학습함으로써 S의 기저 매니폴드를 근사하는 방법을 배운다.

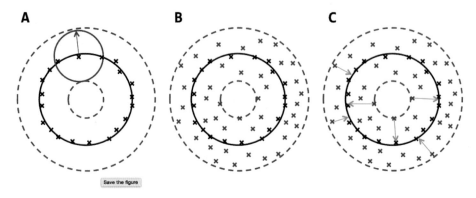

그림 8-13 디노이징을 통해 해당 모델은 손상된 데이터(B와 C에서 빨간색 x)를 손상 없는 데이터(검은색 x)에 매핑하는 방법을 학습하여 두 표현 사이의 오차(C에서 화살표)를 최소화함으로써 매니폴드(검은색 원)를 학습할 수 있다.

노이즈에 매우 강한 인간의 인식 능력을 모방하려는 디노이징 구현 목적을 염두에 두고 이제 오토인코더 스크립트를 수정하여 디노이징 오토인코더를 만들어 보자.

```python
def corrupt_input(x):
  corrupting_matrix = 2.0*torch.rand_like(x)

  return x * corrupting_matrix

# x = mnist 데이터 이미지 구성 28*28 = 784
x = torch.rand((28,28))
corrupt = 1.0 # set to 1.0 to corrupt input
c_x = (corrupt_input(x) * corrupt) + (x * (1 - corrupt))
```

이 코드 조각에서는 corrupt 변수가 1이면 입력을 손상시키고, corrupt 변수가 0이면 입력을 손상시키지 않는다. 이렇게 수정한 후 오토인코더를 다시 실행하면 [그림 8-14]와 같이 재현된 결과물을 얻을 수 있다. 디노이징 오토인코더가 누락된 픽셀을 채우는 인간의 놀라운 능력을 충실히 재현했음을 알 수 있다.

원본 이미지

손상된 이미지

재현된 이미지

그림 8-14 데이터셋에 손상 연산을 적용하고 디노이징 오토인코더를 훈련하여 손상없는 원본 이미지를 재현한다.

8.6 오토인코더에서의 희소성

딥러닝에서 골치 아픈 문제로 해석 가능성interpretability을 들 수 있다. 해석 가능성은 머신러닝 모델에서 동작 과정과 그 출력 결과가 얼마나 쉽게 설명될 수 있는지를 측정하는 속성이다. 딥러닝 모델은 모델 구성에 포함된 비선형성과 방대한 수의 파라미터로 인해 해석하기가 어렵다. 딥러닝 모델은 다른 방식보다 보통 더 정확하지만 해석 가능성이 부족하기 때문에 높은 보상과 높은 위험이 동반되는 분야에서 문제가 되는 경우가 있다. 예를 들어, 의료 분야에서 머신러닝 모델로 암 진단을 한다면, 의사에게는 모델에서 출력된 결론을 뒷받침하는 설명이 필요하다.

오토인코더 출력의 특성을 탐구하여 해석 가능성의 일부 측면을 다룰 수 있다. 오토인코더의 표현은 보통 밀집dense 형태이며, 이는 입력에 수정을 가할 때 표현이 변화하는 데 영향을 미친다. [그림 8-15]를 살펴보자.

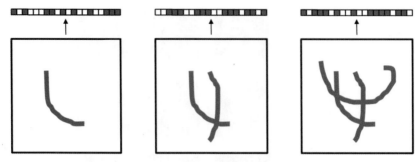

그림 8-15 밀집 표현의 활성화에서는 여러 피처의 정보가 결합되고 겹쳐져서 해석하기 어렵다.

오토인코더에서는 원본 이미지를 고도로 압축한 밀집 표현이 생성된다. 이러한 표현에서는 다루는 차원이 아주 많기 때문에 표현의 활성화 과정에서 여러 피처의 정보가 분리해서 해석하기에 매우 어려운 방식으로 조합된다. 그 결과, 구성 요소를 추가하거나 제거하면 출력 표현이 예상치 못한 방식으로 변경된다. 이 경우 표현이 왜 특정한 방식으로 생성되는지 사실상 해석이 불가능하다.

가장 이상적인 결과는 코드(저차원 표현으로서의)에서 고수준 피처와 개별 구성 요소 간 일대일에 가까운 대응이 있는 표현을 구축할 수 있는 경우이다. 이것이 가능하다면 [그림 8-16]의 시스템에 매우 가까워진다. 이 시스템에서는 구성 요소를 추가하거나 제거할 때 표현이 어떻게 변하는지 확인할 수 있다. 이때 표현은 이미지 내 개별 획 정보를 합산해서 나타낸 것이다. 차원 공간과 희소성^{sparsity}[5]을 적절히 조합하면 표현을 더 잘 해석할 수 있다.

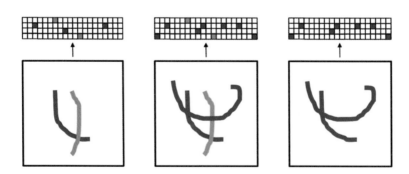

그림 8-16 획 추가 및 제거에 따라 표현의 활성화에 생기는 변화

---

5 옮긴이 1_ 모델 파라미터나 활성화 관련 수치 중 대부분이 0 또는 이에 근접한 방식으로 되어 있는 것을 의미한다. 대부분의 구성 요소가 0이므로, 0이 아닌 요소와 특정 피처 사이의 연관성이 두드러질 수 있어 모델의 해석 가능성이 좋아지는 효과가 있다.

이것이 이상적인 결과이지만, 표현에서 이러한 해석 가능성을 구현하기 위해서는 어떤 메커니즘을 활용할 수 있는지 고민해 봐야 한다. 이때 발생할 만한 대표적인 문제는 분명히 코드(저차원 표현) 레이어 차원 부족에 따른 용량 측면에서의 병목 현상bottlenecked capacity이지만, 안타깝게도 코드 레이어의 용량을 늘리는 것만으로는 충분하지 않다. 일반적인 경우라면 코드 레이어의 크기를 늘릴 수는 있겠지만, 오토인코더가 수집한 개별 피처가 코드 레이어의 여러 작은 구성 요소들에 광범위하게 영향을 미치는 것을 방지하는 메커니즘이 없다. 극단적인 경우에는 수집한 피처가 아주 복잡하고 풍부한 까닭에 코드 레이어의 용량이 입력 차원 크기보다 훨씬 더 클 수 있다. 이때는 코드 레이어의 용량이 너무 커서 모델이 말 그대로 '복사' 작업만 수행하게 되어 코드 레이어가 유용한 표현을 제대로 학습하지 못할 수 있다.

여기서 실제 원하는 것은 오토인코더로 하여금 표현 벡터의 구성 요소를 가능한 한 적게 사용하면서도 입력을 효과적으로 재현하도록 하는 것이다. 이는 4장에서 설명한 것처럼 단순한 신경망에서 과적합을 방지하기 위해 규제화regularization를 사용하는 이유와 유사하지만, 가능한 한 많은 구성 요소가 0에 가깝게 되기를 원한다는 차이가 있다. 이를 달성하기 위해, 4장과 비슷하게 목적 함수를 수정하여 희소성 페널티를 추가한다. 이때 페널티가 하는 일은 0이 아닌 구성 요소가 많은 표현의 비용을 증가시키는 것이다.

$$E_{\text{Sparse}} = E + \beta \cdot \text{희소성 페널티}$$

β의 값은 희소성을 얼마나 강하게 추구할 것인지를 결정하는데, 희소성이 강해질수록 재현 품질은 희생된다. 수학에 능숙하다면, 모든 표현의 각 구성 요소의 값을 평균을 모르는 무작위 변수의 결과로 간주하여 이 작업을 수행할 수 있다. 그런 다음 이 무작위 변수(각 구성 요소의 값)의 관측 분포와 평균이 0인 무작위 변수의 분포를 비교하는 발산divergence 측정을 사용한다. 이를 위해 흔히 사용하는 측정 방식은 쿨백-라이블러Kullback-Leibler(흔히 KL이라고 함) 발산이다. 오토인코더의 희소성에 대한 추가적인 논의는 이 글의 범위를 벗어나지만, 란자토Ranzato 등이 발표한 논문(2007[6] 및 2008[7])에서 다루고 있다. 최근에는 표현에서 최대 활성화 중 k를 제외한 모든 것을 0으로 만드는 중간 함수intermediate function를 코드 레이어 앞에 삽입하는 방식의 이

6   Ranzato, Marc'Aurelio, et al. "Efficient Learning of Sparse Representations with an Energy-Based Model." *Proceedings of the 19th International Conference on Neural Information Processing Systems*. MIT Press, 2006.

7   Ranzato, Marc'Aurelio, and Martin Szummer. "Semi-supervised Learning of Compact Document Representations with Deep Networks." *Proceedings of the 25th International Conference on Machine Learning*. ACM, 2008.

론적 특성과 경험적 효과를 마카니[Makhzani]와 프레이[Frey] (2014)[8]가 조사했다. 이러한 k-Sparse 오토인코더는 구현과 이해가 놀라울 정도로 간단하면서도 (계산적으로도 더 효율적) 다른 희소성 메커니즘만큼 효과적인 것으로 입증되었다.

이것으로 오토인코더에 대한 설명을 마친다. 지금까지 오토인코더를 사용하여 데이터 포인트의 내용을 요약함으로써 데이터 포인트의 강력한 표현을 찾는 방법을 살펴보았다. 이러한 차원 축소 메커니즘은 독립적인 데이터 포인트가 풍부하고 원본 표현에 데이터 포인트 구조와 관련된 정보가 모두 포함되어 있을 때 잘 작동한다. 다음 절에서는 데이터 포인트 자체가 아니라 데이터 포인트의 컨텍스트에 주요 정보가 있을 때 사용할 수 있는 전략을 살펴본다.

8.7 입력 벡터보다 컨텍스트에서 더 많은 정보를 제공하는 경우

지금까지는 주로 차원 축소 개념에 초점을 맞추었다. 차원 축소에서는 핵심적이고 구조적인 정보에 추가로 많은 노이즈가 포함된 풍부한 입력을 다룬다. 이러한 상황에서는 데이터의 근본적인 이해와 무관한 변동성과 노이즈를 배제하고 기저 정보를 추출하고자 한다.

다른 상황에서는 학습하려는 내용에 대해 거의 정보가 없는 입력 표현이 있다. 이런 경우에는 정보를 추출하는 것이 목표가 아니라 컨텍스트에서 정보를 수집하여 유용한 표현을 구축하는 것이 목표다. 이 모든 것이 지금은 너무 추상적으로 들리므로 실제 사례를 통해 이러한 아이디어를 구체화해 보자.

언어 모델을 구축하는 것은 까다로운 작업이다. 언어 모델을 구축할 때 가장 먼저 극복해야 하는 문제는 개별 단어를 표현하는 좋은 방법을 찾는 것이다. 언뜻 보기에는 좋은 표현을 구축하는 방법이 별로 명확하지 않다. [그림 8-17]의 단순한 접근 방식부터 시작한다.

---

8   Makhzani, Alireza, and Brendan Frey. "k-Sparse Autoencoders." *arXiv preprint arXiv*:1312.5663 (2013).

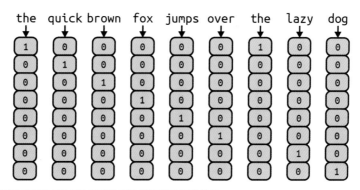

그림 8-17 간단한 문서를 사용하여 단어에 대한 원핫 벡터 표현 생성

문서에 $|V|$개의 단어가 포함된 어휘목록^{vocabulary} V가 있다면, 이 단어들을 원핫 벡터$^{\text{one-hot vector}}$로 표현할 수 있다. 여기에는 $|V|$차원 표현 벡터가 있으며, 이 벡터의 색인은 각각의 고유 단어$^{\text{unique word}}$에 연결된다. 고유 단어 w_i를 표현하기 위해 벡터의 i번째 성분을 1로 설정하고 다른 성분은 모두 0으로 설정한다.

그러나 이 표현 방식은 다소 임의적으로 보인다. 이렇게 벡터화를 진행하면 유사한 단어가 유사한 벡터로 만들어지지 않는다. 이것은 문제가 될 수 있는데, 예를 들어 'jump'와 'leap'이라는 단어가 서로 비슷한 의미를 가지고 있다는 것을 모델이 인식하도록 만들고 싶기 때문이다. 마찬가지로 단어가 동사인지, 명사 또는 전치사인지도 모델이 인식하기를 바란다. 단어를 단순한 원핫 인코딩을 통해 벡터로 변환하는 방식으로는 이러한 특성을 학습할 수 없다. 이 문제를 해결하려면 이러한 관계를 발견하고 이 정보를 벡터로 인코딩하는 방법을 찾아야 한다.

단어 간의 관계를 발견하는 방법 중 하나는 주변 컨텍스트를 분석하는 것이다. 예를 들어, 'jump'와 'leap'와 같은 유의어는 연관된 컨텍스트에서 서로 바꿔서 사용할 수 있다. 또한 이 두 단어는 주어가 직접적인 타깃에 대해 동작을 수행할 때 보통 나타난다. 인간은 독서 중에 새로운 어휘를 접할 때 항상 이 원칙을 사용한다. 예를 들어, "The warmonger argued with the crowd(전쟁광은 군중과 논쟁을 벌였다)"라는 문장을 읽으면 사전적 정의를 모르더라도 'warmonger(전쟁광)'라는 단어에 대한 개념을 즉시 도출할 수 있다. 이 컨텍스트에서 'warmonger'은 동사 단어 앞에 오므로 'warmonger'은 명사이며 이 문장의 주어일 가능성이 높다. 또한 'warmonger'이 'arguing(논쟁하다)'라는 표현은 'warmonger'이 대체적으로 전투적이거나 논쟁적인 개인이라는 것을 암시한다. 전반적으로 [그림 8-18]에서처럼 컨텍스트

(다시 말해 타깃 단어 주변 단어로 구성된 고정 영역)를 분석하면 단어의 의미를 빠르게 추측할 수 있다.

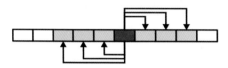

그림 8-18 컨텍스트를 분석하여 단어의 의미 파악한다.

오토인코더를 구축할 때 사용한 원리를 사용하여 강력하고 분산된 표현을 구축하는 신경망을 만들 수 있다. 두 가지 전략이 [그림 8-19]에서 소개된다. 한 가지 가능한 방법(A에 표시됨)은 타깃을 인코더 신경망에 통과시켜 임베딩을 생성한다. 그런 다음 디코더 신경망이 이 임베딩을 가져오는데, 이 경우 디코더는 오토인코더에서 했던 것처럼 원본 입력을 재현하는 대신 컨텍스트를 통해 단어를 구성한다. 두 번째 방법(B에 표시)은 정확히 그 반대다. 즉, 인코더가 컨텍스트에서 단어를 입력으로 가져와 타깃을 생성한다.

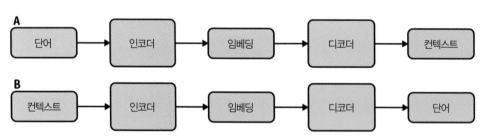

그림 8-19 단어를 그에 해당하는 컨텍스트에 매핑하여 임베딩을 생성하는 인코더 및 디코더 아키텍처(A)와 그 반대 순서의 아키텍처(B)

다음 절에서는 이 전략을 사용하여(성능을 위한 약간의 수정과 함께) 실제로 단어 임베딩을 생성하는 방법에 대해 설명한다.

8.8 Word2Vec 프레임워크

워드 임베딩을 생성하기 위한 프레임워크인 Word2Vec은 미코로프^{Mikolov} 등이 개척한 것이다. 원본 논문에서는 임베딩을 생성하는 두 가지 전략을 자세히 설명했는데, 이는 이전 절에서 살펴본 컨텍스트 인코딩을 위한 두 가지 전략과 유사하다.

미코로프 등이 도입한 Word2Vec의 첫 번째 버전은 CBOW^{Continuous Bag of Words} 모델이다.[9] 이 모델은 [그림 8-19]의 전략 B와 매우 비슷하다. CBOW 모델은 인코더를 사용하여 전체 컨텍스트(하나의 입력으로 취급)에서 임베딩을 생성하고 타깃 단어를 예측한다. 이 전략은 작은 데이터셋에서 가장 잘 작동하는 것으로 나타났는데, 이 특성은 원본 논문에서 자세히 다루었다.

Word2Vec의 두 번째 방식은 미코로프 등이 소개한 Skip-Gram 모델이다.[10] Skip-Gram 모델은 타깃 단어를 입력으로 삼아 컨텍스트에 있는 단어 중 하나를 예측하는 CBOW의 반대 방식을 취한다. 간단한 예제를 통해 Skip-Gram 모델의 데이터셋이 어떤 모습인지 살펴보겠다.

"The boy went to the bank."라는 문장을 생각해 보자. 이 문장을 일련의 ([컨텍스트, 타깃) 쌍으로 분해하면 [([the, went], boy), ([boy, to], went), ([went, the], to), ([to, bank], the)]를 얻을 수 있다. 여기서 한 단계 더 나아가, 각 ([컨텍스트, 타깃]) 쌍을 입력이 타깃이고 출력이 컨텍스트의 단어 중 하나인 (입력, 출력) 쌍으로 분할해야 한다. 첫 번째 쌍([the, went], boy)에서 두 쌍 (boy, the) 와 (boy, went)를 생성한다. 이 작업을 모든 ([컨텍스트, 타깃]) 쌍에 계속 적용하여 데이터셋을 구축한다. 마지막으로 각 단어를 어휘목록^{vocabulary}에서 해당 단어의 색인에 해당하는 고유 색인 $i \in \{0, 1, ..., |V|-1\}$로 대체한다.

9 Mikolov, Tomas, et al. "Distributed Representations of Words and Phrases and their Compositionality."Advances in Neural Information Processing Systems, 2013.

10 Tomas Mikolov, Kai Chen, Greg Corrado, and Jeffrey Dean. "Efficient Estimation of Word Representations inVector Space." *ICLR Workshop*, 2013.

인코더의 구조는 놀랍도록 간단하다. 기본적으로 $|V|$개의 행이 있는 룩업^{lookup} 테이블이며, 여기서 i번째 행은 i번째 어휘목록 단어에 해당하는 임베딩이다. 인코더는 입력 단어의 색인을 가져와 룩업 테이블에서 적절한 행을 출력하기만 하면 된다. GPU에서는 이 연산을 룩업 테이블의 치환과 입력 단어를 나타내는 원핫 벡터의 곱으로 표현할 수 있기 때문에 효율적인 연산이다. 다음 PyTorch 함수를 사용하면 간단하게 구현할 수 있다.

```
emb = nn.Embedding(10, 100)
x = torch.tensor([0])
out = emb(x)
```

여기서 **out**은 임베딩 행렬이고, x는 조회하고자 하는 색인의 텐서이다. 옵션 파라미터에 대한 자세한 내용은 PyTorch API 설명서(*https://pytorch.org/docs/stable/generated/torch.nn.Embedding.html*)를 참조하라.

디코더는 성능을 위해 약간의 수정을 가했기 때문에 약간 더 까다롭다. 디코더를 구성하는 간단한 방법은 출력에 대한 원핫 인코딩 벡터를 재현하는 것으로, 소프트맥스와 결합된 평범한$^{run-of-the-mill}$ 순방향 레이어로 구현할 수 있다. 유일한 문제는 전체 어휘목록 공간에 대한 확률 분포를 생성해야 하기 때문에 비효율적이라는 점이다.

미콜로프 등은 파라미터 수를 줄이기 위해 노이즈 대비 추정$^{noise-contrastive\ estimation}$(NCE)이라는 디코더를 구현하는 전략을 취했다. 이 전략은 [그림 8-20]에 설명되어 있다. 이항 로지스틱 회귀$^{binary\ logistic\ regression}$에서는 타깃의 임베딩을 컨텍스트 내부 단어 및 무작위 샘플링한 컨텍스트 외부^{noncontext} 단어의 임베딩들과 비교한다. 여기서는 해당 임베딩들을 통해 타깃 컨텍스트 내부 단어와 타깃 컨텍스트 외부 단어를 얼마나 잘 식별할 수 있는지를 나타내는 손실 함수를 구축한다.

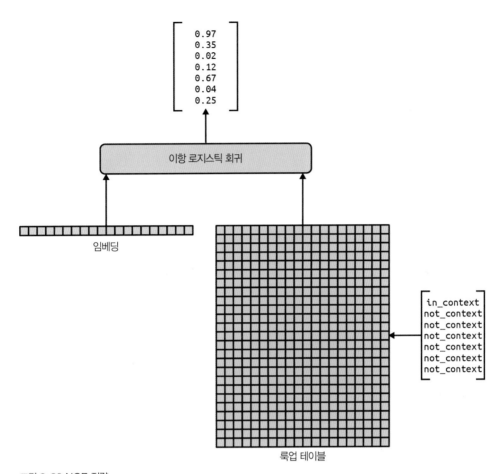

그림 8-20 NCE 전략

NCE 전략에서는 출력에 대한 임베딩과 입력 컨텍스트 외부에서 무작위 선택한 단어에 대한 임베딩을 찾는 데 룩업 테이블을 사용한다. 그런 다음 이항 로지스틱 회귀 모델을 사용하여 한 번에 하나씩 입력 임베딩과 출력 임베딩 또는 무작위 선택 임베딩을 취한다. 그리고 비교 대상이 되는 임베딩이 입력 컨텍스트 내부 단어를 나타낼 확률에 해당하는 값을 0에서 1 사이의 값으로 출력한다. 다음으로 컨텍스트 외부 단어에 해당하는 확률들의 합을 구하고 여기에서 컨텍스트 내부[noncontext] 단어에 해당하는 확률을 뺀다. 이 값은 최소화할 목적 함수를 나타낸다(모델의 성능이 완벽한 최적 시나리오에서는 이 값이 −1이 된다).

PyTorch에서 NCE를 구현한 예제는 GitHub(*https://github.com/Stonesjtu/PyTorch-NCE/blob/master/nce/nce_loss.py*)에서 확인할 수 있다.

Word2Vec은 엄밀히 말하면 딥러닝 모델은 아니지만, 이 절에서는 여러 가지 이유로 이를 설명한다. 첫째, 이 모델은 많은 딥러닝 모델에 일반화할 수 있는 전략(컨텍스트를 사용하여 임베딩 찾기)을 상징적으로 보여준다. 9장에서 시퀀스 분석 모델에 대해 배우게 되면 이 전략이 문장을 임베딩하기 위한 skip-thought 벡터를 생성하는 데 사용되는 것을 보게 된다. 추가로 9장부터 언어 모델을 더 많이 다루게 될 텐데 이때 단어 표현할 때 원핫 벡터 대신 Word2Vec 임베딩을 사용하면 훨씬 더 우수한 결과를 얻을 수 있다.

이제 Skip-Gram 모델을 설계하는 방법과 그 중요성에 대해 이해했으니 PyTorch에서 구현을 시작해 보자.

8.9 Skip-Gram 아키텍처 구현

Skip-Gram 모델을 위한 데이터셋을 구축하기 위해 input_word_data.py에서 PyTorch Word2Vec 데이터 리더의 수정된 버전을 활용한다. 먼저 모델을 훈련하고 정기적으로 검사하기 위해 몇 가지 주요 파라미터를 설정한다. 특히 주목할 점은 32개의 예제 미니배치 크기를 사용하고 5개의 에포크(데이터셋 전체 통과)로 훈련한다는 점이다. 여기서는 128 크기의 임베딩을 사용한다. 각 타깃 단어의 왼쪽과 오른쪽에 5개 단어로 구성된 컨텍스트 윈도우를 사용하고 이 윈도우에서 4개의 컨텍스트 단어를 샘플링한다. 마지막으로, NICE를 위해 무작위로 선택된 컨텍스트 외부 단어 64개를 사용한다.

임베딩 레이어를 구현하는 것은 특별히 복잡하지 않다. 값의 행렬로 룩업 테이블을 초기화하기만 하면 된다.

```
vocab_size = 500
emb_vector_len = 128
embedding = nn.Embedding(num_embeddings = vocab_size,
                         embedding_dim = emb_vector_len)
```

PyTorch에는 현재 내장된 NCE 손실 함수가 없지만 인터넷에 몇 가지 구현이 있다. 한 가지 예는 info-nce-pytorch 라이브러리다.

```
pip install info-nce-pytorch
```

InfoNCE를 사용하여 각 훈련 예제에 대한 NCE 비용을 계산한 다음 미니배치의 모든 결과를 단일 측정값으로 묶는다.

```
loss = InfoNCE()
batch_size, embedding_size = 32, 128
query = embedding(outputs)
positive_key = embedding(targets)
output = loss(query, positive_key)
```

이제 목적 함수가 NCE 비용의 평균으로 표현되었으므로 평소와 같이 훈련 작업을 설정한다. 여기서는 미코로프 등의 연구 결과를 따라서 학습률이 0.1인 확률적 경사 하강을 사용한다.

```
optimizer = optim.SGD(embedding.parameters(),
                      lr = 0.1)
def train(inputs, targets, embedding):
  optimizer.zero_grad()
  input_emb = embedding(inputs)
  target_emb = embedding(targets)
  loss = loss_fn(input_emb, target_emb)
  loss.backward()
  optimizer.step()
  return loss
```

또한 검증 함수를 사용하여 모델을 정기적으로 검사한다. 이 검증 함수는 룩업 테이블의 임베딩을 정규화하고 코사인 유사도를 사용하여 어휘목록에서 검증 단어 셋과 다른 모든 단어 사이의 거리를 계산한다.

```
cosine_similarity = nn.CosineSimilarity()

def evaluate(inputs, targets, embedding):
  with torch.no_grad():
```

```
input_emb = embedding(inputs)
target_emb = embedding(targets)
norm = torch.sum(input_emb, dim=1)
normalized = input_emb/norm
score = cosine_similarity(normalized, target_emb)
return normalized, score
```

이러한 모든 구성 요소를 종합해서 마침내 Skip-Gram 모델을 실행할 준비가 되었다. 코드 부분은 앞서 모델을 구성한 방식과 매우 유사하기 때문에 생략하도록 한다. 유일한 차이점은 검사inspection 단계에서 추가 코드가 있다는 것이다. 1만 개의 단어로 구성된 어휘목록에서 가장 일반적인 500개의 단어 중 20개의 검증 단어를 무작위로 선택한다. 이들 단어 각각에 대해 앞서 구축한 코사인 유사도 함수를 사용하여 가장 가까운 이웃 단어를 찾는다.

```
n_epochs=1
for epoch in range(n_epochs):
  # 훈련
  running_loss = 0.0
  for inputs, targets in trainloader:
    loss = train(inputs, targets)
    running_loss += loss.item()
  writer.add_scalar('Train Loss',
                    running_loss/len(trainloader), epoch)

  # 검증
  running_score = 0.0
  for inputs, targets in valloader:
    _, score = evaluate(inputs, targets)
    running_score += score
  writer.add_scalar('Val Score',
                    running_score/len(valloader), epoch)
```

코드가 실행되기 시작하면 시간이 지남에 따라 모델이 어떻게 진화하는지 확인할 수 있다. 처음에는 모델이 임베딩을 제대로 수행하지 못한다(검사 단계에서 알 수 있듯이). 그러나 훈련이 완료될 무렵에는 모델이 개별 단어의 의미를 효과적으로 포착하는 표현을 다음과 같이 명확히 찾아냈다.

ancient: egyptian, cultures, mythology, civilization, etruscan, greek, classical, preserved

however: but, argued, necessarily, suggest, certainly, nor, believe, believed

type: typical, kind, subset, form, combination, single, description, meant

white: yellow, black, red, blue, colors, grey, bright, dark

system: operating, systems, unix, component, variant, versions, version, essentially

energy: kinetic, amount, heat, gravitational, nucleus, radiation, particles, transfer

world: ii, tournament, match, greatest, war, ever, championship, cold

y: z, x, n, p, f, variable, mathrm, sum,

line: lines, ball, straight, circle, facing, edge, goal, yards,

among: amongst, prominent, most, while, famous, particularly, argue, many

image: png, jpg, width, images, gallery, aloe, gif, angel

kingdom: states, turkey, britain, nations, islands, namely, ireland, rest

long: short, narrow, thousand, just, extended, span, length, shorter

through: into, passing, behind, capture, across, when, apart, goal

i: you, t, know, really, me, want, myself, we

source: essential, implementation, important, software, content, genetic, alcohol, application

because: thus, while, possibility, consequently, furthermore, but, certainly, moral

eight: six, seven, five, nine, one, four, three, b

french: spanish, jacques, pierre, dutch, italian, du, english, Belgian

written: translated, inspired, poetry, alphabet, hebrew, letters, words, read

완벽하지는 않지만 놀랍도록 의미 있는 클러스터가 학습되었다. 숫자, 국가, 문화를 나타내는 단어들이 서로 가깝게 모여 있다. 대명사 'I'는 다른 대명사들과 함께 모여 있다. 'world'라는 단어는 흥미롭게도 'championship'과 'war'에 모두 가깝다. 그리고 'written'이라는 단어는 'translated', 'poetry', 'alphabet', 'letters', 'words'와 유사한 것으로 나타난다.

마지막으로 [그림 8-21]에서 단어 임베딩을 시각화하면서 이 절을 마무리한다. 128차원 임베딩을 2차원 공간에 표시하기 위해 t-SNE라는 시각화 방법을 사용하겠다. 기억할지 모르겠지만, 7장에서도 ImageNet에서 이미지 간의 관계를 시각화할 때 t-SNE를 사용했다. t-SNE는 흔히 사용되는 머신러닝 라이브러리 scikit-learn에 내장 함수가 있기 때문에 매우 간단하게 사용할 수 있다.

다음 코드를 사용하여 시각화를 구성할 수 있다.

```python
tsne = TSNE(perplexity=30, n_components=2, init='pca',
            n_iter=5000)
plot_embeddings = np.asfarray(final_embeddings[:plot_num,:],
                              dtype='float')
low_dim_embs = tsne.fit_transform(plot_embeddings)
labels = [reverse_dictionary[i] for i in xrange(plot_only)]
data.plot_with_labels(low_dim_embs, labels)
```

[그림 8-21]에서 유사한 개념들이 이질적인 개념들보다 서로 더 가깝다는 것을 알 수 있는데, 이는 임베딩이 개별 단어의 기능과 정의에 대해 의미 있는 정보를 인코딩한다는 것을 나타낸다.

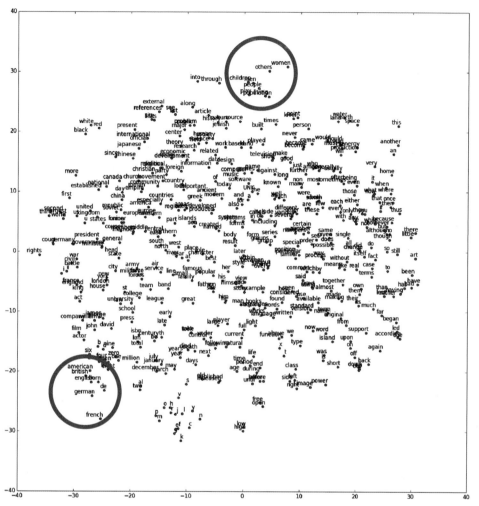

그림 8-21 t-SNE를 이용한 Skip-Gram 임베딩

워드 임베딩의 속성과 흥미로운 패턴(동사 시제, 국가 및 수도, 유추 완성 등)에 대한 자세한
내용은 미코로프 등이 발표한 원본 논문을 참조하라.

이론: PCA와 SVD

어떤 형태로든 응용 선형 대수를 수강한 적이 있다면 모든 선형대수학에서 가장 중요한 행렬 인수분해 중 하나인 SVD에 익숙할 것이다. SVD를 처음 접하는 사람을 위해(선형대수학에 대한 사전 지식이 있다고 가정하고) 먼저 SVD의 핵심 개념을 설명한 후 PCA와의 관계에 대해 알아보겠다.

SVD에 따르면 차원이 $m \times n$인 행렬 M은 차원이 m인 U, 차원이 m인 $U\Sigma V^\mathsf{T}$, 차원이 n인 V 를 사용하여 $U\Sigma V^\mathsf{T}$(여기서 T는 전치 연산을 나타냄) 형식으로 인수분해할 수 있다. 행렬 U와 V는 모두 직교 행렬$^{\text{orthogonal matrix}}$이다. 직교 행렬은 정규 직교 열 벡터$^{\text{orthonormal column vector}}$로 구성된 정사각형 행렬이다. 직교 행렬에 대한 중요한 사실은 전치^{transpose}도 직교 행렬이므로 분해를 할 때 V^T는 여전히 직교 행렬이라는 것이다. 또한 직교 행렬의 전치는 그 역이므로 $U^\mathsf{T}U = UU^\mathsf{T} = I_m$이고 $V^\mathsf{T}V = VV^\mathsf{T} = I_n$이다. Σ는 대각선을 따라 음이 아닌 항목만 있는 직사각형 대각 행렬로, 이를 M의 특이값이라고 한다. SVD 자체는 고유하지 않지만, 행렬의 특이값은 고유하다. x가 임의의 벡터인 Σx의 곱을 살펴보면, Σ가 대각선 행렬이기 때문에 Σ는 단순히 x의 각 차원에 대한 스케일링 계수 역할을 한다는 것을 알 수 있다(직사각형 대각선의 경우 높이가 0이면 차원을 더하고, 넓으면 차원을 제거한다).

직교 행렬에서 또 다른 중요하고 잠재적으로 더 명확하지 않은 속성은 곱해지는 모든 벡터의 길이 또는 L2 노름을 보존한다는 점이다(이 부분은 연습 문제로 남겨두겠다). 직교 행렬은 벡터의 방향만 변경할 수 있으므로 벡터에 대한 직교 행렬의 동작을 회전이라고 표현한다. 이러한 이유로 L2 노름과 같은 노름을 회전 불변$^{\text{rotationally invariant}}$이라고 한다. 이미 익숙한 직교 행렬의 한 가지 유명한 예는 항등 행렬 i다. 이 행렬은 모든 벡터를 자기 자신에 매핑하므로 이를 0의 회전으로 생각할 수 있다.

SVD를 보다 직관적으로 이해하기 위해 행렬-벡터 곱 Mx를 $U\Sigma V^\mathsf{T}x$로 분해했다고 가정해보겠다. 지금까지의 논의를 바탕으로 행렬 M이 x에 미치는 작용은 회전, 스케일링, 또 다른 회전으로 분해될 수 있다.

이제 SVD에 대해 직관적으로 이해했으니, 본문에서 제시한 PCA 알고리즘과 이를 다시 연결해 보겠다. 데이터 행렬 X가 있다고 가정한다. 이 행렬의 크기는 $d \times n$이며, 여기서 d는 데이터 포인트당 피처의 개수를 나타내고 n은 데이터 포인트의 개수를 나타낸다. 간단하게 하기 위해 X의 행이 z-점수 정규화되었다고 가정한다. PCA 알고리즘은 상관 행렬$^{\text{correlation matrix}}$ $\frac{1}{n}XX^\mathsf{T}$의 고윳값 분해^{eigendecomposition}를 취하는 것으로 축소할 수 있으며, 이를 PDP^T로 표현할 것이다. 고윳값 분해의 행렬 D는 대각 행렬이고, 행렬 P는 해당 고유 벡터를 열로 한 행렬이다. 일반적으로 행렬의 고윳값 분해는 $PDP^\top$처럼 보이지만 여기서는 상관 행렬이 대칭이므로 고유 벡터eigenvector가 직교한다(이 부분은 연습 문제로 남겨두겠다). 따라서 고유 벡터를 단위 길이로 정규화하면 P를 직교 행렬로 나타낼 수 있으며, 이 시점에서 역행렬과 전치가 동일해진다.

상관 행렬로 작업하는 대신 데이터 행렬로 먼저 작업을 시작하고, 그다음 상관 행렬로 넘어가겠다. 먼저 X를 $U\Sigma V^\top$로 표현한다. 이제 상관 행렬을 SVD의 구성 요소로 표현한다.

$$\frac{1}{n}XX^\top = \frac{1}{n}U\Sigma V^\top V\Sigma^\top U^\top$$
$$= \frac{1}{n}U\Sigma^2 U^\top$$

이미 상관 행렬의 고유 분해와 명백한 유사점을 보았다. U는 직교 행렬이고, 특이값 행렬의 제곱은 대각선 행렬이다(이 행렬은 모든 특이값의 제곱의 대각선 행렬일 뿐이다). 왼쪽 특이 벡터left singular vector라고도 하는 U의 열이 상관 행렬의 고유 벡터임을 알 수 있다. $\frac{1}{n}U\Sigma^2 U^\top$ 에 Ue_i를 곱한다고 상상해 보자. 여기서 e_i는 단일 열에 해당하는 색인에서 하나의 0을 제외한 모든 0의 벡터이다(Ue_i는 U의 i번째 열이다). 실제로는 잠재적으로 매우 큰 두 행렬의 곱인 상관 관계 행렬 계산 시 정밀도 문제로 인해 상관 관계 행렬의 고윳값 분해를 사용하는 것보다 데이터 행렬의 SVD를 사용하는 것이 이상적이다.

이제 SVD와 PCA가 어떻게 연결되는지에 대한 이해를 바탕으로 PCA가 어떻게 작동하는지, 왜 그렇게 작동하는지 이해하는 데 도움이 될 것이다. PCA는 데이터의 주요 특징을 잡아내는 데 매우 유용한 도구로, 데이터 차원을 줄이는 데 사용되기도 한다. 이 방법은 데이터의 분산이 최대가 되는 방향을 찾는다. 이 방향은 데이터의 주요 특징을 잡아낼 수 있는 방향이다.

또한, PCA는 상관 행렬의 고윳값 분해를 사용하기 때문에 데이터 행렬의 SVD를 이용하는 것이 계산상 이점을 가질 수 있다. 이는 데이터 행렬이 매우 크거나, 상관 관계 행렬을 직접 계산하는 것이 불가능하거나 비효율적인 경우에 특히 그렇다. 이 방법을 통해 PCA는 더 크고 복잡한 데이터셋에 적용될 수 있다.

요약

이 장에서는 표현 학습의 다양한 방법과 함께 오토인코더를 사용해 효과적인 차원 축소를 수행하는 방법을 살펴봤다. 또한 오토인코더에 유용한 속성들을 추가하는 디노이징과 희소성에 대해서도 알아봤다. 오토인코더를 살펴본 후에는 입력 컨텍스트가 입력 자체보다 더 많은 정보를 제공하는 경우를 대비한 표현 학습으로 관심을 돌렸다. Skip-Gram 모델을 사용하여 영어 단어에 대한 임베딩을 생성하는 방법을 배웠는데, 이는 언어 이해를 위한 딥러닝 모델을 살펴볼 때 유용할 것이다. 다음 장에서는 이 내용을 바탕으로 딥러닝을 사용해 언어 및 기타 시퀀스를 분석하는 방법을 알아보자.

## 9장

시퀀스 분석 모델

9.1 가변 길이 입력 분석

지금까지는 MNIST, CIFAR-10, ImageNet 이미지와 같이 고정 크기의 데이터만 다뤄보았다. 이 모델들은 매우 강력하지만 고정 길이$^{fixed-length}$ 모델로는 부족한 상황이 많다. 이를테면 조간신문을 읽거나 시리얼을 먹거나 라디오나 발표를 듣거나 주식을 거래하는 등 일상생활에서 일어나는 대부분의 상호작용에서는 시퀀스^{sequence}[1]라는 개념을 깊이 이해할 필요가 있다. 이같은 가변 길이$^{variable-length}$ 입력을 제대로 처리하려면 딥러닝 모델 설계 방식에 적절히 변화를 줄 필요가 있다.

[그림 9-1]을 참고하면 순방향 신경망에서 시퀀스를 처리할 때 어떤 문제가 발생하는지 살펴볼 수 있다. 시퀀스와 입력 레이어의 크기가 같으면 모델은 예상한 대로 작동한다. 그리고 입력 시퀀스의 크기가 입력 레이어보다 더 작은 경우에도 적절한 길이가 될 때까지 입력 시퀀스 끝에 0을 추가하면 처리할 수 있다. 그러나 입력 데이터의 크기가 입력 레이어의 크기를 초과하는 순간, 순방향 신경망은 제대로 동작하지 않는다.

순방향 신경망은 고정 크기 입력일 때 잘 동작한다. 제로 패딩을 수행하면 입력 레이어보다 더 작은 입력 데이터도 처리할 수 있지만, 입력 데이터가 고정 입력 크기를 초과하면 모델에 문제가 생긴다.

---

1   옮긴이 1_ 데이터 요소들이 순서대로 나열된 구조를 의미한다.

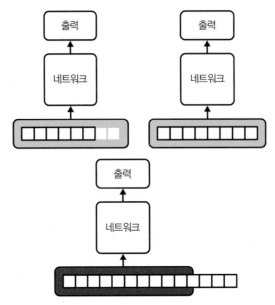

그림 9-1 문제가 생긴 순방향 신경망

하지만 이 시점에서 할 수 있는 것이 전혀 없지는 않다. 다음 절에서는 시퀀스 처리를 위해 순방향 신경망을 해킹하는 몇 가지 방법을 살펴볼 것이다. 그리고 후반부에는 이러한 해킹의 한계를 분석하고 이를 해결하는 새로운 아키텍처를 논의할 예정이다. 마지막으로 가장 어려운 도전 과제인 시퀀스에 대한 인간 수준의 논리적 추론과 인지 모방에 있어 현재까지 가장 발전된 아키텍처를 논의하면서 이 장을 마무리한다.

9.2 신경망 N-Gram으로 seq2seq 처리

이 절에서는 텍스트 본문을 처리하고 품사part-of-speech(POS) 태그 시퀀스를 생성하는 순방향 신경망 아키텍처를 살펴본다. 다시 말해 입력 텍스트의 각 단어에 명사, 동사, 전치사 등 적절한 레이블을 붙이려는 것이다. 예제는 [그림 9-2]에 나와 있다. 순방향 신경망 아키텍처가 이야기를 읽고 질문에 답하는 AI를 구축하는 것만큼 복잡하지는 않지만, 문장에서 단어가 사용되는 방식과 그 의미를 이해하는 알고리즘 개발에 도움이 되는 확실한 첫 단계이다. 이 문제는 입력 시퀀스를 그에 해당하는 출력 시퀀스로 변환하는 seq2seq라는 문제 유형의 중요한 예시이기도하다. 다른 유명한 seq2seq 문제로는 언어 간 텍스트 번역(이 장의 뒷부분에서 다룬다), 텍스트 요약, 음성-텍스트 변환 등이 있다.

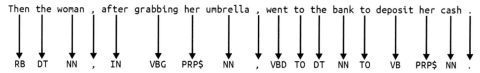

그림 9-2 영어 문장의 정확한 품사 파싱 예시

앞서 설명했듯이 텍스트 본문 전체를 한번에 가져와서 품사 태그 전체 시퀀스를 예측하는 방법은 명확하지 않다. 대신 이전 장에서 단어의 분산 벡터 표현(단어 임베딩)을 개발했던 방식과 유사한 기법을 활용해 본다. 여기서 중요한 점은 특정 단어의 품사를 예측하기 위해 장기 의존성long-term dependency[2]을 고려할 필요가 없다는 것이다.

이것이 뜻하는 바는 전체 시퀀스를 사용하여 모든 품사 태그를 동시에 예측하는 대신, 고정 길이 서브시퀀스subsequence를 사용하여 각 품사 태그를 한 번에 하나씩 예측할 수 있다는 것이다. 구체적으로는 특정 관심 단어에서 시작하여 뒤로 n개 단어까지 확장하는 서브시퀀스를 활용한다. 이 신경망 n-gram[3] 방식은 [그림 9-3]에 설명되어 있다.

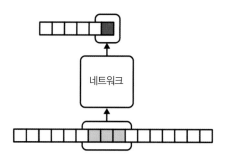

그림 9-3 장기 의존성을 무시할 수 있는 경우 순방향 신경망을 사용하여 seq2seq를 수행한다.

---

2   옮긴이 1_ 시퀀스 내에서 서로 먼 거리에 위치한 정보들이 서로 영향을 주는 것. 예를 들어 문장의 처음 단어가 문장의 마지막 단어의 의미나 역할에 영향을 줄 수 있다.

3   옮긴이 1_ 연속적인 데이터 요소가 N개 있는 시퀀스

좀 더 자세히 설명하면, 입력 데이터에서 i번째 단어의 품사 태그를 예측할 때 $i - n + 1$번째, $i - n + 2$번째, $\ldots$, i번째 단어의 집합을 해당 입력으로 사용한다. 이 서브시퀀스를 **컨텍스트 윈도우**^{context window}라고 한다. 전체 텍스트를 처리하기 위해 먼저 신경망을 텍스트의 시작 부분에 배치한다. 그런 다음 입력의 마지막 부분에 도달할 때까지 신경망의 컨텍스트 윈도우를 한 번에 한 단어씩 이동하면서 컨텍스트 윈도우에서 가장 오른쪽에 위치한 단어의 품사 태그를 예측한다.

지난 장에서 배운 단어 임베딩 전략을 활용하여 원핫 벡터 대신 단어의 압축 표현^{condensed representation}을 사용해 보자. 이를 통해 모델 파라미터 수를 줄이고 학습 속도를 높일 수 있다.

9.3 품사 태거 구현

이제 품사 신경망 아키텍처를 충분히 이해했으니 지금부터는 구현 방법을 자세히 살펴본다. 상위 수준에서 볼 때, 신경망은 3-gram 컨텍스트 윈도우를 활용하는 입력 레이어로 구성된다. 여기서는 300차원 단어 임베딩을 사용하므로 컨텍스트 윈도우 크기는 900이 된다. 순방향 신경망에는 512개 뉴런 크기와 256개 뉴런 크기의 2개 은닉 레이어가 있다. 그러면 출력 레이어는 총 44개의 품사 태그 공간에 대한 품사 태그 출력 확률 분포^{probability distribution}를 계산하는 소프트맥스^{softmax}가 된다. 평소와 같이 하이퍼파라미터 설정 기본값^{default}과 Adam 옵티마이저를 적용하고, 총 1,000회의 에포크로 훈련하며 규제화를 위해 배치 정규화를 활용한다.

실제 신경망은 이전에 구현했던 신경망과 매우 유사하다. 오히려 품사 태거^{tagger}를 구축할 때 까다로운 부분은 데이터셋을 준비하는 것이다. 여기서는 Google News(*https://oreil.ly/Rsu9A*)에서 사전 훈련된 단어 임베딩을 받아서 이용한다. 해당 단어 임베딩에는 1,000억 개 단어 수준의 텍스트로 훈련된 300만 개의 단어와 구문^{phrase} 벡터가 포함되어 있다. 파이썬 gensim 패키지를 사용해서 해당 데이터셋을 읽어들일 수 있다. Google Colab에는 이미 gensim이 설치되어 있다. Google Colab 이외의 다른 시스템을 사용하는 경우 **pip**를 사용하여 gensim 패키지를 설치한다. 이후에 Google News 데이터 파일을 다운로드 한다.

```
$ pip install gensim
$ wget https://s3.amazonaws.com/dl4j-distribution/
```

```
GoogleNews-vectors-negative300.bin.gz -O googlenews.bin.gz
```

그리고 다음 명령을 사용하여 이 벡터 데이터를 메모리에 로드한다.

```
from gensim.models import KeyedVectors

model = KeyedVectors.load_word2vec_format('./googlenews.bin.gz',
    binary=True)
```

이 작업을 수행할 때 문제는 로딩 속도가 무척 느리다는 것이다(컴퓨터 사양에 따라 최대 1시간까지도 걸릴 수 있다). 특히 코드를 디버깅하거나 다양한 하이퍼파라미터를 실험할 때 프로그램 실행할 때마다 전체 데이터셋을 메모리에 로드하지 않기 위해 LevelDB(*http://leveldb.org/*)라는 경량 데이터베이스를 사용하여 전체 벡터 데이터 중 필요한 부분셋^{subset}만을 디스크에 캐시한다. 다음 명령을 사용해서 파이썬과 LevelDB 인스턴스가 상호 작용하도록 만드는 파이썬 바인딩을 설치한다.

```
$ pip install leveldb
```

앞서 언급했듯이 이제 로딩이 끝난 gensim 모델에는 300만 개의 단어가 포함되어 있다. 이는 실제 사용할 품사 데이터셋보다 훨씬 크다. 효율성을 위해 품사 데이터셋 관련 단어 벡터를 선택적으로 캐시하고 나머지는 모두 버릴 것이다. 어떤 단어를 캐시해서 사용할지 정하기 위해 CoNLL−2000 task(*https://oreil.ly/8qJeZ*) 페이지에서 품사 데이터셋을 다운로드한다.

```
$ wget http://www.cnts.ua.ac.be/conll2000/chunking/train.txt.gz
    -O - | gunzip |192 |
    cut -f1,2 -d" " > pos.train.txt

$ wget http://www.cnts.ua.ac.be/conll2000/chunking/test.txt.gz
    -O - | gunzip |
    cut -f1,2 -d " " > pos.test.txt
```

품사 데이터셋에는 일련의 행들로 구성된 텍스트가 있다. 각 행에서 첫 번째 요소는 단어고, 두 번째 요소는 해당 단어의 품사다. 다음은 품사 훈련 데이터셋의 앞부분 몇 줄이다.

```
Confidence NN
in IN
the DT
pound NN
is VBZ
widely RB
expected VBN
to TO
take VB
another DT
sharp JJ
dive NN
if IN
trade NN
figures NNS
for IN
September NNP
, ,
due JJ
for IN
release NN
tomorrow NN
...
```

품사 데이터셋의 서식을 gensim 모델에 맞추려면 몇 가지 전처리 작업이 필요하다. 예를 들어, gensim 모델에서는 숫자를 '#' 문자로 바꿔서 사용하고, 적절한 경우 개별 단어를 하나의 엔터티entity로 결합하며(**예** 'New_York'를 두 개의 개별 단어 대신 하나의 토큰token으로 간주), 미가공 데이터에서 대시 문자를 밑줄 문자로 대체하여 표시한다. 다음 코드를 사용하여 gensim 모델 스키마schema에 맞게 품사 데이터셋에 전처리 작업을 수행한다.

```python
def create_pos_dataset(filein, fileout):
    dataset = []
    with open(filein) as f:
        dataset_raw = f.readlines()
        dataset_raw = [e.split() for e in dataset_raw if len(e.split()) > 0]
        counter = 0
        while counter < len(dataset_raw):
            pair = dataset_raw[counter]
            if counter < len(dataset_raw) - 1:
                next_pair = dataset_raw[counter + 1]
```

```
            if (pair[0] + "_" + next_pair[0] in model) and (pair[1] == next_pair[1]):
              dataset.append([pair[0] + "_" + next_pair[0], pair[1]])
              counter += 2
              continue
            word = re.sub("\d", "#", pair[0])
            word = re.sub("-", "_", word)
            if word in model:
              dataset.append([word, pair[1]])
              counter += 1
              continue
            if "_" in word:
              subwords = word.split("_")
              for subword in subwords:
                if not (subword.isspace() or len(subword) == 0):
                  dataset.append([subword, pair[1]])
              counter += 1
              continue
            dataset.append([word, pair[1]])
            counter += 1
    with open(fileout, 'w') as processed_file:
      for item in dataset:
        processed_file.write("%s\n" % (item[0] + " " + item[1]))
    return dataset

  train_pos_dataset = create_pos_dataset('./pos.train.txt', './pos.train.processed.txt')
  test_pos_dataset = create_pos_dataset('./pos.test.txt', './pos.test.processed.txt')
```

품사 데이터셋에 전처리 작업을 수행했으므로 이제 LevelDB에 단어 데이터를 로드할 수 있다. 특정 단어나 구문이 gensim 모델에 있다면, 이를 LevelDB 인스턴스에 캐시할 수 있다. gensim 모델에 해당 단어나 구문이 없다면 해당 토큰을 표현할 벡터를 무작위로 선택해서 캐시하고 나중에 같은 단어나 문구를 다시 만날 때 이전과 동일한 벡터를 사용하도록 한다.

```
import leveldb

db = leveldb.LevelDB("./word2vecdb")
counter = 0
dataset_vocab = {}
tags_to_index = {}
index_to_tags = {}
```

```
index = 0

for pair in train_pos_dataset + test_pos_dataset:
  if pair[0] not in dataset_vocab:
    dataset_vocab[pair[0]] = index
    index += 1
  if pair[1] not in tags_to_index:
    tags_to_index[pair[1]] = counter
    index_to_tags[counter] = pair[1]
    counter += 1

nonmodel_cache = {}
counter = 1
total = len(dataset_vocab.keys())

for word in dataset_vocab:
  if word in model:
    db.Put(bytes(word,'utf-8'), model[word])
  elif word in nonmodel_cache:
    db.Put(bytes(word,'utf-8'), nonmodel_cache[word])
  else:
    #print(word)
    nonmodel_cache[word] = np.random.uniform(-0.25, 0.25, 300).astype(np.float32)
    db.Put(bytes(word,'utf-8'), nonmodel_cache[word])
  counter += 1
```

스크립트를 처음 실행하고 나면, 데이터베이스가 이미 존재하는 경우 바로 다음 코드와 같이 데이터를 로드할 수 있다.

```
db = leveldb.LevelDB("./word2vecdb")

x = db.Get(bytes('Confidence','utf-8'))
print(np.frombuffer(x,dtype='float32').shape)
# out: (300,)
```

다음으로, 훈련 데이터셋과 테스트 데이터셋에 대한 데이터셋 객체를 구축하여 훈련 목적과 테스트 목적의 미니배치를 생성하는 데 사용한다. 이때 데이터셋 객체를 구축하려면 LevelDB db, dataset, 품사 태그를 출력 벡터의 색인에 매핑하는 딕셔너리 tags_to_index, 미니배치를 가져올 때 기본값으로 전체셋을 가져올지 여부를 결정하는 부울 플래그[boolean flag] get_all에 접근할 필요가 있다.

```python
from torch.utils.data import Dataset
from torch.utils.data import DataLoader

class NgramPOSDataset(Dataset):
  def __init__(self, db, dataset, tags_to_index, n_grams):
    super(NgramPOSDataset, self).__init__()
    self.db = db
    self.dataset = dataset
    self.tags_to_index = tags_to_index
    self.n_grams = n_grams

  def __getitem__(self, index):
    ngram_vector = np.array([])
    for ngram_index in range(index, index + self.n_grams):
      word, _ = self.dataset[ngram_index]
      vector_bytes = self.db.Get(bytes(word, 'utf-8'))
      vector = np.frombuffer(vector_bytes, dtype='float32')
      ngram_vector = np.append(ngram_vector, vector)
      _, tag = self.dataset[index + int(np.floor(self.n_grams/2))]
      label = self.tags_to_index[tag]
    return torch.tensor(ngram_vector, dtype=torch.float32), label

  def __len__(self):
    return (len(self.dataset) - self.n_grams + 1)

trainset = NgramPOSDataset(db, train_pos_dataset, tags_to_index, 3)
trainloader = DataLoader(trainset, batch_size=4, shuffle=True)
```

마지막으로, 이전 장들에서의 접근 방식과 유사하게 순방향 신경망을 설계한다. 해당 코드에 대한 설명은 생략하고 대신 이 책의 리포지토리(*https://github.com/darksigma/Fundamentals-of-Deep-Learning-Book*)에 있는 *Ch09_01_POS_Tagger.ipynb* 파일을 참조한다.

에포크마다 'The woman, after grabbing her umbrella, went to the bank to deposit her cash.' 문장을 파싱하여 모델을 수동으로 검사한다. 이 알고리즘을 이용하면 100회의 에포크를 수행하며 훈련한 후 96% 이상의 정확도를 달성하고 검증용 문장을 거의 완벽하게 파싱한다('her'라는 단어가 처음 등장할 때 소유 대명사와 인칭 대명사 태그를 혼동하는 그럴법한 실수를 하긴 한다). [그림 9-4]에서 텐서보드로 이 모델의 성능을 시각화하여 보여주는 것으로 마무리한다.

품사 태깅 모델을 다뤄 보는 것이 좋은 연습이었지만, 대부분 이전 장들에서 배운 개념을 반복하는 것에 그쳤다. 이 장의 나머지 부분에서는 훨씬 더 복잡한 시퀀스 관련 학습 작업을 다뤄볼 것이다. 이렇듯 더 어려운 문제를 해결하기 위해서는 완전히 새로운 개념을 이해하고, 새로운 아키텍처를 개발하며, 현대 딥러닝 연구의 최첨단 기술을 탐구해야 한다. 다음 절에서는 의존성 파싱 문제를 다뤄 보도록 한다.

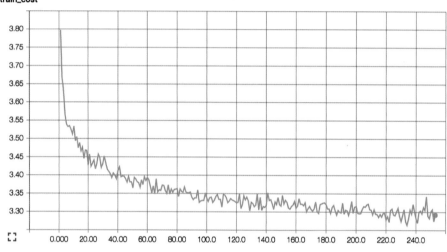

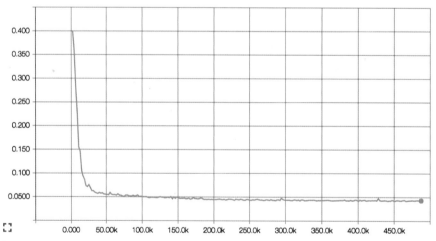

그림 9-4 순방향 품사 태깅 모델의 텐서보드 시각화

9.4 의존성 파싱과 SyntaxNet

품사 태깅 작업을 해결하는 데 사용한 프레임워크는 다소 단순하다. 때로는 문제의 복잡성이 증가함에 따라 seq2seq 문제를 해결하는 방법에 대해 훨씬 더 창의적으로 접근할 필요가 있다. 이 절에서는 창의적인 데이터 구조를 사용하여 까다로운 seq2seq 문제를 해결하는 전략을 모색해 보고, 대표적인 예로 의존성 파싱^{dependency parsing} 문제를 살펴본다.

의존성 파싱 트리를 구축하는 핵심 개념은 문장에서 단어 간의 관계를 매핑하는 것이다. 예를 들어 [그림 9–5]의 의존성을 생각해 보자. 'I'와 'taxi'라는 단어는 'took'라는 단어의 자식으로, 각각 'took' 동사의 주어와 직접 목적어로 사용된다.

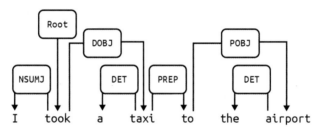

그림 9-5 문장에서 단어 간의 관계 트리를 생성하는 의존성 파싱의 예

트리 구조를 시퀀스로 표현하는 한 가지 방법은 트리를 선형화하는 것이다. [그림 9–6]의 예를 살펴보자. 기본적으로 루트 R과 자식 A(엣지 r_a로 연결), B(엣지 r_b로 연결), C(엣지 r_c로 연결)가 있는 그래프가 있다면 (R, r_a, A, r_b, B, r_c, C)로 선형화하여 표현할 수 있다. 심지어 더 복잡한 그래프도 가능하다. 예를 들어, 노드 B에 D(엣지 b_d로 연결)와 E(엣지 b_e로 연결)라는 이름의 자식이 두 개 더 있다고 가정해 보자. 이 새로운 그래프는 (R, r_a, A, r_b, [B, b_d, D, b_e, E], r_c, C)로 나타낼 수 있다.

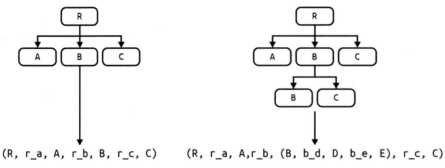

(R, r_a, A, r_b, B, r_c, C)   (R, r_a, A,r_b, (B, b_d, D, b_e, E), r_c, C)

그림 9-6 두 가지 예제 트리를 선형화한다(다이어그램에서는 시각적 명확성을 위해 엣지 레이블을 생략).

이 패러다임을 사용하면 [그림 9-7]과 같이 예제 의존성 파싱을 가져와 선형화할 수 있다.

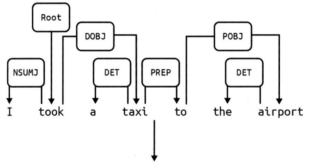

(took, NSUBJ, I, DOBJ, (taxi,DET, a, PREP, (to, POBJ, (airport, DET, the))))

그림 9-7 의존성 파싱 트리 예제의 선형화

seq2seq 문제를 해석하는 한 가지 방법은 입력 문장을 읽고 입력 의존성 파싱의 선형화를 나타내는 출력으로 토큰 시퀀스를 생성하는 것이다. 그러나 단어와 해당 품사 태그 사이에 명확한 일대일 매핑이 있었던 이전 절의 전략을 어떻게 여기에 적용할지는 명확하지 않다. 더구나 이전 절에서는 품사 태그에 대한 결정을 주변 컨텍스트를 살펴봄으로써 쉽게 내릴 수 있었다. 의존성 파싱의 경우, 문장에서 단어가 정렬되는 방식과 선형화에서 토큰이 정렬되는 방식 사이에 명확한 관계가 없다. 또한 의존성 파싱은 상당수의 단어에 걸쳐 있는 가장자리를 식별하는 작업을 수행해야 하는 것처럼 보인다. 따라서 언뜻 보기에 이 설정은 장기 의존성을 고려할 필요가 없다는 가정을 직접적으로 위반하는 것처럼 보인다.

문제를 더 쉽게 풀기 위해 의존성 파싱 작업을 올바른 의존성 파싱을 생성하는 유효한 '액션'의 시퀀스를 찾는 것으로 다시 생각해 보자. 아크 표준[arc-standard] 시스템으로 알려진 이 기법은 2004년에 니브르[Nivre]가 처음 설명했으며, 이후 2014년에 첸[Chen]과 매닝[Manning]이 신경망 맥락에서 활용했다.[4] 아크 표준 시스템에서는 [그림 9-8]과 같이 문장의 처음 두 단어를 스택에 넣고 나머지 단어는 버퍼에 유지하는 것으로 시작한다.

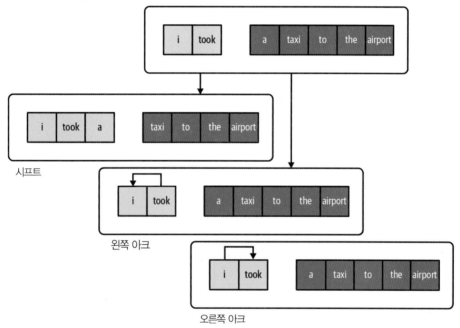

그림 9-8 아크 표준 시스템의 세 가지 옵션. 버퍼에서 스택으로 단어 시프트, 오른쪽 요소에서 왼쪽 요소로 아크 그리기 (왼쪽 아크), 왼쪽 요소에서 오른쪽 요소로 아크 그리기(오른쪽 아크)

어느 단계에서든 세 가지 작업 중 하나를 수행할 수 있다.

시프트[shift]

단어를 버퍼에서 앞쪽 스택으로 시프트[shift]한다.

4   Nivre, Joakim. "Incrementality in Deterministic Dependency Parsing." *Proceedings of the Workshop on Incremental Parsing: Bringing Engineering and Cognition Together*. Association for Computational Linguistics, 2004; Chen, Danqi, and Christopher D. Manning. "A Fast and Accurate Dependency Parser Using Neural Networks." EMNLP. 2014.

왼쪽 아크 Left arc

앞쪽 스택의 두 요소를 단일 단위로 결합한다. 여기서 오른쪽 요소의 루트root는 부모 노드이고 왼쪽 요소의 루트는 자식 노드이다.

오른쪽 아크 Right arc

앞쪽 스택의 두 요소를 단일 단위로 결합한다. 여기서 왼쪽 요소의 루트가 부모 노드이고 오른쪽 요소의 루트는 자식 노드이다.

시프트를 수행하는 방법은 한 가지뿐이지만, 아크 동작은 생성된 연결선에 할당된 의존성 레이블에 따라 다양한 종류로 나뉜다. 따라서 이 절에서는 각 결정을 수십 개의 액션이 아니라 세 가지 액션 중에서 선택하는 것으로 간주하여 논의와 그림을 단순화하겠다.

버퍼가 비어 있고 스택에 하나의 요소가 있으면(전체 의존성 파싱을 나타내는) 이 프로세스를 종료한다. 이 프로세스를 전체적으로 설명하기 위해 [그림 9-9]에서 예제 입력 문장에 대한 의존성 파싱을 생성하는 작업 시퀀스를 설명한다.

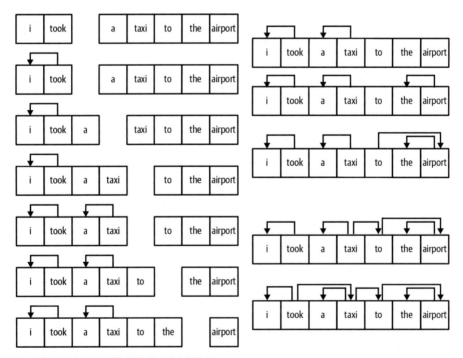

그림 9-9 올바른 의존성 파싱을 생성하는 일련의 동작

이 의사 결정 프레임워크를 학습 문제로 재구성하는 것은 그리 어렵지 않다. 모든 단계에서 현재 설정을 취하고, 설정을 설명하는 수많은 특징(스택/버퍼의 특정 위치에 있는 단어, 해당 위치에 있는 단어의 특정 하위 단어, 품사 태그 등)을 추출하여 벡터화한다. 훈련하는 동안 이 벡터를 순방향 신경망에 입력하고 다음 작업에 대한 예측을 인간 언어학자가 내린 이상적인 gold-standard 결정과 비교할 수 있다. 이 모델을 실제로 사용하려면 신경망에서 권장하는 조치를 취하여 설정에 적용하고 이 새로운 설정을 다음 단계(피처 추출, 조치 예측, 조치 적용)의 시작점으로 사용할 수 있다. 이 과정은 [그림 9-10]에 나와 있다.

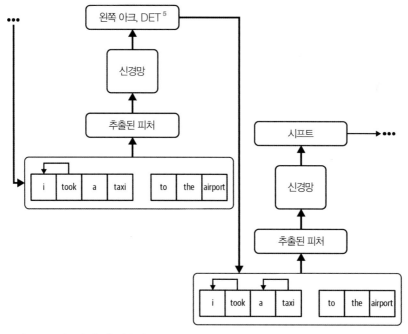

그림 9-10 아크 표준 의존성 파싱을 위한 신경망 프레임워크

이러한 아이디어를 종합하면 의존성 파싱을 위한 최첨단 오픈 소스 구현인 Google Syntax Net의 핵심이 된다. 구현의 핵심적인 측면을 자세히 설명하는 것은 이 책의 범위를 벗어나므로 이 책이 출판된 시점에 공개된 영어 파서Parser인 Parsey McParseface의 구현이 포함된 오픈 소스 리포지토리[6]를 참고하기를 바란다.

---

5   옮긴이 1_ 관사, DET(Determiner)
6   https://oreil.ly/UT1ga

9.5 빔 서치와 전역 정규화

이전 절에서는 SyntaxNet을 실제로 배포하기 위한 단순한 전략을 설명했다. 앞서 설명한 전략은 순전히 그리디^{greedy} 방식이었다. 즉, 초기 실수로 인해 코너에 몰릴 수 있는 가능성을 염두에 두지 않고 가장 높은 확률을 가진 예측을 선택했다. 품사의 예에서 잘못된 예측을 하는 것은 대체로 중요하지 않았다. 각 예측이 순수하게 독립적인 부분 문제^{sub problem}로 간주될 수 있기 때문이다 (주어진 예측의 결과가 다음 단계의 입력에 영향을 미치지 않음).

n 단계에서의 예측은 $n+1$ 단계에서 사용하는 입력에 영향을 미치기 때문에 SyntaxNet에서는 이 가정이 더 이상 유효하지 않다. 이는 앞에서 저지르는 모든 실수가 이후의 모든 결정에 영향을 미친다는 것을 의미한다. 게다가 실수가 명백해졌을 때 다시 되돌아가서 수정할 수도 없다.

해석이 모호한 문장^{Garden path sentences}은 이것이 중요한 극단적인 사례이다. 다음 문장을 살펴보자.

'The complex houses married and single soldiers and their families.'

언뜻 보기에 혼란스럽다. 대부분 사람은 'complex'를 형용사로, 'houses'를 명사로, 'married'를 과거 시제 동사로 해석한다. 하지만 이는 의미가 거의 없으며 문장의 나머지 부분을 읽으면서 의미가 깨지기 시작한다. 'complex'는 'military complex'에서처럼 명사이고 'houses'는 동사라는 것을 알게 된다. 즉, 이 문장은 군인 주택 단지에 군인(독신 또는 기혼일 수 있는)과 그 가족이 거주하고 있음을 암시한다. 그리디 SyntaxNet 버전은 'complex'를 'houses'를 꾸며주는 형용사로 간주하는 초기 파싱 실수를 수정하지 못하여 전체 문장 관점에서 실패할 것이다.

이러한 단점을 해결하기 위해 [그림 9-11]에 설명된 빔 서치^{beam search}라는 전략을 사용해 본다. 빔 서치는 특정 스텝에서 신경망의 출력이 다음 스텝에 사용되는 입력에 영향을 미치는 SyntaxNet과 같은 상황에서 일반적으로 활용된다. 빔 서치의 기본 아이디어는 각 단계에서 가장 가능성이 높은 예측을 그리디 방식으로 선택하는 대신, 처음 k개의 액션 시퀀스와 관련 확률에 대해 가장 가능성이 높은 가설의 빔(고정 빔 크기 b까지)을 유지한다는 것이다. 빔 서치는 확장^{expansion}과 가지치기^{pruning}의 두 가지 주요 단계로 나눌 수 있다.

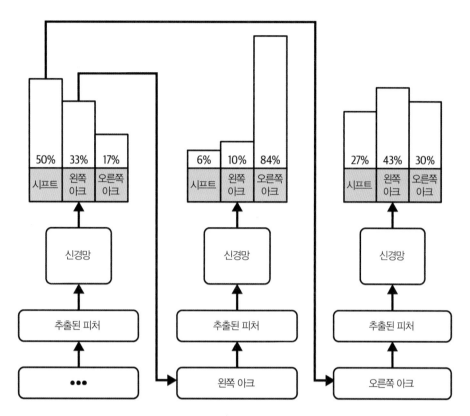

초기 상태		확장		가지치기		확장		가지치기	
⋯	100%	시프트	50%	시프트	50%	시프트, 시프트	13.5%	왼쪽 아크, 오른쪽 아크	27.7%
		왼쪽 아크	33%	왼쪽 아크	33%	시프트, 왼쪽 아크	21.5%	시프트, 왼쪽 아크	21.5%
		오른쪽 아크	17%			시프트, 오른쪽 아크	15%		
						왼쪽 아크, 시프트	2%		
						왼쪽 아크, 왼쪽 아크	3.3%		
						왼쪽 아크, 오른쪽 아크	27.7%		

그림 9-11 훈련된 SyntaxNet 모델을 배포하는 동안 빔 서치(빔 크기 2)을 사용

확장 단계에서는 각 가설을 SyntaxNet에 입력할 수 있다고 간주한다. SyntaxNet이 총 액션이 |A|개인 공간에 대한 확률 분포를 산출한다고 가정한 다음 첫 번째 $k+1$ 액션의 시퀀스에 대해 가능한 가설 $b\,|A|$ 각각에 대한 확률을 계산한다. 그런 다음 가지치기 단계에서는 총 |A|개의 옵션 중 확률이 가장 큰 $b\,|A|$개의 가설만 유지한다. [그림 9-11]에서 볼 수 있듯이 빔 서치는 SyntaxNet이 문장의 후반부에 더 유익한 것으로 판명될 가능성이 낮은 가설을 초반에 처리

함으로써 잘못된 예측을 나중에 수정할 수 있도록 해준다. 예시를 좀 더 자세히 살펴보자. 만일 그리디 접근 방식을 사용한다고 하면 올바른 이동 순서를 시프트 다음에 왼쪽 아크로 제안했을 것이다. 그러나 실제로는 왼쪽 아크 다음에 오른쪽 아크를 사용하는 것이 가장 좋은(확률이 가장 높은) 옵션이었을 것이다. 빔 크기 2로 빔 서치를 수행하면 이렇게 확률이 가장 높은 옵션을 찾아낼 수 있다.

정식 오픈 소스 버전에서는 여기서 한 걸음 더 나아가 신경망 훈련 프로세스에 빔 서치 개념을 도입하고자 한다. 2016년에 안도^{Andor} 등이 설명한 바와 같이[7] 이러한 전역 정규화^{global} ^{normalization} 프로세스는 이론적 측면에서 강력한 보장과 함께 실질적으로 지역 정규화^{local} ^{normalization}에 비해 뚜렷한 성능 향상을 제공한다. 지역 정규화된 신경망에서는 신경망이 주어진 설정에 대해 최선의 액션을 선택하는 임무를 수행한다. 신경망에서는 소프트맥스 레이어를 사용하여 정규화된 점수를 출력한다. 이는 지금까지 수행된 액션이 주어졌을 때 가능한 모든 액션에 대한 확률 분포를 모델링하기 위한 것이다. 여기서 손실 함수는 확률 분포를 이상적인 출력(즉, 올바른 액션에 대한 확률 1, 다른 모든 액션에 대한 확률 0)으로 만든다. 교차 엔트로피$^{cross-entropy}$ 손실은 이를 위해 놀라운 일을 한다.

전역 정규화된 신경망에서는 점수에 대한 해석이 약간 달라진다. 점수를 소프트맥스에 넣어 액션별 확률 분포를 생성하는 대신, 가설 액션 시퀀스에 대한 모든 점수를 합산한다. 올바른 가설 시퀀스를 선택하는 한 가지 방법은 가능한 모든 가설에 대해 이 합계를 계산한 다음 소프트맥스 레이어를 적용하여 확률 분포를 생성하는 것이다. 이론적으로는 지역 정규화 신경망에서 사용한 것과 동일한 교차 엔트로피 손실 함수를 사용할 수 있다. 그러나 이 전략의 문제점은 가능한 가설 시퀀스의 수가 지나치게 많다는 것이다. 평균 문장 길이가 10이고 보수적으로 총 15개의 가능한 액션(1개의 시프트와 좌우 아크 각각에 7개의 레이블)을 고려하더라도 이는 1조 개의 가능한 가설에 해당한다.

이 문제를 풀기 쉽게 만들기 위해 [그림 9-12]와 같이 문장의 끝에 도달하거나 올바른 액션 시퀀스가 더 이상 빔에 포함되지 않을 때까지 고정된 빔 크기를 가진 빔 서치를 적용한다. 그런 다음 이상적인 액션 시퀀스(그림 9-12에서 파란색 표시)의 점수를 다른 가설들에 비해 최대화하여 빔에서 해당 시퀀스의 우선 순위를 가능한 한 높게 만드는 손실 함수를 구축한다. 여기

7 Andor, Daniel, et al. "Globally Normalized Transition-Based Neural Networks." *arXiv preprint arXiv*:1603.06042 (2016).

서는 이 손실 함수를 구성하는 방법을 자세히 설명하지 않으니 2016년에 안도 등이 작성한 논문[8]을 참조하기 바란다. 이 논문에서는 전역 정규화와 빔 서치를 사용하여 정확도를 크게 향상시킬 수 있는 복잡한 품사 태거에 대해서도 설명한다.

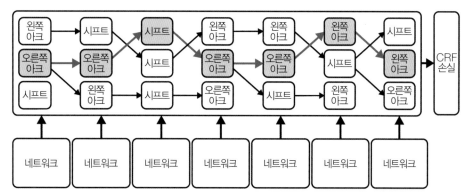

그림 9-12 훈련과 빔 서치를 결합하면 SyntaxNet에서 전역 정규화를 다루기 쉽게 만들 수 있다.

9.6 스테이트풀 딥러닝 모델 사례

순방향 신경망을 시퀀스 분석에 적용하기 위한 몇 가지 기법을 살펴봤지만, 아직까지 시퀀스 분석에 대한 완벽한 솔루션을 찾지 못했다. 품사 태거 예제에서는 장기 의존성을 무시할 수 있다는 명시적인 가정을 세웠다. 빔 서치와 전역 정규화 개념을 도입하여 이 가정이 가진 몇 가지 한계를 극복할 수 있었지만, 여전히 문제 공간은 입력 시퀀스 요소와 출력 시퀀스 요소 사이에 일대일 매핑이 있는 상황으로 제한되어 있었다. 예를 들어 의존성 파싱 모델에서도 파싱 트리와 아크 표준 액션을 구성하면서 입력 설정 시퀀스 간의 일대일 매핑을 찾아내기 위해 문제를 재정립해야 했다.

그러나 때로는 입력과 출력 시퀀스 간의 일대일 매핑을 찾는 것보다 훨씬 더 복잡한 작업이 필요하다. 예를 들어, 전체 입력 시퀀스를 한번에 소비한 다음 전체 입력의 감정이 긍정적인지 부정적인지 결론을 내리는 모델을 개발하고자 할 수 있다. 이 장의 뒷부분에서 이 작업을 수행할 수 있는 간단한 모델을 구축해 보겠다. 이미지와 같은 복잡한 입력을 소비하고 입력을 설명하

---

8 Andor, Daniel, et al. "Globally Normalized Transition-Based Neural Networks." *arXiv preprint arXiv*:1603.06042 (2016).

는 문장을 한 단어씩 생성하는 알고리즘이 필요할 수 있다. 어쩌면 한 언어에서 다른 언어로 문장을 번역하고 싶을 수도 있다(**예** 영어에서 프랑스어로). 이러한 모든 경우에서 입력 토큰과 출력 토큰 사이에는 명확한 매핑이 없다. 대신 프로세스는 [그림 9-13]의 상황과 비슷하다.

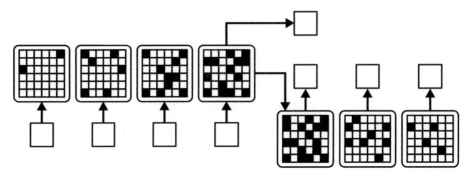

그림 9-13 시퀀스 분석에 이상적인 모델은 장기간에 걸쳐 정보를 메모리에 저장하여 일관된 사고 벡터를 생성하고 이를 통해 답을 생성할 수 있다.

아이디어는 간단하다. 입력 시퀀스를 읽는 동안 모델이 일종의 메모리를 유지하기를 원한다. 입력을 읽으면서 모델은 관찰한 정보를 고려하여 이 메모리 뱅크를 수정할 수 있어야 한다. 입력 시퀀스의 끝에 도달하면 내부 메모리에는 원본 입력의 핵심 정보, 즉 의미를 나타내는 '사고'가 포함된다. 그런 다음 [그림 9-13]과 같이 이 사고 벡터를 사용하여 원본 시퀀스에 대한 레이블을 생성하거나 적절한 출력 시퀀스(번역, 설명, 추상적 요약 등)를 산출할 수 있어야 한다.

여기서 소개하는 개념은 이전 장에서 살펴본 적 없는 새로운 개념이다. 순방향 신경망은 본질적으로 '스테이트리스stateless(상태를 저장하지 않는)'이다. 신경망은 한 번 훈련된 후에는 정적인 구조가 된다. 입력 사이의 메모리를 유지하거나 과거에 봤던 입력을 기반으로 입력을 처리하는 방식을 변경할 수 없다. 이 전략을 실행하려면 '스테이트풀stateful(상태를 저장하는)'이 가능한 딥러닝 모델을 생성하기 위해 신경망을 구축하는 방법을 재고해야 한다. 이를 위해서는 개별 뉴런 수준에서 신경망을 고려하는 방식으로 돌아가야 한다. 다음 절에서는 순환 신경망recurrent neural network(RNN)으로 알려진 모델 종류를 설명하면서 순환 연결recurrent connection(지금까지 살펴본 순방향 연결과는 반대)을 통해 모델이 어떻게 상태를 유지할 수 있는지 살펴보자.

9.7 순환 신경망

RNN은 1980년대에 처음 소개되었지만, 최근 여러 가지 지적 혁신과 하드웨어의 획기적인 발전으로 인해 훈련이 쉬워지면서 다시 인기를 얻고 있다. RNN은 순환 레이어recurrent layer이라고 하는 특수한 유형의 신경망 레이어를 활용하여 신경망 간의 상태state를 유지할 수 있다는 점에서 순방향 네트워크와 다르다.

[그림 9-14]는 순환 레이어의 신경망 아키텍처를 보여준다. 모든 뉴런은 (1)이전 레이어의 모든 뉴런에서 나오는 입력incoming 연결과 (2)현재 모든 뉴런에서 다음 레이어로 연결되는 출력outgoing 연결을 모두 가지고 있다. 그러나 여기서 주목할 점은 순환 레이어의 뉴런이 이러한 연결만 가지고 있는 것은 아니라는 점이다. 순방향 레이어와 달리 순환 레이어는 같은 레이어의 뉴런 간에 정보를 전파하는 순환 연결도 가지고 있다. 완전 연결fully connected 순환 레이어에서는 모든 뉴런에서 해당 레이어의 다른 모든 뉴런(자신 포함)으로 정보가 흐른다. 따라서 R개의 뉴런이 있는 순환 레이어에는 총 R2개의 순환 연결이 있다.

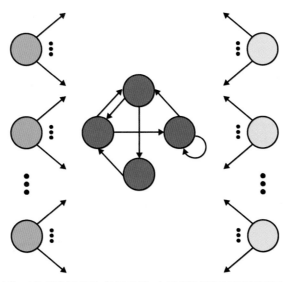

그림 9-14 순환 레이어에는 순환 연결, 즉 같은 레이어에 있는 뉴런 간의 연결이 포함되어 있다.

RNN의 작동 방식을 더 잘 이해하기 위해 RNN이 적절하게 훈련된 후 어떻게 동작하는지 살펴보겠다. 새로운 시퀀스를 처리할 때마다 모델의 새로운 인스턴스를 생성한다. 신경망 인스턴스의 수명을 불연속적인discrete 시간 스텝으로 나누면 순환 레이어가 포함된 신경망에 대해 추론할 수 있다. 각 시간 스텝마다 모델에 입력의 다음 요소를 공급한다. 순방향 연결은 한 뉴런에서 다른 뉴런으로의 정보 흐름을 나타내며, 이때 전송되는 데이터는 현재 시간 스텝에서 계산된 뉴런 활성화다. 그러나 순환 연결은 이전 시간 스텝에서 저장된 뉴런 활성화가 데이터인 정보 흐름을 나타낸다. 따라서 순환 네트워크에서 뉴런의 활성화는 신경망 인스턴스의 누적 상태를 나타낸다. 순환 레이어에서 뉴런의 초기 활성화는 모델의 파라미터이며, 훈련 과정에서 각연결의 가중치에 대한 최적 값을 결정하는 것과 유사하게 뉴런에 대한 최적값을 결정한다.

RNN 인스턴스의 수명이 고정된 경우(예 t 시간 스텝), 실제로 이 인스턴스를 순방향 신경망 (비록 불규칙한 구조이긴 하지만)으로 표현할 수 있다. [그림 9-15]에 설명된 이 스마트한 변환을 흔히 시간에 따라 RNN을 '언롤링unrolling'한다고 표현하기도 한다. [그림 9-15]의 RNN을 살펴보자. 두 개의 입력 시퀀스(각각 차원 1)를 단일 출력(역시 차원 1)에 매핑하고자 한다. 단일 순환 레이어의 뉴런을 가져와서 각 시간 스텝마다 한 번씩 t번 복제하는 방식으로 변환을 수행한다. 입력 레이어와 출력 레이어의 뉴런도 비슷하게 복제한다. 각 시간 복제본 내에서 순방향 연결을 마치 원본 신경망에 있었던 것처럼 다시 그린다. 그런 다음 순환 연결을 각 시간 복제본에서 다음 스텝으로의 순방향 연결로 그린다(순환 연결은 이전 시간 단계의 뉴런 활성화를 전달한다).

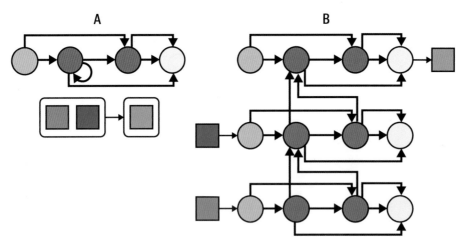

그림 9-15 RNN을 시간 순서대로 실행함으로써 이를 순방향 신경망으로 표현할 수 있고, 역전파를 사용하여 훈련할 수 있다.

이제 언롤링된 버전을 기반으로 경사^{gradients}를 계산하여 RNN을 훈련할 수도 있다. 즉, 순방향 신경망에 사용했던 모든 역전파 기법이 RNN 훈련에도 적용된다는 뜻이다. 하지만 문제가 하나 있다. 사용하는 모든 훈련 예제의 배치마다 계산한 오차의 미분값에 따라 가중치를 수정해야 한다. 언롤링된 신경망에는 원본 RNN에서 모두 동일한 연결에 해당하는 연결 집합이 있다. 그러나 이러한 언롤링된 연결에 대해 계산된 오차 미분값은 동일하다는 보장이 없으며, 실제로도 동일하지 않을 수 있다. 동일한 집합에 속하는 모든 연결에 대한 오차 미분값의 평균 또는 합계를 통해 이 문제를 피할 수 있다. 이렇게 하면 신경망이 정확한 출력을 구축하도록 만들 때 연결의 가중치에 작용하는 모든 영향 요소를 고려하는 오차 미분값을 활용할 수 있다.

9.8 경사 소실의 문제점

스테이트풀 신경망 모델을 사용하는 이유는 입력 시퀀스로부터 장기 의존성을 학습하기 위함이다. 대규모 메모리 뱅크(상당한 크기의 순환 레이어)를 갖춘 RNN이 이러한 의존성을 요약할 수 있는 것은 당연해 보인다. 실제로 킬리안^{Kilian}과 지겔만^{Siegelmann}은 이론적 관점에서 1996년에 RNN이 보편적 함수 표현임을 입증했다.[9] 다시 말해, 충분한 뉴런과 올바른 파라미터 설정만 있으면 입력 시퀀스와 출력 시퀀스 사이의 모든 함수적 매핑을 표현하는 데 RNN을 사용할 수 있다는 것이다.

이 이론은 희망적이긴 하지만, 그렇다고 반드시 실무에 적용될 수 있는 것은 아니다. RNN이 임의의 함수를 표현할 수 있다는 사실을 아는 것은 바람직하나, 경사 하강 알고리즘을 적용하여 RNN에 처음부터 현실적인 함수 매핑을 가르치는 것이 실용적인지를 아는 것이 더 유용하다. 이것이 비실용적이라면 문제가 발생하므로 이 질문을 진지하게 탐구하는 것이 좋다. [그림 9-16]과 같이 입력 뉴런 1개, 출력 뉴런 1개, 뉴런 1개로 구성된 완전 연결 순환 레이어를 가진 가장 간단한 형태의 RNN을 살펴보겠다.

---

9 Kilian, Joe, and Hava T. Siegelmann. "The dynamic universality of sigmoidal neural networks." Information and computation 128.1 (1996): 48–56.

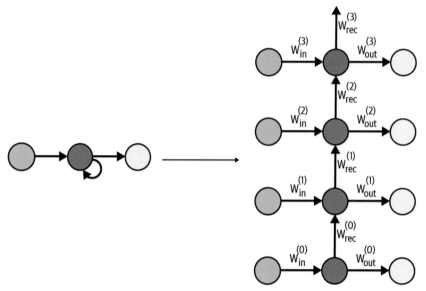

그림 9-16 경사 기반 학습 알고리즘을 조사하기 위한 단일 뉴런 완전 연결 순환 레이어(압축된 형태와 언롤링된 형태 둘 다 표시)

간단한 경우를 살펴보자. 비선형성 f가 주어지면, 시간 스텝 t에서 순환 레이어의 은닉 뉴런의 활성화 $h^{(t)}$를 다음과 같이 표현할 수 있다. 여기서 $i^{(t)}$는 시간 스텝 t에 입력 뉴런으로부터 들어오는 로짓^{logit}이다.

$$h^{(t)} = f\left(w_{in}^{(t)}i^{(t)} + w_{rec}^{(t-1)}h^{(t-1)}\right)$$

과거 k 시간 스텝의 입력 로짓 변화에 따라 은닉 뉴런의 활성화가 어떻게 변화하는지 계산해 보자. 역전파 경사 표현식에서 이 구성 요소를 분석하면 과거 입력에서 얼마나 많은 '기억'이 유지되는지를 정령화할 수 있다. 먼저 편미분을 구하고 연쇄 법칙$^{chain \, rule}$을 적용한다.[10]

$$\frac{\partial h^{(t)}}{\partial i^{(t-k)}} = f'\left(w_{in}^{(t)}i^{(t)} + w_{rec}^{(t-1)}h^{(t-1)}\right)\frac{\partial}{\partial i^{(t-k)}}\left(w_{in}^{(t)}i^{(t)} + w_{rec}^{(t-1)}h^{(t-1)}\right)$$

입력 가중치와 순환 가중치의 값은 시간 스텝 $t - k$에서 입력 로짓과 독립적이므로 이 식을 더욱 단순화할 수 있다.

---

10 옮긴이 1_ 합성 함수를 미분하는 공식이다.

$$\frac{\partial h^{(t)}}{\partial i^{(t-k)}} = f'\left(w_{in}^{(t)}i^{(t)} + w_{rec}^{(t-1)}h^{(t-1)}\right)w_{rec}^{(t-1)}\frac{\partial h^{(t-1)}}{\partial i^{(t-k)}}$$

이 미분의 크기^{magnitude}에 관심이 있으므로 양변의 절댓값을 취할 수 있다. 또한 모든 일반적인 비선형성(tanh, 로지스틱, ReLU 비선형성)의 경우 $|f'|$의 최댓값은 최대 1이라는 것을 알고 있다. 이는 다음과 같은 재귀 부등식으로 이어진다.

$$\left|\frac{\partial h^{(t)}}{\partial i^{(t-k)}}\right| \leq \left|w_{rec}^{(t-1)}\right| \cdot \left|\frac{\partial h^{(t-1)}}{\partial i^{(t-k)}}\right|$$

이 부등식을 기저 사례인[11] $t-k$ 단계에 도달할 때까지 재귀적으로 계속 확장할 수 있다.

$$\left|\frac{\partial h^{(t)}}{\partial i^{(t-k)}}\right| \leq \left|w_{rec}^{(t-1)}\right| \cdot \ldots \cdot \left|w_{rec}^{(t-k)}\right| \cdot \left|\frac{\partial h^{(t-k)}}{\partial i^{(t-k)}}\right|$$

이 편미분을 앞서 진행했던 방식과 유사하게 평가할 수 있다.

$$h^{(t-k)} = f\left(w_{in}^{(t-k)}i^{(t-k)} + w_{rec}^{(t-k-1)}h^{(t-k-1)}\right)$$

$$\frac{\partial h^{(t-k)}}{\partial i^{(t-k)}} = f'\left(w_{in}^{(t-k)}i^{(t-k)} + w_{rec}^{(t-k-1)}h^{(t-k-1)}\right)\frac{\partial}{\partial i^{(t-k)}}\left(w_{in}^{(t-k)}i^{(t-k)} + w_{rec}^{(t-k-1)}h^{(t-k-1)}\right)$$

이 표현식에서 $t-k-1$ 시점의 은닉 활성화는 $t-k$ 시점의 입력값과 독립적이므로 이 표현식을 다음과 같이 작성할 수 있다.

$$\frac{\partial h^{(t-k)}}{\partial i^{(t-k)}} = f'\left(w_{in}^{(t-k)}i^{(t-k)} + w_{rec}^{(t-k-1)}h^{(t-k-1)}\right)w_{in}^{(t-k)}$$

마지막으로 양변에 절댓값을 취하고 $|f'|$의 최댓값에 대한 관찰을 다시 적용하면 다음과 같이 작성할 수 있다.

$$\left|\frac{\partial h^{(t-k)}}{\partial i^{(t-k)}}\right| \leq \left|w_{in}^{(t-k)}\right|$$

---

11 옮긴이 1_ 재귀가 종료하는 조건을 의미한다.

이 결과로 최종 부등식을 도출한다(서로 다른 시간 스텝에서도 동일한 연결 값을 가지도록 제한하기 때문에 단순화할 수 있다).

$$\left|\frac{\partial h^{(t)}}{\partial i^{(t-k)}}\right| \leq \left|w_{rec}^{(t-1)}\right| \cdot \ldots \cdot \left|w_{rec}^{(t-k)}\right| \cdot \left|w_{in}^{(t-k)}\right| = \left|w_{rec}\right|^k \cdot w_{in}$$

이 관계는 $t-k$ 시간에서의 입력 변화가 t 시간의 은닉 상태에 미치는 영향의 정도에 강력한 상한선을 설정한다. 모델의 가중치는 훈련을 시작할 때 작은 값으로 초기화되므로, 이 미분값은 k가 증가함에 따라 0에 가까워진다. 다시 말해, 과거 여러 시간 스텝의 입력에 대해 경사를 계산할 때 경사가 빠르게 감소하여 장기 의존성을 학습하는 모델의 능력이 심각하게 제한된다. 이 문제를 흔히 경사 소실$^{\text{vanishing gradients}}$ 문제라고 하며, 기본 RNN의 학습 능력에 심각한 영향을 미친다. 이 한계를 해결하기 위해 다음 절에서는 장단기 메모리$^{\text{long short-term memory}}$로 알려진 순환 레이어의 혁신적인 변형 구조^{twist}를 살펴본다.

9.9 장단기 메모리 유닛

경사 소실 문제를 해결하기 위해 Sepp Hochreiter와 Jürgen Schmidhuber는 장단기 메모리$^{\text{Long Short-Term Memory}}$(LSTM) 아키텍처를 도입했다. 이 아키텍처의 기본 원칙은 중요한 정보를 여러 시간 스텝에 걸쳐 미래로 안정적으로 전송하는 신경망을 설계하는 것이었다. 이러한 설계 고려 사항을 바탕으로 [그림 9-17]의 아키텍처가 도출되었다.

이 절에서는 개별 뉴런 수준에서 한 걸음 떨어져, 신경망을 컬렉션 텐서$^{\text{collection tensor}}$와 텐서 연산으로 이야기하겠다. [그림 9-17]에서 알 수 있듯이 LSTM 유닛은 몇 가지 핵심 구성 요소로 이루어진다. LSTM 아키텍처의 핵심 구성 요소 중 하나는 메모리 셀$^{\text{memory cell}}$이며, 이는 [그림 9-17] 중앙에 굵은 점선으로 표시된 텐서^{tensor}다. 메모리 셀에는 시간이 지남에 따라 학습한 중요한 정보가 저장되며, 신경망은 여러 시간 스텝에 걸쳐 메모리 셀의 유용한 정보를 효과적으로 유지하도록 설계되었다. 매 시간 스텝마다 LSTM 유닛은 세 가지 단계를 거쳐 새로운 정보로 메모리 셀을 수정한다. 먼저, 유닛에서 이전 메모리의 유지량을 결정해야 한다. 이는 [그림 9-18]에 자세히 나와 있는 킵 게이트$^{\text{keep gate}}$로 결정한다.

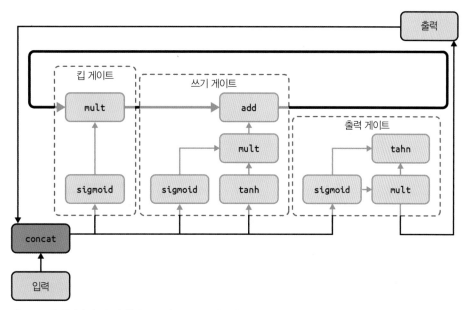

그림 9-17 텐서(화살표) 및 연산(내부 블록) 수준으로 나타낸 LSTM 유닛 아키텍처

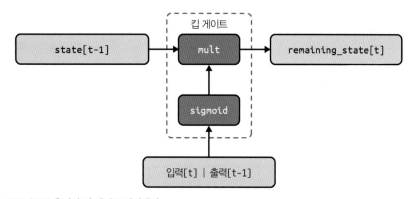

그림 9-18 LSTM 유닛의 킵 게이트 아키텍처

킵 게이트의 기본 개념은 간단하다. 이전 시간 스텝의 메모리 상태 텐서에는 풍부한 정보가 있지만, 정보 중 일부는 오래되어 지워야 할 수도 있다. 메모리 상태 텐서에서 어떤 요소가 여전히 의미 있는지, 어떤 요소가 의미 없는지는 이전 상태와 비트 텐서(0과 1로 이루어진 텐서)를 곱해서 파악한다. 비트 텐서에서 특정 위치가 1이면 해당 메모리 셀의 위치가 여전히 유효하므로 유지해야 한다는 의미이다. 특정 위치가 0이면 해당 메모리 셀의 위치가 더 이상 유효하지 않으므로 제거해야 한다는 뜻이다. 이 시간 스텝의 입력과 이전 시간 스텝의 LSTM 유닛 출력

을 연결하고 결과 텐서에 시그모이드 레이어를 적용하여 이 비트 텐서를 근사화한다. 기억하겠지만, 시그모이드 뉴런은 대부분의 경우 0에 매우 가깝거나 1에 매우 가까운 값을 출력한다(입력이 0에 가까운 경우는 유일한 예외다). 결과적으로 시그모이드 레이어의 출력은 비트 텐서의 근사치이며, 이를 사용해 킵 게이트를 완성할 수 있다.

어떤 정보를 이전 상태로 유지하고 어떤 정보를 지워야 하는지 파악했다면 어떤 정보를 메모리 상태에 기록할 것인지 생각할 준비가 된 것이다. LSTM 유닛의 이 부분을 쓰기 게이트$^{write\ gate}$라고 하며, [그림 9-19]에 표시되어 있다. 쓰기 게이트는 크게 두 부분으로 구성된다. 첫 번째 구성 요소는 어떤 정보를 상태로 기록할지 파악하는 것이다. 이것은 중간 텐서를 생성하기 위해 tanh 레이어에서 계산한다. 두 번째 구성 요소는 이 계산된 텐서에서 실제로 새 상태에 포함할 구성 요소와 쓰기 전에 버릴 구성 요소를 파악하는 것이다. 이를 위해 킵 게이트에서 사용한 것과 동일한 전략(시그모이드 레이어)을 사용하여 0과 1로 구성된 비트 벡터를 근사화한다. 비트 벡터에 중간 텐서를 곱한 다음 그 결과를 더하여 LSTM의 새로운 상태 벡터를 생성한다.

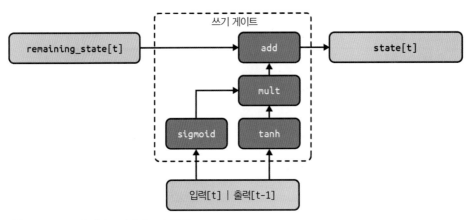

그림 9-19 LSTM 유닛의 쓰기 게이트 아키텍처

매 시간 스텝마다 LSTM 유닛은 출력을 제공해야 한다. 상태 벡터를 직접 출력으로 처리할 수도 있지만, LSTM 유닛은 상태 벡터가 나타내는 것에 대한 해석^{interpretation} 또는 외부 통신^{communication}인 출력 텐서를 방출하여 더 많은 유연성을 제공하도록 설계되었다. 출력 게이트의 아키텍처는 [그림 9-20]에 나와 있다.

(1)tanh 레이어가 상태 벡터로부터 중간 텐서를 생성하고, (2)시그모이드 레이어가 현재 입력과 이전 출력을 사용하여 비트 텐서 마스크를 생성하며, (3)중간 텐서에 비트 텐서를 곱하여 최종 출력을 생성하는 등 쓰기 게이트와 거의 동일한 구조를 사용한다.

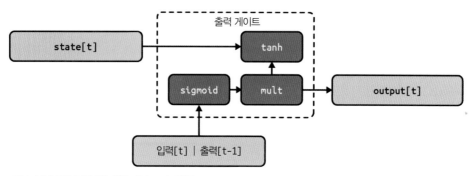

그림 9-20 LSTM 유닛의 출력 게이트 아키텍처

그렇다면 이것이 미가공^{raw} RNN 유닛을 사용하는 것보다 나은 이유는 무엇일까? 핵심 내용은 시간이 지남에 따라 LSTM 유닛을 언롤링할 때 정보가 신경망을 통해 전파되는 방식이다. 언롤링된 아키텍처는 [그림 9-21]에서 설명한다. [그림 9-21]의 상단에서는 주로 시간에 따라 선형적인 상호 작용을 하는 상태 벡터의 전파를 관찰할 수 있다. 그 결과, 과거의 여러 시간 스텝 입력을 현재 출력과 연관시키는 경사가 기본 RNN 아키텍처처럼 급격하게 감소하지 않는다. 이는 LSTM이 원본 RNN의 구성보다 훨씬 더 효과적으로 장기적 관계를 학습할 수 있다는 것을 의미한다.

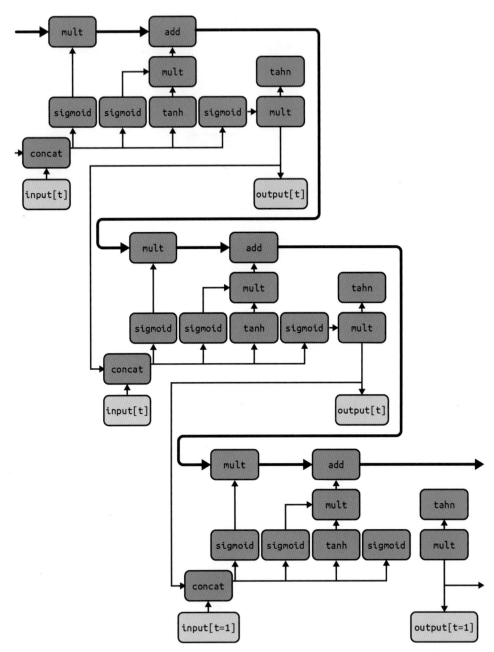

그림 9-21 시간에 따른 LSTM 유닛 언롤링

마지막으로, LSTM 유닛으로 임의의 아키텍처를 생성하는 것이 얼마나 쉬운지 알아보고자 한다. LSTM은 얼마나 구성 가능^{composable}할까? 기본 RNN 대신 LSTM 유닛을 사용하기 위해 유연성을 희생해야 할까? RNN 레이어를 쌓아 더 많은 용량으로 더 표현력 있는 모델을 만들 수 있는 것처럼, 두 번째 유닛의 입력이 첫 번째 유닛의 출력이 되고 세 번째 유닛의 입력이 두 번째 유닛의 출력이 되는 식으로 LSTM 유닛을 쌓을 수 있다. [그림 9-22]는 두 개의 LSTM 유닛으로 구성된 다중셀^{multicellular} 아키텍처에서 이 작업이 어떻게 이루어지는지 보여준다. 즉, 기본 RNN 레이어를 사용하는 곳이라면 LSTM 유닛으로 쉽게 대체할 수 있다.

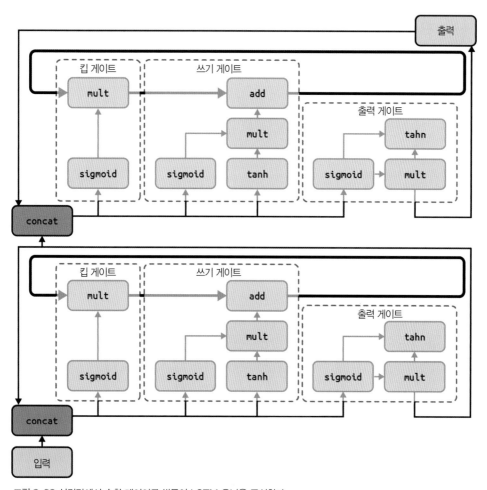

그림 9-22 신경망에서 순환 레이어를 쌓듯이 LSTM 유닛을 구성한다.

이제 경사 소실 문제를 극복하고 LSTM 유닛의 내부 동작을 이해했으므로 첫 번째 RNN 모델을 구현할 준비가 되었다.

9.10 RNN 모델을 위한 PyTorch 기본 요소

PyTorch에서는 RNN 모델을 구축하기 위해 바로 사용할 수 있는 기본 요소를 제공한다. 먼저, RNN 레이어나 LSTM 유닛을 나타내는 torch.nn.RNNCell 객체가 있다.

```python
import torch.nn as nn

cell_1 = nn.RNNCell(
  input_size = 10,
  hidden_size = 20,
  nonlinearity='tanh'
)

cell_2 = nn.LSTMCell(
  input_size = 10,
  hidden_size = 20
)

cell_3 = nn.GRUCell(
  input_size = 10,
  hidden_size = 20
)
```

RNNCell 추상화는 기본 순환 신경망 레이어vanilla recurrent neuron layer를 나타내고, LSTMCell은 LSTM 유닛의 구현을 나타낸다. PyTorch에는 2014년에 요슈아 벤지오Yoshua Bengio 그룹이 제안한 게이트 순환 유닛Gated Recurrent Unit(GRU)으로 알려진 LSTM 유닛의 변형도 포함되어 있다. 모든 셀에서 매우 중요한 초기화 변수는 은닉 상태 벡터의 크기, 즉 hidden_size다. PyTorch는 기본 요소 외에도 레이어를 쌓기 위한 다중 레이어 RNN 클래스와 LSTM 클래스를 제공한다. 순환 유닛이나 순환 레이어를 쌓으려면 다음 코드를 사용할 수 있다.

```
multi_layer_rnn = nn.RNN(
    input_size = 10,
    hidden_size = 20,
    num_layers = 2,
    nonlinearity = 'tanh'
)

multi_layer_lstm = nn.LSTM(
    input_size = 10,
    hidden_size = 20,
    num_layers = 2
)
```

또 dropout 파라미터를 사용해 지정된 킵 확률로 LSTM의 입력과 출력에 드롭아웃을 적용할 수 있다. dropout 파라미터가 0이 아닌 경우 모델은 마지막 레이어를 제외한 각 LSTM 레이어의 출력에 드롭아웃 확률이 dropout인 드롭아웃 레이어를 도입한다.

```
multi_layer_rnn = nn.RNN(
    input_size = 10,
    hidden_size = 20,
    num_layers = 2,
    nonlinearity = 'tanh',
    batch_first = False,
    dropout = 0.5
)

multi_layer_lstm = nn.LSTM(
    input_size = 10,
    hidden_size = 20,
    num_layers = 2,
    batch_first = False,
    dropout = 0.5
)
```

여기에 표시된 것처럼 다중 레이어 RNN 클래스와 LSTM 클래스는 batch_first 파라미터도 제공한다. batch_first가 True이면 입력 텐서와 출력 텐서를 (seq, batch, feature) 대신 (batch, seq, feature)로 제공한다. 이것은 은닉 상태나 셀 상태에는 적용되지 않는다는 점에 유의해야 한다. batch_first의 기본값은 False이다. 자세한 내용은 PyTorch 문서를 참조해 보자. 마지막으로 PyTorch LSTM 생성자를 호출하여 RNN을 인스턴스화한다.

```
input = torch.randn(5, 3, 10)  # (time_steps, batch, input_size)
h_0 = torch.randn(2, 3, 20)  # (n_layers, batch_size, hidden_size)
c_0 = torch.randn(2, 3, 20)  # (n_layers, batch_size, hidden_size)

rnn = nn.LSTM(10, 20, 2)  # (input_size, hidden_size, num_layers)
output_n, (hn, cn) = rnn(input, (h_0, c_0))
```

rnn을 호출한 결과는 각 레이어의 최종 상태 벡터와 함께 RNN의 출력을 나타내는 텐서 output_n이다. 첫 번째 텐서 hn은 시간 n에서 출력 게이트의 출력을 보관하는 각 레이어의 은닉 상태 벡터를 포함하고, 두 번째 텐서 cn은 쓰기 게이트의 출력인 각 레이어의 메모리 셀에 대한 상태 벡터를 포함한다. hn 텐서와 cn 텐서의 크기는 모두 (n_layers, batch_size, hidden_size)다.

이제 PyTorch에서 RNN을 구성하는 도구에 대해 이해했으므로 다음 절에서는 감정 분석 작업에 초점을 맞춰 첫 번째 LSTM을 구축해 보자.

9.11 감정 분석 모델 구현

이 절에서는 Large Movie Review Dataset에서 가져온 영화 리뷰들의 감정을 분석하려고 한다. 이 데이터셋은 IMDB 5만 개 리뷰로 구성되어 있으며, 각 리뷰에는 긍정 또는 부정 감정으로 레이블이 지정되어 있다. 드롭아웃을 활용하는 간단한 LSTM 모델을 사용하여 영화 리뷰 감정 분류를 수행해 보자. LSTM 모델은 한 번에 한 단어씩 영화 리뷰를 소비한다. 전체 리뷰를 소비한 후에는 해당 모델의 결과에 이진 분류binary classification를 적용하여 긍정적 혹은 부정적으로 감정을 매핑시킨다.

먼저 Google Colab에 기본 설치되어 있는 PyTorch 라이브러리 Torchtext로 데이터셋을 로드해 본다. 다른 시스템에서 실행 중인 경우 다음 명령을 실행하여 Torchtext를 설치할 수 있다.

```
$ pip install torchtext
```

패키지를 설치했으면 데이터셋을 다운로드하고 토크나이저tokenizer를 정의할 수 있다. Torchtext

는 torchtext.datasets와 torchtext.data.utils 서브모듈을 통해 다양한 자연어 처리 (NLP) 데이터셋과 토크나이저를 제공한다. 여기서는 PyTorch에서 기본 제공하는 IMDB 데이터셋과 표준 basic_english 토크나이저를 사용해 보자.

```python
from torchtext.datasets import IMDB
from torchtext.data.utils import get_tokenizer

# 데이터셋을 로드한다
train_iter = IMDB(split='train')

# 토크나이저를 정의하고 어휘목록을 구축한다
tokenizer = get_tokenizer('basic_english')
```

지금까지는 PyTorch의 맵 스타일 데이터셋을 사용했다. Torchtext는 NLP 데이터셋을 반복 가능한^{iterable-style} 데이터셋으로 반환하는데, 이는 스트리밍 데이터에 더 적합하다. 다음으로, 훈련 데이터셋에서 어휘목록을 생성하고 가장 일반적인 단어 3만 개만 포함하도록 어휘목록에서 어휘를 잘라내야 한다. 그런 다음 각 입력 시퀀스를 500개 단어 길이까지 패딩하고 레이블을 처리해야 한다.

```python
from torchtext.vocab import build_vocab_from_iterator

def yield_tokens(data_iter):
  for _, text in data_iter:
    yield tokenizer(text)

# 반복으로 어휘목록을 구축하고, 모든 스페셜 토큰 목록을 추가한다.
text_vocab = build_vocab_from_iterator(yield_tokens(train_iter),
                                        specials=['<unk>', '<pad>'])
text_vocab.set_default_index(text_vocab['<unk>'])
```

앞서 살펴본 바와 같이, Torchtext는 어휘목록을 생성하기 위해 build_vocab_from_iterator라는 함수를 제공한다. 그러나 이 함수는 입력으로 토큰 목록을 기대하는 데 반해 next(train_iter)는 튜플(label_string, review_string)을 반환한다. 이 요구 사항을 충족하기 위해 데이터셋을 순회하면서 토큰을 산출하는 함수를 정의한다. 마지막으로, 알 수 없는 토큰과 패딩을 위한 특수 토큰을 추가하고 기본값을 설정한다. 다음으로, 어휘목록에서 필요없는 단어들을 잘라내어 정리하고 리뷰 시퀀스를 패딩하며, 레이블 문자열인 neg 또는

pos를 숫자로 변환해야 한다. 이를 위해 레이블과 리뷰 문자열 모두에 대한 파이프라인 함수를 정의한다.

```python
def text_pipeline(x, max_size=512):
  text = tokenizer(x)
  # 어휘목록 크기를 줄인다
  pruned_text = []
  for token in text:
    if text_vocab.get_stoi()[token] >= 30000:
      token = '<unk>'
    pruned_text.append(token)
  # 시퀀스를 패딩하거나 잘라낸다
  if len(pruned_text) <= max_size:
    pruned_text += ['<pad>'] * (max_size - len(pruned_text))
  else:
    pruned_text = pruned_text[0:max_size]
  return text_vocab(pruned_text)

label_pipeline = lambda x: (0 if (x == 'neg') else 1)
```

text_pipeline 함수는 입력을 500차원 벡터로 변환한다. 각 벡터는 하나의 영화 리뷰에 해당하며, 벡터의 i번째 구성 요소는 3만 개의 단어로 구성된 전역 사전에서 리뷰의 i번째 단어가 가지는 색인에 해당한다. 데이터 준비를 완료하기 위해 기본 데이터셋에서 원하는 크기의 미니배치를 제공하도록 설계된 특별한 파이썬 클래스를 만든다.

PyTorch에서 기본 제공되는 DataLoader 클래스를 사용하여 데이터셋을 배치로 샘플링할 수 있다. 그러기 전에 DataLoader가 각 배치를 전처리하는 방법을 정의하는 collate_batch 함수를 다음과 같이 작성해야 한다.

```python
def collate_batch(batch):
  label_list, text_list = [], []
  for label, review in batch:
    label_list.append(label_pipeline(label))
    text_list.append(text_pipeline(review))
  return (torch.tensor(label_list, dtype=torch.long),
          torch.tensor(text_list, dtype=torch.int32))
```

collate_batch 함수에서는 단순히 각각의 파이프라인을 통해 레이블 문자열과 리뷰 문자열을 실행하고 텐서 튜플 형태의 배치(labels_batch, reviews_batch)로 묶어 반환한다. 이제 collate_fn에 해당하는 collate_batch 함수가 정의되었으니, 다음 코드와 같이 IMDB 생성자로 데이터셋을 로드하고 DataLoader 생성자로 데이터로더를 구성하기만 하면 된다.

```python
from torch.utils.data import DataLoader
train_iter, val_iter = IMDB(split=('train','test'))
trainloader = DataLoader(train_iter,
                         batch_size = 4,
                         shuffle=False,
                         collate_fn=collate_batch)
valloader = DataLoader(val_iter,
                       batch_size = 4,
                       shuffle=False,
                       collate_fn=collate_batch)
```

감정 분석 모델을 훈련하는 동안 사용할 훈련셋과 검증셋을 모두 제공하기 위해 torchtext.datasets.IMDB 파이썬 클래스를 사용한다.

이제 데이터를 사용할 준비가 되었으므로 감정 분석 모델을 단계별로 구축하겠다. 먼저, 입력 리뷰의 각 단어를 단어 벡터에 매핑해야 한다. 이를 위해 8장에서 배운 것처럼 각 단어에 해당하는 임베딩 벡터를 저장하는 간단한 룩업 테이블인 임베딩 레이어를 활용할 것이다. 단어 임베딩 학습을 별도의 문제로 처리했던 이전 예제(Skip-Gram 모델 등의 특정 모델을 구축하여 단어의 벡터 표현을 별도로 학습하는)에서와 달리, 여기서는 임베딩 행렬을 전체 문제의 파라미터 행렬로 취급하여 감정 분석 문제와 한데 엮어서 단어 임베딩을 학습할 것이다. 이를 위해 다음 코드와 같이 임베딩을 관리하는 PyTorch에 내장된 기본 요소를 사용한다(입력은 영화 리뷰 벡터 하나가 아니라 한 번에 하나의 전체 미니배치를 나타낸다).

```python
import torch.nn as nn
embedding = nn.Embedding(
  num_embeddings=30000,
  embedding_dim=512,
  padding_idx=text_vocab.get_stoi()['<pad>']
)
```

이후에 임베딩 레이어의 결과를 가져와 이전 절에서 살펴본 기본 요소를 사용하여 드롭아웃이 있는 LSTM을 구축한다. LSTM은 다음과 같이 구현할 수 있다.

```python
class TextClassifier(nn.Module):
  def __init__(self):
    super(TextClassifier,self).__init__()
    self.layer_1 = nn.Embedding(
      num_embeddings=30000,
      embedding_dim=512,
      padding_idx=1
    )
    self.layer_2 = nn.LSTMCell(input_size=512, hidden_size=512)
    self.layer_3 = nn.Dropout(p=0.5)
    self.layer_4 = nn.Sequential(
      nn.Linear(512, 2),
      nn.Sigmoid(),
      nn.BatchNorm1d(2)
    )
  def forward(self, x):
    x = self.layer_1(x)
    x = x.permute(1,0,2)
    h = torch.rand(x.shape[1], 512)
    c = torch.rand(x.shape[1], 512)
    for t in range(x.shape[0]):
      h, c = self.layer_2(x[t], (h,c))
      h = self.layer_3(h)
    return self.layer_4(h)
```

이전 예제에서 여러 번 사용했던 배치 정규화된batch-normalized 은닉 레이어를 사용하여 구현을 마무리했다. 이제 다음 코드와 같이 TextClassifier를 호출해서 모델을 만들 수 있다.

```python
model = TextClassifier()
```

요약 통계 설정, 중간 스냅샷 저장, 세션 생성과 관련된 다른 보일러플레이트boilerplate는 이 책에서 구축한 다른 모델과 동일하므로 생략한다(GitHub 리포지토리 참조, *https://github.com/darksigma/Fundamentals-of-Deep-Learning-Book*). 다음으로는 텐서보드를 사용하여 모델을 실행하고 성능을 시각화할 수 있다(그림 9-23 참조).

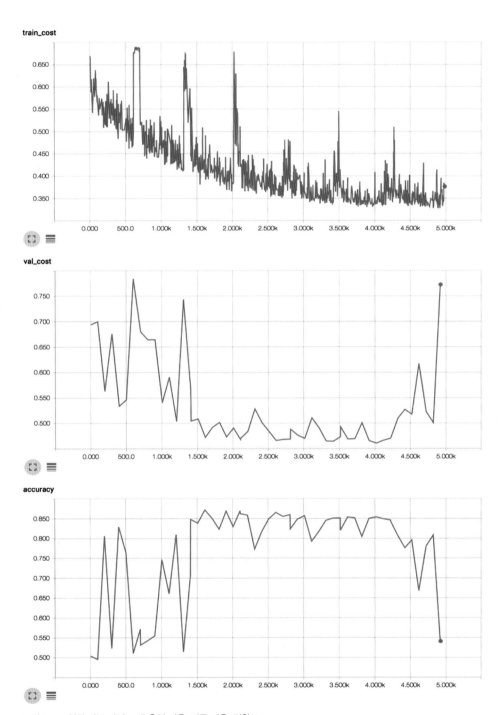

그림 9-23 영화 리뷰 감정 모델 훈련 비용, 검증 비용, 정확도

훈련 초기에는 모델의 안정성이 약간 떨어지고, 훈련이 끝날 무렵에는 훈련 비용과 검증 비용이 크게 벌어지면서 모델이 명백히 과적합하기 시작한다. 그러나 최적 성능에서 모델은 꽤 효과적으로 동작하며 테스트셋에서 대략 86%의 정확도를 가진다.

축하한다! 이제 첫 번째 RNN을 구축했다.

9.12 순환 신경망으로 seq2seq 작업 해결

이제 순환 신경망에 대한 이해가 깊어졌으므로 seq2seq 문제를 다시 살펴볼 준비가 되었다. 이 장에서는 문장 단어 시퀀스를 품사 태그 시퀀스에 매핑하는 seq2seq 작업 예제로 시작해 보자. 적절한 태그를 생성하기 위해 장기 의존성을 고려할 필요가 없었으므로 이 seq2seq 문제를 해결하는 것은 비교적 쉽다. 하지만 언어 간 번역이나 동영상 요약과 같이 장기 의존성이 모델의 성공에 중요한 영향을 미치는 여러 가지 seq2seq 문제가 있다. 바로 이 부분에서 순환 신경망이 등장한다.

seq2seq에 대한 순환 신경망 접근 방식은 이전 장에서 설명한 오토인코더와 매우 유사하다. seq2seq 모델은 두 개의 개별 신경망으로 구성된다. 첫 번째 신경망은 인코더 신경망이라고 한다. 인코더 신경망은 전체 입력 시퀀스를 소비하는 하나의 순환 신경망(일반적으로 LSTM 유닛을 사용하는 신경망)이다. 인코더 신경망의 목적은 입력에 대한 압축된 이해를 생성하고, 이를 인코더 신경망의 최종 상태로 표현되는 단일 사고^{singular thought}로 요약하는 것이다. 그런 다음 인코더 신경망의 최종 상태로 시작 상태가 초기화되는 디코더 신경망을 사용하여 타깃 출력 시퀀스를 토큰별로 산출한다. 각 스텝에서 디코더 신경망은 이전 시간 스텝의 출력을 현재 시간 스텝의 입력으로 소비한다. 전체 프로세스는 [그림 9-24]에 시각화되어 있다.

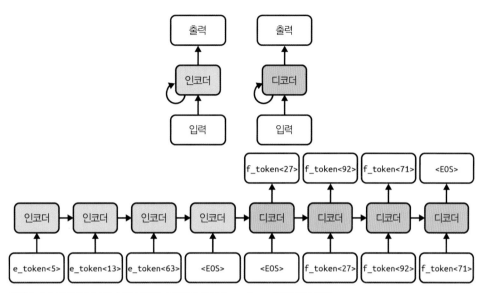

그림 9-24 인코더/디코더 순환 신경망 스키마를 사용한 seq2seq 문제 해결 방법

이번에는 영어 문장을 프랑스어 문장으로 번역해 본다. 입력 문장을 토큰화하고 한 번에 한 단어씩 임베딩을 사용하여(이전 절에서 구축한 감정 분석 모델의 접근 방식과 유사) 인코더 신경망에 입력으로 사용한다. 문장의 끝에는 특수한 엔드 오브 시퀀스$^{end-of-sequence}$(EOS) 토큰을 사용하여 인코더 신경망에 입력 시퀀스의 마지막을 알린다. 그런 다음 인코더 신경망의 은닉 상태를 가져와 이를 디코더 신경망의 초기화에 사용한다. 디코더 신경망의 첫 번째 입력은 EOS 토큰이며, 출력은 예측된 프랑스어 번역의 첫 단어로 해석된다. 그 시점부터 디코더 신경망의 출력을 다음 시간 스텝의 입력으로 사용한다. 디코더 신경망이 EOS 토큰을 출력으로 내보낼 때까지 이를 계속 진행한다. EOS 토큰 출력 시점에서 신경망이 원본 영어 문장 번역 산출을 완료한 것을 알 수 있다. 이 장의 뒷부분에서 이 신경망의 실제 오픈 소스 구현(정확도 제고를 위한 몇 가지 개선 사항과 요령이 포함된)에 대해 자세히 살펴볼 것이다.

seq2seq RNN 아키텍처는 훌륭한 시퀀스 임베딩을 학습하기 위한 목적으로도 재사용할 수 있다. 예를 들어, 2015년에 키로스^{Kiros} 등은 오토인코더 프레임워크와 Skip-Gram 모델의 아키텍처 특성을 차용해 Skip-thought 벡터라는 개념을 발명했다.[12] Skip-thought 벡터는 텍스트 구절^{passage}을 연속된 세 개의 문장으로 분할하여 생성한다. 여기서는 [그림 9-25]와 같이

---

12 Kiros, Ryan, et al. "Skip-Thought Vectors." Advances in neural information processing systems. 2015.

인코더 신경망 1개와 디코더 신경망 2개를 활용했다.

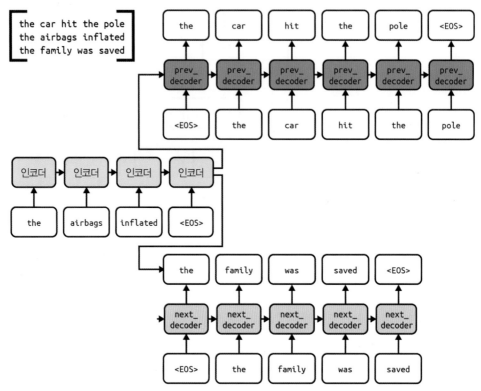

그림 9-25 전체 문장 임베딩 표현을 생성하는 skip-thought seq2seq 아키텍처

인코더 신경망은 압축된 표현(인코더 신경망의 최종 은닉 상태에 저장됨)을 생성할 문장을 소비했다. 그다음에는 디코딩 스텝이 이어진다. 첫 번째 디코더 신경망은 해당 압축 표현을 자신의 은닉 상태의 초기화로 삼아 입력 문장 앞에 나타나는 문장을 재구성한다. 두 번째 디코더 신경망은 입력 문장 뒤에 나타나는 문장을 재구성한다. 전체 시스템은 이 트리플렛^{triplet}(세 개의 문장)에 대해 종단 간으로 훈련되었고, 일단 완료되면 핵심 문장 수준의 분류 작업에서 성능을 향상시킬 뿐만 아니라 일관성 있는 텍스트 구절 생성에 사용할 수 있었다.

다음은 해당 논문에서 발췌한 스토리 생성 예시이다.

```
she grabbed my hand .
'come on . '
she fluttered her back in the air .
'i think we're at your place . I ca n't come get you . '
he locked himself back up
' no . she will . '
kyrian shook his head
```

순환 신경망을 활용하여 seq2seq 문제를 해결하는 방법을 이해했으므로, seq2seq RNN을 직접 만들어 볼 준비가 거의 다 되었다. 하지만 그 전에 해결해야 할 중요한 문제가 하나 더 있다. 그 문제는 다음 절에서 seq2seq RNN의 어텐션attention 개념을 설명할 때 다루도록 하겠다.

9.13 어텐션으로 순환 신경망 증강

번역 문제에 대해 좀 더 깊이 생각해 보자. 외국어를 배우려고 시도했던 적이 있다면 번역할 때 몇 가지 유용한 단계가 있다는 것을 알고 있을 것이다. 먼저, 전달하고자 하는 개념을 이해하기 위해 문장 전체를 읽으면 도움이 된다. 그런 다음 이전에 적었던 단어에서 논리적으로 이어지는 단어마다 한 번에 한 단어씩 번역을 작성한다. 하지만 번역에서 중요한 한 가지 측면은 새 문장을 작성할 때 종종 원문을 다시 참조하여 '현재 작성한 번역과 관련된' 특정 부분에 초점을 맞춘다는 것이다. 각 단계에서 원본 '입력'과 가장 관련 있는 부분에 주의를 기울이면 다음 단어에 대해 최선의 결정을 내릴 수 있다.

seq2seq 접근 방식을 떠올려 보자. 인코더 신경망은 전체 입력을 소비하고 이를 은닉 상태 내부의 사고thought로 요약함으로써 번역 과정의 첫 번째 단계를 효과적으로 달성한다. 디코더 신경망은 이전 출력을 현재 입력으로 사용하여 번역 과정의 두 번째 단계를 수행한다. 앞서 언급한 '어텐션' 현상(특정 부분에 초점을 맞추는)은 아직 seq2seq에 대한 접근 방식에서 구현되지 않았으며, 이것이 앞으로 개발해야 할 마지막 구성 요소building block다.

현재 주어진 시간 스텝 t에서 디코더 신경망에 대한 유일한 입력은 시간 스텝 t-1에서의 출력이다. 디코더 신경망에 원본 문장의 정보를 제공하는 한 가지 방법은 디코더에 인코더 신경망의 모든 출력(이전에는 완전히 무시했던)에 대한 접근 권한을 부여하는 것이다. 이러한 출력은 각각의 새로운 토큰을 살펴본 후 인코더 신경망의 내부 상태가 변화하는 방식을 나타내기 때문에 흥미롭다. [그림 9-26]은 이 전략을 구현한 것이다. 해당 구현에는 입력 데이터 중 가장 중요한 부분에 동적으로 집중하는 능력이 없어 불완전한 점이 있다.

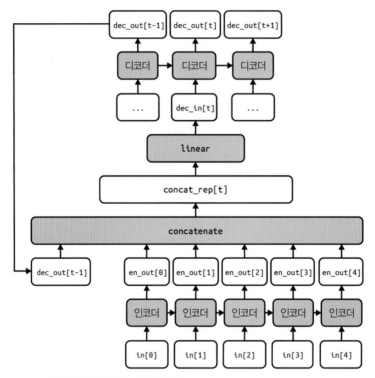

그림 9-26 seq2seq 아키텍처에서 어텐션 능력 구현 시도

그런데 이 접근 방식에는 심각한 결함이 있다. 여기서 문제는 모든 시간 스텝에서 디코더가 인코더 신경망의 모든 출력을 정확히 동일한 방식으로 고려한다는 것이다. 하지만 번역 과정에서 사람은 그렇게 하지 않는다. 번역의 다른 부분을 작업할 때는 원본 텍스트의 다른 측면에 집중한다. 이때 중요한 점은 단순히 디코더에 모든 출력에 대한 접근 권한을 부여하는 것만으로는 충분하지 않다는 것이다. 대신 디코더 신경망이 인코더 출력의 특정부분 집합에 동적으로 집중할 수 있는 메커니즘을 고안해야 한다.

이 문제를 해결하려면 2015년에 바다나우^{Bahdanau} 등이 제안한 내용[13]을 참고하여 입력을 연

13 Bahdanau, Dzmitry, Kyunghyun Cho, and Yoshua Bengio. "Neural Machine Translation by Jointly Learning to Align and Translate." *arXiv preprint arXiv*:1409.0473 (2014).

결^{concatenation} 연산으로 변경하면 된다. 인코더 신경망의 미가공^{raw} 출력을 직접 사용하는 대신 인코더의 출력에 가중치 연산을 수행한다. 가중치 연산의 기초로 *t-1* 시점의 디코더 신경망 상태를 활용한다.

가중치 연산은 [그림 9-27]에 설명되어 있다. 먼저 인코더 출력 각각에 대해 스칼라(텐서가 아닌 단일 숫자) 관련성 점수를 만든다. 이 점수는 각 인코더 출력과 디코더 상태 사이의 내적을 *t-1* 시점에 계산하여 생성된다. 그런 다음 소프트맥스 연산을 사용하여 이 점수를 정규화한다. 마지막으로, 이 정규화된 점수를 사용하여 인코더의 출력을 연결 연산에 연결하기 전에 개별적으로 스케일링한다. 여기서 핵심은 각 인코더 출력에 대해 계산된 상대 점수가 특정 인코더 출력이 시간 스텝 t에서 디코더의 결정에 얼마나 중요한지를 나타낸다는 것이다. 실제로 나중에 살펴보겠지만 소프트맥스의 출력을 검사하여 각 시간 스텝에서 입력의 어떤 부분이 번역과 가장 관련이 있는지를 시각화할 수 있다.

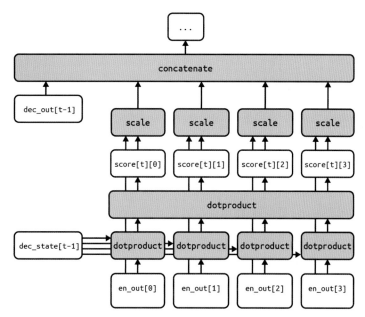

그림 9-27 이전 시간 스텝에서 디코더 신경망의 은닉 상태를 기반으로 동적 어텐션 메커니즘을 가능하게 하는 오리지널 제안 수정안

이렇듯 어텐션을 고안하는 전략으로 준비했다면, 비로소 영어 문장을 프랑스어 문장으로 번역하는 RNN 모델에 손을 댈 준비가 되었다. 하지만 시작하기 전에 어텐션이 언어 번역을 벗어나

는 문제에도 매우 유용하게 적용된다는 점에 주목할 필요가 있다. 어텐션은 음성-텍스트 변환 문제에서 중요하며, 여기서 알고리즘은 오디오를 텍스트로 변환하는 동안 오디오의 해당 부분에 동적으로 집중하는 방법을 학습한다. 이와 비슷하게, 어텐션은 캡션 알고리즘이 캡션을 작성하는 동안 입력 이미지의 특정 부분에 집중하도록 함으로써 이미지 캡션 알고리즘을 개선하는 데 사용할 수 있다. 입력의 특정 부분이 출력의 해당 세그먼트를 올바르게 산출하는 것과 높은 상관관계가 있을 때마다 어텐션을 사용하면 성능을 크게 향상시킬 수 있다.

9.14 번역 신경망 분석

최신 번역 신경망은 기본적인 seq2seq 인코더/디코더 아키텍처를 기반으로 하는 다양한 기술과 진보된 기능을 사용한다. 이전 절에서 자세히 설명한 것처럼 어텐션은 중요하고 핵심적인 아키텍처 개선 관련 사항이다. 이번 절에서는 완전히 구현된 신경망 기계 번역 시스템을 자세히 들여다보고, 데이터 처리 단계, 모델 구축, 훈련, 그리고 최종적으로 영어 구문을 프랑스어 구문으로 변환하는 번역 시스템으로 사용하는 과정까지 살펴볼 것이다.

신경망 기계 번역 시스템을 훈련하는 데 쓰이는 파이프라인은 데이터 수집, 데이터 준비, 모델 구축, 모델 훈련, 모델 진행 상황 평가, 훈련된 모델을 사용하여 유용한 무언가를 예측하거나 추론하는 대부분의 머신러닝 파이프라인과 유사하다. 여기에서는 이러한 각 단계를 살펴본다.

먼저 번역 시스템 훈련에 사용되는 대규모 말뭉치를 보유하고 있는 IWSLT2016[International Workshop on Spoken Language Translation] 리포지토리(`https://wit3.fbk.eu/2016-01`)에서 데이터를 수집한다. 여기서는 영어-프랑스어 데이터를 사용하겠다. 다른 언어로 번역하거나 다른 언어로부터 번역하려면 새 데이터로 처음부터 모델을 훈련해야 한다는 점에 유의하라. 그런 다음 훈련 시간과 추론 시간 동안 모델이 쉽게 사용할 수 있는 포맷으로 데이터를 전처리[preprocess]한다. 이 과정에는 영어와 프랑스어 각 구문을 어느 정도 정제하고 토큰화하는 작업이 포함된다. 이제부터는 데이터를 준비하는 데 사용되는 일련의 기법을 설명하고, 이후에 해당 기법의 구현을 소개하겠다.

첫 번째 단계는 토큰화를 통해 문장과 구문을 모델과 더 잘 호환되는 포맷으로 파싱하는 것이다. 이는 특정 영어 문장이나 프랑스어 문장을 구성[constiuent] 토큰으로 분리하는 과정이다. 예를 들어, 간단한 단어 수준의 토크나이저는 'I read.' 문장을 소비하여 배열 ['I', 'read', '.']을 산출하거나 프랑스어 문장 'Je lis.'를 소비하여 배열 ['Je', 'lis', '.']을 산출할 수 있다.

문자 수준 토크나이저는 문장을 ['I', ' ', 'r', 'e', 'a', 'd', '.']와 같은 개별 문자로 나누거나 ['I ', 're', 'ad', '.']와 같은 문자 쌍으로 분해할 수 있다. 어떤 종류의 토큰화가 다른 토큰화보다 더 잘 동작할 수 있으며, 각 토큰화에는 장단점이 있다. 예를 들어, 단어 수준 토크나이저는 모델이 특정 사전의 단어를 산출하도록 보장하지만, 사전의 크기가 너무 커서 디코딩 중에 효율적으로 선택하지 못할 수 있다. 이는 사실 알려진 이슈이며 앞으로의 논의에서 다룰 내용이다.

반면에 문자 수준 토큰화를 사용하는 디코더는 알아볼 수 있는 출력을 생성하지 못할 수도 있지만, 디코더가 선택해야 하는 전체 사전은 단순히 인쇄할 수 있는 모든 ASCII 문자의 집합이기 때문에 크기가 훨씬 더 작다. 이 튜토리얼에서는 단어 수준의 토큰화를 사용하지만, 다양한 토큰화를 실험하여 그 효과를 관찰해 보기를 바란다. 또한 디코더가 디코딩의 끝에 도달했음을 나타내는 확실한 방법을 제공해야 하므로 모든 출력 시퀀스의 끝에 특수 EOS 문자를 추가해야 한다. 전체 문장을 번역하고 있다고 가정할 수 없기 때문에 일반 구두점punctuation을 EOS 문자로 사용할 수는 없다. 소스 시퀀스는 미리 포맷된 상태로 제공되므로 소스 시퀀스의 끝을 나타내기 위해 EOS 문자가 필요하지 않다는 점에 유의해야 한다.

다음의 최적화에는 각 소스 시퀀스와 타깃 시퀀스를 표현하는 방법을 더욱 수정하는 작업이 포함되며, 버켓팅bucketing이라는 개념을 도입한다. 버켓팅은 주로 시퀀스 간 작업, 특히 기계 번역에서 채택되는 방법으로, 모델이 다양한 길이의 문장이나 구문을 효율적으로 처리하는 데 유용하다. 먼저 훈련 데이터를 투입하는 단순한 방법을 설명하고 이 접근 방식의 단점을 살펴본다. 일반적으로 인코더 토큰과 디코더 토큰을 입력할 때, 소스 시퀀스와 타깃 시퀀스의 길이가 예시 쌍들pairs of examples[14] 항상 같지는 않다. 예를 들어 소스 시퀀스의 길이가 X이고 타깃 시퀀스의 길이가 Y일 수 있다. 각 (X, Y) 쌍을 수용하기 위해 서로 다른 seq2seq 신경망이 필요한 것처럼 보일 수 있지만, 이는 이내 낭비적이고 비효율적으로 보일 수 있다. 대신 [그림 9-28]과 같이 단어 수준의 토큰화를 사용하고 타깃 시퀀스에 EOS 토큰을 추가했다고 가정할 때 각 시퀀스를 특정 길이까지 패딩하면 조금 더 나은 결과를 얻을 수 있다.

---

14 옮긴이 1_ 한 언어로 된 문장과 이를 다른 언어로 번역한 문장의 쌍으로 구성된 데이터셋

I	read	.	<PAD>	<PAD>	<PAD>	<PAD>
Je	lis	.	<EOS>	<PAD>	<PAD>	<PAD>
See	you	in	a	little	while	.
A	tout	a	l'heure	<EOS>	<PAD>	<PAD>
			...			

그림 9-28 시퀀스 패딩을 위한 단순한 전략

이 단계에서는 소스 길이와 타깃 길이 쌍 각각에 대해 다른 seq2seq 모델을 구성해야 하는 수고를 덜 수 있다. 그러나 이것은 다른 문제를 야기한다. 매우 긴 시퀀스가 있는 경우 다른 모든 시퀀스를 해당 길이까지 패딩해야 한다는 것을 의미한다. 이렇게 하면 끝까지 패딩으로 채운 짧은 시퀀스가 더 적은 수의 패드 토큰을 가진 긴 시퀀스만큼 많은 계산 리소스를 사용하게 되어 낭비이며 모델에 큰 성능 저하를 초래할 수 있다. 말뭉치의 모든 문장을 구문으로 분할하여 각 구문의 길이가 특정 최대한도를 초과하지 않게 하는 방법을 고려할 수 있지만, 해당 번역을 분할하는 방법이 불확실하다. 이때 버켓팅이 도움이 된다.

버켓팅은 인코더와 디코더 쌍을 비슷한 크기의 버켓에 배치하고 각 버켓의 최대 시퀀스 길이까지만 패딩하는 아이디어이다. 예를 들어, [(5, 10), (10, 15), (20, 25), (30, 40)] 버켓 집합을 나타낼 수 있는데, 목록의 각 튜플은 각각 소스 시퀀스와 타깃 시퀀스의 최대 길이이다. 앞선 예제를 차용하면 소스 시퀀스가 5 토큰보다 작고 타깃 시퀀스가 10 토큰보다 작기 때문에 한 쌍의 시퀀스(['I', 'read', '.'], ['Je', 'lis', '.', 'EOS'])를 첫 번째 버켓에 배치할 수 있다. 그런 다음 두번째 버켓에 (['See', 'you', 'in', 'a', 'little', 'while'], ['A', 'tout', 'a', 'l'heure', 'EOS'])를 배치하는 식으로 진행한다. 이 기법을 사용하면 [그림 9-29]와 같이 두 극단적인 방법 사이에서 절충하여 필요한 만큼만 패딩할 수 있다.

I	read	.	<PAD>			
Je	lis	.	<EOS>			
		...				
See	you	in	a	little	while	.
A	tout	a	l'heure	<EOS>	<PAD>	<PAD>
		...				

버켓 **i** 는 첫 두 행, 버켓 **j** 는 아래 두 행에 해당한다. (… 표시)

그림 9-29 버켓을 사용한 시퀀스 패딩

버켓을 사용하면 훈련과 테스트 시간 동안 상당한 속도 향상을 볼 수 있다. 개발자와 프레임워크는 버켓의 모든 시퀀스가 동일한 크기를 갖는다는 점을 활용하여 매우 최적화된 코드를 작성하고 GPU 효율성을 더욱 높이는 방식으로 데이터를 패킹할 수 있다.

시퀀스가 적절하게 패킹되면 타깃 시퀀스에 GO 토큰이라는 토큰을 하나 더 추가해야 한다. 이 GO 토큰은 디코더에 디코딩을 시작해야 한다는 신호를 보내며, 이 시점에서 디코더가 인계받아 디코딩을 시작한다.

데이터 준비 측면에서 마지막으로 개선한 사항은 소스 시퀀스를 뒤집는 것이다. 연구자들은 이렇게 하면 성능이 향상된다는 사실을 발견했으며, 이는 신경망 기계 번역 모델을 훈련할 때 시도하는 표준 기법이 되었다. 이것은 약간의 공학적 해킹이지만, 고정된 크기의 신경망 상태에는 제한된 양의 정보만 저장할 수 있고 문장의 앞부분을 처리하는 동안 인코딩된 정보가 문장의 뒷부분을 인코딩하는 동안 덮어쓰기 될 수 있다는 사실을 고려해 보자. 많은 언어 쌍에서 문장의 앞부분이 문장의 뒷부분보다 번역하기 어렵기 때문에 문장을 뒤집는 이 해킹은 문장의 앞부분에 최종 인코딩 상태를 결정할 수 있는 마지막 권한을 부여하여 번역 정확도를 향상시킨다. 이 아이디어를 적용하면 최종 시퀀스는 [그림 9-30]과 같은 모양이 된다.

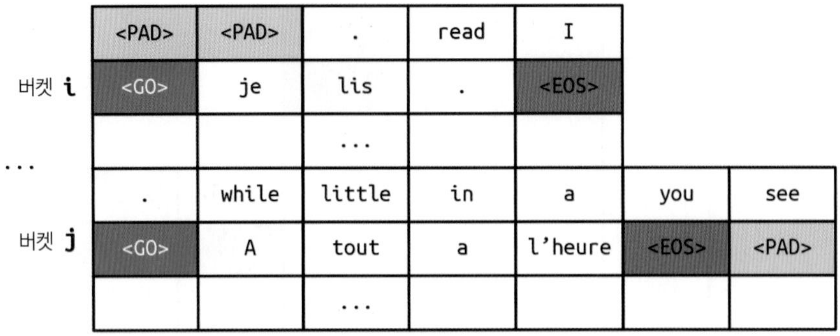

<PAD>	<PAD>	.	read	I		
<GO>	je	lis	.	<EOS>		
		...				
.	while	little	in	a	you	see
<GO>	A	tout	a	l'heure	<EOS>	<PAD>
		...				

버켓 **i** (row 2)
...
버켓 **j** (row 5)

그림 9-30 버켓, 입력 반전, GO 토큰 추가가 적용된 최종 패딩 방식

이러한 기법을 설명했으므로 이제 구현을 자세히 살펴보자. 먼저 데이터셋을 로드한 다음 토크나이저와 어휘목록을 정의한다. 여기서는 단어 임베딩을 정의하지 않았는데, 이는 모델이 이를 계산하도록 훈련할 것이기 때문이다. PyTorch의 Torchtext 라이브러리는 torch.text.datasets에서 IWSLT2016을 지원한다.

```
from torchtext.datasets import IWSLT2016
train_iter = IWSLT2016(
  split=('train'),
  language_pair=('en', 'fr')
)
```

해당 데이터셋 생성자는 next(train_iter)로 영어 문장과 프랑스어 문장 쌍을 추출할 수 있는 순회 가능iterable 스타일의 데이터셋을 반환한다. 이 순회 가능 스타일의 데이터셋을 사용하여 이후 코드에서 배치 작업을 위해 버켓 데이터셋을 만들 것이다.

일단 각 언어에 대한 토크나이저와 어휘목록도 정의해 보자. PyTorch는 일반적인 토크나이저를 사용할 수 있는 get_tokenizer 함수를 제공한다. 여기서는 spacy 토크나이저를 사용하겠다. 먼저 spacy 언어 파일을 다운로드해야 할 수도 있다.

```
!pip install -U spacy
!python -m spacy download en_core_web_sm
!python -m spacy download fr_core_news_sm
```

언어 파일이 준비되면 다음과 같이 토크나이저를 만들 수 있다.

```python
from torchtext.data.utils import get_tokenizer

tokenizer_en = get_tokenizer('spacy', language='en_core_web_sm')
tokenizer_fr = get_tokenizer('spacy', language='fr_core_news_sm')
```

다음으로 PyTorch의 build_vocab_from_iterator 함수를 사용해 영어 어휘목록과 프랑스어 어휘목록을 생성한다. 이 함수는 단일 언어의 순회 가능 스타일 데이터셋에서 토큰을 가져와 어휘목록을 생성한다. 데이터셋에는 영어 문장과 프랑스어 문장이 모두 포함되어 있으므로 영어 토큰 또는 프랑스어 토큰만 반환하는 yield_tokens 함수를 생성하고 이를 build_vocab_from_iterator에 전달한다.

```python
def yield_tokens(data_iter, language):
  if language == 'en':
    for data_sample in data_iter:
      yield tokenizer_en(data_sample[0])
  else:
    for data_sample in data_iter:
      yield tokenizer_fr(data_sample[1])

UNK_IDX, PAD_IDX, GO_IDX, EOS_IDX = 0, 1, 2, 3
special_symbols = ['<unk>', '<pad>', '<go>', '<eos>']

# 어휘목록을 생성한다
train_iter = IWSLT2016(root='.data', split=('train'),
                       language_pair=('en', 'fr'))
vocab_en = build_vocab_from_iterator(
  yield_tokens(train_iter, 'en'),
  min_freq=1,
  specials=special_symbols,
  special_first=True)

train_iter = IWSLT2016(root='.data', split=('train'),
                       language_pair=('en', 'fr'))
vocab_fr = build_vocab_from_iterator(
  yield_tokens(train_iter, 'fr'),
  min_freq=1,
  specials=special_symbols,
```

```
special_first=True)
```

프랑스어 어휘목록을 구축하기 전에 train_iter를 다시 로드하여 순회 가능 스타일 데이터셋을
재시작해야 한다는 점에 유의하라. 또한 특수 토큰과 그 색인도 추가한다. 이제 데이터셋, 토큰
나이저, 어휘목록이 준비되었으므로 토큰을 전처리하고 버킷 데이터 배치를 생성하는 함수를
만들어야 한다. 먼저 앞서 설명한 개선 사항을 적용하기 위해 process_tokens 함수를 다음 코
드와 같이 정의해 보자.

```
def process_tokens(source, target, bucket_sizes):
  # 버킷 색인을 찾는다
  for i in range(len(bucket_sizes)+2):
    # truncate if we exhauset list of buckets
    if i >= len(bucket_sizes):
      bucket = bucket_sizes[i-1]
      bucket_id = i-1
      if len(source) > bucket[0]:
        source = source[:bucket[0]]
      if len(target) > (bucket[1]-2):
        target = target[:bucket[1]-2]
      break
    bucket = bucket_sizes[i]
    if (len(source) < bucket[0]) and ((len(target)+1) < bucket[1]):
      bucket_id = i
      break

  source += ((bucket_sizes[bucket_id][0] - len(source)) * ['<pad>'])
  source = list(reversed(source))
  target.insert(0,'<go>')
  target.append('<eos>')
  target += (bucket_sizes[bucket_id][1] - len(target)) * ['<pad>']

  return vocab_en(source), vocab_fr(target), bucket_id
```

이 함수에서는 소스 토큰과 타깃 토큰의 가변 크기 목록과 버킷 크기 목록을 전달한다. 먼저
소스 토큰과 타깃 토큰 목록에 모두 맞는 가장 작은 버킷 크기를 결정한다. 그런 다음 앞서 설
명한 대로 패딩하고 시퀀스를 뒤집어 소스 토큰을 처리한다. 타깃 토큰의 경우, 시작 부분에
⟨go⟩ 토큰을 추가하고 끝부분에 ⟨eos⟩ 토큰을 추가한 다음 버킷 크기에 맞게 패딩한다. 가장
작은 버킷 크기를 결정할 때 앞서 추가한 두 개의 토큰 ⟨go⟩와 ⟨eos⟩를 고려했다.

이제 소스 토큰과 타깃 토큰의 목록을 가져와 적절하게 준비하는 함수가 생겼다. 다음으로, 모델과 훈련 루프를 위한 단일 데이터 배치를 수집해야 한다. 이를 위해 내장된 PyTorch Dataset과 DataLoader 클래스를 사용하겠다.

각 버킷 크기에 대해 Dataset과 DataLoader를 분리할 것이다. 이러한 접근 방식을 사용하면 무작위 배치 및 병렬 처리를 위해 내장된 DataLoader의 기능을 사용할 수 있다.

먼저 PyTorch의 Dataset 클래스를 서브클래싱하여 BucketedDataset 클래스를 생성한다. 이것은 맵 스타일의 데이터셋이므로 데이터 접근을 위한 __getitem__ 및 __len__ 메서드를 정의해야 한다.

```python
from torch.utils.data import Dataset

class BucketedDataset(Dataset):
  def __init__(self, bucketed_dataset, bucket_size):
    super(BucketedDataset, self).__init__()
    self.length = len(bucketed_dataset)
    self.input_len = bucket_size[0]
    self.target_len = bucket_size[1]
    self.bucketed_dataset = bucketed_dataset

  def __getitem__(self, index):
    return (torch.tensor(self.bucketed_dataset[index][0], dtype=torch.float32),
            torch.tensor(self.bucketed_dataset[index][1], dtype=torch.float32))

  def __len__(self):
    return self.length

bucketed_datasets = []
for i, dataset in enumerate(datasets):
  bucketed_datasets.append(BucketedDataset(dataset, bucket_sizes[i]))
```

버킷 크기마다 하나씩 bucketed_datasets에 BucketedDataset 객체 목록을 생성한다. 또한 BucketedDataset 생성자는 어휘목록에 포함된 정수^{integer}를 PyTorch 텐서로 변환하여 나중에 모델에 전달할 수 있도록 한다.

다음으로 PyTorch의 DataLoader 클래스를 사용해 bucketed_datasets의 각 데이터셋에 대한 데이터로더를 생성한다. Dataset 객체를 만들었으므로 추가 코드를 작성하지 않고도

DataLoader 클래스의 배치 처리 기능을 사용할 수 있다.

```python
from torch.utils.data import DataLoader

dataloaders = []
for dataset in bucketed_datasets:
  dataloaders.append(DataLoader(dataset,
                                batch_size=32,
                                shuffle=True))
```

데이터로더 목록에는 각 버킷 크기에 대한 데이터로더가 있으므로 훈련 또는 테스트 루프를 실행할 때 버킷 크기(훈련의 경우 무작위)를 선택하고 해당하는 데이터로더를 사용하여 인코더 입력과 디코더 입력 배치를 가져온다.

```python
for epoch in range(n_epochs):
  # exhaust all dataloaders randomly
  # keep track of when we used up all values
  dataloader_sizes = []
  for dataloader in dataloaders:
    dataloader_sizes.append(len(dataloader))
  while np.array(dataloader_sizes).sum() != 0:
    bucket_id = torch.randint(0,len(bucket_sizes),(1,1)).item()
    if dataloader_sizes[bucket_id] == 0:
      continue
    source, target = next(iter(dataloaders[bucket_id]))
    dataloader_sizes[bucket_id] -= 1
    loss = train(encoder_inputs,
                 decoder_inputs,
                 target_weights,
                 bucket_id)
```

예측 시간 동안 발생한 손실을 측정하고 실행 중인 다른 메트릭을 추적한다.

```python
loss += step_loss / steps_per_checkpoint current_step += 1
```

마지막으로, 전역 변수에서 지정된 대로 수시로 여러 가지 작업을 수행한다. 먼저 손실, 학습률, 분기 계수perplexity와 같은 이전 배치에 대한 통계를 출력한다. 손실이 감소하지 않는다면 모델이 지역 최적화에 빠졌을 수 있다. 모델이 이를 피할 수 있도록 학습률을 어닐링^{annealing}하여 특정 방향으로 크게 도약하지 않도록 한다. 이 시점에서 모델의 사본과 가중치, 활성화도 디스크에 저장한다.

이것으로 모델 훈련과 모델 사용에 대한 상위 수준의 설명을 마쳤다. 모델 자체의 세부적인 내용은 대부분 추상화했다. 자세한 내용은 이 책의 리포지토리(*https://github.com/darksigma/ Fundamentals-of-Deep-Learning-Book*)를 참조하라.

이것으로 상당히 정교한 신경망 기계 번역 시스템의 구현 세부 사항에 대한 전체 설명을 성공적으로 마쳤다. 상용 시스템에는 일반화할 수 없는 추가적인 기법이 있으며, 이러한 시스템은 최첨단 성능을 충족하기 위해 대규모 컴퓨팅 서버에서 훈련된다.

참고로, 이 모델은 8개의 NVIDIA Telsa M40 GPU에서 4일 동안 훈련된 것이다. [그림 9-31]과 [그림 9-32]에 분기 계수에 대한 그래프가 표시되어 있으며, 시간 경과에 따른 학습률 어닐링도 함께 보여주는 것이다. [그림 9-31]을 보면 5만 회의 에포크가 지나면 분기 계수가 대략 6에서 4로 감소하는 것을 볼 수 있는데, 이는 신경망 기계 번역 시스템으로서는 적절한 점수이다. [그림 9-32]에서는 학습률이 완만하게 거의 0으로 감소하는 것을 관찰할 수 있다. 이는 훈련을 중단한 시점에 모델이 안정 상태에 다가가고 있었음을 의미한다.

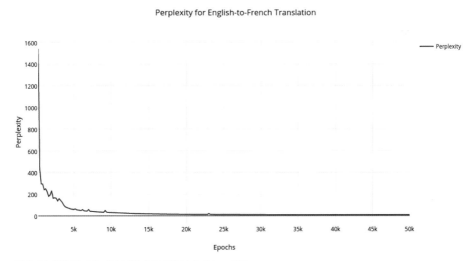

그림 9-31 시간 경과에 따른 훈련 데이터의 분기 계수 그래프

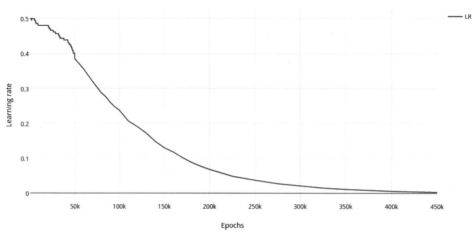

그림 9-32 시간 경과에 따른 학습률 그래프

어텐션 모델을 좀 더 명확하게 보여주기 위해 영어에서 프랑스어로 문장을 번역하는 동안 디코더 LSTM이 계산하는 어텐션을 시각화해 볼 수 있다. 특히 인코더 LSTM이 문장을 연속 벡터 표현으로 압축하기 위해 셀 상태를 업데이트할 때 인코더 LSTM이 모든 시간 스텝마다 은닉 상태도 계산한다는 것을 알 수 있다. 디코더 LSTM은 이러한 은닉 상태에 대해 볼록 합을 계산하는데, 이 합을 어텐션 메커니즘이라고 생각할 수 있는 것이다. 특정 은닉 상태에 가중치가 더 높으면 모델이 해당 시간 스텝에서 입력된 토큰에 더 많은 집중을 하고 있다고 해석할 수 있는데, [그림 9-33]에서 시각화한 것이 바로 이러한 모습이다.

번역할 영어 문장이 맨 윗줄에 있고, 프랑스어 번역 결과가 첫 번째 열에 있다. 사각형의 색이 밝을수록 디코더가 해당 행 요소를 디코딩할 때 특정 열에 더 많이 집중했다는 의미이다. 즉, 어텐션 맵의 (i, j)번째 요소는 프랑스어 문장에서 i번째 토큰을 번역할 때 영어 문장에서 j번째 토큰에 지불한 어텐션의 양을 나타내는 것이다.

어텐션 메커니즘이 꽤 잘 동작하고 있음을 즉시 확인할 수 있다. 모델의 예측에 약간의 노이즈가 있더라도 일반적으로 많은 양의 어텐션이 적절한 곳에 배치되고 있다. 신경망에 레이어를 추가하면 더 분명한 어텐션을 산출하는 데 도움이 될 수 있다. 한 가지 인상적인 측면은 'the European Economic(유럽 경제)'이라는 문구가 프랑스어에서는 'zone économique européenne(지역 경제 유럽)'으로 반전되어 번역되므로 어텐션 가중치가 이러한 반전을 반영한다는 점이다. 이러한 종류의 어텐션 패턴은 영어에서 왼쪽에서 오른쪽으로 원활하게 파싱되지 않는 다른 언어로 번역할 때 더욱 흥미롭다.

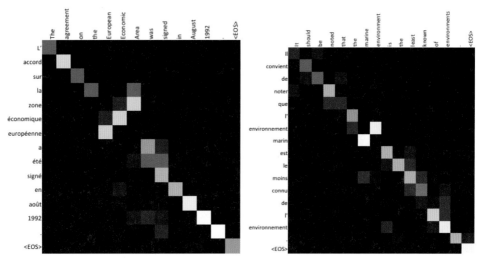

그림 9-33 디코더가 인코더의 은닉 상태에 주목할 때 블록 합의 가중치 시각화

가장 기본적인 아키텍처에 대한 이해와 구현이 완료되었으므로 이제 RNN에 대한 흥미롭고 새로운 개발을 연구하고 더 복잡한 학습으로 나아갈 수 있다.

9.15 셀프 어텐션과 트랜스포머

앞선 절에서 바다나우Bahdanau 등이 처음 제시한 어텐션의 한 형태에 대해 설명했다. 특히 간단한 순방향 신경망을 사용하여 각 인코더 은닉 상태와 현재 시간 스텝에서 디코더 상태에 대한 정렬 점수를 계산했다. 이번 절에서는 스케일 내적 어텐션scaled dot product attention이라는 다른 형태의 어텐션, 이를 셀프 어텐션에서 사용하는 방법, 최근 언어 모델링의 혁신인 트랜스포머에 대해 설명한다. 트랜스포머 기반 모델은 주로 LSTM을 대체했으며, 많은 시퀀스 간 문제에 대해 품질이 우수하다는 것이 입증되었다.

내적 어텐션dot product attention은 매우 간단하다. 이 방법은 각 인코더 은닉 상태 간의 내적으로 정렬 점수를 계산한다. 이들 가중치는 컨텍스트 벡터의 계산에 사용되는데, 해당 계산은 인코더 은닉 상태의 볼록 합(소프트맥스를 통해)을 의미한다. 내적을 사용하여 정렬을 측정하는 이유는 무엇인가? 1장에서 배운 것처럼 두 벡터의 내적은 두 벡터의 노름norm과 두 벡터 사이의 각도 코사인의 곱으로 표현할 수 있다. 두 벡터 사이의 각도가 0이 되면 코사인은 1이 된다. 또한 삼각함수에서 코사인은 입력 각도가 0도에서 180도 사이일 때 1에서 −1 사이의 범위를 가지며, 이는 각도 도메인에서 고려할 유일한 부분이다. 내적은 두 벡터 사이의 각도가 작아질수록 내적이 커진다는 훌륭한 특성이 있으므로 내적을 유사성의 자연스러운 척도로 사용할 수 있다.

2017년에 바스와니Vaswani 등[15]은 은닉 상태 차원의 제곱근인 스케일링 계수를 포함함으로써 기존의 내적 어텐션 프레임워크에 수정을 가했다. 그들은 은닉 상태 표현의 차원이 점점 더 커짐에 따라 큰 사이즈의 내적 사례가 훨씬 더 많이 발생할 것으로 예상한다는 사실을 인지했다. 이 스케일링 계수를 포함한 이유를 이해하기 위해 h_i의 각 색인의 평균이 0이고 분산이 1인 독립 동일 분포 확률 변수에서 독립적으로 추출되었다고 가정해 보겠다. 이제 내적의 기댓값과 분산을 계산해 보자.

$$\mathbb{E}[s_t^T h_i] = \sum_{j=1}^{k} \mathbb{E}[s_{t,j} * h_{i,j}]$$
$$= \sum_{j=1}^{k} \mathbb{E}[s_{t,j}]\mathbb{E}[h_{i,j}]$$
$$= 0$$

$$Var(s_t^T h_i) = \sum_{j=1}^{k} Var(s_{t,j} * h_{i,j})$$
$$= \sum_{j=1}^{k} \mathbb{E}[(s_{t,j}^2 * h_{i,j}^2)] - \mathbb{E}[s_{t,j} * h_{i,j}]^2$$
$$= \sum_{j=1}^{k} \mathbb{E}[s_{t,j}^2]\mathbb{E}[h_{i,j}^2]$$
$$= \sum_{j=1}^{k} 1$$
$$= k$$

15 Vaswani et. al. "Attention Is All You Need." *arXiv Preprint arXiv*:1706.03762 2017.

기댓값과 분산에 관한 이러한 결론에 도달하게 된 단계를 검토해 보자. 기댓값에서 첫 번째 등식은 기댓값의 선형성에 기반하며, 이는 내적을 각 색인 곱의 합으로 표현할 수 있기 때문이다. 두 번째 등식은 각 기댓값의 두 확률 변수가 독립적이기 때문에 곱의 기댓값을 기댓값의 곱으로 분리할 수 있다는 사실에서 기인한다. 마지막 단계는 이들 각각의 개별 기댓값이 0이라는 관점에서 바로 이어진다.

분산의 첫 번째 등식은 모든 개별 항이 독립적일 때 분산의 선형성에 기인한다. 두 번째 등식은 그저 분산의 정의이다. 세 번째 등식은 내적의 기댓값 계산 결과를 사용한다(기댓값의 제곱을 기댓값의 제곱의 곱으로 분리할 수 있으며, 이때 개별 기댓값은 0이다). 또한 각 랜덤 변수의 제곱이 다른 모든 랜덤 변수의 제곱과 독립적이므로, 제곱 곱의 기댓값은 제곱의 기댓값의 곱으로 분리할 수 있다. 네 번째 등식은 각 랜덤 변수의 기댓값이 그저 랜덤 변수의 분산이라는 사실에 기인한다(각 랜덤 변수의 기댓값이 0이기 때문). 마지막 등식은 바로 k로 이어진다.

내적의 기댓값은 0이고 분산은 은닉 표현의 차원인 k이다. 따라서 차원이 증가함에 따라 분산이 증가하며, 이는 큰 크기의 내적을 볼 확률이 높아진다는 것을 의미한다.

안타깝게도 큰 크기의 내적이 더 많이 존재하면 소프트맥스 함수로 인해 경사가 더 작아진다. 여기서는 자세히 설명하지 않겠지만, 분류 문제를 위한 신경망에서 소프트맥스를 사용한 것을 떠올려 보면 직관적으로 이해가 될 것이다. 신경망이 올바른 예측에 점점 더 확신을 갖게 되면(즉, 색인의 로짓값이 높아지면) 경사는 점점 더 작아진다. 바스와니 등이 도입한 스케일링 계수는 내적의 크기를 줄여 경사를 더 크게 만들고 더 나은 학습으로 이어진다.

스케일링 내적 어텐션에 대해 살펴봤으니 이제 셀프 어텐션으로 주의를 돌려보자. 이전 절에서는 영어와 프랑스어로 된 문장 훈련셋이 주어지고 새로운 영어 문장을 프랑스어 문장으로 번역하는 것이 목표인 기계 번역의 관점에서 어텐션을 살펴봤다. 이 특정 종류의 문제에서는 타깃 프랑스어 문장을 통한 직접적인 감독 방식supervision이 존재한다. 그러나 어텐션은 완전히 자기 포함적인self-contained 방식으로도 사용될 수 있다. 직관적으로는 영어 문장을 주면 문장이나 샘플링할 토큰들 간의 관계를 학습함으로써 더 통찰력 있는 감정 분석과 보다 효과적인 머신 독해를 수행할 수 있을 것이다.

이 절의 마지막 주제인 트랜스포머는 스케일 내적 어텐션과 셀프 어텐션을 모두 활용한다. 트랜스포머 아키텍처는 인코더 아키텍처와 디코더 아키텍처를 모두 가지고 있다. 또한 인코더와 디코더 내부에 셀프 어텐션이 존재하고 인코더와 디코더 사이에 표준 어텐션이 존재한다. 인코더와 디코더의 셀프 어텐션 레이어는 각 아키텍처에서 현재 위치 이전의 모든 위치에 대해 주목할 수 있도록 한다. 표준 어텐션을 사용하면 앞서 설명한 대로 디코더가 각 인코더의 은닉 상태에 주목할 수 있다.

요약

이 장에서는 시퀀스 분석의 세계를 자세히 살펴봤다. 순방향 신경망을 해킹하여 시퀀스를 처리하는 방법을 분석했고, 순환 신경망에 대한 이해를 높였으며, 어텐션 메커니즘이 어떻게 언어번역에서 오디오 트랜스크립션에 이르기까지 놀라운 애플리케이션을 구현할 수 있는지 살펴보았다. 시퀀스 분석은 자연어뿐만 아니라 금융 자산 수익의 시계열 분석과 같이 금융 주제에도 폭넓게 적용되는 분야이다. 장기 분석이나 시간에 걸친 분석이 필요한 모든 분야에서 이 장에서 설명한 시퀀스 분석 응용 프로그램을 사용할 수 있다. 다양한 분야에 걸쳐 구현하고 자연어에 대해 제시된 기법의 결과를 각 분야의 최신 기술과 비교함으로써 시퀀스 분석에 대한 이해를 심화시킬 것을 권장한다. 또한 여기에 제시된 기법이 가장 적절한 모델링 선택이 아닌 상황도 있으니, 여기에 제시된 모델링 가정이 광범위하게 적용되지 않을 수 있는 이유에 대해 깊이 생각해 보기 바란다. 시퀀스 분석은 자연어뿐만 아니라 거의 모든 기술 응용 분야에서 활용되는 강력한 도구이다.

10장

생성 모델

생성 모델에서는 데이터를 생성하는 데 사용하는 잠재latent 프로세스 또는 기저 프로세스를 이해하려고 한다. 예를 들어, MNIST 데이터셋의 숫자 이미지를 분석한다고 하면, 각 이미지를 생성하기 위해 기저 프로세스에서 사용하는 여러 가지 속성을 숫자 자체('0'에서 '9'까지의 불연속 변수), 숫자 위치, 숫자 각도, 결과 이미지 크기, 선의 두께, 노이즈 성분(모두 연속형 변수)으로 해석할 수 있다. 이전 장까지는 회귀 또는 분류 문제에서 사용되는 판별discriminative 모델에 대해 주로 살펴봤다. 분류 문제의 경우 판별 모델을 사용해서 MNIST 데이터셋의 이미지 예제를 입력으로 받아 이 이미지가 표현할 가능성이 가장 높은 숫자 범주를 '0'에서 '9' 사이에서 결정한다. 생성 모델에서는 이러한 방식 대신 데이터 분포를 완전히 모델링하며, 이 과정에서 앞서 언급한 피처 몇 가지를 암시적으로 학습하여 마치 기존 MNIST 데이터셋에서 가져온 것처럼 보이는 이미지를 생성한다. 판별 모델에서는 몇 가지 피처만 잘 학습해도 MNIST 데이터셋의 다양한 숫자를 잘 구분할 수 있으므로, 생성 모델링은 판별 모델링보다 훨씬 다루기 어렵다. 생성 모델에는 다양한 종류가 있으며, 이 장에서는 지난 10년 동안 활발히 연구했던 그 방대한 연구 내용의 일부를 소개한다.

10.1 생성적 적대 신경망

생성적 적대 신경망$^{Generative\ Adversarial\ Networks}$(GAN)은 생성 모델의 한 형태로, 노이즈로부터 이미지와 같은 현실적인 샘플을 생성하도록 설계되었다. 2014년에 굿펠로우^{GoodFellow} 등[1]이 이를 소개했다. 이 절의 나머지 부분에서는 MNIST이나 CIFAR−10과 같은 이미지 데이터셋을 사용한다고 가정한다. 오리지널 GAN 아키텍처는 판별기^{discriminator}와 생성기^{generator}의 두 가지 신경망으로 나뉜다.

생성기는 다변량 가우스 분포$^{multivariate\ Gaussian\ distribution}$와 같은 노이즈 분포에서 샘플을 가져와 이미지를 출력한다. 판별기는 이 이미지가 생성기에 의해 생성된 것인지 아니면 오리지널 데이터셋에서 샘플링된 것인지를 예측하는 작업을 수행한다. 생성기가 실제와 같은 이미지를 생성하는 능력이 점차 향상됨에 따라 판별기는 주어진 이미지가 생성기에 의해 생성된 것인지 아니면 데이터셋에서 샘플링된 것인지 판단하기 점점 어려워진다. 이러한 상황은 마치 두 신경망이 서로 경쟁하는 게임에 참여하는 것으로 생각할 수 있다. 각각의 신경망은 생성기가 오리지널 데이터셋에서 직접 가져온 것처럼 보이는 이미지를 생성할 수 있을 때까지 진화하며, 판별기는 생성기에서 만든 이미지셋과 오리지널 데이터셋의 이미지셋을 구분할 수 없게 된다. 다시 말해, 이 경우 판별기는 주어진 이미지가 데이터셋에서 왔을 확률이 $\frac{1}{2}$인 것으로 예측한다.

수학적으로 표현해 보자. 먼저 데이터 분포를 $p_{data}(x)$로 정의한다. 실제 데이터 분포를 알 수는 없지만, 일반적으로는 현재 보유하고 있는 데이터셋으로 실제 데이터 분포를 충분히 근사한다고 가정한다. $p_{data}(x)$는 데이터셋에 존재하는 모든 이미지에 대한 균등 분포$^{uniform\ distribution}$이며, 데이터셋에 없는 이미지의 가능도는 모두 0이다).

추가로, 생성기에서 파라미터화된^{paranetrized} 확률 분포를 $p_g(x)$로 정의한다. 확률 변수$^{random\ variable}$ x는 이미지와 같은 실체를 나타내며, 이때 이미지는 각각 고유한 확률 변수인 픽셀의 집합이다. 생성기 G에서는 $P(z)$라는 노이즈 분포의 샘플을 데이터 공간에 매핑하여 $p_g(x)$를 정의한다. 이때 데이터 공간은 데이터셋에 있는 이미지만이 아니라 이론적으로 생성 가능한 가능한 모든 이미지로 구성된다. G 자체는 결정론적^{deterministic} 함수[2]이지만 노이즈 분포에 작용하여 암시적으로 분포를 정의한다는 점이 중요하다. 이 분포는 $G(z)$를 통해서만 샘플을 생성할 수 있기 때문에 암시적이라는 걸 주의해야 한다. 즉 명시적 분포와 같이 직접 다룰 수 있고 이

---

1   Goodfellow et al. "Generative Adversarial Networks." arXiv Preprint arXiv:1406,2661, 2014.

2   옮긴이 1_ 특정한 입력이 들어오면 항상 같은 출력을 내놓는 함수

미지의 가능도를 질의할 수 있는 것이 아니다. 일반적인 GAN 아키텍처는 [그림 10-1]을 참조해 보자.

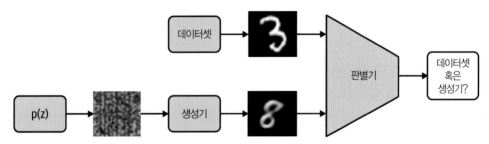

그림 10-1 판별기는 입력 이미지가 데이터셋에서 샘플링된 것인지 아니면 생성기에서 샘플링되었는지를 판단한다. 생성기의 목표는 판별기를 속여 입력 이미지를 데이터셋에서 샘플링된 것으로 알게 하는 것이다.

주어진 데이터셋에 대한 최적 생성기는 $p_{data}(x)$를 파라미터화할 것이다. 이렇게 되면 최고 성능의 판별기조차도 완벽하게 혼동시킬 수 있기 때문이다. 즉, 생성기가 데이터셋의 분포와 정확히 동일한 분포를 파라미터화하고, 생성기 또는 데이터셋으로부터 샘플을 추출했을 가능성이 동일하다면, 어떤 판별기도 이미지가 실제로 어디서 왔는지 알 수 없을 것이다. 이는 두 가지 가능성이 항상 동일하기 때문이다. 다음 단락에서 이상의 내용을 공식화한다.

2장의 내용을 다시 떠올려 보자. 데이터셋과 동일한 분포를 파라미터화하는 생성기가 주어졌을 때, $p(x \mid y = \text{generator}) = p(x \mid y = \text{dataset})$, $\forall x$가 성립하는데, 여기서 y는 생성기와 데이터셋이라는 두 가지 옵션에 대한 베르누이 확률 변수[Bernoulli random variable]다. $p_g(x)$와 $p(x \mid y = \text{generator})$는 같은 표현이므로 서로 바꿔 사용할 수 있다. $p_{data}(x)$와 $p(x \mid y = \text{dataset})$도 마찬가지다. 이들 옵션 중 데이터셋 옵션은 현재 조건부 확률을 다루고 있다는 것을 상기시킨다. 다시 말해, 생성기에서 샘플링하는 경우와 데이터셋에서 샘플링하는 경우의 확률이 같다고 가정하면, 즉 $p(y = \text{generator}) = p(y = \text{dataset})$이라면, 베이즈 규칙[Bayes' Rule]을 사용하여 $p(y = \text{generator} \mid x) = p(y = \text{dataset} \mid x)$, $\forall x$라는 식을 얻을 수 있다. y는 베르누이 확률 변수이므로 생성기에서 샘플링하거나 데이터셋에서 샘플링하는 두 가지 옵션만 있으며, 이에 따라 앞서 언급한 것처럼 구분 작업 수행이 불가능한 판별기가 남게 되면서 어떤 이미지에 대해서도 데이터셋에서 샘플링될 확률을 $\frac{1}{2}$로 예측하게 된다.

최종 목표를 알았으니 이제 생성기와 판별기를 함께 훈련할 목적 함수를 설계할 수 있다. 오리지널 GAN 논문에서 제시한 목적 함수는 다음과 같다.

$$V(G,D) = \mathbb{E}_{x \sim p_{\mathrm{data}}(x)}[\log D(x)] + \mathbb{E}_{z \sim p(z)}[\log (1 - D(G(z)))]$$

$G(z)$는 앞서 설명한 노이즈 분포에서 데이터 공간으로의 매핑을 나타낸다. $D(x)$는 입력 이미지에 할당된 점수를 나타내며, 입력 이미지가 데이터셋에서 도출되었을 확률로 해석된다. 당연히 판별기 D는 이 목적 함수를 최대화하고자 하는데, 이는 생성기 G가 생성한 이미지가 아니라 데이터셋에서 가져온 이미지에 높은 확률을 할당하는 것을 의미한다. 반면에 G는 이 목적 함수를 최소화하고자 하는데, 이는 실제 이미지 또는 데이터셋의 이미지와 똑같이 보이는 이미지를 생성하여 판별기 D를 혼란스럽게 만들고 생성기가 생성한 이미지에 높은 점수를 주도록 하는 것을 의미한다. 한 신경망의 목적 함수를 최대화하고 다른 신경망의 목적 함수를 최소화하는 이 아이디어를 미니맥스^{minimax}라고 하며, 그 최적화 절차를 수학적으로 표현하면 다음과 같다.

$$\min_G \max_D \mathbb{E}_{x \sim p_{\mathrm{data}}(x)}[\log D(x)] + \mathbb{E}_{z \sim p(z)}[\log (1 - D(G(z)))]$$

논문에서는 해당 목적 함수로 훈련된 최적 판별기가 고정된^{fixed}[3] 생성기 G와 주어진 이미지 x에 대해 다음과 같은 점수를 출력한다는 것을 보여준다.

$$\frac{p_{\mathrm{data}}(x)}{p_{\mathrm{data}}(x) + p_g(x)}$$

먼저 고정된 생성기가 주어진 상황에서 이 수식이 최적 판별기의 동작을 잘 나타내는 이유를 생각해 보기로 한다. 일단 D는 $p_\theta(y = \mathrm{dataset} \mid x)$, 즉 판별기에서 이미지가 데이터셋에서 추출된 것으로 판단하는 확률로 표현한다는 것이 중요하다. 여기서 θ는 D의 파라미터나 가중치를 나타낸다. 경사 하강과 같은 신경망 업데이트 작업을 수행할 때 θ는 업데이트되는 가중치 집합을 나타낸다. 이 분포는 앞서 언급한 $p(y = \mathrm{dataset} \mid x)$와는 다르다. $p(y = \mathrm{dataset} \mid x)$는 주어진 이미지가 데이터셋에서 샘플링된 실제 확률이라는 점을 기억하라.

최적 판별기는 생성기가 이미지를 생성하는 것이 불가능($p_g(x) = 0$)[4]하지 않는 한 이미지가 데

---

3 옮긴이 1_ 파라미터가 고정되어 신경망이 더 이상 업데이트 되지 않는다.
4 옮긴이 1_ $p_g(x) = 0$은 생성기에서 이미지 x를 만들어낼 확률이 0이며, 따라서 판별기에서는 이미지가 데이터셋에서 샘플링 된 것으로 확실히 판단할 수 있다.

이터셋에서 왔는지 생성기에서 왔는지 알 수 없다. 판별기 예측에 내재된 불확실성은 데이터셋 확률 분포에서 이미지 가능도 $p_{\mathrm{data}}(x)$와 생성기 G가 정의하는 확률 분포에 이미지 가능도 $p_g(x)$로 구성되는 함수로 정량화할 수 있다. 생성기가 정의하는 분포에서 이미지의 가능도가 데이터 분포 하에서 이미지의 가능도보다 작다면 최적 판별기에서는 이에 영향을 받아 이미지의 점수를 0보다 1에 가깝게 매긴다.[5]

> ✏️ **NOTE** 대충 빠르게 확인해 보면 앞서 언급한 속성이 점수 함수 $\frac{p_{\mathrm{data}}(x)}{p_{\mathrm{data}}(x)+p_g(x)}$ 에 대해 참임을 알 수 있다. 그런데 왜 이 점수 함수가 최적의 선택일까? $\frac{p_{\mathrm{data}}(x)}{p_{\mathrm{data}}(x)+p_g(x)}$ 점수 함수를 구체적으로 살펴보고, 이것이 $p_{\mathrm{data}}(x)$와 $p_g(x)$ 두 확률의 최적 함수인 이유를 알아보도록 하자.

완벽하게 혼란스러워진 판별기에 대한 논의 중 얻은 아이디어를 바탕으로, 제안된 최적 판별기 점수 함수를 조건부 확률의 관점에서 다음과 같이 다르게 표현할 수 있다.

$$\frac{p(x \mid y = \mathrm{dataset})}{p(x \mid y = \mathrm{dataset}) + p(x \mid y = \mathrm{generator})}$$

또한 데이터셋에서 샘플링할 확률과 생성기에서 샘플링할 확률이 동일하다고 가정하면 $p(y = \mathrm{dataset}) = p(y = \mathrm{generator}) = 0.5$이며, 최적 점수를 다음과 같이 훨씬 해석하기 쉽게 표현할 수 있다.

$$D^*(x) = \frac{p(x \mid y = \mathrm{dataset})}{p(x \mid y = \mathrm{dataset}) + p(x \mid y = \mathrm{generator})}$$

$$= \frac{p(x \mid y = \mathrm{dataset}) * p(y = \mathrm{dataset})}{p(x \mid y = \mathrm{dataset}) * p(y = \mathrm{dataset}) + p(x \mid y = \mathrm{generator}) * p(y = \mathrm{generator})}$$

$$= \frac{p(x, y = \mathrm{dataset})}{p(x)}$$

$$= p(y = \mathrm{dataset} \mid x)$$

---

5 옮긴이 1_ 이미지가 데이터셋에서 왔을 확률에 높은 점수를 준다는 의미다.

세 번째 식의 분모는 y를 제거$^{\text{marginalize out}}$한 결과다. 최종 결과는 주어진 입력 이미지가 데이터셋에서 샘플링되었을 조건부 확률일 뿐이다. 최적 판별기는 최적 판별기의 추정 확률인 $p_{\theta^*}(y = \text{dataset} \mid x)$가 입력 이미지가 실제로 데이터셋에서 추출되었을 실제 확률인 $p(y = \text{dataset} \mid x)$와 일치하도록 노력해야 한다.

이제 고정된 생성기$^{\text{fixed generator}}$를 가정할 때 앞에서 정의한 미니맥스 목적 함수가 왜 $p(y = \text{dataset} \mid x)$, 즉 이미지 x가 주어졌을 때 데이터셋에서 가져온 실제 조건부 확률로 최대화되는지 고려해 보자. 목적 함수를 자세히 살펴보고 더 나은 통찰력을 제공하는 방식으로 다음과 같이 재구성해 보겠다.

$$
\begin{aligned}
V(G,D) &= \mathbb{E}_{x \sim p_{\text{data}}(x)}[\log D(x)] + \mathbb{E}_{z \sim p(z)}[\log(1 - D(G(z)))] \\
&= \mathbb{E}_{x \sim p(x|y=\text{dataset})}[\log p_\theta(y = \text{dataset} \mid x)] + \mathbb{E}_{p_\phi(x|y=\text{generator})}[\log(1 - p_\theta(y = \text{dataset} \mid x))] \\
&= \mathbb{E}_{x \sim p(x|y=\text{dataset})}[\log p_\theta(y = \text{dataset} \mid x)] + \mathbb{E}_{p_\phi(x|y=\text{generator})}[\log(p_\theta(y = \text{generator} \mid x))]
\end{aligned}
$$

평소와 같이 조건부 확률의 관점에서 목적 함수를 설정했다. 첫 번째 식에서 두 번째 식으로 넘어갈 때, 노이즈 분포 $P(z)$에 대한 기댓값을 구한 다음 각 샘플에 함수 g를 적용하는 것이 g의 매핑으로 정의된 데이터 공간상 분포에 대한 기대치를 구하는 것과 동일하다는 것을 알 수 있다. 이는 2장에서 설명했던 개념과 비슷한데, 즉 확률 변수가 다른 확률 변수의 함수가 될 수 있다는 것이다. 또한 두 번째 줄부터 문자 ϕ가 추가되는 것에 주목해야 한다. 문자 ϕ는 g의 파라미터나 가중치를 나타낸다.

마지막 식을 자세히 살펴보면 여기서 다루는 목적 함수와 2장에서 소개한 엔트로피^{entropy} 및 교차 엔트로피$^{\text{cross entropy}}$ 개념 사이에 많은 유사점이 있다. 최적 θ에 영향을 주지 않으면서 다음과 같이 목적 함수를 약간 조작하여 두 교차 엔트로피 항의 음수 합을 구할 수 있다.

$$
\begin{aligned}
\theta^* &= \text{argmin}_\theta V(G,D) \\
&= \text{argmin}_\theta \mathbb{E}_{x \sim p(x|y=\text{dataset})}[\log p_\theta(y = \text{dataset} \mid x)] \\
&\quad + \mathbb{E}_{p_\phi(x|y=\text{generator})}[\log(p_\theta(y = \text{generator} \mid x))] \\
&= \text{argmin}_\theta - H(p(x, y = \text{dataset}), p_\theta(x, y = \text{dataset})) \\
&\quad - H(p(x, y = \text{generator}), p_\theta(x, y = \text{generator}))
\end{aligned}
$$

2장에서 설명한 것처럼 두 분포가 정확히 같을 때 두 분포 간의 교차 엔트로피가 최소화되는데, 여기서는 음의 교차 엔트로피를 최대화하여 이와 동일한 효과를 얻는다. 따라서 θ는 $p_\theta(x, y = \text{dataset}) = p(x, y = \text{dataset})$ 및 $p_\theta(x, y = \text{generator}) = p(x, y = \text{generator})$일 때 최적의 가중치 집합 θ^*를 얻는다.

마지막 단계로, 이전에 이야기한 대로 θ^*에서 $p_{\theta^*}(y = \text{dataset} \,|\, x) = p(y = \text{dataset} \,|\, x)$임을 확인해 보자. 이미 이전 작업에서 $p_{\theta^*}(x, y = \text{dataset}) = p(x, y = \text{dataset})$이라는 것을 알고 있다. 양쪽을 $p(x)$로 나누면 원하는 결과를 얻을 수 있다.

지금까지 고정된 g를 가정하고 최적 D에 대한 다양한 속성을 소개했다. 불행히도 실제로는 판별기뿐만 아니라 생성기도 훈련해야 하므로 고정된 g를 가정할 수 없다. 하지만 최적 D에 관한 몇 가지 속성을 소개했으니, 이제 최적 판별기도 완벽하게 혼동시킬 수 있는 생성기, 즉 최적 해$^{\text{global optimum}}$를 달성하기 위해 g가 만족해야 하는 속성을 이야기할 수 있다. 최적 판별기를 가정하고 그 점수 $\frac{p_{\text{data}}(x)}{p_{\text{data}}(x) + p_g(x)}$를 목적 함수 $V(G, D)$에 대입하면 g의 파라미터 또는 가중치에만 의존하는 다음과 같은 목적 함수를 얻을 수 있다.

$$C(G) = \mathbb{E}_{x \sim p_{\text{data}}(x)}\Big[\log \frac{p_{\text{data}}(x)}{p_{\text{data}}(x) + p_g(x)}\Big] + \mathbb{E}_{x \sim p_g(x)}\Big[\log\Big(1 - \frac{p_{\text{data}}(x)}{p_{\text{data}}(x) + p_g(x)}\Big)\Big]$$

$$= \mathbb{E}_{x \sim p_{\text{data}}(x)}\Big[\log \frac{p_{\text{data}}(x)}{p_{\text{data}}(x) + p_g(x)}\Big] + \mathbb{E}_{x \sim p_g(x)}\Big[\log \frac{p_g(x)}{p_{\text{data}}(x) + p_g(x)}\Big]$$

$$= \mathbb{E}_{x \sim p(x|y=\text{dataset})}\Big[\log \frac{p(x \,|\, y = \text{dataset})}{p(x \,|\, y = \text{dataset}) + p_\phi(x \,|\, y = \text{generator})}\Big]$$

$$+ \mathbb{E}_{x \sim p_\phi(x|y=\text{generator})}\Big[\log \frac{p_\phi(x \,|\, y = \text{generator})}{p(x \,|\, y = \text{dataset}) + p_\phi(x \,|\, y = \text{generator})}\Big]$$

이제 생성기 가중치 ϕ에 대한 최적화를 통해 이 목적 함수를 최소화할 수 있다. 상세한 유도 과정은 원본 GAN 논문을 참조하기 바란다. 그러나 이제까지의 경험에서 예상할 수 있듯이, g가 나타내는 최적 분포 $p_{g^*}(x)$는 $p_{\text{data}}(x)$, $\forall x$와 같다. 이는 완벽하게 혼란스럽게 된 판별기에 대한 여기서의 논의 내용과 일치하며, 원본 GAN 논문에서 제안된 목적 함수가 실제로 이 최적해에 수렴한다는 것을 보여준다.

이제 최적 생성기와 최적 판별기가 생겼다. 그럼 이미지 생성은 어떻게 수행할까? 노이즈 분포 $p(z)$에서 샘플을 추출하고 각 샘플을 생성기를 통해 실행하면 된다. 최적 생성기에서는 데이터셋 자체에서 가져온 것처럼 보이는 이미지를 생성해야 한다. 이 단계에서 판별기가 더 이상 필요하지 않다는 사실이 놀라울 수 있다. 판별기는 이미 그 목적을 달성했다. 판별기는 생성기와 경쟁하는 데 핵심적인 역할을 했다. 생성기와 판별기 모두 생성기가 판별기를 완벽하게 혼동하는 이미지를 생성할 수 있는 정도까지 진화했다.

생성 모델링에 대한 표준 해석과 달리 z는 데이터가 생성되는 잠재latent 변수 집합을 나타내지 않는다는 점에 유의하라. z는 단순히 샘플링이 쉬운 표준 분포(예 균등 분포 또는 표준 다변량 가우스 분포) 형태를 띤 확률 변수 역할을 한다. 완전히 훈련되고 최적 상태인 g는 $p(z)$의 샘플을 $p(x)$에 근사한 $p_{data}(x)$의 샘플로 변환하는 복잡한 미분 가능 함수다. 다음 절에서는 $G(z)$와 재파라미터화reparametrization 기법 사이의 유사점을 살펴볼 것이다. 재파라미터화 기법 역시, 샘플링이 더 쉬운 분포에서 추출한 샘플을 변환(미분 가능한 함수를 통해)함으로써 결과적으로 샘플링이 어려운 복잡한 분포에서 샘플링할 수 있도록 해 준다.

10.2 변이형 오토인코더

킹마Kingma와 웰링Welling은 GAN 도입과 동시에 2014년에 발표한 논문 「Auto-Encoding Variational Bayes」[6]에서 변이형 오토인코더Variational Autoencoder(VAE)를 소개했다. VAE는 앞서 언급한 GAN보다 확률적 모델링에 더 강한 기반을 두는 아이디어다. VAE는 관찰되지 않은 잠재 변수 집합의 존재를 가정하며 이를 z로 표시한다. 이 잠재 변수 집합으로부터 우리가 실제 보는 데이터가 생성되며, 이 데이터를 x로 표시한다. 보다 공식적으로는 잠재 변수 z와 관찰된 데이터 x에 대한 결합 확률 분포joint probability distribution $p(x, z)$가 존재한다고 이야기할 수 있다. 이 결합 확률 분포는 $p(x \mid z)p(z)$로 분해되어 표현된다(그림 10-2 참조). 2장 내용을 생각해 보면 이 분해는 매우 직관적이다. z와 x의 사전 정의된 역할을 고려할 때, z가 어떤 값을 가지고 난 후 z의 설정에서 x가 생성되는 방식은 반대 방향의 방식보다 훨씬 더 합리적이다.

---

6 Kingma et al. "Auto-Encoding Variational Bayes." arXiv Preprint arXiv:1312.6114. 2014.

그림 10-2 z는 모든 x 인스턴스가 생성될 때 중요한 역할을 하는 잠재 변수를 나타낸다. z에서 x로 향하는 화살표는 이 관계를 나타낸다.

x는 이미지를 포함하여 연속적이거나 불연속적인 모든 종류의 데이터를 나타낼 수 있다. 데이터셋에 대한 지식을 이미 가지고 있으므로 x의 도메인 정보를 추가로 알 수 있다. 반면에 z는 훨씬 더 파악하기 어렵다. z가 어떻게 생겼는지 모르기 때문에 먼저 몇 가지 가정을 해야 한다. 예를 들어, 처음에는 z가 가우스 분포 ^{Gaussian Distribution}의 형태를 취하는 것으로, 다시 말해 $p(z)$ 가 가우스 분포인 것으로 가정할 수 있다. 2장의 내용을 복기해 보면, $p(z)$ 즉 z에 대한 사전 확률^{prior}을 가우스 분포라고 이야기할 수 있다.

이러한 데이터 생성 프로세스를 생각할 때마다 자연스럽게 떠오르는 확률적 질문들이 있다. 예를 들어, 분포 $p(z \mid x)$ 즉 x를 알고 있는 상태에서 z의 사후 확률^{posterior}은 무엇일까? 데이터를 관찰하면서 기저 파라미터에 대한 예상은 종종 변한다. 2장에서 소개한 동전 던지기 실험을 예로 들자면, 처음에는 앞면과 뒷면이 나올 확률이 50대 50이라고 가정했다. 이때 50대 50은 잠재 파라미터인 a로 생각할 수 있다. a는 앞면과 뒷면의 시퀀스 데이터 생성 과정을 지시하는 파라미터다. 이것은 조금 단순한 설명이다. 실제로는 초기에 앞면이 나올 확률인 α에 대한 분포가 있으며, 이것이 우리의 사전 확률 분포다. 물론 이 사전 확률의 범위는 [0, 1]이며, 여기서 $p(\alpha = 0.5)$가 다른 모든 α 설정보다 크도록 사전 확률 $p(\alpha)$를 설계하는 것이 합리적이다. 동전 던지기 순서를 관찰하면서 베이즈 정리를 통해 사전 확률을 업데이트했다. 비슷한 방식으로, 초기에는 $p(z)$가 평균과 분산이 있는 가우스 분포라고 가정하지만, 데이터를 관찰하면서 사후 확률 $p_\theta(x \mid z)$의 형태로 예상을 다시 계산하여 바꾼다(그림 10-3 참조).

또 다른 질문이 자연스럽게 떠오른다. $p(x \mid z)$ 분포, 즉 잠재 변수 z의 특정 설정이 주어졌을 때 데이터 x의 가능도는 무엇일까? 동전 던지기 실험에서 $p(x \mid z)$는 쉽게 생각할 수 있다. 실험에 대해 완전한 지식이 있기 때문에 임의 순서의 확률은 각 던지기 확률의 곱에 불과하며, 이때 각 던지기 확률은 z에 의해 직접 정의됨을 알 수 있다. 그러나 이미지와 같은 더 복잡한 상황에서는 데이터 x와 잠재 변수 z 사이의 관계가 이보다 훨씬 복잡하다고 가정할 수 있다. 예를 들어, 이미지를 볼 때 이미지의 특정 픽셀값이 인접 픽셀값에 의해 많이 영향을 받고, 때로는 심지어 훨씬 멀리 있는 픽셀값에 의해서도 상당한 영향을 받는다는 것이 명백하다. 동전 던지기에 대한 단순한 독립성 가정independence assumption은 목적에 부족하다. 이것이 바로 베이즈 정리Bayes' Theorem와 같은 단순한 방법으로는 z에 대한 사후 확률을 학습할 수 없는 이유 중 하나이며, 즉시 적용할 수 있는 단순한 방안보다 훨씬 더 복잡하고 많은 정보와 분석이 필요하다.

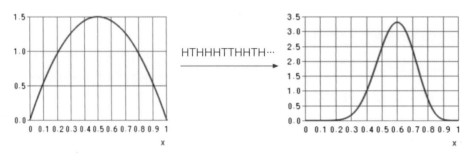

그림 10-3 동전 던지기 실험에서는 0.5가 가장 높은 가능성을 갖도록 사전 확률이 설계되었다. 실험에서 앞면과 뒷면 시퀀스가 어느 정도 관찰되면 뒷면보다 앞면이 많이 나와서 사후 확률이 오른쪽으로 이동하게 된다.

변이형 오토인코더에서는 이러한 분포를 신경망으로 인코딩하는데, 신경망은 잠재 변수 z와 관측 데이터 x 사이의 관계를 정확하게 모델링할 수 있는 복잡한 비선형 함수로 볼 수 있다. 잠재 변수 설정이 주어지면 데이터 분포를 출력하는 신경망을 디코더, 즉 $p_\theta(x \mid z)$라고 표기하며, 여기서 θ는 신경망의 가중치를 나타낸다. 다시 말해, 미리 결정된 신경망 구조와 θ의 설정이 모델의 실제 분포 $p(\theta \mid x, z)$에 대한 예상을 완전히 정의한다. 실제 분포에 가장 근접한 설정을 얻기 위해 θ를 최적화한다.

추가로 z에 대한 사후 확률, 즉 $p(z \mid x)$를 신경망으로 인코딩한다. 이 신경망은 인코더라고 하며 $q_\phi(z \mid x)$라고 표시한다. 디코더와 마찬가지로 ϕ를 최적화하여 실제 사후 확률에 가장 가까운 설정을 얻는다.

킹마와 웰링은 변이형 오토인코더를 생성 모델링의 실용적인 수단으로 만든 몇 가지 주요 관찰 결과를 도출해냈다(그림 10-4 참조). 첫 번째는 데이터 $p(x)$의 실제 로그 가능도의 하한인 증거 하한evidence lower bound(줄여서 ELBO)을 인코더 및 디코더 파라미터에 대해 다루기 쉬운tractable 최적화가 가능한 방식으로 재구성할 수 있다는 것이다. 두 번째는 인코더의 파라미터 ϕ에 대한 경사의 작은 분산low variance 추정치를 계산할 수 있는 재파라미터화 기법이다. 지금은 이러한 용어들이 전문적이고 어렵게 느껴지지만, 점차 각 개념을 자세히 살펴보면서 인코더-디코더 구조를 다루어야 하는 이유도 구체적으로 알아볼 것이다.

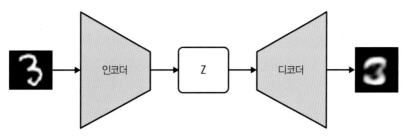

그림 10-4 킹마와 웰링이 제시한 전체 VAE 아키텍처. z와 디코더 이후 이미지는 각각 인코더 분포의 샘플과 디코더 분포의 샘플이라는 점에 유의한다.

데이터 x 일부를 관찰했다고 가정하자. 이때 각 개별 예제는 $x^{(i)}$로 표시할 수 있다. 여전히 관찰한 데이터를 생성하는 잠재 변수 z 셋 일부가 존재한다고 가정한다. 관찰된 데이터에 대한 분석을 각 개별 예제 $x^{(i)}$에 대한 분석으로 분할한다. 잠재 변수 $p(z \mid x^{(i)})$에 대한 실제 사후 확률이 존재한다는 것은 알고 있지만, 그 실제 사후 확률이 무엇인지는 알 수 없다. 실제 사후 확률이 잠재 변수 $p_\phi(z \mid x^{(i)})$에 대한 임의의 분포에 의해 근사될 수 있다고 가정한다. 여기서 q는 최적화가 훨씬 쉬우면서도 실제 사후 확률을 정확히 모델링하기에는 충분히 복잡한 분포의 종류다. 예를 들어 다층 신경망은 이전에 이미 살펴보았듯이 경사하강법을 통해 효율적으로 최적화할 수 있고 복잡한 비선형 함수를 나타낼 수 있다. 지금까지 살펴본 각 예제 $x^{(i)}$가 어떤 실제 발생 확률을 가지며, 이를 $p(x_i)$로 쓸 수 있다. 이때 $p(x^{(i)})$ 대신 $\log p(x^{(i)})$를 사용할 수 있다. 이렇게 하면 다음 수식과 같이 이전에 접했던 항들로 편리하게 분해할 수 있고 최적화 과정의 효율성이나 정확성에는 영향을 미치지 않기 때문이다.

$$
\begin{aligned}
\log p(x^{(i)}) &= \log p(x^{(i)}, z) - \log p(z \mid x^{(i)}) \\
&= \log p(x^{(i)}, z) - \log p(z \mid x^{(i)}) + \log q_\phi(z \mid x^{(i)}) - \log q_\phi(z \mid x^{(i)}) \\
&= \mathbb{E}_{q_\phi(z \mid x^{(i)})}[\log p(x^{(i)}, z) - \log p(z \mid x^{(i)}) + \log q_\phi(z \mid x^{(i)}) - \log q_\phi(z \mid x^{(i)})] \\
&= \mathbb{E}_{q_\phi(z \mid x^{(i)})}[\log \frac{p(x^{(i)}, z)}{q_\phi(z \mid x^{(i)})}] + \mathbb{E}_{q_\phi(z \mid x^{(i)})}[\log \frac{q_\phi(z \mid x^{(i)})}{p(z \mid x^{(i)})}] \\
&= \text{ELBO} + \text{KL}(q_\phi(z \mid x^{(i)}) \| p(z \mid x^{(i)}))
\end{aligned}
$$

첫 번째 단계에서는 개별 예제 $x^{(i)}$의 주변 가능도$^{\text{marginal likelihood}}$를 예제 자체와 잠재 요인 z의 함수로 표현한다. 앞서 학습했듯이, 주변 가능도는 결합 분포$^{\text{joint distribution}}$ $p(z, x^{(i)})$와 조건부 분포$^{\text{conditional distribution}}$ $p(z \mid x^{(i)})$의 몫으로 분해할 수 있다. 로그 함수를 사용하면 이 몫을 두 항의

로그 간의 차이로 분리할 수 있다. 두 번째 단계에서는 근사 사후 확률을 식에 편리하게 삽입할 수 있는 기법을 사용한다. 이는 같은 항을 더하고 빼도 등식에 영향을 미치지 않는다는 것이다. 세 번째 단계에서는 근사 사후 확률에 대한 기댓값을 삽입한다. 이것이 허용되는 이유는 무엇일까? 사전 지식으로 이미 $\log p(x^{(i)})$가 상수라는 것을 알고 있다. 이는 고정된 실제 분포에서 예제가 발생할 확률의 로그일 뿐이다. 따라서 양쪽에 기댓값을 취해도 등식의 왼쪽은 아무것도 변하지 않는다. 상수의 기댓값이 상수 자체에 불과하기 때문이다. 식의 오른쪽은 이제 주변 가능도의 로그를 이전에 보았던 항으로 표현하는 데 더 가까워졌다. 마지막 단계 직전 단계에서는 로그를 다시 몫으로 결합하고 기댓값의 선형성을 사용하여 (1)근사 사후 확률과 실제 사후 확률 간의 KL 발산과 (2)ELBO(증거 하한)라는 두 항의 합으로 표현한다.

이제 KL 발산의 형태가 2장에서 살펴본 것과 약간 다르다는 것을 눈치챘을 것이다. 앞서 제시된 표준 KL 발산을 생각해 보자. 여기서 실제 분포는 $p(x)$이고 근사는 $q(x)$이다. 이 경우에서 정의했던 KL 발산은 두 분포의 교차 엔트로피와 실제 분포의 엔트로피 사이의 차이였고, 다음과 같이 표현할 수 있었다.

$$\mathbb{E}_{p(x)}\left[\log \frac{p(x)}{q(x)}\right]$$

이 유도에서 볼 수 있듯이 KL 발산은 정반대이다. 기댓값은 실제 사후 확률이 아니라 근사 사후 확률에 대한 것이며, 분자와 분모가 뒤바뀌어 있다. 본질적으로 여기서 보이는 것은 $\mathbb{E}_{q(x)}\left[\log \frac{q(x)}{p(x)}\right]$ 대신 $\mathbb{E}_{p(x)}\left[\log \frac{p(x)}{q(x)}\right]$다. 모델 분포의 역할과 실제 분포의 역할이 서로 바뀌었기 때문에 이를 역 KL 발산reverse KL divergence이라고 부르며, VAE에서는 이 역 KL 발산을 최소화하려고 한다. 표준 KL만큼 명확하게 물리적으로 해석되지는 않지만, 역 KL 발산도 KL 발산의 한 유형일 뿐이며 2장에서 설명한 모든 속성을 유지한다. 따라서 역 KL 발산을 최적화하면 $q(x) = p(x)$, $\forall x$일 때 유일한 최솟값인 0에 도달한다. 근사 사후 확률이 실제 사후 확률과 정확히 일치할 때 유일한 최솟값에 도달하기 때문에 역 KL 발산은 최적화할 유효한 목표가 된다.

그러나 현실적으로 실제 사후 확률 $p(z \mid x^{(i)})$은 아직 알 수 없다. 따라서 실제 사후 확률을 가지고 KL 발산을 직접 최소화할 수 없다. 바로 이 지점에서 ELBO가 중요한 역할을 한다. 앞서 설명했듯이 $\log p(x^{(i)})$는 상수다. 따라서 역 KL 발산을 최소화하는 것은 ELBO를 최대화하는 것과 같다. 이제 증거 하한이라는 뜻이 더 이해가 잘 될 것이다. 이 항을 최대화하면 예제의 실제 로그 확률에 대해 더 나은 하한을 제공할 수 있기 때문이다. ELBO를 효율적으로 최대화하는 방법론을 개발할 수 있다면 생성 모델을 개발하는 데 큰 도움이 될 것이다. ELBO를 다음과 같이 다루기 쉬운 표현으로 다시 공식화해 보겠다.

$$\mathbb{E}_{q_\phi(z|x^{(i)})}\left[\log\frac{p(x^{(i)},z)}{q_\phi(z|x^{(i)})}\right] = \mathbb{E}_{q_\phi(z|x^{(i)})}[\log p(x^{(i)},z) - \log q_\phi(z|x^{(i)})]$$

$$= \mathbb{E}_{q_\phi(z|x^{(i)})}[\log p(x^{(i)}|z) + \log p(z) - \log q_\phi(z|x^{(i)})]$$

$$= \mathbb{E}_{q_\phi(z|x^{(i)})}[\log p(x^{(i)}|z)] + \mathbb{E}_{q_\phi(z|x^{(i)})}[\log p(z) - \log q_\phi(z|x^{(i)})]$$

$$= \mathbb{E}_{q_\phi(z|x^{(i)})}[\log p(x^{(i)}|z)] - \mathbb{E}_{q_\phi(z|x^{(i)})}\left[\log\frac{q_\phi(z|x^{(i)})}{p(z)}\right]$$

$$= -KL(q_\phi(z|x^{(i)})\,||\,p(z)) + \mathbb{E}_{q_\phi(z|x^{(i)})}[\log p(x^{(i)}|z)]$$

이 시점에서 ELBO를 최대화하는 구조와 최적화 절차의 초안을 볼 수 있다. 예를 들어, 첫 번째 항은 근사 사후 확률과 사전 확률 사이의 역 KL 발산으로, 사전 확률은 이미 가우스 분포라고 가정했다. 근사 사후 확률은 신경망, 즉 인코더를 사용하여 나타낼 수 있다. 역 KL 발산은 근사 사후 확률에 대한 규제화 항으로 작용한다. 역 KL의 음수를 최대화하는 것이 역 KL을 최소화하는 것과 같기 때문이다. 규제화는 근사 사후 확률 분포가 사전 확률 분포에서 너무 많이 벗어나는 것을 방지한다. 이 같은 규제화 장치는 아직 하나의 예만 관찰했을 뿐이기 때문에 잠재 변수에 대한 예상이 사전 확률 분포에서 너무 많이 이동하는 것을 원하지 않으므로 바람직하다. 두 번째 항은 잠재 변수 z의 설정이 주어졌을 때 예제의 실제 로그 가능도 기댓값이며, 여기서 z는 근사 사후 확률 분포에서 샘플링된다. 이 기댓값을 ϕ에 대해 최대화하려는 것은 직관적으로 볼 때 합리적이다. 이는 근사 사후 확률에 영향을 미쳐 입력 예제 $x^{(i)}$를 최대한 잘 설명하는 z 설정에 더 높은 가능도를 부여하도록 한다. 과적합을 방지하는 규제화와 최대 가능도 추정maximum likelihood estimation 사이의 균형을 맞추는 작업은 그 자체로 $x^{(i)}$를 가장 잘 설명하는 z 설정에 대해 $q_\phi(z|x^{(i)})$가 질점point mass에 불과한 최적값에 도달하는 것으로, 다양한 데이터 과학 문제와 머신러닝 문제에서 접했을 고전적인 최적화 절차다.

그러나 앞서 언급했듯이 안타깝게도 실제 조건부 분포 $p(x|z)$에 접근할 수 없다. 대신 두 번째 신경망, 즉 디코더를 사용하여 이 실제 조건부 분포를 학습하려고 시도한다. 디코더의 파라미터를 θ로 표시하고 디코더가 분포 $p_\theta(x|z)$를 나타내도록 한다. 요약하면 다음과 같은 최적화 절차를 수행한다.

$$\phi^*, \theta^* = \mathrm{argmax}_{\phi,\theta} - KL(q_\phi(z \mid x^{(i)}) \| p(z)) + \mathbb{E}_{q_\phi(z \mid x^{(i)})}[\log p_\theta(x^{(i)} \mid z)]$$

$p_\theta(x \mid z) = p(x \mid z)$라고 가정할 때, 왜 이 절차가 인코더 파라미터 ϕ에 대해 유효한 최적화 절차인지에 대해서는 이미 논의한 바 있다. 물론 훈련 초기에는 이 가정이 만족되지 않는다. 그러나 훈련이 진행되고 θ가 점점 더 최적화됨에 따라 결국 원하는 이론적 최적화에 도달하게 된다. 하지만 여전히 의문은 남아 있다. 왜 이 최적화 절차가 θ에 대해 유효한가? 인코더가 실제 사후 확률 분포를 나타낸다고 가정하면, 인코더 샘플 z에서 원래 예제 $x^{(i)}$를 복구할 가능성을 최대화하고 싶을 것이다. 물론 ϕ의 최적화와 마찬가지로 근사 사후 확률에 대한 가정도 훈련 초기에는 만족되지 않지만, 훈련이 진행되고 두 신경망이 함께 개선됨에 따라 결국 최적화 목표에 도달할 수 있을 것으로 기대하게 된다.

지금까지 알아본 최적화 절차와 배경을 바탕으로, 이제 실제로 최적화를 수행하는 방법을 알아본다. θ의 경우 표준 미니배치 경사하강법을 직접 사용할 수 있다는 것이 밝혀졌다.

$$\nabla_\theta - KL(q_\phi(z \mid x^{(i)}) \| p(z)) + \mathbb{E}_{q_\phi(z \mid x^{(i)})}[\log p_\theta(x^{(i)} \mid z)]$$

$$= \nabla_\theta - KL(q_\phi(z \mid x^{(i)}) \| p(z)) + \nabla_\theta \mathbb{E}_{q_\phi(z \mid x^{(i)})}[\log p_\theta(x^{(i)} \mid z)]$$

$$= \nabla_\theta \mathbb{E}_{q_\phi(z \mid x^{(i)})}[\log p_\theta(x^{(i)} \mid z)]$$

$$= \mathbb{E}_{q_\phi(z \mid x^{(i)})}[\nabla_\theta \log p_\theta(x^{(i)} \mid z)]$$

$$\approx \frac{1}{n} \sum_{j=1}^{n} \nabla_\theta \log p_\theta(x^{(i)} \mid z = z_j)$$

첫 번째 식은 항들의 합에 대한 경사가 각 항에 대한 경사의 합과 같다는 사실에서 비롯된다. 첫 번째 항이 θ의 함수가 아니므로 θ에 대한 경사는 0이고, 이로 인해 두 번째 식이 나온다. 여기에서 표준 미니배치 경사 추정 유도가 이루어진다.

ϕ에 대한 최적화는 그렇게 간단하지 않다. θ에 대해 수행한 작업을 ϕ에 대해서도 수행하려고 하면 예기치 않은 문제가 발생한다.

$$\nabla_\phi - KL(q_\phi(z \mid x^{(i)}) \| p(z)) + \mathbb{E}_{q_\phi(z \mid x^{(i)})}[\log p_\theta(x^{(i)} \mid z)]$$

$$= \nabla_\phi - KL(q_\phi(z \mid x^{(i)}) \| p(z)) + \nabla_\phi \mathbb{E}_{q_\phi(z \mid x^{(i)})}[\log p_\theta(x^{(i)} \mid z)]$$

$$= \nabla_\phi - KL(q_\phi(z \mid x^{(i)}) \| p(z)) + \nabla_\phi \int q_\phi(z \mid x^{(i)}) \log p_\theta(x^{(i)} \mid z) dz$$

$$= \nabla_\phi - KL(q_\phi(z \mid x^{(i)}) \| p(z)) + \int \nabla_\phi q_\phi(z \mid x^{(i)}) \log p_\theta(x^{(i)} \mid z) dz$$

마지막 단계에서는 두 번째 항을 기댓값으로 표현할 수 없다. 경사가 샘플링하는 분포의 매개 변수에 대한 것이기 때문이다. θ에서와 같이 기댓값과 경사의 순서를 단순히 바꿀 수는 없다. 이 문제를 해결하기 위해 다음 관찰을 수행한다.

$$\nabla_\phi q_\phi(z \mid x^{(i)}) = \nabla_\phi q_\phi(z \mid x^{(i)}) * \frac{q_\phi(z \mid x^{(i)})}{q_\phi(z \mid x^{(i)})}$$

$$= q_\phi(z \mid x^{(i)}) * \frac{\nabla_\phi q_\phi(z \mid x^{(i)})}{q_\phi(z \mid x^{(i)})}$$

$$= q_\phi(z \mid x^{(i)}) \nabla_\phi \log q_\phi(z \mid x^{(i)})$$

미적분과 대수학을 사용해서 경사와 동등한 형태를 유도했다. 이렇게 재구성한 공식을 이전에 막혔던 단계에 대입하면 다음과 같다.

$$= \nabla_\phi - KL(q_\phi(z \mid x^{(i)}) \| p(z)) + \int q_\phi(z \mid x^{(i)}) \nabla_\phi \log q_\phi(z \mid x^{(i)}) \log p_\theta(x^{(i)} \mid z) dz$$

$$= \nabla_\phi - KL(q_\phi(z \mid x^{(i)}) \| p(z)) + \mathbb{E}_{q_\phi(z \mid x^{(i)})}[\nabla_\phi \log q_\phi(z \mid x^{(i)}) \log p_\theta(x^{(i)} \mid z)]$$

$$\approx \nabla_\phi - KL(q_\phi(z \mid x^{(i)}) \| p(z)) + \frac{1}{n} \sum_{j=1}^{n} \nabla_\phi \log q_\phi(z = z_j \mid x^{(i)}) \log p_\theta(x^{(i)} \mid z = z_j)$$

이제 표준 미니배치 경사 추정standard minibatch gradient 기법을 사용하여 목적 함수를 ϕ에 대해 최적화할 수 있다. 여기서 관찰한 것은 머신러닝 커뮤니티에서 잘 알려진 로그 트릭log trick이라는 기법이다. 이 기법은 나중에 강화 학습 장에서 정책 경사policy gradient 방법을 소개할 때 다시 한번 살펴볼 것이다.

이제 킹마와 웰링의 첫 번째 관찰 내용을 완전히 분석했으므로 두 번째 관찰 내용인 ϕ에 대한 경사의 작은 분산 추정치low variance estimate 계산으로 넘어가 보자. 앞서 언급했듯이 로그 트릭을 사용하면 이 경사를 추정할 수 있다. 그러나 이렇게 추정하면 분산이 큰 것으로 나타난다. 즉, 각 실험에서 근사 사후 확률 분포로부터 몇 개의 샘플 z_j를 추출하여 ϕ에 대한 경사를 추정한다면, 실험마다 경사 추정치가 크게 달라질 것으로 예상된다. 물론 이것은 원치 않는 상황이다. 동일한 입력 예제에 대한 시행이 서로 일관성을 유지해야 훈련 절차에 대한 신뢰가 생기기 때문이다. 이 문제를 개선하기 위해 각 예제에 대한 근사 사후 확률 분포에서 많은 샘플을 추출할 수도 있지만, 이 경우 상대적으로 적은 이득에 비해 계산이 엄청나게 많이 소요된다.

킹마와 웰링은 샘플링하는 분포를 파라미터화하는 신경망 가중치의 경사를 구하는 데 있어 발생하는 문제를 해결하기 위해 로그 트릭의 대안이 되는 방법을 제안했다. 이 방법을 재파라미터화 기법이라고 하며, 이 방법을 사용하면 로그 트릭과 달리 경사의 작은 분산 추정을 계산할 수 있다. 이렇게 되는 이유를 설명하는 것은 이 글의 범위를 벗어나므로 필요한 경우 이와 유사한 주제를 다루는 다양한 학술 문헌을 참조하기 바란다.

재파라미터화 기법은 근사 사후 확률 분포가 다변량 가우스 분포와 같은 형태를 취한다고 가정한 다음 이 분포를 인코더의 가중치에 의존하지 않는 다른 분포의 함수로 표현하는 것이다. $q_\phi(z \mid x^{(i)})$가 $N(z; \hat{\mu}_\phi, \hat{\sigma}_\phi^2 I)$의 형태를 취한다고 가정해 보자. 이는 다변량 가우스 분포를 나타내며 여기서 각 성분 z_i는 다른 모든 성분과 독립적이며 $z_i \sim N(\mu_{\phi,i}, \sigma_{\phi,i}^2), \forall i$이다. 아래 첨자로 ϕ를 사용하여 인코더 평균 및 분산 벡터를 통해 인코더 파라미터에 대한 근사 사후 확률 의존성을 명시적으로 보여준다. 현재 형태에서는 앞서 직면했던 기댓값과 경사의 순서를 전환할 수 없는 문제가 발생한다. 재파라미터화 기법을 사용하면 샘플링 절차를 다음과 같이 다시 작성할 수 있다.

$$z \sim N(\hat{\mu}_\phi, \hat{\sigma}_\phi^2 I) \Leftrightarrow z = \hat{\mu}_\phi + \hat{\sigma}_\phi * \epsilon, \epsilon \sim N(0, I)$$

가우스 분포의 정의를 사용하여 샘플링 절차를 이러한 방식으로 다시 작성할 수 있는 이유를 파악해 보는 것이 좋다. 먼저 x가 표준 가우스 확률 변수인 단변량 경우를 고려한 다음 $Y = c*X$가 평균이 0이고 분산이 c^2인 가우스 확률 변수임을 보여 주는 것이 더 쉬울 것이다. 그런 다음 x가 임의의 가우스 확률 변수인 일반적인 단변량 경우를 고려하고 $Y = X + c$가 평균 $E[X] + c$와 분산 $Var(X)$를 갖는 가우스 확률 변수임을 보여 준다. 이러한 단계를 종합하면 앞서 설명한 재공식화된 샘플링 절차가 완성된다.

요약하면, ϕ에 독립적인 분포 함수와 ϕ에 종속적인 평균 벡터 및 표준편차 벡터로 근사 사후 확률을 표현했다. 확률 변수 ε은 보조 확률 변수auxiliary random variable라고 한다. 이 재구성 내용을 앞의 까다로운 경사 표현식에 대입하면 다음과 같다.

$$\nabla_\phi \mathbb{E}_{q_\phi(z \mid x^{(i)})}[\log p_\theta(x^{(i)} \mid z)]$$

$$= \nabla_\phi \mathbb{E}_{\epsilon \sim N(0,I)}[\log p_\theta(x^{(i)} \mid g_\phi(\epsilon))]$$

$$= \mathbb{E}_{\epsilon \sim N(0,I)}[\nabla_\phi \log p_\theta(x^{(i)} \mid g_\phi(\epsilon))]$$

$$\approx \frac{1}{n} \sum_{j=1}^{n} \nabla_\phi \log p_\theta(x^{(i)} \mid g_\phi(\epsilon_j))$$

여기서 $g_\phi(\epsilon) = \hat{\mu}_\phi + \hat{\sigma}_\phi * \epsilon$로 정의된다. 인코더 파라미터에 대한 의존성이 이제는 샘플링 분포 자체가 아니라 샘플링 분포에 적용된 결정론적 함수를 통해서만 발생한다는 것을 명시적으로 보여주기 위해 z를 $g_\phi(\epsilon)$로 다시 작성했다. 이는 기댓값과 경사의 순서를 자연스럽게 바꿀 수 있도록 하며, 표준 미니배치 경사 추정 기법에 사용할 수 있다.

이러한 변화는 인코더 구조에 어떻게 반영될까? 이전에는 로그 트릭을 사용할 때 인코더를 통해 근사 사후 확률 분포를 직접 파라미터화할 수 있었다. 이제는 대신에 인코더가 각 예제 $x^{(i)}$에 대해 평균 벡터 $\hat{\mu}_\phi$와 표준 편차 벡터 $\hat{\sigma}_\phi$를 출력하고, 인코더-디코더 VAE 아키텍처와 완전히 독립적인 표준 가우스 분포에서 ϵ를 샘플링한다. 재파라미터화 기법에는 자체적인 제약이 따르는데, 근사 사후 확률 분포에 대한 형태(이 경우 가우스 분포)를 가정하여 g_ϕ와 같은 미분 함수를 정의할 수 있어야 한다는 점에 유의하라. 그러나 실제 사후 확률 분포가 가우스 분포라는 보장은 없으며, 표준 분포의 함수로 표현할 수 없는 복잡한 분포일 가능성이 높다. 이는 다루기 쉬운 최적화를 위한 작은 분산 경사 추정을 얻기 위해 반드시 고려해야 하는 트레이드오프다(그림 10-5 참고).

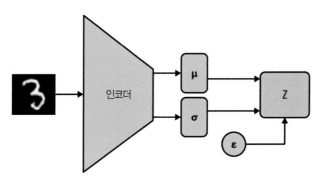

그림 10-5 재파라미터화를 적용한 후 인코더의 모습. 평균 및 표준 편차 벡터를 반환하며 이를 ϵ와 결합해 z 설정을 생성할 수 있다. 원과 직사각형 그림의 목적은 인코더 구조와 완전히 독립적으로 ϵ에 대한 샘플링만 발생하고 있음을 보여주기 위한 것이다. 평균 및 표준 편차 벡터는 입력 이미지에서 결정론적으로 생성된다. 또한 ϵ의 값을 알면 z도 결정론적이다.

VAE의 훈련 절차는 매우 간단하다. 복잡한 부분은 구조와 최적화의 배후에 있는 동기 부여와 수학 부분이다. 여기서 해야 할 일은 다음과 같다.

1. 데이터셋에서 예제 $x^{(i)}$를 샘플링한다.

2. 인코더 신경망을 통해 $x^{(i)}$를 실행하여 평균 벡터 $\hat{\mu}_\phi$와 표준편차 벡터 $\hat{\sigma}_\phi$를 생성한다.

3. ϵ를 샘플링하고 $g_\phi(\epsilon)$의 결과를 계산한다.

4. 디코더 신경망을 통해 결과를 실행하면 이제 분포 $p_\theta(x \mid z = g_\phi(\epsilon))$가 나타난다.

5. 이 분포에 초기 예제 $x^{(i)}$를 질의하고 결과 가능도의 로그 값을 구한다. 이것이 디코더 손실이 될 것이다. 3단계에서 ϵ의 샘플을 여러 개 가져온 경우 각 샘플에 대해 위의 절차를 실행하고 평균을 내어 디코더 손실을 구한다.

6. 디코더 손실과 인코더 손실인 $-KL(q_\phi(z \mid x^{(i)}) \| p(z))$를 합하여 최종 손실을 구한다. 다음 단계에서는 최종 손실을 최대화해야 하므로 최종 손실의 음수를 사용한다.

7. 고전적인 SGD/미니배치 경사 하강을 수행하여 ϕ와 θ를 업데이트한다.

VAE를 훈련하는 방법에 대해 살펴보았다. 훈련이 완료되면 이를 생성 모델로 어떻게 활용할 것인가? 처음에 생성 프로세스를 다음과 같이 정의했다. 즉, 이전 분포에서 샘플링한 잠재 변수 z를 설정하고 조건부 가능도를 통해 z를 데이터 공간의 인스턴스 x에 매핑하는 것으로 시작한다. 이미 이 생성 프로세스를 $p(x \mid z)p(z)$, 즉 디코더의 형태로 학습했으며, 사전 확률 분포 $p(z)$를 처음에는 다변량 표준 가우스 분포로 가정했다. VAE에서 샘플을 생성하려면 사전 확률 분포 $p(z)$에서 z_i를 샘플링하고, 이 샘플을 디코더에 통과시켜 이제 $p_\theta(x \mid z)$ 분포를 나타내도록 한 다음, 마지막으로 $p_\theta(x \mid z = z_i)$에서 x_i를 샘플링한다. 이 단계에서는 더 이상 근사 사후 확률 분포가 필요하지 않지만, 근사 사후 확률 분포는 디코더 훈련에서 핵심적인 역할을 했으며 데이터셋에서 예제를 목격한 후 잠재 변수 분포가 어떻게 변화하는지 이해하는 데에도 여전히 유용하다는 점에 유의하라.

10.3 변이형 오토인코더 구현

이 절에서는 PyTorch에서 VAE를 처음부터 구축해 본다. 또한 유명한 MNIST 숫자 데이터셋에 대한 몇 가지 훈련 예제 및 테스트 코드를 추가로 제공할 것이다.

시작하기 전에, 이 절의 내용을 직접 재현하는 데 필요한 패키지 목록은 다음과 같다.

```
import torch
from torch.distributions.multivariate_normal import MultivariateNormal
    import torch.nn as nn
from torchvision import datasets, transforms
from torchvision.utils import save_image
import torch.optim as optim
```

인코더부터 시작해 본다. 이전 절에서 설명한 것처럼 인코더는 평균 벡터와 표준 편차 벡터를 출력하는 신경망이다. 각 색인은 단변량 가우스 분포, 전체 벡터는 각 성분이 다른 성분과 독립적인 다변량 가우스 분포로 표현된다. 이미지 데이터로 작업하고 있지만, 단순화를 위해 각 이미지를 처음에 평탄화하고 벡터로 변환한다. 이를 통해 입력에 완전 연결 표준 레이어를 적용할 수 있다. MNIST 데이터셋의 각 이미지는 28 × 28 크기이므로 결과 표현은 784차원 벡터가 된다. 또한 잠재 공간을 표현하는 데 사용할 성분의 수, 즉 잠재 변수를 결정해야 한다. 성분의 수를 하이퍼파라미터로 취급할 수 있는데, 상당한 양의 훈련 후에도 입력 예제의 디코더 로 그 가능성이 지속적으로 낮다면 이는 표현력이 충분하지 않은 근사 사후 확률을 나타낼 수 있다. 이 경우 성분 수를 늘리고 재훈련하는 것이 좋다.

다음은 인코더의 예시 코드이다.

```
# 인코더 레이어 (가우스 MLP)[7]
D_in, H, D_out = 784, 200, 20
input_layer = nn.Linear(D_in, H)
hidden_layer_mean = nn.Linear(H, D_out)
hidden_layer_var = nn.Linear(H, D_out)
```

----

7   옮긴이 1_ 다층 퍼셉트론

단순화를 위해 지금은 레이어 간의 비선형성을 생략한다. 인코더는 두 단계의 레이어 조합으로 구성된다. 첫 번째 레벨에서는 입력 데이터를 처리하여 그 결과 벡터를 저차원 표현으로 임베딩한다. 두 번째 레벨에서는 200차원 표현을 받아 처리하며, 각 단변량 가우스 성분의 평균을 결정하는 레이어와 각 단변량 가우스 성분의 표준 편차를 결정하는 레이어의 두 가지 독립 레이어로 구성된다. 여기서는 20개의 성분을 사용한다. 앞서 설명했듯이, 각 성분이 다른 성분과 독립적인 다변량 가우스 형태를 취하는 $q_\phi(z \mid x^{(i)})$를 가정한다. 전체 공분산 행렬을 학습하면 그 크기가 성분 수에 따라 4제곱으로 커지기 때문에 계산이 엄청나게 많이 걸린다는 점에 유의하라.

다음은 디코더의 예제 코드다.

```
# 디코더 레이어 (MNIST 데이터에 대한 베르누이 MLP)
recon_layer = nn.Linear(D_out, H)
recon_output = nn.Linear(H, D_in)
```

다시 말하지만, 단순화를 위해 비선형성은 생략한다. 디코더는 20차원 벡터로 알고 있는 샘플링된 z에서 작동한다. 나머지 디코더 구조는 인코더와 대칭이며 입력 데이터에 대한 분포를 출력한다. 아직 코드에는 없지만, 각 입력 차원을 $[0, 1]$ 범위로 쪼개는 recon_output 계층의 출력에 적용될 최종 시그모이드 계층이 있다. 각 픽셀이 0 또는 1로 표시되는 불연속형 MNIST 데이터셋으로 작업하고 있으므로 최종 시그모이드 레이어의 출력은 각 픽셀에 대한 베르누이 분포를 나타내는 데 사용된다. 2장의 베르누이 분포는 $Ber(p)$로 표시되며, 여기서 p는 1을 반환할 확률이고 $1-p$는 0을 반환할 확률을 나타낸다.

공식적으로 보면, 디코더 확률 분포 $p_\phi(x \mid z)$는 각 픽셀에 대한 곱으로 다시 작성할 수 있다.

$$p_\theta(x \mid z) = \prod_{j=1}^{784} p_\theta(x_j \mid z)$$

여기서 $p(x_j \mid z) = Ber(\text{decoder}(z)_j)$ 이다.

디코더 (z)는 시그모이드 레이어를 적용한 후 784차원 벡터를 나타낸다. 입력 예제 $x^{(i)}$에서 주어진 픽셀 $x_j^{(i)}$에 대해 $x_j^{(i)} = 1$이면 해당 확률 p가 1에 가깝고, $x_j^{(i)} = 0$이면 해당 확률 p가 0에 가깝기를 원한다. 이전 절의 내용에서 알 수 있듯이 $\log p_\theta(x \mid z)$로 작업하면 $\sum_{j=1}^{784} \log p_\theta(x_j \mid z)$로 줄어든다. 이제 인코더와 디코더를 단일 VAE 아키텍처로 통합할 수 있다.

```python
class VAE(nn.Module):
  def __init__(self, D_in, H, D_out):
    super(VAE, self).__init__()
    self.D_in, self.H, self.D_out = D_in, H, D_out

    # 인코더 레이어(가우스 MLP)
    self.input_layer = nn.Linear(D_in, H)
    self.hidden_layer_mean = nn.Linear(H, D_out)
    self.hidden_layer_var = nn.Linear(H, D_out)

    # 디코더 레이어(MNIST 데이터를 위한 베르누이 MLP)
    self.recon_layer = nn.Linear(D_out, H)
    self.recon_output = nn.Linear(H, D_in)
    self.tanh = nn.Tanh()
    self.sigmoid = nn.Sigmoid()

  def encode(self, inp):
    h_vec = self.input_layer(inp)
    h_vec = self.sigmoid(h_vec)
    means = self.hidden_layer_mean(h_vec)
    log_vars = self.hidden_layer_var(h_vec)
    return means, log_vars

  def decode(self, means, log_vars):
    # 재파라미터화 기법
    std_devs = torch.pow(2,log_vars)**0.5
    aux = MultivariateNormal(torch.zeros(self.D_out), \
    torch.eye(self.D_out)).sample()
    sample = means + aux * std_devs

    # Reconstruction: 재구성
    h_vec = self.recon_layer(sample)
    h_vec = self.tanh(h_vec)
    output = self.sigmoid(self.recon_output(h_vec))
    Implementing a VAE ¦ 261
    return output

  def forward(self, inp):
    means, log_vars = self.encode(inp)
    output = self.decode(means, log_vars)
    return output, means, log_vars

  def reconstruct(self, sample):
    h_vec = self.recon_layer(sample)
    h_vec = self.tanh(h_vec)
```

```
    output = self.sigmoid(self.recon_output(h_vec))
    return output
```

인코딩 호출에 이어 순방향 함수에서 디코딩 호출이 수행된다. 디코딩은 근사 사후 확률에서 단일 샘플만 사용하며, 이는 MNIST 데이터셋에 대해 단일 샘플로 충분하다는 것을 발견했기 때문이다. 역 KL을 계산하기 위해 순방향 함수는 디코더 가능도 분포와 함께 인코딩 호출의 결과를 반환한다.

다음은 손실 계산을 위한 예제 코드다.

```
def compute_loss(inp, recon_inp, means, log_vars):
# 역 KL 발산 계산
# (킹마와 웰링 논문에서 제공한 공식)
kl_loss = -0.5 * torch.sum(1 + log_vars
- means ** 2 - torch.pow(2,log_vars))
# # BCE 손실 계산
loss = nn.BCELoss(reduction="sum")
recon_loss = loss(recon_inp, inp)
return kl_loss + recon_loss
```

nn.BCELoss에 대한 PyTorch 설명서를 살펴보고 입력 예제 $x^{(i)}$의 음의 로그 가능도, 즉 $-\sum_{j=1}^{784} \log p_\theta(x_j^{(i)} \mid z)$을 실제로 계산하는지 확인하는 것이 좋다. 또한 킹마와 웰링 논문에서 유도된 두 가우스 분포 사이의 역 KL 발산인 kl_loss 항이 있는지 확인하는 것이 좋다. 음의 로그 확률과 역 KL 발산의 합을 최종 손실 항으로 반환하면 이전 절의 6단계가 끝난다. 마지막으로 몇 가지 훈련 코드를 살펴본다.

```
D_in, H, D_out = 784, 500, 20
vae = VAE(D_in, H, D_out)
vae.to("cpu")

def train():
    vae.train()
    optimizer = optim.Adam(vae.parameters(), lr=1e-3)
    train_loader = torch.utils.data.DataLoader(
        datasets.MNIST('../data',
                        train=True,
                        download=True,
```

```
                        transform=transforms.ToTensor()),
        batch_size=100,
        shuffle=True
)
epochs = 10
for epoch in range(epochs):
    for batch_idx, (data, _) in enumerate(train_loader):
        optimizer.zero_grad()
        data = data.view((100,784))
        output, means, log_vars = vae(data)
        loss = compute_loss(data, output, means, log_vars)
        loss.backward()
        optimizer.step()
        if (batch_idx * len(data)) % 10000 == 0:
            print(
                'Train Epoch: {} [{}/{} ({:.0f}%)]\tLoss: {:.6f}' \
                .format(
                    epoch, batch_idx * len(data), len(train_loader.dataset),
                    100. * batch_idx / len(train_loader), loss.item()))
    torch.save(vae.state_dict(), "vae.%d" % epoch)
```

여기서는 10회의 에포크에 대해 VAE를 훈련하고, 에포크가 끝날 때마다 VAE의 상태를 저장한다. 여기서는 옵티마이저의 학습률과 잠재 변수의 수와 같은 몇 가지 하이퍼파라미터를 고정 설정했다. 최적의 하이퍼파라미터 설정을 선택하려면 여기에 제시된 훈련 코드 외에 몇 가지 검증 코드를 작성하는 것이 좋다. 마지막으로, 완전히 훈련된 VAE의 생성 기능을 테스트하려면 어떻게 해야 할까? 생성 프로세스는 $p_\theta(x \mid z = z_j)$로 작성할 수 있는데, 먼저 이전 샘플에서 샘플 z_j를 추출하고, 디코더를 통해 샘플을 실행하여 디코더의 가능도 분포가 이제 $p_\theta(x \mid z = z_j)$를 나타내도록 한 다음 이 분포에서 샘플 x_j를 추출한다. 다음은 이 로직을 실행하는 코드다.

```
def test():
    dist = MultivariateNormal(torch.zeros(D_out), torch.eye(D_out))
    vae = VAE(D_in, H, D_out)
    vae.load_state_dict(torch.load("vae.%d" % 9))
    vae.eval()
    outputs = []

    for i in range(100):
        sample = dist.sample()
        outputs.append(vae.reconstruct(sample).view((1,1,28,28)))
```

```
outputs = torch.stack(outputs).view(100,1,28,28)
save_image(outputs, "prior_reconstruct_100.png", nrow=10)
```

여기서 for 루프는 근사 사후 확률 분포에서 100개의 샘플을 생성하고, 각 샘플에 대해 입력 데이터에 대한 해당 디코더 가능도 분포의 샘플을 생성한다. 마지막 몇 줄의 코드를 사용하면 [그림 10-6]에 표시된 것처럼 샘플을 10×10 그리드에 저장할 수 있다.

그림 10-6 10회의 에포크에 대해 MNIST 데이터셋에 대해 훈련된 VAE의 100개 샘플

이미지가 약간 흐릿하지만 대부분의 샘플에서 숫자를 식별할 수 있다. RNN, 하이퍼파라미터 튜닝, 더 긴 훈련 시간을 고려한 복잡한 아키텍처를 사용하면 훨씬 더 나은 결과를 얻을 수 있다. 다음 절에서는 최근 인기를 얻고 있는 생성 모델에 대해 조금 다른 접근 방식을 소개한다.

10.4 점수 기반 생성 모델

이 절에서는 지금까지 살펴본 것과는 약간 다른 관점으로 생성 모델링에 접근한다. 최적 훈련된 GAN에서는 먼저 일부 노이즈 분포 $p(z)$에서 샘플을 추출하고 이 샘플 z_i를 생성기 g를 통해 실행하면, 이 생성기는 결정론적으로 z_i를 실제 데이터 분포의 샘플 x_i로 변환한다(여기서 실제 데이터 분포 $p(x)$는 데이터셋인 $p_{data}(x)$를 사용해 근사한다). g 자체는 결정론적 함수이나, $G(z)$는 실제 데이터 분포로 분포된 확률 변수다. 요약하자면 $p_\theta(x \mid z)$의 샘플에 대한 생성기의 작업을 통해 도메인에 대한 분포를 암시적으로 정의하고, 다변량 가우스 분포와 같은 더 간단한 분포 $p(z)$를 통해 실제 데이터 분포에서 샘플링하는 방법을 정의한다.

VAE는 확률적 모델링에서 더 명확하다. z를 우리가 보는 데이터인 x를 생성하는 잠재 변수 집합으로 정의하고, 디코더를 통해 데이터 $p_\phi(x \mid z)$에 대한 조건부 분포를 명시적으로 학습하며, 이 분포에서 샘플을 추출할 수 있다. 최적 훈련된 VAE에서 $p_\phi(x \mid z) = p(x \mid z)$는 데이터의 실제 조건부 확률이다. 최적 훈련된 VAE를 사용하여 데이터를 생성하려면 먼저 $p(z)$에서 잠재 변수 설정을 샘플링하고 디코더를 통해 이 샘플 z_i를 실행하여 이제 분포 $p(x \mid z = z_i)$를 파라미터화한다. 이것은 이제 샘플링할 수 있는 명시적 확률 분포다.

GAN과 VAE 자체는 매우 다르나, 두 아키텍처와 동작 모두 추가적인 분포 $p(z)$를 포함한다는 점에 유의하라(GAN의 경우 노이즈 분포, VAE의 경우 잠재 변수에 대한 사전 확률 분포). 추가적인 분포 없이 실제 데이터 분포에서 샘플링할 수 있는 방법이 있을까? 점수 기반 생성 모델은 바로 그런 시도이다.

확률 분포에서 샘플링하는 한 가지 방법은 랑주뱅 동역학$^{\text{Langevin dynamics}}$이라고 하는 반복 프로세스다. 이 프로세스는 실제로 마르코프 체인 몬테카를로$^{\text{Markov Chain Monte Carlo}}$ (MCMC) 알고리즘이라는 알고리즘 범주의 한 종류다. MCMC 알고리즘을 공부해야 하는 이유, 그리고 편향되지 않은 방식으로 확률 분포에서 표본을 추출하는지 증명하는 이유에 대해서는 이 절의 범위를 벗어나므로 필요하다면 이 주제에 관한 다양한 학술 문헌을 참조하기 바란다.

랑주뱅 동역학은 다음 정의를 따른다.

$$x^{(i+1)} = x^{(i)} + \eta \nabla_x \log p(x^{(i)}) + \sqrt{2\eta}\epsilon, \; \epsilon \sim N(0, I)$$

여기서 $x^{(i)}$는 $p(x)$의 샘플을 나타내며, 이 동역학 방정식은 현재 샘플이 주어졌을 때 다음 샘플 $x^{(i+1)}$을 생성하는 방법을 보여준다.

동역학 방정식의 마지막 부분에서 가우스 노이즈 성분을 제거하면 최대 $p(x)$까지 경사를 따르는 것, 즉 일부 단계 크기 η로 경사 상승을 수행하게 된다는 점에 유의하라. 이 동역학 방정식의 핵심은 노이즈 성분을 추가하면 단순히 최대 x에 도달하는 것을 방지하고 대신 확률이 높은 영역을 탐색하여 확률이 낮은 영역을 덜 탐색할 수 있다는 것이다(그림 10-7 참조). 다시 말하지만, 이것이 왜 편향되지 않은 방식으로 $p(x)$에서 샘플을 생성하는지는 이 글의 범위를 벗어나므로 자세히 설명하지 않는다. 필요한 경우 추가적인 학술 문헌을 통해 자세히 알아보기 바란다.

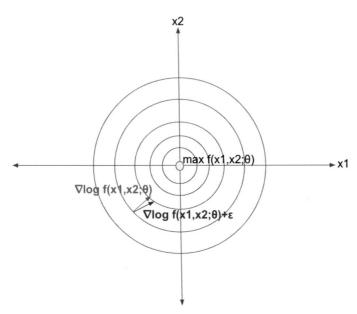

그림 10-7 f를 사용하여 원점에 평균(및 최댓값)이 있는 가우스 분포를 나타낸다. 각 윤곽선은 동일한 가능성을 가진 위치를 나타낸다. 그림에서 볼 수 있듯이 경사는 최댓값을 직접 가리키나 약간의 노이즈를 추가하면 최댓값에 수렴하지 않고 고밀도 영역에서 탐색하고 샘플링할 수 있다.

확률의 경사 대신 로그 확률의 경사를 사용하지만, 로그가 오목하기 때문에 $\log p(x)$를 최대화하는 x의 값은 $p(x)$를 최대화하는 x의 값과 동일하다. 더 일반적으로, 로그의 오목성은 가능한 모든 x 값 사이의 순서 관계도 유지한다. 즉, $p(x_1) \geq p(x_2)$인 경우 $\log p(x_1) \geq \log p(x_2)$이며, 그 반대의 경우도 마찬가지다. 따라서 앞서 10.3절 '변이형 오토디코더 구현'에서 살펴본 것처럼 이러한 종류의 최적화 프로세스는 로그를 포함해도 의미 있는 영향을 받지 않는 경향이 있다.

하지만 랑주뱅 동역학에서 가장 큰 문제는 다른 생성 모델과 마찬가지로 로그의 경사는 말할 것도 없고 $p(x)$조차도 알 수 없다는 점이다! 하지만 $\nabla_x \log p(x)$를 직접 모델링하는 방법이 있을 수 있는데, 이를 $p(x)$의 점수 함수$^{\text{score function}}$라고 한다. 이렇게 하면 점수를 랑주뱅 동역학 식에 직접 대입하고 마치 $p(x)$를 항상 알고 있는 것처럼 $p(x)$에서 샘플을 추출할 수 있다. 이것이 바로 점수 기반 생성 모델링의 아이디어다.

잠시 미지의 분포 $p(x)$에서 표본을 추출하는 문제는 잊어버리고 대신 $p(x)$를 학습하는 문제를 생각해 보자. 지금부터 이 절의 마지막까지 연속 확률 분포에서 학습하고 샘플링하는 문제만 고려한다. VAE에서와 같이 근사 확률 분포를 명시적으로 학습하는 것과 같은 맥락에서 학습된 버전 $p_\phi(x)$로 $p(x)$를 근사할 수 있으며, 여기서 θ는 학습된 모델의 파라미터를 나타낸다. 여기서 구상하는 것은 신경망과 마찬가지로 예제 x를 입력으로 받아 가능성 $p_\phi(x)$를 출력하도록 학습된 함수다. 그러나 모든 확률 분포의 필요 조건인 $\int p_\theta(x)dx = 1$을 보장할 수 있는 방법은 없다.

대신 정규화되지 않은 확률 분포 $q_\phi(x)$를 학습하는 것으로 만족해야 한다. 이 함수는 예제 x를 받아 정규화되지 않은 가능도를 출력하는 함수다. 이론적으로 정규화된 확률 분포 $p_\phi(x)$는 $\frac{q_\theta(x)}{Z(\theta)}$를 통해 나타낼 수 있으며, 여기서 $Z(\theta)=\int q_\theta(x)dx$ 다. 안타깝게도 이 적분은 일반적으로 다루기 어렵고 닫힌 형태의 해가 없다. 물론 예외도 있다. 예를 들어, 단변량 가우스 분포의 경우 $Z(\theta)=\sigma*\sqrt{2\pi}$ 이며, 여기서 $\theta=(\mu,\sigma)$는 가우스의 평균과 표준 편차다. 그러나 예를 들어 신경망을 통해 보다 표현력이 풍부한 분포를 모델링하려는 경우, $Z(\phi)$를 정확하게 계산하는 것은 거의 불가능하다.

이처럼 정규화되지 않은 확률 분포를 어떻게 학습할 수 있을까? 연구자들은 머신러닝과 추론의 역사를 통틀어 $q_\phi(x)$를 학습하기 위한 많은 접근법을 제시해 왔지만, 한 가지 방법은 정규화되지 않은 확률 분포를 학습하는 것과 해당 확률 분포의 정규화된 버전에서 샘플링하는 것 사이의 간극을 랑주뱅 동역학과 같은 프로세스를 통해 메우는 한 가지 특정 방법이 있다. 점수 매칭, 즉 $q_\phi(x)$의 점수 함수와 실제 분포 $p(x)$의 점수 함수 사이의 차이를 최소화하여 $q_\phi(x)$를 학습하는 아이디어는 2005년에 휘바리넨[Hyvarinen]에 의해 처음 제안되었다.

여기서는 설명한 대로 차이를 최소화하는 것이 $p_\phi(x)$의 점수 함수와 $p(x)$의 점수 함수 사이의 차이를 최소화하는 것과 같다는 것을 보여준다.

$$\nabla_x \log q_\theta(x) = \nabla_x \log(p_\theta(x)*Z(\theta))$$
$$= \nabla_x \log p_\theta(x) + \nabla_x \log Z(\theta)$$
$$= \nabla_x \log p_\theta(x)$$

$q_\phi(x)$의 점수 함수는 $\forall x$, 즉 모든 x에 대하여 $p_\phi(x)$의 점수 함수와 동일하다는 것이 입증되었다. 이는 로그가 먼저 $q_\phi(x)$와 분할 함수의 곱을 로그의 합으로 분리하고, 최종적으로 x에 대한 경사가 분배 함수[partition function]의 로그를 제거하기 때문이다. 이 항은 가중치 θ에 전적으로 의존하고 x 자체의 함수가 아니다. 따라서 제안된 차이를 최소화하는 최적 θ는 $p_\phi(x)$와 $p(x)$ 사이의 점수 차이를 최소화하는 최적 θ와 동일하다. 다음은 명시적 점수 매칭[explicit score matching]이라

고 부르는 최적화 절차다.

$$J(\theta)=\mathbb{E}_{p(x)}\left[\frac{1}{2}||\nabla_x \log q_\theta(x)-\nabla_x \log p(x)||_2^2\right]$$

$$\theta^*=\operatorname{argmin}_\theta J(\theta)$$

앞에 $\frac{1}{2}$을 붙인 이유는 결과 경사를 단순화하기 위함이다(규범의 제곱에서 아래로 내려가는 2로 상쇄). 분석 과정에서 분배 함수에 대한 의존성을 완전히 제거했으며, 이제 (1)정규화되지 않은 분포 $q_\phi(x)$를 학습하고 (2)신경망을 통해 $p_\phi(x^{(i)})$의 점수를 계산하는 방법이 생겼다. (1)의 경우, $J(\phi)=0$이 되는 설정 θ를 찾으면 모든 x에 대해 경사가 같으므로 $p_\phi(x)$와 $p(x)$는 모든 x에 대해 동일하다. 물론 일반적으로 모든 곳에서 동일한 경사를 갖는 두 함수는 0이 아닌 상수만큼 서로 떨어져 있어 다른 함수가 될 수 있다. 그러나 이 경우 두 함수는 모두 1로 합산되어야 하는 확률 분포이므로 0이 아닌 상수만큼 벗어날 수 없다. 따라서 정규화할 경우 실제 분포에 잘 근사해야 하는 정규화되지 않은 분포를 학습하기 위한 유효한 최적화 절차가 있다.

(2)를 수행하려면 이론적으로 먼저 신경망을 통해 예제 $x^{(i)}$를 실행하여 $q_\phi(x^{(i)})$를 구하고, $q_\phi(x^{(i)})$의 로그를 구한 다음, 이 결과를 신경망을 통해 입력으로 역전파하기만 하면 된다. 이미 결과 점수가 $p_\phi(x^{(i)})$의 점수와 같다는 것을 보여주었다. 앞으로는 $p_\phi(x)$ 및 $q_\phi(x)$의 점수 함수를 $\Psi_\phi(x)$로, $p(x)$의 점수 함수를 $\Psi(x)$로 지칭한다. 새로운 표기법을 사용하여 명시적 점수 매칭 목적 함수를 다음과 같이 다시 작성한다.

$$\theta^*=\operatorname{argmin}_\theta \mathbb{E}_{p(x)}[\frac{1}{2}||\Psi_\theta(x)-\Psi(x)||_2^2]$$

분배 함수의 문제를 해결했지만, 여전히 $\Psi(x)$가 무엇인지 알 수 없다. 2005년 휘바리넨은 명시적 점수 매칭이라는 개념을 제안했을 뿐만 아니라 명시적 점수 매칭에 관한 놀라운 속성(특정한 약 규제성weak regularity 조건에 만족됨)을 다음과 같이 증명했다.

$$\mathbb{E}_{p(x)}[\frac{1}{2}||\Psi_\theta(x)-\Psi(x)||_2^2]=\mathbb{E}_{p(x)}[\frac{1}{2}||\Psi_\theta(x)||_2^2+\sum_{i=1}^d \nabla_{x_i}\Psi_{\theta,i}(x)+c]$$

여기서 $\Psi_{\theta,i}(x)=\nabla_{x_i}\log p_\theta(x)$이고, 이는 점수 함수가 길이 d 벡터(x가 d차원이라고 가정할 때)라는 것을 의미하며, 이때 각 색인 i는 x_i에 대한 로그 확률의 편미분에 해당한다. c는 θ에 종속적이지 않은 않는 상수이므로 최적화 중에 간단히 무시할 수 있다. 이 방법은 암시적 점수 매칭$^{implicit\ score\ matching}$으로 알려져 있다.

해당 방정식은 실제 확률 분포에 종속적이지 않으므로, 다른 목적 함수처럼 θ를 직접 최적화할 수 있다. 최적 θ를 학습한 후에는 생성 모델링을 수행하기 위해 다음 절차를 진행해야 한다.

1. 앞서 제시한 방법론에 따라 학습된 신경망을 통해 예제를 실행하고 결과의 로그를 취한 후 입력까지 역전파하여 $p_\phi(x^{(i)})$의 점수를 계산한다.

2. $N(0, I)$에서 ϵ를 샘플링한다.

3. 1단계와 2단계의 결과를 랑주뱅 동역학 방정식에 연결하여 다음 샘플인 $x^{(i+1)}$을 구한다.

4. $x^{(i+1)}$로 1~3단계를 반복한다.

이 절차를 통해 앞서 살펴본 것처럼 신경망이 학습된 후에는 $p(x)$에 잘 근사할 수 있는 $p_\phi(x)$에서 샘플을 추출할 수 있다.

암시적 점수 매칭보다 더 나은 결과를 얻을 수 있을까? 우선, 암시적 점수 매칭은 암시적 점수 매칭 목표의 $\sum_{i=1}^{d} \nabla_{x_i} \Psi_{\theta,i}(x)$ 항에서 볼 수 있듯이 이차 경사를 계산해야 한다. PyTorch 같은 프레임워크에서는 먼저 역전파와 같은 표준 방법을 통해 일차 경사를 계산한 다음 각 x_i를 수동으로 순회하며 이차 경사를 계산해야 한다. 다음 절에서는 목적 함수를 수정해서 이러한 복잡성 문제를 해결할 수 있는 디노이징 오토인코더$^{denoising\ autoencoders}$와 디노이징 점수 매칭$^{denoising\ score\ matching}$에 대해 살펴볼 것이다.

10.5 디노이징 오토인코더와 점수 매칭

디노이징 오토인코더와 점수 매칭의 연관성을 설명하기 전에 먼저 디노이징 오토인코더 아키텍처를 이해해 보자. 9장에서는 표현 학습 관점에서 오토인코더를 살펴봤다. 오토인코더를 사용해 이미지와 같은 고차원 데이터를 원본 데이터를 재현하는 데 필요한 정보, 즉 유용한 특징을 보존한 저차원 표현으로 압축했다. 또한 MNIST에 대한 실험을 통해 데이터를 상당히 잘 재현할 수 있었으며, 특정 숫자의 경우 일반적으로 저차원 표현이 클러스터링되는 것을 확인할 수 있었다. 즉, 이러한 저차원 표현에 대해 표준 분류기를 훈련하고 레이블을 원래 숫자 범주로 지정하면 정확도가 매우 높을 것으로 기대할 수 있다.

하지만 압축하려는 데이터에 따라 유용한 특징을 학습하지 못하는 경우가 있다. 즉, 샘플 외부의 실제 이미지에 학습된 오토인코더를 사용할 때 약간 손상되거나 회전, 이동되거나 다양한 조명 설정에서 이미지가 확보되는 경우, 저차원 표현을 사용하여 이미지를 분류하는 능력이 크게 떨어진다.

이상적으로는 학습된 표현이 이러한 노이즈에 변하지 않기를 바란다. 2008년 빈센트[Vincent]는 표준 오토인코더에서 발생하는 문제를 해결하기 위한 방법으로 디노이징 오토인코더를 제안했다. 디노이징 오토인코더는 먼저 오리지널 입력 데이터를 노이즈로 손상시키고, 손상된 입력을 표준 오토인코더를 통해 실행한 다음, 마지막으로 오리지널 입력을 재현한다(그림 10-8 참조). 원래 논문에서는 입력의 일부분을 무작위로 0으로 만드는 손상 방식을 사용했지만, 이대신 다양한 손상 방식을 사용할 수 있음을 언급했다. 직관적으로 이러한 절차를 통해 학습된 표현은 실제 이미지가 제시하는 문제에 훨씬 더 강력해야 한다. 실제로 2008년에 빈센트가 MNIST 데이터로 실험한 결과, 회전 및 배경 노이즈와 같은 다양한 데이터 증강 조건에서 디노이징 오토인코더가 분류 정확도 측면에서 표준 오토인코더보다 훨씬 더 우수한 성능을 보였다.

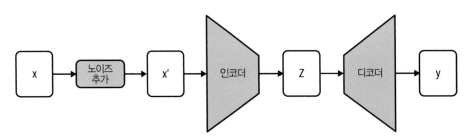

그림 10-8 디노이징 오토인코더 아키텍처는 표준 오토인코더의 아키텍처와 동일하나, y와 입력 x' 사이의 재현 오차를 최소화하는 대신, y와 오리지널 x 사이의 재현 오차를 최소화한다.

디노이징 AE와 점수 매칭 사이의 연관성을 처음 발견한 빈센트 2011 논문의 내용에 따라, 오리지널 데이터에 가우스 노이즈를 추가하는 것으로 손상 체계를 정의한다. 공식적으로 $p(x)$는 데이터의 실제 분포를 나타내고, $p_{data}(x)$는 훈련 셋을 사용한 데이터의 분포를 나타내며, $p_\sigma(x'|x)$는 오리지널 데이터가 주어졌을 때 손상된 데이터의 조건부 분포를 나타낸다고 할 수 있다. 이는 특히 다음과 같이 나타낼 수 있다.

$$p_\sigma(x'|x)=N(x';x,\sigma^2 I)$$

여기서 분포의 평균은 오리지널 데이터이고 아래 첨자 σ는 오리지널 데이터에 적용된 가우스 노이즈의 표준 편차를 나타낸다. x'와 x는 동일한 도메인(ⓒ 가능한 모든 이미지)에 대해 정의된다는 점에 유의하라. 이제 손상된 데이터에 대한 분포를 계산할 수 있다.

$$\begin{aligned}
p_\sigma(x') &= \sum_x p_\sigma(x'|x)p(x) \\
&\approx \sum_x p_\sigma(x'|x)p_{data}(x) \\
&= \frac{1}{n}\sum_{i=1}^n p_\sigma(x'|x=x^{(i)})
\end{aligned}$$

이는 데이터셋의 각 데이터 포인트를 기준으로 한 조건부 확률에 대한 경험적 평균이다. 이는 데이터셋에 의해 정의된 분포로 실제 분포를 근사하면 자연스럽게 따라오게 될 것이다(10.1절 '생성적 적대 신경망'에서 정의한 방식과 동일).

2011년에 빈센트는 명시적 점수 매칭처럼 $p(x)$ 대신 $p_\sigma(x')$를 참조 분포로 사용할 수 있는 가능성을 탐색했다. 그 이유는 $p_\sigma(x')$를 실제 분포 $p(x)$에 대한 연속 근사로 볼 수 있기 때문이다. $p_{data}(x)$로 정의된 근사는 편향되지 않지만, 안타깝게도 데이터셋의 모든 이미지에 대해 균등 분포$^{uniform\ distribution}$이기 때문에 데이터셋에 x가 없는 모든 곳에서 안타깝게도 불연속이며 나머지 모든 곳에서는 가능도가 0이다. 물론 σ가 커질수록 $p_\sigma(x')$는 $p(x)$에 점점 더 충실하지 않은 근사로 간주되므로 작은 σ로 작업하고자 한다.

빈센트 2011에서는 다음과 같이 $p_\sigma(x')$를 참조 분포로 사용하는 명시적 점수 매칭을 처음 제안했다.

$$J(\theta)=\mathbb{E}_{p_\sigma(x')}\left[\frac{1}{2}\|\nabla_{x'}\log p_\theta(x')-\nabla_{x'}\log p_\sigma(x')\|_2^2\right]$$

$$\theta^*=\mathrm{argmin}_\theta J(\theta)$$

이것이 $p_\phi(x)$에 대해 유효한 최적화 절차인 이유는 이전 절의 설명과 동일하며, 여기서 유일한 차이점은 매칭하려는 참조 분포이다. 빈센트 2011에서는 한 단계 더 나아가 이 최적화 절차가 다음과 같다는 것을 보여줬다.

$$J_{\text{DSM}}(\theta)=\mathbb{E}_{p_\sigma(x,x')}\Big[\frac{1}{2}\|\nabla_{x'}\log p_\theta(x')-\nabla_{x'}\log p_\sigma(x'|x)\|_2^2\Big]$$

$$\theta^*_{\text{DSM}}=\text{argmin}_\theta J_{\text{DSM}}(\theta)$$

여기서는 증명하지 않고 자세한 내용은 빈센트 2011을 참조하시기 바란다. 10.3절 '변이형 오토인코더 구현'에서 설명한 로그 트릭을 활용하고 있다. 이 목표를 최적화하는 것을 디노이징 점수 매칭 또는 줄여서 DSM이라고 한다. 곧 설명하겠지만 이는 디노이징 AE와 연결되는 역할을 한다.

이제 $p_\sigma(x'|x)=N(x';x,\sigma^2 I)$를 알았으니 그 로그의 경사를 계산해 보겠다.

$$\nabla_{x'}\log p_\sigma(x'|x)=\nabla_{x'}\log\left(\frac{1}{\sqrt{(2\pi)^d\,|\sigma^2 I|}}e^{\frac{-(x'-x)^T(x'-x)}{2\sigma^2}}\right)$$

$$=\nabla_{x'}\log\frac{1}{\sqrt{(2\pi)^d\,|\sigma^2 I|}}+\nabla_{x'}\log e^{\frac{-(x'-x)^T(x'-x)}{2\sigma^2}}$$

$$=-\frac{1}{2\sigma^2}\nabla_{x'}(x'-x)^T(x'-x)$$

$$=-\frac{1}{2\sigma^2}(\nabla_{x'}x'^T x'-2\nabla_{x'}x'^T x+\nabla_{x'}x^T x)$$

$$=\frac{1}{\sigma^2}(x-x')$$

수식을 분석해 보자. 첫 번째 식은 단순히 평균 x와 분산 $\sigma^2 I$를 갖는 가우스 분포의 정의이다. 두 번째 식은 로그가 곱을 로그의 합으로 나누고, 합의 경사는 경사의 합으로 나눈 결과이다. 세 번째 식에서는 첫 번째 항이 x'의 함수가 아니기 때문에 제거되어 경사가 0임을 알 수 있다. 또한, 여기서 사용된 로그에는 기저가 e이므로 거듭제곱된 e의 로그는 거듭제곱 자체일 뿐이다. 마지막으로, $x'^T x'$의 점 곱을 그 자체로 확장하고 결과 합의 각 항에 경사를 적용한다. 두 항이 서로 전치되어 동일한 스칼라를 생성하므로 $-x'^T x - x^T x'$를 $-2x'^T x$로 간단히 다시 작성할 수 있다. 이러한 경사를 평가하고 최종 등식에 도달하기 위한 가이드 역할을 할 수 있는 KB 피터슨KB Petersen과 마이클 시스킨드 페더슨Michael Syskind Pedersen의 「The Matrix Cookbook」이라는 훌륭한 문서를 참조하라. $x'^T x'$의 경사에 대한 직관은 단일 변수 미적분에서 변수 제곱의 미분과 유사하다는 것이다.

마지막 단계에서는 디노이징 점수 매칭에 대한 목적 함수를 최적화하는 것이 디노이징 AE에 대한 목적 함수를 최적화하는 것과 동일하다는 것을 보이겠다. 요약하자면, 디노이징 AE는 표준 AE와 동일한 아키텍처를 가지고 있지만 입력 데이터와 훈련 목적 함수에 차이가 있을 뿐이다. 디노이징 AE의 훈련 목적 함수는 다음과 같다.

$$J_{\mathrm{DAE}}(\theta)=\mathbb{E}_{p_\sigma(x,x')}[||\mathrm{decode}(\mathrm{encode}(x'))-x||_2^2]$$

$$\theta^*_{\mathrm{DAE}}=\mathrm{argmin}_\theta J_{\mathrm{DAE}}(\theta)$$

decode()와 encode()의 파라미터 또는 가중치는 모두 θ에 포함된다. 앞서 정의한 θ^*_{DAE} 와 θ^*_{DSM} 이 어떤 형태의 정규화 되지 않은 가능도에 대해 동등하다는 것을 보여줘야 한다. 다시 한 번 빈센트 2011에 따라 디노이징 오토인코더를 완전 연결 단일 레이어와 시그모이드 레이어로 구성된 인코더와 완전 연결 단일 레이어로만 구성된 디코더로 정의한다. 또한 완전 연결 두 개 레이어가 가중치로 묶여 있어 서로 전치된다는 제약 조건을 추가한다. 이제 목적 함수를 다음과 같이 지정할 수 있고, 여기에서 $\theta=(W,b,c)$ 이다.

$$J_{\mathrm{DAE}}(\theta)=\mathbb{E}_{p_\sigma(x,x')}[||W^T(Wx'+b)+c-x||_2^2]$$

$$=2\sigma^4*\mathbb{E}_{p_\sigma(x,x')}[\frac{1}{2\sigma^4}||W^T(Wx'+b)+c-x||_2^2]$$

$$=2\sigma^4*\mathbb{E}_{p_\sigma(x,x')}[\frac{1}{2}||\frac{1}{\sigma^2}(W^T(Wx'+b)+c-x')-\frac{1}{\sigma^2}(x-x')||_2^2]$$

대수학적 조작을 통해 $\nabla_{x'}\log p_\sigma(x'|x)$가 나타난 것을 알 수 있다. 이제 x'에 대한 경사가 $\frac{1}{\sigma^2}(W^T(Wx'+b)+c-x')$인 정규화되지 않은 가능도의 형태를 구하기만 하면 된다.

결과적으로 정규화되지 않은 가능 $q_\phi(x')$를 $-\frac{1}{\sigma^2}(c^Tx-\frac{1}{2}||x||_2^2+\sum_{j=1}^d\mathrm{softplus}(W_j^Tx+b_j))$ 로 정의

하고 이 식을 디노이징 점수 매칭 목적 함수에 대입하면 $\frac{1}{2\sigma^4}J_{\mathrm{DAE}}(\theta)$와 같은 단순한 목적 함수가 남는다. 이렇게 되는 이유에 대해서는 빈센트 2011 논문을 참조하기 바란다.

θ에 대한 이 새로운 목적 함수를 최적화하는 것은 디노이징 오토인코더를 최적화하는 것과 다르지 않다. σ는 양수 상수이고 θ에 의존하지 않으므로 결과 경사의 방향에 영향을 주지 않고 크기만 조정하기 때문이다. 요약하면 디노이징 AE를 훈련하는 것은 디노이징 점수 매칭 목적 함수를 최적화하는 것과 동일하며, 여기서 정규화되지 않은 가능도가 이전 단락에서 명시한 형태를 취한다는 것을 알 수 있다. 간단히 말해, 훈련된 디노이징 AE의 가중치는 $-\frac{1}{\sigma^2}(c^Tx-\frac{1}{2}||x||_2^2+\sum_{j=1}^d\mathrm{softplus}(W_j^Tx+b_j))$로 지정되고 디노이징 점수 매칭을 통해 훈련된 정

규화되지 않은 가능도의 가중치와 동일하다.

디노이징 AE를 사용하여 생성 모델링을 수행하기 위해 필요한 작업은 다음과 같다.

1. $J_{\mathrm{DAE}}(\theta)$를 최소화하여 디노이징 AE를 충분히 훈련한다.

2. 주어진 $x^{(i)}$에 대해 $\frac{1}{\sigma^2}(\mathrm{decode}(\mathrm{encode}(x^{(i)}))-x^{(i)})$를 평가하여 점수를 계산한다.

3. $N(0, I)$에서 ϵ를 샘플링한다.

4. 2단계와 3단계의 결과를 랑주뱅 동역학 식에 연결하여 다음 샘플 $x^{(i+1)}$을 얻는다.

5. $x^{(i+1)}$로 2~4단계를 반복한다.

이차 경사를 계산해야 하는 문제는 이 방법으로 해결했지만, 여전히 $p(x)$의 노이즈가 있는 근사에서만 샘플링할 수 있다는 문제가 있다. 최근 연구에서는 암시적 점수 매칭과 디노이징 점수 매칭의 개념을 바탕으로 더욱 강력하고 사실적인 생성 기능을 구현하고 있다. 이 절에서 대부분의 전제 조건에 대한 내용을 다루었으므로 관련 문헌을 더 자세히 살펴볼 것을 권장한다.

요약

이 절에서 생성 모델에 대해 많은 것을 배웠다. GAN, VAE 및 몇 가지 형태의 점수 매칭 기법을 이해해야 하는 이유와 관련 수학 지식을 다루었으며, 심지어 VAE를 처음부터 구현해 보기도 했다. 또한 이러한 방법 간의 유사점과 차이점에 대해서도 배웠다. 예를 들어, GAN은 생성기를 통해 샘플링할 수 있는 복잡한 분포를 암시적으로 모델링하는 반면, VAE는 명시적으로 분포를 학습하지만 모델링할 수 있는 분포의 복잡성이 좀 더 제한적이라는 점이 다르다. 암시적 점수 매칭은 GAN과 유사하게 랑주뱅 동역학을 통해 (추가적인 노이즈 분포 $p(z)$를 사용하지 않고) 복잡한 분포에서 샘플링할 수 있었지만, 이차 경사를 계산해야 했기 때문에 디노이징 점수 매칭을 개발하고 기존 디노이징 AE와 연결할 수 있었다. 또한 VAE는 잠재 변수 셋을 정의하고 입력 예제가 주어졌을 때 근사 사후 확률과 잠재 변수 설정이 주어졌을 때 가능도 함수를 명시적으로 학습함으로써 세 가지 모델링 방식 중 가장 강력한 확률론적 모델링 접근 방식을 취했다. 반면, GAN의 경우 추가적인 변수 z의 목적은 오로지 샘플링을 위한 중간 단계에 불과하다. 이 모든 모델은 서로 다른 관점과 의도에서 생성 모델링을 다루고 있지만, 모두 강력한 결과를 도출했으며 현재와 미래의 연구를 위한 탄탄한 토대를 마련했다.

11장
해석 가능성 방법론

11.1 개요

해석 가능성^{interpretability}의 분야는 무척 광범위하며 다양한 작업에 적용된다. 해석 가능성은 간단히 말해 모델의 결정 과정을 제3자에게 얼마나 잘 설명할 수 있는지를 나타낸다. 현대적인 컴퓨팅 구조에는 이러한 능력이 없는 경우가 많다. 대표적인 예가 신경망이다. 불투명^{opaque}이라는 용어는 미디어와 문헌에서 신경망을 설명할 때 자주 사용된다. 신경망의 최종 분류 또는 회귀 결과를 설명하는 사후 검증 기술이 없다면, 훈련된 모델 내에서 발생하는 데이터 변환 과정을 최종 사용자가 이해하기 어렵다. 알 수 있는 것은 예제를 입력하면 결과가 나온다는 것뿐이다. 신경망에서 학습된 가중치를 살펴볼 수는 있지만, 가중치의 조합은 매우 복잡한 함수다. 따라서 입력의 어떤 부분이 최종 결과에 가장 크게 기여했는지 알기 어렵다.

신경망의 출력을 설명하기 위해 다양한 사후 검증 방법론이 고안되었는데, 대표적인 예가 중요 영역 매핑^{saliency mapping}이다. 중요 영역 매핑에서는 훈련된 모델의 입력에 대한 출력의 경사를 측정한다. 경사의 정의에 따르면, 경사가 가장 큰 입력 위치에서 입력값이 약간만 변경되어도 출력값(분류의 경우에는 클래스)에 가장 큰 영향이 생긴다. 따라서 중요 영역 매핑에서는 가장 큰 경사가 있는 위치(및 해당 값)셋을 최종 결과에 가장 크게 기여하는 입력 부분으로 해석한다.

그러나 이것이 해석 가능성의 전부는 아니다. 중요 영역 매핑에서 발생하는 문제는 특히 이미지 분류와 같은 작업에서 개별 픽셀의 경사를 고려할 때 어느 정도 노이즈가 발생할 수 있다는 것이다. 또한 문장 원핫 인코딩처럼 입력이 연속적이지 않고 범주형인 경우에는 입력 공간이 불연속적이기 때문에 입력에 대한 경사를 해석할 수 없다.

앞서 언급했듯이, 적절한 해석 가능성 방법론을 선택할 때는 현재 수행하는 작업의 종류가 중요하다. 이에 대해서는 다음 절에서 더 자세히 설명한다.

대부분의 경우에는 성능을 희생하는 대가로 해석 가능성을 얻게 된다. 모델에 해석 가능성을 넣으면 종종 모델이 단순화되어 어느 정도 편향(편향과 분산 사이 트레이드오프 관점의 편향)이 생긴다. 예를 들어, 기본 선형 회귀에서는 피처와 타깃 변수 사이에 선형 관계를 가정한다. 그러나 이처럼 기본 선형 회귀에서 가정을 단순화하면 입력 피처와 목표 변수 간의 관계가 복잡한 신경망 구조에서보다 훨씬 더 명확해진다.

지금까지 내용을 살펴보면, 애초에 해석 가능성을 신경써야 하는 이유에 대한 의문이 생길 것이다. 기술, 복잡한 알고리즘, 머신러닝이 점점 더 지배적인 역할을 하는 세상에서 의사 결정 과정을 설명할 수 있는 능력은 필수적이다. 특히 환자의 생명이 달린 의료 분야나 사람들의 재정과 관련된 금융 분야에서는 모델의 의사 결정 과정을 설명할 수 있는 능력이 해당 기술의 채택에 무척 중요하다. 다음 절에서는 설계에 해석 가능성이 강력하게 내재된 몇 가지 고전적인 모델을 살펴보겠다.

11.2 결정 트리와 트리 기반 알고리즘

대부분의 고전적인 데이터 과학과 머신러닝 방법론에는 해석 가능성이 일부 내재되어 있다. 트리 기반 알고리즘이 이에 대한 명확한 예시다. 결정 트리는 일련의 조건문을 기반으로 하여 입력을 분류하도록 설계되었으며, 트리의 각 노드는 조건문과 연관되어 있다. 훈련된 트리 기반 모델이 결정을 내리는 과정을 이해하려면 주어진 입력에 대해 트리의 각 노드에서 올바른 가지를 따라가기만 하면 된다(그림 11-1 참고).

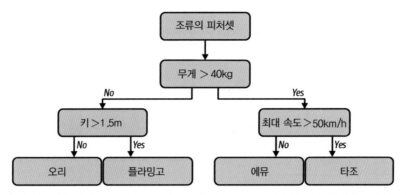

그림 11-1 조류 종을 분류하도록 훈련된 결정 트리. 조류의 피처셋이 주어지면 이를 참고하여 각 노드에서 '예' 또는 '아니오' 가지를 따라 최종 분류에 도달한다.

랜덤 포레스트random forest 알고리즘과 같은 더 복잡한 트리 기반 알고리즘도 해석할 수 있다. 랜덤 포레스트 알고리즘은 큰 결정 트리의 앙상블ensemble[1] 로 구성된다. 예를 들어 분류의 경우, 랜덤 포레스트 알고리즘에서는 주어진 입력을 각 결정 트리를 통해 실행한 다음 결정 트리 중 다수의 출력 클래스(회귀의 경우 평균)를 최종 출력으로 취한다. 알고리즘의 구조를 통해 랜덤 포레스트에서 입력에 대한 최종 결론에 어떻게 도달했는지 정확히 알 수 있다.

개별 예제 수준에서의 해석 가능성 외에도, 결정 트리와 결정 트리 앙상블에는 피처 중요도 지표가 내재되어 있다. 예를 들어, 결정 트리를 훈련시킬 때는 어떤 특징으로 분할할 것인지, 그리고 그 특징의 어떤 임계값에서 분할할 것인지를 결정해야 한다. 분류 문제에서 한 가지 방법은 제안된 피처를 제안된 임계값에서 분할해서 얻는 정보 이득[2]을 계산하는 것이다. 생각을 정리하기 위해 가능한 훈련 레이블을 이산 확률 분포의 관점에서 생각해 보자. 여기서 각 레이블의 확률은 해당 레이블이 훈련 데이터셋에 나타나는 빈도다(그림 11-2 참고).

---

1 옮긴이 1_ 여러 개의 모델을 하나의 그룹으로 결합하여 문제를 해결하는 방법이다.
2 옮긴이 1_ 결정 트리에서 특정 피처를 사용해 데이터를 분류했을 때 얻는 정보의 양을 나타내는 지표. 이 값이 높을수록 해당 피처가 분류에 더 유용하다.

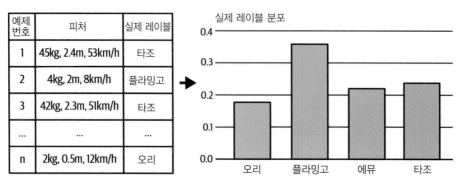

그림 11-2 레이블 확률

2장에서 살펴본 것처럼 확률 분포 내의 불확실성을 요약해서 보여주는 지표는 해당 분포의 엔트로피다. 분할에 사용할 피처와 임계값이 주어지면 각 입력 예제에 대해 어떤 가지를 따를지에 따라 훈련 데이터를 최소 두 개의 개별 그룹으로 분할할 수 있다. 이제 각 그룹은 가능한 레이블에 대해 고유한 분포를 가지며, 훈련 데이터셋 엔트로피와 각 하위 그룹 엔트로피 가중치 합계 사이의 차이를 사용하여 정보 이득을 계산한다. 여기서 가중치는 각 하위 그룹의 요소 수에 비례한다. 각 분기점에서 정보 이득이 가장 높은 피처와 관련된 임계값이 최적의 분할이다.

이것이 동작하는 이유를 설명해 보겠다. 예를 들어 각 화합물compound의 독성 여부를 나타내는 이진 레이블이 있는 분자molecular 데이터셋이 있다고 할 때, 화합물의 독성을 예측하는 분류기를 만든다고 가정한다. 그리고 각 화합물의 피처 중 하나가 해당 분자가 페놀 작용기phenol functional group를 포함하는지 혹은 그렇지 않은지를 나타내는 이진 피처라고 가정한다. 페놀 작용기는 독성이 강하고 화합물 독성의 일반적인 원인이므로 이 피처를 사용해서 분할하면 잘 분리된 두 개의 하위 그룹이 생긴다.

양성positive 하위 그룹, 즉 페놀 작용기가 있는 화합물을 포함하는 이 그룹은 페놀의 독성 수준으로 인해 거짓 양성false positive이 거의 없을 가능성이 높다. 페놀 작용기가 없는 화합물을 포함하는 음성negative 하위 그룹은 페놀이 독성의 일반적인 원인이기 때문에 거짓 음성false negative이 거의 없을 가능성이 높다. 따라서 각 하위 그룹의 화합물에 대한 실제 레이블 분포가 단일 레이블에 상당히 집중되어 있기 때문에 각 하위 그룹의 관련 엔트로피는 매우 낮다. 전체 데이터셋 엔트로피에서 두 하위 그룹의 가중 엔트로피 합을 뺀 값은 높은 정보 이득을 보인다(그림 11-3 참고).

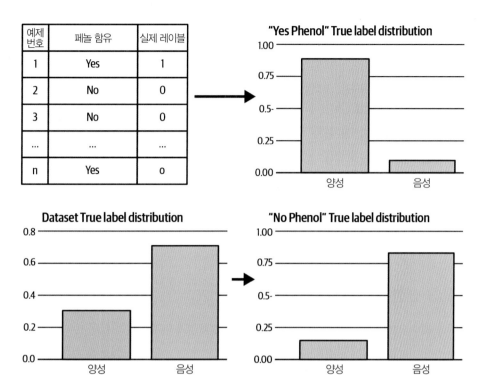

그림 11-3 원본 데이터셋을 독성 30%와 비독성 70%로 분류할 수 있으며, 여기서 실제 레이블이 1이면 독성을, 0이면 비독성을 나타낸다. 페놀 함유 여부에 따라 n개의 데이터셋 항목을 두 개의 하위 그룹으로 나누면 각 하위 그룹에서 단일 레이블에 대한 실제 확률이 크게 집중된다.

이 결과는 이미 알고 있던 페놀 그룹에 대한 지식과 잘 맞아떨어진다. 페놀은 독성 화합물에서 흔히 볼 수 있고 독성 수준도 높기 때문에 페놀 그룹이 독성 분류에 중요한 피처가 될 것으로 예상했었다. 결정 트리에서 피처와 피처 분할을 선택하는 방식은 사실 일반적인 알고리즘 프레임워크에서 그리디 알고리즘 greedy algorithms에 접근하는 방식과 같다. 그리디 알고리즘에서는 각 결정 지점에서 가장 최적의 지역적 액션을 선택하며, 문제의 속성에 따라 다르겠지만, 이러한 지역적 최적 액션의 조합이 최솟값으로 이어질 수 있다. 결정 트리도 마찬가지로, 각 결정 지점에서 지역적으로 특정 지표가 가장 큰 이득을 갖도록 피처와 분할 방법을 선택한다. 예를 들어, 독성 분류를 위해 정보 이득을 사용했고, 한 번의 분할 결과만 참고했지만, 페놀 특성 기반의 분할이 가장 높은 정보 이득을 가져온다고 가정해서, 트리의 모든 수준의 각 분기점에서 이와 같이 그리디 절차를 수행한다. 그러나 데이터셋의 전역적 최적 결정 트리를 찾는 문제는 NP-완전NP-complete이므로 계산이 매우 어렵다. 문제를 해결하는 최선의 방법은 그리디 접근 방식이지만, 이 접근 방식이 꼭 최솟값으로 이어진다는 것은 아니다.

트리에서 분할하는 피처마다 해당 피처와 관련된 정보 이득이 존재한다. 각 피처의 중요도 순서는 단순히 정보 이득으로 정렬한 피처 목록이다. 하나의 결정 트리가 아니라 랜덤 포레스트가 있는 경우, 랜덤 포레스트의 모든 트리에 걸쳐 각 피처의 정보 이득을 평균 내고 그 평균을 사용하여 정렬한다. 애초에 정보 이득을 사용하여 개별 결정 트리를 훈련하기 때문에 정보 이득을 계산하는 데 추가 작업이 필요하지 않다는 점에 유의해야 한다. 따라서 트리 기반 알고리즘에서는 예제에 대한 해석 가능성과 피처 중요도에 대한 전반적인 이해를 모두 추가적인 과정 없이 확보할 수 있다.

11.3 선형 회귀

선형 회귀linear regression의 간단한 배경을 소개하자면 피처셋과 타깃 변수가 주어졌을 때, 타깃 변수에 가장 가까운 피처들에 대해 최선의 선형 결합linear combination을 찾는 것이다. 이 모델에는 입력 피처들이 타깃 변수와 선형적으로 관련되어 있다는 가정이 내재되어 있다. 여기서 '최선'의 정의는 실제값ground truth과 비교했을 때 평균 제곱근 오차root mean squared error가 가장 낮은 선형 결합을 만드는 계수 집합을 지칭하는 것으로, 이는 다음과 같이 정의한다.

$$y = \beta \cdot x + \epsilon, \epsilon \sim N(0, \sigma^2)$$

여기서 β는 계수의 벡터다. 이것으로부터 바로 피처 중요도의 전역적 개념이 나온다. 가장 큰 계수들에 해당하는 피처들이 선형 회귀에서 가장 중요한 피처들이다.

예제 수준의 피처 중요도 개념을 살펴보자. 주어진 예제의 예측을 얻으려면 예제와 학습된 계수 사이의 내적을 구한다는 점을 기억해야 한다. 논리적으로 최종 결과에 가장 크게 기여하는 피처-계수 곱과 관련된 피처가 예측에 가장 중요한 피처이다. 많은 노력을 기울이지 않아도 선형 회귀에는 예제 수준과 전역 수준의 해석 가능성 개념이 어느 정도 내재되어 있다.

그러나 선형 회귀에는 피처의 중요도를 고려할 때 해결되지 않은 문제가 몇 가지 있다. 예를 들어, 다변량 회귀multivariate regression에서 피처 간에 유의미한 상관관계가 있는 경우, 모델에서는 이러한 상관관계가 있는 피처가 출력에 미치는 영향을 구분해서 파악하기 어려운 경우가 많다.

11.7절에서는 섀플리 값$^{Shapley\ value}$을 설명할 것이다. 섀플리 값은 이러한 경우에 한계적 영향을 측정하기 위해 고안되었다. 이는 주어진 피처가 출력에 미치는 편향되지 않은^{unbiased} 영향이다.

11.4 피처 중요도 평가 방법

연구자들은 수년 동안 피처 중요도$^{feature\ importance}$가 내재되어 있지 않은 모델에서 피처 중요도를 평가하기 위해 다양한 방법을 개발했다. 이 절에서는 업계에서 사용하는 몇 가지 방법과 그 장단점을 설명한다.

11.4.1 순열 피처 중요도

순열 피처 중요도의 개념은 매우 간단하다. 훈련된 신경망 모델 f와 f가 훈련된 피처셋 U가 있다고 가정한다. 이때 개별 피처 s가 f의 예측에 미치는 영향을 이해하고자 한다. 이를 위한 방법 중 하나는 데이터셋의 모든 예제에서 s가 취하는 값을 임의로 재배열하고, 그 결과로 예측 정확도가 감소하는 정도를 측정하는 것이다. 피처 s가 애초에 예측 정확도에 크게 기여하지 않았다면, 순열된 샘플을 사용해도 f의 예측 정확도가 최소한으로 감소할 것이다. 반대로, 애초에 피처 s가 출력 예측에 유용했다면 데이터셋에서 s의 값을 순열할 때 예측 정확도가 크게 떨어질 것이다. 본질적으로 피처 s가 원래 실제 레이블과 강한 상관관계가 있었다면, s의 값을 무작위화하는 경우 이 강한 상관관계가 깨지고 실제 레이블 예측 효과가 무효화된다.

안타깝게도 모든 해석 가능성 방법론과 마찬가지로 이 방법도 완벽하지는 않다. 시나리오에서 모델 예측 대상이 주어진 지역의 아이스크림 판매량이고, U의 두 피처가 서로 반경 1마일 내에 있는 두 온도 센서의 판독값이라고 가정하자. 아이스크림 판매량의 계절적 특성으로 인해 이러한 피처 각각이 독립적으로 아이스크림 판매량을 상당히 예측할 수 있을 것으로 예상할 수 있다. 그러나 이 데이터셋에 앞서 제시한 순열 방법론을 수행한다면 당초 예상과 달리 두 피처 모두에 대해 낮은 피처 중요도를 얻게 될 것이다. 왜 이런 결과가 나올까? 각 피처가 아이스크림 판매량을 강력하게 예측하지만, 두 온도 센서의 근접성으로 인해 상관관계도 강하기 때문이다. 또한 이러한 피처 중 하나만 한 번에 순열하여 중요도를 계산하면 다른 피처는 그대로 유지되어 두 피처에 포함된 대부분의 예측 정보가 보존된다. 따라서 두 피처에 대한 f의 예측 성능에는 큰 변화가 없으므로 날씨가 아이스크림 판매량에 영향을 미치지 않는다고 생각하게 될 것이다.

이 사례의 교훈은 데이터셋 피처 간 상관관계를 항상 염두에 두어야 한다는 것이다. 데이터 과학 및 머신러닝 실무에서는 피처들을 사용하기 전에 피처들 간의 관계를 이해하는 것이 바람직하다. 이때 피처 간 관계성 분석에는 어떠한 종류의 예측 모델링 알고리즘도 사용 가능하다. 예로 z-점수화된z-scored 각 피처를 서로 비교하는 그래프를 그려서 피처의 상관관계를 시각적으로 파악할 수 있다.

11.4.2 부분 의존도 그래프

부분 의존도 그래프Partial dependence plots(PDP)는 모델에 포함된 피처의 하위 집합이 출력에 미치는 한계 영향marginal impact을 측정한다. 앞서 설명한 것처럼, 복잡한 신경망 모델에서는 편향되지 않은 방식으로 이러한 한계 영향을 측정하기가 어렵다. 회귀의 경우, 훈련된 신경망(또는 다른 형태의 복잡하고 해석할 수 없는 모델)을 피처셋 U을 입력으로 받아 실제 값을 출력하는 함수 f로 나타낼 수 있다. 이 모델의 사용자로서 f 출력에 대한 피처의 하위 집합 s의 한계 영향을 측정할 수 있는 해석 가능성 방법을 찾고 있다고 가정해 보자. 즉, 임의의 피처셋 s가 주어지면 이에 대한 함수 f의 예상 출력을 계산하고자 한다. f의 기댓값은 $U \setminus S$에 대해 취해지는데, 여기서 $U \setminus S$는 U(알려진 설정인 S에 조건부인)의 나머지 피처들이다. 직관적으로, 피처 하위 집합 $U \setminus S$를 제거하고 피처셋 s만 입력으로 받는 새로운 함수 f'의 출력을 갖게 된다. 이 과정을 s의 충분한 설정에 대해 수행하면, 피처셋 s이 변경됨에 따라 f'가 어떻게 변하는지에 대한 패턴을 배울 수 있다.

예를 들어, 출력이 특정 지역의 도로에 있는 차량 수이고 피처셋 s가 해당 지역의 강수량인 단일 피처로 구성되어 있다고 가정하자. $U \setminus S$를 구성하는 피처는 시간, 지리적 위치, 인구 밀도 등의 변수일 수 있다. 다양한 강수량 범위에서 위의 프로세스를 실행하면 각 강수량에 대해 도로에서 볼 수 있을 차량 수를 추정하고 강수량이 높아지거나 낮아짐에 따라 추세를 관찰할 수 있다. 이 추세를 그래프로 표시한 것이 바로 PDP다.

중요한 참고 사항이 몇 가지 있다. 첫 번째는 f를 실제로 학습하는 것이 아니라 훈련된 모델 f를 사용하여 추정한다는 것이다. f' 자체를 학습하려면 설명해야 할 모든 잠재적 하위 집합 s에 대해 재훈련이 필요하며, 이는 피처의 수가 기하급수적으로 증가하므로 다루기 어렵다. 두 번째는 현재로서는 f가 $U \setminus S$에 대해 취하는 기댓값을 어떻게 계산할지 불분명하다는 점이다. 곧 살펴보겠지만, PDP 방법론은 이 두 번째 문제를 해결한다. 자세한 설명에 들어가기 전에 방금 설명한 절차를 간단하면서도 구체적으로 수식으로 표현해 보겠다.

$$f'(S) = \mathbb{E}_{U \setminus S | S}[f(U \setminus S, S)]$$

앞서 언급했듯이 조건부 기댓값은 추정하기가 약간 까다롭다. 지금까지는 경험적 평균을 통해 편향되지 않은 방식으로 기댓값을 근사화했다. 그러나 조건부 기댓값을 추정하려면 문제의 s에서 특정한 피처 예를 정확히 포함하는 샘플의 평균만 취해야 하는 제약이 추가된다. 안타깝게도 U에 대한 기저 분포의 샘플은 제공된 데이터셋에만 포함되어 있다. 그리고 U의 피처가 연속인 보통의 경우, 데이터셋에서 문제의 s의 특정한 피처 예를 한 번이라도 볼 가능도^{likelihood}는 매우 낮다. 이 문제를 해결하기 위해 PDP는 전체 데이터셋을 직접 사용하여 이 기댓값을 추정할 수 있도록 독립성 가정을 한다.

$$f'(S) = \mathbb{E}_{U \setminus S | S}[f(U \setminus S, S)] = \mathbb{E}_{U \setminus S}[f(U \setminus S, S)] \approx \frac{1}{n} \sum_{i=1}^{n} f((U \setminus S)^i, S)$$

여기서 n은 데이터셋의 샘플 수다. PDP에서는 s의 피처가 $U \setminus S$의 피처와 독립적이라고 가정한다. 이 가정에서는 $U \setminus S$의 샘플링이 s의 설정과 독립적이므로 모든 훈련 샘플을 무작위로^{indiscriminately} 사용하여 기댓값을 계산할 수 있다. 이제 피처셋 s의 임의의 하위 집합이 f의 출력에 미치는 추가 영향을 추정하는 구체적인 방법이 생겼다.

만약 s의 피처와 $U \setminus S$의 피처 사이에 유의미한 상관관계가 있다면, 생성된 PDP에서는 샘플링 가정의 편향으로 인해 출력에 대한 s의 실제 추가 영향을 제대로 반영하지 못할 가능성이 높다. 본질적으로, 발생 가능성이 아주 낮은 여러 샘플의 평균을 취하게 될 것이다. 이는 (1) f가 이러한 샘플에서 의미 있는 출력을 생성할 것으로 기대할 수 없고, (2) U의 기저 분포의 관계를 정확하게 반영하지 않는 샘플의 출력에 대한 평균을 취하고 있다는 것을 의미한다.

두 번째 문제는 꽤 명확하다. 첫 번째 문제를 설명하기 위해 MNIST 데이터셋에 대해 신경망을 완전히 훈련했다고 가정하자. 이제 온라인에서 개 사진 이미지를 찾아 신경망에 입력한다. 우연히도 신경망이 높은 신뢰도로 9를 반환하는 것으로 나타났다. 과연 이 결과를 믿어도 될까? 입력 이미지가 모델이 예상하는 이미지 분포에서 완전히 벗어난 것이므로 이렇게까지 일반화해 버리는 모델은 신뢰할 수 없다. PDP의 상황은 조금 덜 극단적이지만, 본질적으로 분포에서 벗어난 비정상적 샘플^{franken_samples}을 생성하고 이 샘플을 사용해서 의미 있는 출력을 기대하는 것이 유사하다. PDP의 독립성 가정은 이러한 방법에 본질적인 제한이 되는데, 가지고 있는 샘플이 데이터셋의 샘플뿐이기 때문이다. 추가로 PDP는 작은 피처 하위 집합(2개 이하)의 영향을 분석하는 데 자주 사용된다. 인간은 최대 3차원까지만 시각적으로 해석할 수 있기 때문이다. 그럼에도 불구하고 PDP는 입력 피처 하위 집합과 복잡한 모델 출력 사이의 추세를 시각화하는 데 효과적이다.

11.5 추출적 합리화

추출적 합리화^{Extractive Rationalization}는 속성을 예측하는 데 필요한 관련 정보 대부분이나 전부를 유지하는 입력의 핵심 부분을 선택하는 것으로, 개별 예제 수준의 해석 가능성이 내재된 형태를 의미한다. 이 절에서는 자연어 공간에서 이러한 작업을 시도한 「Rationalizing Neural Predictions」[3] 논문의 방법론을 검토해 본다. 이 논문에서 다루는 과제는 속성 예측으로, 텍스트 리뷰가 주어졌을 때 해당 텍스트와 관련된 몇 가지 속성을 예측하는 것이다. 이 논문에서는 특히 맥주 리뷰 데이터셋을 사용했는데, 각 리뷰는 외관 점수, 냄새 점수, 미각^{palate} 점수, 일부 텍스트로 구성되어 있다. 성능이 뛰어나지만 해석이 안되는 방법은 [그림 11-4]와 같이 순환^{recurrent} 구조를 사용하여 고전적인 속성 예측기를 훈련한 다음, 순환 구조에서 생성된 최종 임베딩을 입력으로 사용하는 기본 회귀 신경망을 훈련하는 것이다.

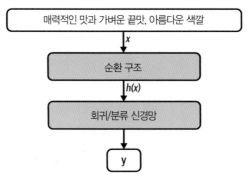

그림 11-4 고전적인 속성 예측기의 묘사이다. 여기서 x는 원본 문장의 인코딩, $h(x)$는 x의 끝에 도달한 후 순환 구조에 의해 생성된 은닉 상태, y는 표준 순방향 신경망 아키텍처의 결과를 나타낸다.

----

3 Lei et al. "Rationalizing Neural Predictions." *arXiv Preprint arXiv*:1606.04155. 2016.

이 논문의 목표는 성능에 대한 악영향을 제한하면서 예측하려는 속성과 가장 관련 있는 입력 텍스트의 근거rationale, 즉 핵심concise 부분을 선택해서 추가로 생성하는 것이다. 이것이 이와 같은 합리화 방법을 '추출적Extractive'이라고 표현하는 이유이며, 입력과 연관된 부분을 추출함으로써 동작한다. 핵심을 강조하는 이유가 궁금할 것이다. 모델이 생성하는 근거의 핵심 정도에 대한 제한이나 페널티가 없다면, 모델이 전체 입력 내용을 그냥 그대로 반환하게 될 것이다. 물론 근거가 전체 입력인 경우 결과 예측에 필요한 모든 정보는 근거 내에 있다.

그렇다면 제안된 속성 예측기의 구조를 어떻게 수정하면 근거를 내재 메커니즘으로 생성할 수 있을까? 이 논문에서는 두 가지 신경망을 사용하는 접근 방식을 제안했다. 첫 번째 신경망을 생성기라고 하고 두 번째 신경망을 인코더라고 한다. 생성기는 근거를 선택하는 RNN이고, 인코더는 전체 입력이 아니라 근거만을 가지고 주어진 속성을 예측하는 RNN이다. 이렇게 구성한 논리는 올바른 목적 함수가 주어지면 생성기가 입력 텍스트의 의미 있는 부분 선택 방법을 학습해야 실제 평점을 정확하게 예측할 수 있다는 것이다. 생성기는 입력에 적용할 수 있는 가능한 모든 이진 마스크에 대한 분포를 파라미터화하며, 여기서 1은 해당 단어가 근거에 포함되어야 함을 나타내고 0은 그렇지 않음을 나타낸다. [그림 11-5]는 2단계 구조 제안을 보여주며, 인코더는 앞서 설명한 단순한 단일 단계 속성 예측기이고 z는 생성기에서 샘플링된 이진 마스크를 나타낸다.

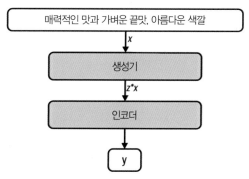

그림 11-5 생성기는 입력 x를 받아서 마스크 z에 대한 확률 분포를 파라미터화[4]하며, 이를 샘플링해서 인코더로 들어가는 입력을 얻는다. 인코더는 앞서 묘사한 고전적인 속성 예측기와 동일한 아키텍처를 따른다.

---

4 옮긴이 1_ 확률 분포의 형태와 파라미터를 설정하는 것이다.

이를 공식으로 나타낸다면, 입력 텍스트 x를 벡터로 표현하며 여기서 x_i는 위치 i에 있는 토큰을 나타낸다. 생성기는 분포 $p(z \mid x)$를 파라미터화하며 여기서 z는 독립 베르누이 확률 변수individual Bernoulli random variable z_i로 구성된 벡터다. 각 z_i는 x_i가 근거에 포함될 경우 1이며, 그렇지 않으면 0이다. 참고로 z는 x와 길이가 같으며, 이 길이는 x에 따라 달라진다. 이 분포를 정확히 어떻게 표현할까? 첫 번째 단계는 합리적인 조건부 독립성을 가정하는 것이다. 즉 다음과 같이 모든 z_i가 x에 조건부로 서로 독립적이다. $p(z|x) = \prod_{i=1}^{n} p(z_i|z_1, \ldots, z_{i-1}, x) = \prod_{i=1}^{n} p(z_i|x)$. 이는 매우 합리적인 가정인데, x_i가 근거에 포함되어야 하는지 여부에 관한 모든 정보가 x 자체(토큰 x_i 및 그 주변 컨텍스트)에 포함되어야 하기 때문이다. 이를 신경망 언어로 변환하면, 곧보게 되겠지만, 생성기의 각 최종 은닉 상태 h_i가 독립적으로 완전 연결 레이어를 통과하고 시그모이드 활성화가 적용되어 z_i가 값 1을 취할 확률이 나온다.

목적 함수의 세부 사항을 살펴보기 전에 생성기와 인코더의 구조를 좀 더 자세히 설명하겠다. 생성기와 인코더는 모두 순환 구조이며, 여기서 순환 유닛recurrent unit은 LSTM이나 GRU가 될 수 있다. 이전 단락에서 설명한 것처럼 생성기는 각 토큰 x_i에 대해 은닉 유닛 h_i를 생성한다. 토큰에 대한 최종 임베딩은 두 개의 중간 임베딩intermediate embedding으로 구성된다. 첫 번째 중간 임베딩은 토큰을 정방향으로 통과시킨 결과이고, 두 번째 중간 임베딩은 토큰을 역방향으로 통과시킨 결과이다. 공식으로 표시하면 다음과 같다.

$$\vec{h}_i = \vec{f}(\vec{h}_{i-1}, x_i)$$
$$\overleftarrow{h}_i = \overleftarrow{f}(\overleftarrow{h}_{i+1}, x_i)$$
$$h_i = \text{concat}(\vec{h}_i, \overleftarrow{h}_i)$$

여기서 $\vec{f}$ 및 $\overleftarrow{f}$는 두 개의 독립 순환 유닛에 해당하며, 전자는 순방향 경로에 대해 훈련되고, 후자는 역방향 경로에 대해 훈련된다. 이 공식에서 최종 임베딩은 단방향의 정보만이 아닌 토큰의 전체 컨텍스트의 정보를 통합하는 양방향 임베딩이라는 것을 알 수 있다. 그런 다음 각 임베딩에 완전 연결 레이어와 시그모이드를 적용하여 각 토큰에 대해 독립 베르누이 확률 변수를 생성한다.

$$p(z_i \mid x) = \sigma(w_z \cdot h_i + b_z)$$

인코더도 순환 구조이지만 텍스트와 관련된 평점을 예측하는 목적 때문에 회귀 구조로 설계된다. 이러한 이유로 인코더를 이 절의 앞부분에서 언급한 기본 속성 예측기와 같은 방식으로 설계할 수 있다.

그렇다면 두 신경망을 함께 훈련하는 데 적합한 목적 함수는 무엇일까? 생성기가 생성하는 근거에 대한 제약 조건 외에도 예측기가 정말 정확한지 확인해야 한다. 예측기가 정확하지 않으면 생성기가 의미 있는 근거를 만들어 낼 이유가 없기 때문이다. 이 모든 것을 공식으로 정리하면 다음과 같은 목적 함수를 얻을 수 있다.

$$\theta^*, \phi^* = \mathrm{argmin}_{\theta,\phi} L(\theta,\phi)$$
$$L(\theta,\phi) = \sum_{(x,y)\in D} \mathbb{E}_{z\sim gen_\theta(x)}[\mathrm{cost}(x,y,z)]$$
$$\mathrm{cost}(x,y,z) = \lambda_1 * |z| + \lambda_2 * \sum_t |z_t - z_{t-1}| + ||enc_\phi(x,z)-y||_2^2$$

여기서 λ_1 및 λ_2는 검증 작업 중에 조정할 수 있는 하이퍼파라미터다. 이 논문에서 사용한 비용 함수에는 연속성 페널티가 추가로 포함되어 있는데, 이 페널티는 근거가 하나의 연속된 블록 형태보다는 텍스트 전체에 산재되어 있을 때 더 높다. 각 훈련 예제에 대한 예상 비용의 합을 최소화하는 것이 목적이며, 여기서 근거는 생성기 분포에 따라 도출된다. 예상 비용을 정확히 계산하는 것은 z 설정[5]의 수가 x 길이에 따라 지수적으로 증가하기 때문에 계산이 몹시 어렵다. 대신 몇 가지 경험적 샘플 추정을 통해 예상 비용의 경사를 근사하려고 한다.

이 방법은 인코더 파라미터에 대한 비용 함수의 경사에 대해서는 가능하지만, 생성기에 대해 이 작업을 수행하려고 하면 처음 VAE 인코더를 최적화하려고 할 때와 비슷한 문제가 발생한다.

$$\nabla_\theta \mathbb{E}_{z\sim gen_\theta(x)}[\mathrm{cost}(x,y,z)] = \sum_z \mathrm{cost}(x,y,z) * \nabla_\theta p_\theta(z|x)$$

해당 비용 함수는 생성기에서 샘플링을 통해 간접적으로만 θ의 함수이므로 상수로 취급할 수 있다는 점에 유의해야 한다. 경사는 샘플링하는 분포에 대한 것이므로 이를 기댓값으로 다시 표현할 수는 없다. 논문에서는 이 문제를 해결하기 위해 VAE를 다룬 절에서도 소개했던 로그 트릭을 다음과 같이 사용한다.

---

5 옮긴이 1_ 해당 변수가 취할 수 있는 상태들의 조합

$$\sum_z \text{cost}(x,y,z) * \nabla_\theta p_\theta(z|x)$$

$$= \sum_z \text{cost}(x,y,z) * p_\theta(z|x) * \nabla_\theta \log p_\theta(z|x)$$

$$= \mathbb{E}_{z \sim gen_\theta(x)}[\text{cost}(x,y,z) * \nabla_\theta \log p_\theta(z|x)]$$

인코더 파라미터에 대한 비용 함수 경사는 다음과 같다.

$$\nabla_\phi \mathbb{E}_{z \sim gen_\theta(x)}[\text{cost}(x,y,z)] = \sum_z p_\theta(z|x) * \nabla_\phi \text{cost}(x,y,z) = \mathbb{E}_{z \sim gen_\theta(x)}[\nabla_\phi \text{cost}(x,y,z)]$$

이는 SGD 또는 미니배치 경사 하강을 수행할 때 예상 경사에 대한 표준 경험적 추정^{standard} empirical estimate과 유사하다. 이 두 신경망을 함께 훈련하려면 어떻게 해야 할까? 우선 하나의 훈련 예제를 고려하는 것이 더 쉬울 수 있다. 먼저 데이터셋에서 무작위로 훈련 예제를 선택한다. 훈련 예제는 텍스트 리뷰와 평점으로 구성된다. 그리고 텍스트 리뷰를 생성기에 공급한다. 이제 입력 텍스트 리뷰가 주어졌을 때 가능한 모든 이진 마스크에 대한 확률 분포를 나타내는 생성기는 앞선 조건부 독립성 주장에 따라 각 z_i를 독립적으로 샘플링할 수 있다. 샘플링된 각 이진 마스크는 가능한 근거를 나타내며, 이를 인코더에 공급하여 예측한다. 각 근거에 대한 인코더 결과를 얻으면 각 근거에 대한 비용 함수를 계산하는 데 필요한 모든 정보를 얻는 것이다. 인코더의 가중치를 업데이트하기에 이 정도면 충분하지만, 생성기의 가중치를 업데이트하려면 샘플링된 각 z_k에 대한 근거의 로그 가능도, 즉 $\log p_\theta(z^k|x)$도 추적해야 한다.

이제 훈련 메커니즘이 생겼으니 이를 모델 검증과 테스트에 어떻게 적용할 수 있을까? 검증과 테스트 단계에서는 생성기에서 이진 마스크를 샘플링하는 대신 생성기 확률 분포에 따라 가장 가능성이 높은 이진 마스크를 선택한다. 이진 마스크를 선택하려면 앞선 조건부 독립성 가정에 따라 입력 테스트 리뷰 x에서 각 x_i에 대해 가장 가능성이 높은 z_i를 선택하기만 하면 된다. 이는 앞서의 조건부 독립 가정에 기인한다. 이러한 접근 방식은 실제 환경에서 이 모델을 사용할 때 해당 모델이 결정을 내리는 데 있어 중요한 요소를 파악하는 방식이므로, 테스트에 매우 적절하다.

지금쯤이면 어텐션 개념과 일부 유사점을 발견했을 수도 있다. 결국 생성된 이진 마스크는 입력 텍스트 리뷰를 구성하는 피처 벡터를 곱하는 데 사용하는 가중치 벡터로 생각할 수 있으며, 이때 가중치는 표준 어텐션에서 구현된 연속 가중치 방식이 아니라 0 또는 1이다. 실제로 이 논문의 저자들은 자신들의 접근 방식을 하드 어텐션의 형태로 볼 수 있다고 언급하고 있다. 하드 어텐션은 입력된 피처 벡터의 가중 평균을 계산하는 대신 확률 분포에 따라 입력 토큰을 완전히 마스킹하거나 아니면 그대로 입력에 사용하는 방식이다. 이러한 경우 이전 절에서 설명한 소프트 어텐션 방식보다 하드 어텐션 방식이 더 적합하다고 설명하는 이유가 궁금할 수 있다. 그 이유는 단어들에 대한 부분 가중치$^{fractional\ weight}$는 중요도를 측정하는 척도로 해석하기 어렵고, 텍스트에서 엄격한 단어 하위 집합을 선택해서 평점을 설명하는 것이 훨씬 더 해석하기 쉽기 때문에 하드 어텐션 방식이 더 합리적이다.

11.6 LIME

LIME, 즉 지역적 해석 가능한 모델 불특정 설명$^{Local\ Interpretable\ Model-agnostic\ Explanations}$[6]은 모델 자체에 내재된 기능이 아니라 훈련된 모델에 적용되는 해석 가능성 기법이다. LIME은 개별 입력 예시에 따른 해석 가능성 기법으로, 기저 모델의 복잡한 동작에 대해 단순하고 지역적인 설명을 생성한다. 또한 LIME은 모델 불특정적이기 때문에 LIME을 적용할 때 기저 모델 자체의 구조가 중요하지 않다.

LIME 방법론을 다루기 전에 설명할 내용이 있다. 논문에서는 모든 설명기^{explainer}에 필수적인 몇 가지 특성을 설명한다. 첫 번째 특성은 해석 가능해야 한다는 것인데, 즉 설명기는 사용자 입장에서 이해하기 쉬운 '입력 변수와 응답 간의 질적 관계'를 제공해야 한다. 원본 모델에 사용된 피처가 해석할 수 없는 것이더라도 설명기는 어떻게든 인간이 해석할 수 있는 피처를 사용해야 한다. 예를 들어 자연어 처리 애플리케이션에서 기저 모델이 특정 단어에 대해 복잡한 단어 임베딩을 사용한다고 해도 설명기는 원본 단어 그 자체와 같이 인간이 이해할 수 있는 피처를 사용해야 한다.

두 번째 특성은 지역 충실도$^{local\ fidelity}$로, 설명기가 선택된 예제 범위 내에서 기저 모델과 유사하게 작동해야 함을 의미한다. 왜 전역 충실도$^{global\ fidelity}$가 아니라 지역 충실도일까? 논문에 따르면, 전역 충실도는 달성하기가 매우 어려워 이 분야에서 획기적인 발전이 필요하며, 달성할 수만 있다면 해석 가능성 분야의 많은 부분이 해결될 수 있다. 따라서 여기서는 지역 충실도에 만족한다.

---

6   Ribeiro et al. "Why Should I Trust You? Explaining the Predictions of Any Classifier." *arXiv Preprint arXiv*:1602.04938. 2016.

세 번째는 설명 모델이 모델 불특정[model agnostic]이어야 한다는 것인데, 앞서 설명했듯이 기저 모델의 구조 자체는 중요하지 않다는 의미다. 기저 모델은 선형 회귀 모델에서 복잡한 합성곱 신경망 구조에 이르기까지 다양할 수 있으며, 설명기는 그럼에도 불구하고 다른 세 가지 특성을 충족해야 한다. 모델 불특정이기 때문에 기저 모델의 구조에 구애받지 않으며, 이는 설명기 구조를 변경할 필요가 없기 때문에 바람직하다.

네 번째 특성은 전역 관점[global perspective]으로, 모델 동작을 대표하는 예제 하위 집합의 설명을 잘 선택하는 것이다. 이는 모델에 대한 사용자의 신뢰를 구축하는 데 도움이 된다.

이제 LIME 방법론을 자세히 살펴보자. 앞서 언급했듯이 원본 모델의 피처는 인간이 해석할 수 없으므로(보통 복잡한 모델 대부분은 해석할 수 없다) 설명기가 사용하는 피처는 기저 모델에서 사용하는 피처와 다를 것이다. 설명기가 사용하는 피처는 NLP 작업에서 개별 단어일 수도 있고, 화학적 속성 예측 작업에서 작용기[functional group][7]일 수도 있다. 즉, 최종 사용자가 쉽게 이해할 수 있는 단위나 해석 가능성 성분이다. 따라서 설명기의 피처 공간으로 변환된 모든 예제는 이진 벡터가 되며, 각 색인은 작용기와 같이 별개의 해석 가능성 성분과 연관된다. 색인 i에서 1은 원본 예제에 해당 해석 가능한 성분이 있음을 나타내고, 0은 원본 예제에 해석 가능한 성분이 없음을 나타낸다. 참고한 논문에서 사용한 표기법에 따라 $x \in \mathbb{R}^d$는 설명할 예제의 원본 피처 표현이고, $x' \in \{0,1\}^{d'}$는 설명기가 작용한 표현을 나타낸다. 여기서 d'는 해석 가능한 성분의 개수다.

또한 이 논문에서는 g를 선형 회귀 또는 랜덤 포레스트와 같이 잠재적으로 해석 가능한 모델의 종류로 정의하고 설명기를 $g \in G$의 인스턴스로 정의한다. g는 인스턴스 x'에 작용하여 기저 모델 범위 내의 값을 반환한다. 기저 모델을 f로 나타내며, f는 인스턴스 x에 작용한다. f는 회귀의 경우 $\mathbb{R}^d$에서 $\mathbb{R}$로의 함수이며, 분류의 경우 $\mathbb{R}^d$에서 범위 $[0, 1]$로의 함수이다. 여기서 f는 확률 분포를 반환한다. 또한 이 논문에서는 인스턴스 x 주변의 근접성 척도[proximity measure][8] 또는 커널[kernel][9]인 $\pi_x(z)$을 정의한다. 이 함수는 다양한 방식으로 정의할 수 있는데, 대부분의 LIME 구현에서는 x에서 최댓값을 가지고 x에서 점점 멀어질수록 지수적으로 감소하는 지수 커널[exponential kernel]을 사용한다.

---

7 옮긴이 1_ 유기화학에서 분자들의 특징적인 화학 반응을 담당하는 분자 내의 특정 치환기 또는 부분
8 옮긴이 1_ 데이터 과학에서 데이터 포인트 간의 유사성을 계산하는 수학적 기법
9 옮긴이 1_ 데이터 포인트에 대해 유사도를 측정해서 적절히 고차원 공간에 매핑하는 수학적 함수. 이렇게 하면 데이터의 패턴이 더 쉽게 판별되고 분류된다.

대략적으로 설명하면, LIME은 다음과 같이 손실 함수를 최소화하는 설명 g^*을 찾으려고 시도한다.

$$g^* = \operatorname{argmin}_{g \in G} L(f,g,x) + \omega(g)$$

여기서 $L(f,g,x)$는 문제의 인스턴스 x 주변에서 g가 f를 모델링하는 데 있어서 불충실성unfaithfulness의 척도이고, ωg는 g의 복잡성을 나타내는 척도다. 따라서 이들의 합을 최소화하면, 앞서 설명한 지역 충실도와 해석 가능성 측면에서 원하는 특성을 갖춘 최적의 설명기 g^*가 된다.

잠재적 설명기의 불충실성을 어떻게 측정할 수 있을까? 이 논문의 방법론에서는 x' 근처에서 z' 인스턴스를 샘플링하고, z'를 원래 피처 공간의 예제 z로 다시 변환한 다음 $f(z)$와 $g(z')$ 사이의 차이를 계산한다. 이 차이는 해당 샘플의 손실을 나타내며, $g(z')$가 $f(z)$와 멀리 떨어져 있다면, 해당 지점에서 모델 예측에 충실하지 않다는 의미다. 그런 다음 커널 $\pi_x(z)$를 사용하여 이 손실에 가중치를 부여할 수 있으며, 샘플 z가 원래 예제 x에서 점점 멀어짐에 따라 손실이 점점 더 감소한다. 이를 종합하면 손실 함수는 다음과 같다.

$$L(f,g,x) = \Sigma_{z,z'} \pi_{xz} * (f(z) - g(z'))^2$$

이 손실 함수에 사용된 샘플 z'은 어떻게 얻을 수 있을까? 논문에서는 0이 아닌 x' 성분의 하위 집합을 선택하고 이때 각 하위 집합은 무작위로 균일하게 선택하며, 샘플의 다른 모든 색인을 0으로 설정하여 x' 부근에서 샘플을 추출한다(그림 11-6 참고).

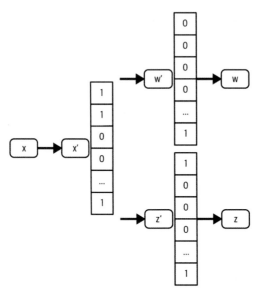

그림 11-6 x는 이미지와 같은 고차원 입력으로 생각할 수 있으며, x'의 각 색인은 해석 가능성 피처와 연관된다. 여기서 1은 x에 해당 피처가 존재함을 나타낸다. 샘플링 절차는 x'에서 0이 아닌 색인의 일부 하위 집합을 선택하여 w' 및 z' 각각에 0이 아닌 값을 유지하며, w' 및 z'는 원래 입력 공간으로 다시 매핑된다.

그런 다음 LIME은 이러한 샘플 z'을 원래 피처 공간의 샘플 z에 다시 매핑하여 $f(z) - g(z')$를 통해 설명기의 충실도를 측정할 수 있도록 한다.

LIME은 또한 ωg를 통해 설명기의 복잡성을 고려하며, 이는 실용적 설명기의 해석 가능성 측면을 강화한다. g가 선형 모델의 종류를 나타내는 특정한 경우, 이 논문에서는 g의 0이 아닌 가중치 수에 엄격한 제한$^{\text{hard limit}}$을 두는 ω의 버전을 사용한다.

$$\omega(g) = \infty * 1[|| w_g ||_0 > K]$$

여기서 ωg는 g의 가중치 벡터를 나타내고, $L0$ 노름은 $\omega(g)$ 내 0이 아닌 요소의 수를 계산하며, $1[*]$은 함수 내의 조건이 만족되면 1로 평가되고 그렇지 않으면 0으로 평가되는 지시 함수$^{\text{indicator function}}$다. 그 결과 $\omega(g)$는 0이 아닌 요소가 K개 이상일 때 무한대 값을 가지고, 그렇지 않으면 0의 값을 가진다. 이렇게 하면 선택한 $\omega(g)$에 최대 K개의 0이 아닌 요소가 포함된다. 최대 K개의 0이 아닌 가중치가 있을 때까지 가중치를 0으로 만들면 0이 아닌 요소가 K개 이상인 제안된 어떤 $\omega(g)$보다도 항상 더 나은 결과를 얻을 수 있기 때문이다. 이 규제화 접근 방식은 가중치 벡터의 $L1$ 또는 $L2$ 노름과 같이 과거에 접했던 규제화 접근 방식과 다를 수 있다.

실제로 논문에서 정의한 목적 함수를 최적화하기 위해 저자들은 K-LASSO라고 부르는 알고리즘을 사용하는데, 이 알고리즘에서는 먼저 LASSO를 통해 K개의 피처를 선택한 다음 표준 최소 제곱 최적화[standard least squares optimization]를 수행한다.

LIME을 수행한 후에는 최적의 설명기 g가 남게 된다. 이 경우 g는 최대 K개의 0이 아닌 가중치를 가진 선형 모델이다. 이제 저자가 논문의 시작 부분에서 설정한 목표를 g가 충족하는지 확인해야 한다. 첫째, g는 해석 가능해야 한다. 이 예제에서는 선형 모델인 비교적 간단한 종류의 설명기 g를 선택했기 때문에, 선택한 예제 x 주변의 모델 동작을 설명하는 데 필요한 것은 (최대) $K\,g$개의 0이 아닌 가중치다. 0이 아닌 가중치와 관련된 해석 가능성 성분은 해당 지역 예측에 가장 중요한 것으로 간주된다. 지역 충실도 측면에서 보면, 이 최적화 절차는 설명기 예측과 모델 예측 간의 최소 제곱 손실[least squares loss]을 최소화하여 지역 충실도를 보장하는 데 도움이 된다. 하지만 한계 역시 존재하는데, 예를 들어 설명하려는 예시 주변이라도 기저 모델이 매우 비선형적인 경우, 선형 설명기가 모델의 지역 액션을 제대로 설명하지 못할 수 있다고 논문에서 지적한다. 모델 불특정이라는 점에서, LIME 방법론은 기저 모델의 구조와 무관하다는 점에 유의하기 바란다. LIME이 작동하는 데 필요한 것은 기저 모델의 예측값 $f(z)$뿐이다. 마지막으로, 전역 관점을 달성하기 위해 모델의 동작을 대표하는 예제를 선택하고 그것을 사용자에게 설명할 수 있다.

11.7 SHAP

SHAP, 즉 섀플리 부가 설명[Shapley Additive Explanations][10]은 복잡한 모델에 대한 예측별 해석 가능성 방법과 유사하다. SHAP 방법론을 소개하는 논문에서는 이 분야의 다양한 해석 가능성 방법을 통합하는 프레임워크를 먼저 제시한다. 이 프레임워크는 가산적 피처 귀속[additive feature attribution]이라고 불리며, 이 프레임워크의 모든 인스턴스는 이진 변수에 작용하는 다음과 같은 선형 설명 모델을 활용한다.

$$g(x') = \phi_0 + \sum_{i=1}^{M} \phi_i x_i'$$

---

10 Lundberg et al. "A Unified Approach to Interpreting Model Predictions," *arXiv Preprint arXiv*:1705.07874. 2017.

여기서 M은 이진 변수의 수를 나타낸다. 예를 들어, 선형 설명기 모델 종류를 사용할 때 LIME은 이 프레임워크를 정확히 따른다. 설명할 각 예제는 먼저 해석 가능성 성분에 대해 이진 벡터로 변환되기 때문이다. 추가 피처 속성 프레임워크에서 이 유형에는 지역 정확도^{local accuracy}, 결측성^{missingness}, 일관성^{consistency}이라는 세 가지 바람직한 속성을 가진 유일한 해가 존재한다는 것이 밝혀졌다. 이 유일한 해를 논의하기 전에 세 가지 속성에 대해 더 자세히 설명한다.

첫 번째는 지역 정확도로, 설명 모델이 해석되는 예제에서 기저 모델과 정확히 일치해야 한다는 것이다. 적어도 해석이 되는 예제는 완벽하게 설명되어야 하는 것이 합리적이기 때문에 이는 바람직한 속성이다. 모든 해석 가능성 프레임워크가 반드시 이 속성을 따르는 것은 아니다. 예를 들어, 원본 논문에서 제시되고 이전 절에서도 설명한 것처럼 LIME이 생성한 설명기에서 SHAP의 저자들이 지역 정확도를 정의하는 방식으로 지역 정확도를 가질 필요는 없다. 이에 대해서는 이 절의 끝부분에서 자세히 설명한다. 수학적으로 SHAP의 지역 정확도는 다음과 같이 정의된다.

$$f(x) = g(x') = \phi_0 + \sum_{i=1}^{M} \phi_i x'_i$$

x'는 단순화된 피처 벡터이며, x'의 각 피처는 원래 입력 공간에서 복잡한 피처의 유무를 나타내는 이진 변수다. 두 번째 바람직한 속성은 결측성으로, x'에 0과 같은 피처가 포함되어 있으면 설명기 모델에서 해당 피처와 관련된 가중치도 0이어야 한다는 것이다. 선형 설명 모델 g에서는 값이 0인 피처가 출력에 영향을 미치지 않으므로, 설명기에서 해당 피처에 0이 아닌 가중치를 할당할 필요가 없다. 따라서 이 역시 바람직한 속성이다.

세 번째 바람직한 속성은 일관성이다. 이 속성은 기저 모델이 변경되어 설명기 공간의 피처가 증가하거나 혹은 그 기여도가 일정하게 유지되는 경우, 원본 모델과 비교했을 때 설명기 공간의 다른 피처 값들과 무관하게, 그 피처와 연관된 설명기 가중치는 원본 모델보다 변경된 기저 모델에서 더 커야 한다. 설명이 조금 장황하니 수학적 표기법으로 더 정확하게 표현해 보겠다.

$$\text{If } f'(h_x(z')) - f'(h_x(z' \setminus \{i\})) \geq f(h_x(z')) - f(h_x(z' \setminus \{i\})), \forall z', \text{ then } \phi_i(f', x) \geq \phi_i(f, x)$$

여기서 h는 해석 가능성 공간의 입력을 원본 입력 공간으로 다시 매핑하는 함수다. 일관성이 바람직한 속성인 이유는 무엇인가? 새로운 모델의 경우 다른 피처 설정과 관계없이, 입력 공간에 주어진 더 복잡한 특정 피처가 존재할 때와 존재하지 않을 때 예측 결과 간 차이가 이전 모델에서 해당 피처가 존재할 때와 존재하지 않을 때 예측 결과 간 차이보다 크거나 같다. 따라서 새로운 모델에서는 해당 피처의 존재가 명백히 더 중요하므로, 새로운 모델에 대한 설명기에서 적어도 이전 모델 정도로 큰 가중치를 부여하는 것이 합리적이다.

앞서 언급했듯이, 각 기저 모델 f에 대해 추가 피처 속성 프레임워크 내에서 세 가지 속성을 모두 충족하는 유일한 g가 존재한다. 여기서는 설명하지 않겠지만, 이 결과는 협력 게임 이론에서 이전에 얻었던 결과를 따른다. 여기서 학습된 가중치를 새플리 값이라고 한다. 새플리 값은 원래 개별 특징이 중요한 상관관계를 갖는 다변량 선형 회귀 모델에서 예제별 피처의 중요도를 정량화하기 위해 정의되었다. 이는 특히 어떤 피처에서 가장 예측력이 높은지가 모호하기 때문에 주요 상관관계를 설정할 때 중요한 문제다. 피처 A가 타깃 y와 상관관계가 있을 수 있지만, 피처 B를 고려할 때 피처 A는 추가 가치를 별로 제공하지 못하는 경우일 수 있다(즉, 예측이 크게 변하지 않거나, 테스트 통계가 상대적으로 일정하게 유지되는 등). 반면에 피처 B는 개별 경우와 피처 A가 포함된 경우 모두에서 상당한 예측력을 제공한다.

두 특징을 모두 포함하는 기본 다변량 회귀에서 피처 A와 B의 상대적 중요도를 결정하는 것은 무시할 수 없는 상관관계로 인해 어렵다. 새플리 값을 이용하면 이러한 관계를 분석하고 곧 보게 되겠지만 주어진 피처의 실제 영향도를 계산한다. 새플리 값의 공식은 다음과 같다. 여기서 i는 질문의 피처를 나타낸다.

$$\phi_i = \sum_{S \in F \setminus \{i\}} \frac{|S|! * (|F| - |S| - 1)!}{|F|!} * [f_{S \cup \{i\}}(x_{S \cup \{i\}}) - f_S(x_S)]$$

이제 이 공식을 분석해 본다. 직관적으로 개별 피처에 대한 새플리 값은 먼저 피처셋 S의 하위 집합에 추가로 질문의 피처 i를 포함하여 훈련한 모델에 대한 예측과 해당 피처 i가 누락된 피처셋 S의 동일 하위 집합에 대해 훈련된 모델에 대한 예측 사이의 차이를 취하여 계산한다. 최종 새플리 값은 가능한 모든 피처셋 S 하위 집합에 대한 이러한 차이의 가중 합이다.

이러한 차이를 찾기 위해 먼저 피처셋 S의 일부 하위 집합만 사용하는 다변량 선형 회귀 모델 f_S을 훈련한 다음, 피처셋 $S \cup \{i\}$의 하위 집합을 사용하는 두 번째 다변량 선형 회귀 모델 $f_{S \cup \{i\}}$을 훈련할 수 있다. 지금 설명하는 예제를 x로 표시하고 x_A는 x에서 일부 피처 하위 집합 A에 해당하는 부분을 나타낸다고 가정한다. 차이 $f_{S \cup \{i\}}(x_{S \cup \{i\}}) - (f_S(x_S)$는 피처 i를 포함할 때 예측이 얼마나 변하는지를 나타낸다. 또한 이 공식은 가능한 모든 피처 하위 집합에 대한 합계이므로 피처 i에 대해 계산된 새플리 값이 높으면 피처 i를 포함할 때와 포함하지 않을 때의 차이가 대부분의 가능한 피처 하위 집합에서 상당히 클 가능성이 높다는 것을 의미한다. 이 결과는 피처 i가 일반적으로 S의 피처들과 관계없이 예측에 큰 영향을 미친다는 것을 의미하며, 이는 피처 i의 높은 섀플리 값으로 표현된다. 앞서 제공된 예제에서는 피처 B가 피처 A보다 섀플리 값이 더 높다는 것을 알 수 있다.

추가로 가중치 부여 방식을 직관적으로 설명하자면, 가중치 부여 방식은 피처 중요도에 대해 더 편향되지 않은 결과를 얻는다는 것이다. 이는 주어진 크기의 하위 집합들이 모든 하위 집합 셋에서 다른 크기의 하위 집합들보다 더 많이 혹은 덜 발생하기 때문이다. 주어진 크기의 하위 집합 개수는 계산과 확률의 개념인 choose 함수를 사용하여 계산된다. 주어진 가중치 부여 방식을 역으로 적용하면, 가능한 모든 하위 집합 셋에서 더 자주 발생하는 크기를 가진 하위 집합의 결과가 질문의 피처와는 다른 단 하나의 피처를 포함하는 피처 하위집합보다 덜 가중된다. 앞서 설명한 것처럼 이것이 왜 편향적이지 않은지는 완전히 증명하지 않지만, 이러한 설명으로 이해가 좀 더 명확히 되기를 바란다.

적절한 수의 피처에 대해 섀플리 회귀 값을 정확히 계산하는 것은 쉽지 않다. 이를 위해서는 가능한 모든 피처 하위 집합에 대해 회귀 모델을 훈련하는 것을 포함하며, 여기서 피처의 하위 집합 개수(이것이 늘어나면 따라서 훈련할 모델 개수도 늘어난다)는 피처의 수에 따라 지수적으로 증가한다. 대신 샘플링을 통한 근사를 사용하여 도움을 받는다. 예제 x와 일부 피처 하위 집합 S에 대해 훈련된 회귀 모델 f_S가 주어지면, x의 피처셋 $S \setminus \{i\}$에 조건부인 피처 i의 분포에 대한 f_S의 기댓값을 취하여 $f_{S \setminus \{i\}}$를 계산할 수 있다.

$$f_{S \setminus \{i\}} = \mathbb{E}_{p(x_i | x_{S \setminus \{i\}})}[f_S(x_{S \setminus \{i\}}, x_i)]$$

여기서 $x_{S \setminus \{i\}}$가 예제에서 설명하는 x에서 가져온 알려진 실체^{entity}로 취급되는 반면 x_i는 미지수로, 즉 x가 제공하는 값을 취하지 않고 확률 변수로 취급되고 있다는 것을 나타낸다. 이 책 전반에 걸쳐 공통된 주제였던 것처럼 샘플링과 평균을 통해 편향되지 않은 방식으로 앞의 예와 같은 기댓값의 근사치를 구할 수 있다.

$$\mathbb{E}_{p(x_i | x_{S \setminus \{i\}})}[f_S(x_{S \setminus \{i\}}, x_i)] = \mathbb{E}_{p(x_i)}[f_S(x_{S \setminus \{i\}}, x_i)] \approx \frac{1}{n} \sum_{j=1}^{n} f_S(x_{S \setminus \{i\}}, x_i^{(j)})$$

방금 설명한 절차와 11.4.2절 '부분 의존도 그래프'에 설명된 추정 절차가 유사하다는 것을 눈치챘을 것이다. 사실 이 두 절차는 완전히 동일한 작업을 수행한다. 즉, 피처 부분 집합 $S \setminus \{i\}$

와 피처 i 사이에 다시 독립성을 가정하여 데이터셋에서 피처 i의 모든 샘플을 무작위로 사용할 수 있다.

논문에서는 일반적인 경우 SHAP 값이 다음 수식으로 주어지는 SHAP 값을 제안한다.

$$\phi_i(f,x) = \sum_{z' \subseteq x'} \frac{|z'|! * (M - |z'| - 1)!}{M!} [f(h_x(z')) - f(h_x(z' \setminus \{i\}))]$$

여기서 z'는 x'의 0이 아닌 성분의 하위 집합이다. 또한 $z' \setminus \{i\}$는 해석 가능성 공간에서 피처 i를 0으로 설정하는 것을 나타낸다. 입력 x'에서 피처 i가 이미 0인 경우 $f(h_x(z')) = f(h_x(z' \setminus \{i\}))$, $\forall z' \subseteq x'$ 때문에 수식에서도 0을 출력한다. 이 간단한 확인을 통해 이 수식이 실제로 결측성 속성을 만족한다는 것을 알 수 있다. x'의 각 피처에 대한 SHAP 값으로 구성된 벡터는 추가 피처 속성 프레임워크에서 최적의 설명기 모델 g를 완전히 정의하며, 여기서 최적이란 g가 앞서 정의한 세 가지 속성인 지역 정확도, 일관성, 결측성을 모두 만족한다는 것을 의미한다. 제안된 SHAP 값과 다변량 회귀의 섀플리 값 사이의 유사점을 바로 확인할 수 있다. 또한 동일한 샘플링 절차를 사용하여 SHAP 값을 추정할 수 있다.

앞서 설명한 바와 같이, LIME은 추가 피처 속성 프레임워크에 포함된다. 원래 LIME 논문에서 최적 설명기 모델 g는 먼저 0이 아닌 기여도를 갖는 k 피처를 선택한 다음 표준 최소 제곱 최적화를 수행하여 g의 최종 가중치를 얻는 특수한 최적화 절차를 통해 선택되었다. 커널 $\pi_{x(z)}$의 선택을 포함한 이러한 휴리스틱으로 인해 원래 LIME 논문에서 제시된 절차를 사용하여 선택한 설명기가 지역 정확도, 결측성 및 일관성이라는 SHAP 기준을 충족한다는 보장은 없다.

그러나 LIME 논문에서 제시된 최적화 절차를 참고하면 LIME에서 제안한 설명기 모델의 기준을 만족하는 설명기를 얻을 수 있다. 이전 절에서 해석 가능, 지역 충실도, 모델 불특정성, 전역 관점 달성의 개념을 상기해 본다. 지식이 풍부한 개인 그룹마다 설명기가 해석 가능하다는 것이 무엇을 의미하는지에 대해 정확히 같은 생각하는 것은 아니며, 해석 가능성이라는 개념은 시간이 지남에 따라 진화해 왔다는 것을 보여주기 위해 특별히 이 점을 강조한다.

LIME에서는 해석 가능성에 대한 세 가지 SHAP 기준을 모두 만족하는 최적 설명기 g가 있을 때 근접성 척도 $\pi_x(z)$, ω, 손실 함수 L에 대한 정확한 형태가 존재한다는 것을 밝혀냈다.

$$\omega(g) = 0$$

$$\pi_{x'}(z') = \frac{M-1}{(M \text{ choose } |z'|) * |z'| * (M - |z'|)}$$

$$L(f, g, \pi) = \sum_{z' \in Z} (f(h_x(z')) - g(z'))^2 * \pi_{x'}(z')$$

가중 최소 제곱 최적화를 사용하여 이 손실 함수를 최적화해서 유일한 최적 g를 얻을 수 있다. 여기서 커널은 원래 LIME 논문에서 제시된 커널 선택과는 그 해석이 다르다는 점에 유의하라. 샘플이 예제에서 멀어질수록 커널의 값이 감소하는 대신 SHAP 커널은 대칭이다. 이는 $|z'| = k$일 때와 $|z'| = M - k$일 때 커널의 출력을 살펴봄으로써 확인할 수 있다. 실제로 수식만 봐도 커널의 값이 x'에 의존하지 않는다는 것을 알 수 있다.

결론적으로 SHAP 값은 먼저 이러한 방법 간에 공유되는 추가 피처 속성 프레임워크를 정의하고, 두 번째로 이 프레임워크 내에서 세 가지 바람직한 속성을 만족하는 유일한 최적 설명기의 존재를 증명함으로써 기존의 여러 해석 가능성 방법론을 통합한다.

요약

해석 가능성은 다양한 형태로 나타나지만, 근본적으로 모두 모델 행위를 설명할 수 있어야 한다는 최종 목표를 가지고 설계되었다. 여기서 모든 모델이 구조적으로 해석 가능한 것은 아니며, 해석 가능한 모델조차도 표면적으로만 해석 가능할 수 있다는 사실을 알게 되었다. 예를 들어 기본 선형 회귀는 설계상 해석이 가능한 것처럼 보이지만, 피처 간의 상관관계로 인해 처음에 명확했던 그림이 흐려질 수 있다. 또한 추출적 합리화와 같이 모델 자체에 내재된 해석 가능성 방법론과 LIME 및 SHAP과 같은 사후 검증 해석 가능성 방법론에 대해서도 배웠다. 예를 들어 경사 기반 방법이 이미지 분류에는 적합할 수 있어도 언어 문제에는 적합하지 않을 수 있다. 이전 장에서 논의한 소프트 어텐션 방식은 추출적 합리화 절에서 제시한 하드 선택 방법론만큼 감정 분석에 적합하지 않을 수 있다. 마지막으로, 해석 가능성이 연구 분야 전반에서 정확히 동일한 의미를 지니지 않는다는 사실을 배웠다. 이에 대해서는 LIME과 SHAP이 생성한 최적 설명기 간의 차이점에 대한 설명을 참고하자. 이 장이 해석 가능성 연구의 광활한 영역을 이해하는 데 도움이 되었기를 바란다.

## 12장

메모리 증강 신경망

지금까지 기계 번역과 같은 복잡한 문제를 해결하는 데 RNN이 얼마나 효과적인지 살펴보았다. 하지만 아직 그 잠재력을 완전히 활용하지 못했다. 9장에서 RNN 아키텍처가 범용 함수 표현기$^{universal\ function\ representer}$라는 것이 이론적으로 증명되었다고 언급했는데, 같은 결과를 좀 더 정확하게 표현하면 RNN은 **튜링 완전**$^{turing\ complete}$이라고 할 수 있다. 적절한 연결과 적합한 파라미터만 주어지면 RNN은 계산 가능한 모든 문제, 즉 컴퓨터 알고리즘이나 튜링 머신으로 해결할 수 있는 모든 문제의 해결 방법을 학습할 수 있다는 뜻이다.

12.1 신경망 튜링 머신

이론적으로는 가능하지만 실제로 이러한 종류의 보편성^{universality}을 달성하기는 매우 어렵다. 이러한 어려움은 임의의 문제 해결을 위해 경사 하강을 적용하기에는 너무 방대한 공간인 RNN의 가능한 연결과 파라미터값으로 이루어진 엄청나게 큰 검색 공간을 살펴보고 있다는 사실에서 비롯된다. 하지만 이 장에서는 이러한 잠재력을 활용할 수 있도록 하는 몇 가지 최첨단 연구 접근 방식을 살펴볼 것이다.

아주 간단한 독해 문제를 잠시 생각해 보자.

메리는 복도로 걸어갔다. 그녀는 그곳에서 **우유 잔을 집었다**grabbed.

그런 다음 사무실로 이동하여 사과를 발견하고 **사과를 집었다**grabbed

메리가 들고 있는 물건은 몇 개일까?

대답은 아주 사소하다. 두 개다. 하지만 실제로 우리 뇌에서 어떤 일이 일어났기에 이렇게 쉽게 답을 떠올릴 수 있었을까? 간단한 컴퓨터 프로그램을 사용해서 이러한 이해력 문제를 푼다고 하면 다음과 같이 접근할 수 있을 것이다.

1 **counter** 용으로 메모리 위치를 할당

2 **counter**를 0으로 초기화

3 구절의 각 단어에 대해

   3.1. 해당 단어가 '**집었다**grabbed' 인 경우

      3.1.1. counter 증가

4 **counter** 값 반환

인간의 뇌는 이처럼 간단한 컴퓨터 프로그램과 비슷한 방식으로 동일한 작업을 처리한다. 일단 읽기를 시작하면 컴퓨터 프로그램과 마찬가지로 메모리를 할당하고 수신한 정보를 저장한다. 이제 첫 번째 문장에 나오는 복도hallway, 즉 메리의 위치를 저장하면서 시작한다. 두 번째 문장에서는 메리가 들고 있는 물건을 저장하는데, 지금은 우유 한 잔뿐이다. 세 번째 문장이 나오면 뇌는 첫 번째 메모리 위치를 수정하여 사무실을 가리키도록 한다. 네 번째 문장이 끝날 무렵에는 두 번째 메모리 위치가 우유와 사과를 모두 포함하도록 수정된다. 마침내 질문을 마주하면 인간의 뇌는 두 번째 메모리 위치를 빠르게 질의하고 그곳에서 정보를 세어 물건의 개수를 두 개로 판명한다. 신경과학과 인지 심리학에서는 이러한 일시적인 정보 저장 및 조작 시스템을 작업 기억working memory이라고 하며, 작업 기억은 이 장의 나머지 부분에서 논의할 일련의 연구를 뒷받침하는 아이디어다.

2014년에 구글 딥마인드DeepMind의 그레이브스Graves 등은 「Neural Turing Machines」[1]이라는 논문에서 뇌의 작업 기억과 유사한 외부 메모리를 가진 컨트롤러 신경망(보통 RNN)으로 구성된 새로운 신경 아키텍처, 뉴럴 튜링 머신Neural Turing Machine(NTM)을 소개하면서 이 분야의 연구를 시작했다. 작업 기억 모델과 방금 살펴본 컴퓨터 모델을 비교해 보면, [그림 12-1]은

---

1 https://arxiv.org/abs/1410.5401

RAM 대신 외부 메모리가, 읽기/쓰기 버스 대신 읽기/쓰기 헤드가, CPU 대신 컨트롤러 신경망이 사용된다는 점을 제외하고는 NTM 구조에서도 동일한 유사성이 유지된다는 것을 보여준다(단, 프로그램을 공급받는 CPU와 달리 컨트롤러는 프로그램을 학습한다는 점을 제외한다). [그림 12-1]에는 읽기 헤드와 쓰기 헤드가 하나씩 있지만 NTM에는 실제로는 여러 개가 있을 수 있다.

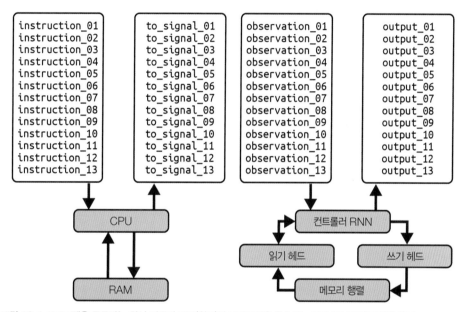

그림 12-1 프로그램을 공급받는 최신 컴퓨터 구조(왼쪽)와 프로그램을 학습하는 NTM의 구조(오른쪽) 비교

앞서 RNN의 튜링 완전에 대한 논의를 기반으로 NTM을 생각해 보면, 일시적 저장을 위해 외부 메모리로 RNN을 증강하면 검색 공간에서 많은 부분이 제거된다는 것을 알 수 있다. 이제 정보를 처리하고 저장할 수 있는 RNN을 탐색하는 데 신경 쓰지 않고 외부에 저장된 정보를 처리할 수 있는 RNN만 찾으면 되기 때문이다. 이렇게 검색 공간을 정리함으로써 메모리로 증강하기 전에는 잠겨 있던 RNN의 잠재력을 활용할 수 있게 되었다. 또한 입력 시퀀스를 살펴보고 복사하는 것부터 N-그램 모델 에뮬레이션, 데이터에 대한 우선순위 정렬 수행 등 NTM이 학습할 수 있는 다양한 작업에서 이를 확인할 수 있다. 이 장의 마지막 부분에서는 앞서 살펴본 것과 같은 독해 작업을 경사 기반 검색만으로 학습하는 방법도 살펴볼 것이다.

12.2 어텐션 기반 메모리 접근

경사 기반 검색 방법으로 NTM을 훈련하려면 입력을 처리하는 모델의 파라미터와 관련하여 일부 출력 손실의 경사를 계산할 수 있도록 전체 아키텍처가 미분 가능해야 한다. 이 속성을 종단간 미분 가능$^{end-to-end-differentiable}$이라고 하며, 한쪽 끝은 입력이고 다른 쪽 끝은 출력이다. 디지털 컴퓨터가 RAM에 접근하는 것과 같은 방식으로 불연속적인 주소 값을 통해 NTM의 메모리에 접근하려고 하면 주소의 불연속성으로 인해 출력 경사에 불연속성이 발생하여 경사 기반 방법으로 모델을 훈련할 수 없게 된다. 따라서 메모리의 특정 위치에 초점을 맞출 수 있으면서 메모리에 지속적으로 접근할 방법이 필요하다. 이러한 종류의 지속적인 초점은 어텐션 방식으로 달성할 수 있다. 이산 메모리 주소를 생성하는 대신 각 헤드가 메모리 위치 수와 동일한 크기의 정규화된 소프트맥스 어텐션 벡터를 생성하도록 한다. 이 어텐션 벡터를 사용하면 모든 메모리 위치에 동시에 흐릿한 방식으로 접근하게 되며, 벡터의 각 값은 해당 위치에 얼마나 집중할 것인지 또는 해당 위치에 접근할 확률이 얼마나 되는지를 알려준다. 예를 들어 $N \times W$ M_t(여기서 N은 위치 수, W는 위치 크기)로 표시되는 NTM의 메모리 행렬에서 시간 단계 t에서 벡터를 읽으려면 어텐션 벡터 또는 크기 N의 가중치 벡터 w_t를 생성하고 그 곱을 통해 읽기 벡터를 계산할 수 있다.

$$\mathbf{r}_t = M_t^\top w_t$$

여기서 $\top$은 행렬 전치 연산을 나타낸다. [그림 12-2]는 특정 위치에 가중치를 부여하면 해당 메모리 위치의 내용과 거의 동일한 정보를 포함하는 읽기 벡터를 가져오는 방법을 보여준다.

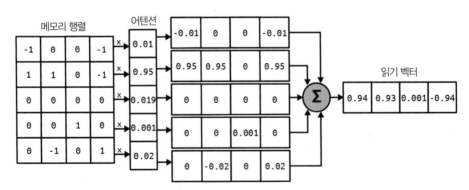

그림 12-2 흐릿한 어텐션 기반 판독이 어떻게 집중한 위치의 내용과 거의 동일한 정보를 포함하는 벡터를 검색할 수 있는지 보여주는 데모

쓰기 헤드에도 유사한 어텐션 가중치 부여 방법이 사용된다. 컨트롤러가 무엇을 지우고 무엇을 유지할지 지정하는 0과 1 사이의 W 값을 갖는 지우기 벡터$^{\text{erase vector}}$ w_t에 지정된 대로 메모리에서 특정 정보를 지우는데 가중치 벡터 e_t가 생성되어 사용된다. 그런 다음 컨트롤러가 W 값을 포함하는 쓰기 벡터 v_t에 지정한 새 정보를 지워진 메모리 행렬에 쓸 때도 동일한 가중치를 사용한다.

$$M_t = M_{t-1} \circ (E - w_t e_t^{\top}) + w_t \mathrm{v}_t^{\top}$$

여기서 E는 1의 행렬이고 $\circ$는 원소별 곱셈이다. 읽기 경우와 마찬가지로 가중치 w_t는 지우기(방정식의 첫 번째 항)와 쓰기 연산(두 번째 항)의 초점을 어디에 맞출지 알려준다.

12.3 NTM 메모리 주소 지정 메커니즘

이제 NTM이 어텐션 가중치를 통해 지속적으로 기억에 접근하는 방법을 이해했으니, 가중치가 어떻게 생성되는지, 어떤 형태의 메모리 주소 지정 메커니즘을 나타내는지 알아본다. NTM이 메모리로 어떤 작업을 수행할 것인지를 살펴보고, NTM이 모방하는 모델(튜링 머신)을 기반으로, 메모리에 포함된 값을 통해 위치에 접근하고, 주어진 위치에서 앞으로 또는 뒤로 이동할 수 있다고 예상할 수 있다. 첫 번째 동작 모드는 콘텐츠 기반 주소 지정$^{\text{content-based addressing}}$이라고 부르는 접근 메커니즘을 통해 달성할 수 있다. 이러한 형태의 주소 지정에서는 컨트롤러가 검색에 사용할 k_t라는 값을 방출한 다음 각 위치에 저장된 정보와의 유사성을 측정하여 가장 유사한 값에 어텐션을 집중한다. 가중치는 다음을 통해 계산할 수 있다.

$$C(M, k, \beta) = \frac{\exp(\beta \mathcal{D}(M, k))}{\sum_{i=0}^{N} \exp(\beta \mathcal{D}(M[i], k))}$$

여기서 D는 코사인 유사도와 같은 유사도 측정값이다. 이 방정식은 유사도 점수에 대한 정규화된 소프트맥스 분포일 뿐이다. 그러나 필요한 경우 어텐션 가중치를 약화시키는 데 사용되는 추가 파라미터 β가 있다. 이를 키 강도$^{\text{key strength}}$라고 부른다. 이 파라미터의 기본 개념은 일부 작업의 경우 컨트롤러에서 방출된 키가 메모리에 있는 정보에 가깝지 않을 수 있으며, 이로 인해 어텐션 가중치가 균일해 보일 수 있다. [그림 12-3]에서는 키 강도를 통해 컨트롤러가 이러한 균일한 어텐션을 약화시켜 가장 가능성이 높은 단일 위치에 더 집중하도록 하는 방법을 학습하고, 각 가능한 키에 대해 어떤 값의 강도를 방출할지 학습하는 방법을 보여준다.

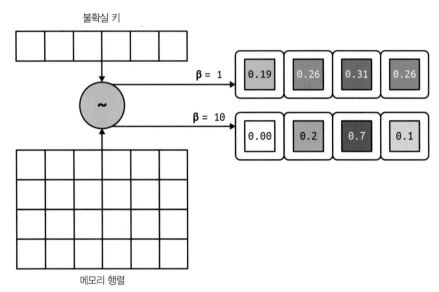

그림 12-3 단위 강도를 가진 불확실 키는 거의 균일한 어텐션 벡터를 생성하고, 이와 같은 키의 강도를 높이면 가장 가능성이 높은 위치에 어텐션이 집중된다.

메모리에서 앞뒤로 이동하려면 먼저 현재 어디에 있는지 알아야 하는데, 이러한 정보는 마지막 시간 단계 w_{t-1}의 접근 가중치에 있다. 따라서 방금 얻은 새로운 콘텐츠 기반 가중치 w_t^c 로 현재 위치에 대한 정보를 보존하기 위해 0과 1 사이에 있는 스칼라 g_t를 사용하여 두 가중치 사이를 보간한다.

$$w_t^g = g_t w_t^c + (1 - g_t) w_{t-1}$$

여기서 g_t를 보간 게이트^{interpolation gate}라고 부르며, 컨트롤러가 현재 시간 단계에서 사용할 정보의 종류를 제어하기 위해 방출하기도 한다. 게이트 값이 1에 가까우면 콘텐츠 조회를 통한 주소 지정이 선호된다. 그러나 게이트 값이 0에 가까우면 현재 위치에 대한 정보를 전달하고 콘텐츠 기반 주소 지정을 무시하는 경향이 있다. 컨트롤러는 이 게이트를 사용하는 방법을 학습하여, 예를 들어 연속적인 위치 반복이 필요하고 현재 위치에 대한 정보가 중요한 경우 이 게이트를 0으로 설정할 수 있다. 컨트롤러가 게이트 통과를 위해 선택하는 정보 유형은 게이트 가중치$^{\text{gated weighting}}$ w_t^g 로 표시된다.

메모리에서 이동을 시작하려면 현재 게이트 가중치를 사용하여 초점을 특정 위치에서 다른 위치로 이동시킬 방법이 필요하다. 이를 위해 컨트롤러에서 방출하는 시프트 가중치$^{\text{shift weighting}}$ s_t와 게이트 가중치를 합성곱한다. 이 시프트 가중치는 $n+1$ 크기의 정규화된 소프트맥스 어텐션 벡터로, 여기서 n은 게이트 가중치에서 초점이 맞춰진 위치 주변의 가능한 시프트 개수를 지정하는 짝수 정수다(**CI** 크기가 3인 경우 하나의 위치 주변에는 앞쪽과 뒤쪽의 두 가지 가능한 시프트가 있다). [그림 12-4]에서는 게이트 가중치의 시프트 가중치가 집중 위치 주변을 이동하는 방법을 보여준다. 시프트는 7장에서 피처 맵으로 이미지를 합성곱 했던 것과 유사한 방식으로 게이트 가중치에 시프트 가중치를 합성곱하여 발생한다. 다만 유일한 예외는 시프트 가중치가 게이트 가중치를 벗어나는 경우를 처리하는 방법이다. 이전처럼 패딩을 사용하는 대신 [그림 12-4]의 중간 패널에 표시된 것처럼 오버플로 가중치가 게이트 가중치의 다른 쪽 끝에 있는 값에 적용되는 회전 합성곱 연산자$^{\text{rotational convolution operator}}$를 사용한다. 이 연산은 요소별로 다음과 같이 표현할 수 있다.

$$\tilde{w}_t[i] = \sum_{j=0}^{|s_t|} w_t^g \left[\left(i + \frac{|s_t|-1}{2} - j \right) \mod N \right] s_t[j]$$

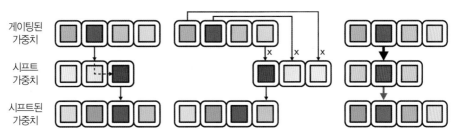

그림 12-4 오른쪽에 초점을 맞춘 시프트 가중치는 게이트 가중치를 오른쪽(왼쪽)으로 한 칸 이동시킨다. 왼쪽에 초점을 맞춘 시프트 가중치에 대한 회전 합성곱으로 게이트 가중치가 왼쪽으로 이동한다(가운데). 선명하지 않은 중심 시프트 가중치는 게이트 가중치를 그대로 유지하지만 분산시킨다(오른쪽).

시프트 연산의 도입으로 이제 헤드의 가중치가 메모리에서 앞뒤로 자유롭게 이동할 수 있게 되었다. 그러나 시프트 가중치가 어느 순간에 충분히 선명하지 않으면 문제가 발생한다. 합성곱 연산의 특성으로 인해 [그림 12-4]의 오른쪽 패널에서와 같이 시프트 가중치가 선명하지 않으면 원본 게이트 가중치가 주변으로 분산되어 초점이 덜 맞춰진 시프트 가중치가 생성된다. 이처럼 흐릿한 효과를 극복하기 위해 시프트된 가중치에 대해 마지막 작업인 선명화 작업을 수행한다. 컨트롤러는 시프트된 가중치를 선명하게 하는 마지막 스칼라 $\gamma_t \geq 1$ 을 다음과 같이 방출한다.

$$w_t = \frac{\tilde{w}_t^{\gamma_t}}{\sum_{i=0}^{N} \tilde{w}_t[i]^{\gamma_t}}$$

보간부터 선명화를 통한 최종 가중치 벡터까지 이 프로세스는 NTM의 두 번째 주소 지정 메커니즘인 위치-기반 메커니즘$^{location-based\ mechanism}$을 구성한다. 두 가지 주소 지정 메커니즘의 조합을 사용하여 NTM은 메모리활용으로 다양한 작업의 해결 방법을 학습할 수 있다. 이러한 작업 중 하나는 [그림 12-5]에 표시된 복사 작업으로, 실제 작동하는 NTM을 더 자세히 살펴볼 수 있다. 이 과제에서는 모델에 특수 종료 기호로 끝나는 임의의 이진 벡터 시퀀스를 제시한다. 그런 다음 동일한 입력 시퀀스를 출력에 복사하도록 요청한다.

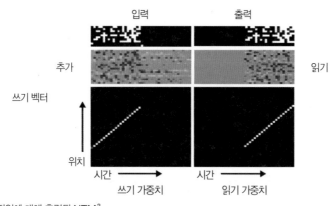

그림 12-5 복사 작업에 대해 훈련된 NTM[2]

이 시각화에서는 입력 시점에 NTM이 메모리 내 연속적인 위치에 입력 시퀀스를 단계별로 쓰는 방법을 보여준다. 출력 시간에는 NTM이 처음 기록된 벡터로 되돌아가서 다음 위치를 반복하여 이전에 기록된 입력 시퀀스를 읽고 반환한다. 원본 NTM 논문에는 다양한 문제로 훈련된 NTM의 시각화가 여럿 포함되어 있어 확인해 볼 만하다. 이러한 시각화는 주소 지정 메커

---

2 Source: Graves et al. "Neural Turing Machines." (2014)

니즘을 활용하여 다양한 작업에 적응하고 해당 작업들을 해결하는 방법을 학습하는 아키텍처의 능력을 보여준다. NTM에 대해서는 이 정도의 이해로 충분하므로 NTM의 구현은 생략한다. 대신 이 장의 나머지 부분에서는 NTM의 단점과 새로운 아키텍처인 미분 가능 뉴럴 컴퓨터differentiable neural computer(DNC)에서 어떻게 이러한 단점을 극복할 수 있었는지 살펴본다. 앞서 다뤘던 간단한 독해 과제에 이 새로운 아키텍처를 구현하는 것으로 설명을 마무리하겠다.

12.4 미분 가능 신경망 컴퓨터

NTM의 강력한 성능에도 불구하고 메모리 메커니즘과 관련하여 몇 가지 한계가 있다. 첫 번째 한계는 NTM에서는 기록된 데이터 간의 간섭이나 중첩이 발생하지 않도록 보장할 방법이 없다는 것이다. 이는 어텐션에 의해 지정된 범위 내에서 메모리의 모든 곳에 새로운 데이터를 쓰는 '미분 가능' 쓰기 작업의 특성 때문이다. 보통 어텐션 메커니즘은 쓰기 가중치를 단일 메모리 위치에 강력하게 집중하는 방법을 학습하고 NTM은 대부분 간섭이 없는 동작으로 수렴하지만, 이것이 꼭 보장되는 것은 아니다.

그러나 NTM이 간섭이 없는 동작으로 수렴하더라도 한번 메모리 위치에 쓰기가 완료되면 해당 위치에 저장된 데이터가 관련성이 없어지더라도 해당 위치를 다시 재사용할 수 있는 방법이 없다. 메모리 위치를 해제하고 재사용할 수 없다는 것이 NTM 아키텍처의 두 번째 한계다. 그 결과 복사 작업에서 보았듯이 새 데이터가 인접할 가능성이 높은 새로운 위치에 쓰이게 된다. 이러한 연속적인 쓰기 방식은 NTM이 기록 중인 데이터에 대한 시간적 정보를 기록할 수 있는 유일한 방법이며, 연속적인 데이터는 연속적인 위치에 저장된다. 연속된 데이터를 쓰는 동안 쓰기 헤드가 메모리의 다른 위치로 이동하면 읽기 헤드는 이동 전후에 쓰인 데이터 사이의 시간적 연결을 복구할 수 없게 되는데, 이것이 바로 NTM의 세 번째 한계다.

2016년 10월, 딥마인드의 그레이브스 등은 네이처에 「Computing Using a Neural Network with Dynamic External Memory」[3]이라는 제목의 논문을 발표하여 NTM을 개선하고 방금 설명한 한계를 해결하는 새로운 메모리 증강 신경 아키텍처인 미분 가능 신경망 컴퓨터differentiable neural computer(DNC)를 소개했다. NTM과 마찬가지로 DNC는 외부 메모리와 상

----

3 http://go.nature.com/2peM8m2

호 작용하는 컨트롤러로 구성된다. 메모리는 크기 W의 N개의 단어로 구성되며, 이를 $N \times W$ 행렬이라고 한다. 컨트롤러는 크기 X의 입력 벡터와 이전 단계에서 메모리에서 읽은 크기 W의 R 벡터(여기서 R은 읽은 헤드의 수)를 받는다. 그런 다음 컨트롤러는 신경망을 통해 이를 처리하고 두 가지 정보를 반환한다.

- 메모리를 질의하는 데 필요한 모든 정보를 포함하는 **인터페이스 벡터**^{interface vector}(즉, 메모리 쓰기 및 읽기)
- Y 크기의 **사전-출력**^{pre-output} 벡터 외부 메모리는 인터페이스 벡터를 받아 단일 쓰기 헤드를 통해 필요한 쓰기를 수행한다.

다음으로 외부 메모리는 인터페이스 벡터를 받아서 단일 쓰기 헤드를 통해 필요한 쓰기 작업을 수행한다. 이후에 메모리에서 R개의 새로운 벡터를 읽는다. 외부 메모리는 이 새로 읽은 벡터들을 컨트롤러에 반환하여 사전-출력 벡터에 추가되도록 한다. 이를 통해 Y 크기의 최종 출력 벡터가 산출된다.

[그림 12-6]은 방금 설명한 DNC의 작동을 요약한 것이다. NTM과 달리 DNC는 메모리 상태를 추적하기 위해 메모리 자체와 함께 다른 데이터 구조를 유지한다는 것을 알 수 있다. 곧 살펴보겠지만, 이러한 데이터 구조와 몇 가지 현명한 새로운 어텐션 메커니즘을 통해 DNC는 NTM의 한계를 성공적으로 극복할 수 있다.

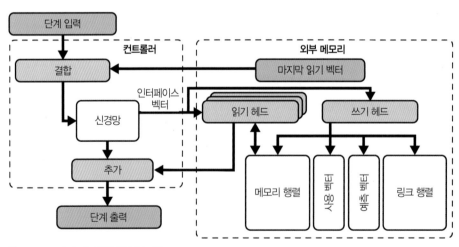

그림 12-6 DNC의 아키텍처 및 연산 개요

전체 아키텍처를 미분 가능으로 만들기 위해 DNC는 각 메모리 위치에 헤드가 얼마나 집중하는지를 결정하는 요소로 구성된 N 크기의 가중치 벡터를 통해 메모리에 접근한다. 읽기 헤드에 대한 가중치 $\mathrm{w}_t^{r,1}, \dots, \mathrm{w}_t^{r,R}$가 있으며 여기서 t는 시간 단계를 나타낸다. 반면에 단일 쓰기 헤드에는 하나의 쓰기 가중치 w_t^w가 있다. 이러한 가중치를 얻으면 메모리 행렬을 수정하고 다음을 통해 업데이트할 수 있다.

$$M_t = M_{t-1} \circ (E - \mathrm{w}_t^w e_t^\top) + \mathrm{w}_t^w \mathrm{v}_t^\top$$

그리고 e_t, v_t는 앞서 NTM에서 살펴본 지우기 및 쓰기 벡터로, 컨트롤러에서 인터페이스 벡터를 통해 메모리에서 무엇을 지우고 메모리에 쓸 것인지에 대한 명령으로 전달된다.

업데이트된 메모리 행렬 M_t를 얻으면 각 읽기 가중치에 대해 다음 방정식을 사용하여 새로운 읽기 벡터 $\mathrm{r}_t^1, \mathrm{r}_t^2, \dots, \mathrm{r}_t^R$을 읽을 수 있다.

$$\mathrm{r}_t^i = M_t^\top \mathrm{w}_t^{r,i}$$

지금까지는 NTM이 메모리에 쓰고 읽는 방식과 다른 점이 없는 것처럼 보인다. 그러나 DNC가 접근 가중치를 얻기 위해 사용하는 어텐션 메커니즘에 대해 논의할 때 차이점이 드러나기 시작한다. 둘 다 앞서 정의한 콘텐츠 기반 주소 지정 메커니즘 $C(M, k, \beta)$을 공유하지만, DNC는 더 정교한 메커니즘을 사용하여 메모리에 더 효율적으로 접근한다.

12.5 DNC에서의 간섭 없는 쓰기

NTM의 첫 번째 한계는 간섭 없는 쓰기interference-free writing 동작을 보장할 수 없다는 점이다. 이 문제를 해결하는 직관적인 방법은 NTM이 학습할 때까지 기다리지 않고 하나의 빈 메모리 위치에 강력하게 집중하도록 아키텍처를 설계하는 것이다. 어떤 위치가 비어 있고 어떤 위치가 사용 중인지 추적하려면 이러한 종류의 정보를 저장할 수 있는 새로운 데이터 구조를 도입해야 한다. 이를 사용량 벡터usage vector라고 부르겠다. 사용량 벡터 u_t는 N 크기의 벡터로, 각 요소는 해당 메모리 위치의 사용량을 나타내는 0과 1 사이의 값을 가진다. 0은 완전히 비어 있는 위치를 나타내고 1은 완전히 사용 중인 위치를 나타낸다. 사용량 벡터는 처음에 $\mathrm{u}_0 = \mathbf{0}$을 포함하며 단계를 거치면서 사용량 정보로 업데이트된다. 이 정보를 사용하면 가중치가 가장 강하게 적용되어야 하는 위치는 사용량 값이 가장 적은 위치라는 것을 명확히 알 수 있다. 이러한 가중치를 얻으려면 먼저 사용량 벡터를 정렬하여 사용량의 오름차순으로 위치 색인 목록을 얻어야 하며, 이러한 목록을 프리 리스트free list라고 부르고 ϕ_t로 표시한다. 이 프리 리스트를 사용하여 할당 가중치allocation weighting a_t라는 중간 가중치를 구성하여 새로운 데이터에 할당해야 할 메모리 위치를 결정할 수 있다. 다음을 사용하여 a_t를 계산한다.

$$a_t[\phi_t[j]] = (1 - u_t[\phi_t[j]]) \prod_{i=1}^{j-1} u_t[\phi_t[i]] \quad \text{where} \quad j \in 1, ..., N$$

이 방정식은 언뜻 이해하기 어려워 보일 수 있다. 예를 들어 $u_t = [1, 0.7, 0.2, 0.4]$와 같은 숫자를 이해하는 것이 방정식을 이해하는 좋은 방법이다. 자세한 내용은 독자를 위해 남겨두겠다. 최종적으로는 $a_t = [0, 0.024, 0.8, 0.12]$의 할당 가중치를 얻어야 한다. 계산해 보면 이 공식이 어떻게 작동하는지 이해할 수 있을 것이다. $1 - u_t[\phi_t[j]]$는 위치 가중치를 얼마나 비어 있는지에 비례하게 만든다. 프리 리스트를 반복할수록 (0과 1 사이의 작은 값을 계속 곱하기 때문에) $\prod_{i=1}^{j-1} u_t[\phi_t[j]]$의 곱이 점점 작아지는 것을 알 수 있다. 이 곱은 가장 적게 사용된 위치에서 가장 많이 사용된 위치로 갈수록 위치 가중치가 더욱 감소하여 결국 가장 적게 사용된 위치가 가장 큰 가중치를 갖게 되고 가장 많이 사용된 위치가 가장 작은 가중치를 갖게 된다. 따라서 모델을 처음부터 학습시키려고 하지 않고, 설계적으로 단일 위치에 집중할 수 있도록 보장할 수 있으므로 안정성이 향상되고 학습 시간이 단축된다.

콘텐츠-기반 주소 지정 메커니즘에서 얻은 할당 가중치 a_t 및 조회 가중치lookup weighting c_t^w를 통해 이제 최종 쓰기 가중치를 구성할 수 있으며, 여기서 k_t^w, β_t^w는 조회 키lookup key와 인터페이스 벡터를 통해 받는 조회 강도lookup strength를 의미한다.

$$w_t^w = g_t^w \left[g_t^a a_t + (1 - g_t^a) c_t^w \right]$$

여기서 g_t^w 및 g_t^a는 0과 1 사이의 값이며 쓰기 게이트와 할당 게이트라고 부르고, 인터페이스 벡터를 통해 컨트롤러에서 얻는다. 이 게이트들은 쓰기 작업을 제어하며, g_t^w는 쓰기가 처음에 수행될 것인지 여부를 결정하고 g_t^a는 할당 가중치를 사용하여 새로운 위치에 쓸 것인지 아니면 조회 가중치에 의해 지정된 기존 값을 수정할 것인지를 지정한다.

12.6 DNC 메모리 재사용

할당 가중치를 계산하다가 모든 메모리 위치가 이미 사용되고 있음을 발견하면, 즉 $u_t = 1$이면 어떻게 될까? 할당 가중치가 모두 0이라 새로운 데이터를 메모리에 할당할 수 없게 된다. 따라서 메모리를 해제하고 재사용하는 기능이 필요하다.

어떤 위치를 해제할 수 있고 어떤 위치를 해제할 수 없는지 알기 위해 각 위치에서 어느 정도 유지되어야 하는지를 지정하는 N 크기의 리텐션 벡터$^{retention\ vector}$ ψ_t를 구성한다. 이 벡터의 각 요소는 0과 1 사이의 값을 가지며, 0은 해당 위치를 해제할 수 있음을 나타내고 1은 해당 위치를 유지해야 함을 나타낸다. 이 벡터는 다음을 사용하여 계산한다.

$$\psi_t = \prod_{i=1}^{R}(1 - f_t^i \mathbf{w}_{t-1}^{r,i})$$

이 방정식의 기본적인 의미는 특정 메모리 위치의 해제 정도가 여러 읽기 헤드(읽기 가중치 $\mathbf{w}_{t-1}^{r,i}$ 값으로 표시)가 해당 메모리 위치에서 얼마나 많이 읽었는가에 비례한다는 것이다. 그렇지만 데이터를 읽은 후에도 여전히 데이터가 필요할 수 있으므로 메모리 위치를 계속 해제하는 것은 일반적으로 바람직하지 않다. 여기서는 컨트롤러가 0과 1 사이의 값을 갖는 R개의 프리 게이트$^{free\ gate}$ $f_t^1,...,f_t^R$를 방출하여, 읽기 작업 후에 특정 메모리 위치를 언제 해제하고 언제 유지할 것인지 결정하도록 한다. 이는 특정 메모리 위치가 방금 읽혔다는 사실에 기반하여 해당 메모리 위치가 어느 정도 해제되어야 하는지가 결정된다는 것을 의미한다. 그런 다음 컨트롤러는 이러한 프리 게이트를 사용하여 원하는 동작을 수행하는 방법을 학습한다.

리텐션 벡터를 얻고 나면 이를 통해 사용량 벡터를 업데이트하여 해제 또는 리텐션을 반영할 수 있다.

$$u_t = \left(u_{t-1} + \mathbf{w}_{t-1}^w - u_{t-1} \circ \mathbf{w}_{t-1}^w\right) \circ \psi_t$$

이 방정식은 다음과 같이 이해할 수 있다. 특정 메모리 위치가 유지 상태라면($\psi_t \approx 1$), 해당 메모리 위치가 사용될 것이다. 그리고 해당 메모리 위치가 이미 사용 중이거나 이제 막 쓰여졌다고 하면 $u_{t-1} + \mathbf{w}_{t-1}^w$ 값으로 표시), 해당 메모리 위치가 사용될 것이다. 해당 메모리 위치의 이전 사용량과 이전 쓰기 가중치의 합이 1을 초과한 경우, 이 값에서 요소별 곱$^{element-wise\ product}$ $u_{t-1} \circ \mathbf{w}_{t-1}^w$을 빼면 전체 식을 0에서 1 사이의 유효한 사용량 값으로 되돌린다.

할당량을 계산하기 전에 이 사용량 업데이트 단계를 수행하면 새로운 데이터를 위한 빈 메모리를 확보할 수 있다. 또한 제한된 양의 메모리를 효율적으로 재사용할 수 있어 NTM의 두 번째 한계를 극복할 수 있다.

12.7 DNC 쓰기의 시간적 연결

DNC가 사용하는 동적 메모리 관리 메커니즘을 사용하면 메모리 위치 할당을 요청할 때마다 가장 사용되지 않은 위치를 가져오게 되며, 해당 위치와 이전 쓰기 위치 사이에는 아무런 위치 관계도 존재하지 않는다. 이러한 유형의 메모리 접근에서는 연속성을 통해 시간적 관계를 보존하는 NTM의 방식이 적합하지 않다. 따라서 데이터를 쓴 순서를 명시적으로 기록해야 한다.

이러한 명시적 기록은 메모리 행렬과 사용량 벡터와 함께 추가적인 두 가지 데이터 구조를 통해 DNC에서 이루어진다. 첫 번째는 우선순위 벡터^{precedence vector} p_t로, 메모리 위치에 대한 확률 분포로 간주되는 N 크기의 벡터이며, 벡터의 각 값은 해당 위치가 마지막으로 쓰인 위치일 가능성을 나타낸다. 우선순위는 처음에 $p_0 = \mathbf{0}$으로 설정되며 다음 단계에서 업데이트된다.

$$p_t = \left(1 - \sum_{i=1}^{N} \mathbf{w}_t^w[i]\right) p_{t-1} + \mathbf{w}_t^w$$

업데이트는 메모리에 방금 쓰인 양(쓰기 가중치 요소의 합으로 표시)에 비례하는 리셋 요인^{reset factor}을 사용하여 이전의 우선순위 값들을 먼저 리셋함으로써 수행된다. 그런 다음 쓰기 가중치 값을 리셋 값에 추가하여 큰 쓰기 가중치를 가진 위치(가장 최근에 쓰인 위치)가 우선순위 벡터에서도 큰 값을 갖도록 한다.

시간 정보를 기록하는 데 필요한 두 번째 데이터 구조는 링크 행렬 L_t이다. 링크 행렬은 $L_t[i,j]$ 요소가 0과 1 사이의 값을 갖는 $N \times N$ 행렬로, 위치 i가 위치 j 다음에 기록되었을 가능성이 얼마나 있는지를 나타낸다. 이 행렬은 또한 0으로 초기화되며, 대각선 요소는 $L_t[i,i] = 0$ 시간 동안 0으로 유지된다. 왜냐하면 이전 데이터가 이미 덮어쓰여서 손실된 이후에, 특정 위치의 특정 데이터 이후에 데이터가 쓰여졌는지를 추적하는 것은 의미가 없기 때문이다. 그러나 행렬의 다른 요소는 다음 식을 사용하여 업데이트된다.

$$L_t[i,j] = (1 - w_t^w[i] - w_t^w[j])L_{t-1}[i,j] + w_t^w[i]p_{t-1}[j]$$

이 방정식은 다른 업데이트 규칙과 동일한 패턴을 따른다. 먼저, 링크 요소는 위치 i, j에서 쓰인 양에 비례하는 요인에 의해 리셋된다. 그런 다음 위치 i의 쓰기 가중치와 위치 j의 이전 우선순위 값 사이의 상관관계(여기서는 곱셈으로 표현)에 따라 링크가 업데이트된다. 이렇게 하면 쓰기 헤드가 메모리에서 어떻게 이동하든 시간 정보를 추적할 수 있으므로 NTM의 세 번째 한계가 제거된다.

12.8 DNC 읽기 헤드 이해

쓰기 헤드가 메모리 행렬과 메모리 행렬 연관 데이터 구조의 업데이트를 완료하면, 이제 읽기 헤드는 동작할 준비가 되었다. 읽기 헤드의 동작은 간단하다. 메모리에서 값을 조회할 수 있어야 하고 데이터 간 시간 순서에 따라 앞뒤로 이동할 수 있어야 한다. 조회 기능은 콘텐츠-기반 주소 지정으로 간단히 수행할 수 있다. 각 읽기 헤드 i에 대해 중간 가중치 $c_t^{r,i} = \mathcal{C}(M_t, k_t^{r,i}, \beta_t^{r,i})$를 계산하는데, 여기서 $k_t^{r,1}, \ldots, k_t^{r,R}$ 및 $\beta_t^{r,1}, \ldots, \beta_t^{r,R}$는 컨트롤러로부터 인터페이스 벡터를 통해 읽기 헤드가 받은 R 읽기 키read key와 읽기 강도read strength의 두 세트다.

전진 후진 방향 이동을 수행하려면 가중치를 최근에 읽은 위치에서 한 단계 전진 또는 후진으로 이동시켜야 한다. 전진 이동의 경우 링크 행렬에 마지막으로 읽은 가중치를 곱하면 된다. 이렇게 하면 가중치가 마지막 읽기 위치에서 링크 행렬에 지정된 마지막 쓰기 위치로 이동하고, 각 읽기 헤드 i에 대한 중간 전진 가중치가 구성된다. 즉, $f_t^i = L_t w_{t-1}^{r,i}$ 마찬가지로 링크 행렬의 전치transpose를 마지막 읽기 가중치에 곱하여 중간 후진 가중치를 구성한다. 즉, $b_t^i = L_{t-1}^\top w_{t-1}^{r,i}$

이제 다음 규칙을 사용하여 각 읽기에 대한 새로운 읽기 가중치를 구성할 수 있다.

$$w_t^{r,i} = \pi_t^i[1]b_t^i + \pi_t^i[2]c_t^i + \pi_t^i[3]f_t^i$$

여기서 $\pi_t^1, \ldots, \pi_t^R$을 읽기 모드read mode라고 한다. 이들 각각은 인터페이스 벡터에서 컨트롤러로부터 인터페이스 벡터가 받는 세 가지 요소에 대한 소프트맥스 분포다. 이 세 가지 값은 읽기 헤드가 각 읽기 메커니즘에서 강조할 부분을 결정하며, 전진, 조회, 후진이다. 컨트롤러는 이들 모드를 사용하여 데이터를 어떻게 읽을 것인지를 메모리에 지시하는 방법을 학습한다.

12.9 DNC 컨트롤러 신경망

이제 DNC 아키텍처에서 외부 메모리의 내부 동작을 파악했으니 모든 메모리 작업을 조정하는 컨트롤러의 동작 방식을 이해해야 한다. 컨트롤러의 동작은 간단하다. 컨트롤러의 핵심은 입력 단계의 읽기 벡터와 이전 단계의 읽기 벡터를 함께 받아들여서, 해당 신경망에 대해 선택한 아키텍처에 따라 크기가 달라지는 벡터를 출력하는 신경망(순환 또는 순방향)이며, 이 출력 벡터를 $N(\chi_t)$로 나타낸다. 여기서 $|N|$은 신경망에서 계산되는 함수를 나타내고 χ_t는 입력 단계 읽기 벡터와 이전 단계 읽기 벡터의 연결 $\chi_t = [x_t; r_{t-1}^1; \ldots; r_{t-1}^R]$을 나타낸다. 이처럼 이전 단계 읽기 벡터를 연결하는 것은 일반적인 LSTM의 은닉 상태와 유사하게 과거 출력을 조건으로 설정하는 데 사용된다.

신경망에서 방출된 해당 벡터에서 두 가지 정보가 필요하다. 첫 번째 정보는 인터페이스 벡터 ζ_t 다. 앞서 살펴본 것처럼 인터페이스 벡터는 메모리 연산 수행에 필요한 모든 정보를 담고 있다. [그림 12-7]에 표시된 것처럼 ζ_t 벡터를 앞서 살펴본 개별 요소의 연결로 볼 수 있다.

$$\zeta_t = [\overbrace{k_t^{r,1}; \ldots; k_t^{r,R}}^{\text{각각 } W \text{ 크기}}; \overbrace{\beta_t^{r,1}; \ldots; \beta_t^{r,R}}^{\text{각각 1 크기}}; k_t^w; \beta_t^w; \underbrace{e_t; v_t}_{W \text{ 크기}}; \overbrace{f_t^1; \ldots; f_t^R}^{\text{각각 1 크기}}; g_t^a; g_t^w; \underbrace{\pi_t^1; \ldots; \pi_t^R}_{\text{각각 3 크기}}]$$

그림 12-7 인터페이스 벡터를 개별 요소로 분해한 그림

각 요소를 따라 크기를 합산하면 ζ_t 벡터를 $R \times W + 3W + 5R + 3$ 큰 벡터 하나로 간주할 수 있다. 따라서 신경망 출력에서 이 벡터를 얻기 위해 학습 가능한 $|N| \times (R \times W + 3W + 5R + 3)$ 가중치 행렬 W_ζ를 구성하며, 여기서 $|N|$은 신경망 출력의 크기다.

$$\zeta_t = W_\zeta N(\chi_t)$$

이 벡터를 메모리에 전달하기 전에 각 요소가 유효한 값을 가지고 있는지 확인해야 한다. 예를 들어 모든 게이트와 지우기 벡터는 0과 1 사이의 값을 가져야 하므로 이 요구 사항을 충족시키기 위해 이들을 시그모이드 함수에 통과시킨다.

$$e_t = \sigma(e_t), f_t^i = \sigma(f_t^i), g_t^a = \sigma(g_t^a), g_t^w = \sigma(g_t^w) \text{ where } \sigma(z) = \frac{1}{1+e^{-z}}$$

또한 모든 조회 강도는 1보다 크거나 같은 값을 가져야 하므로 먼저 **oneplus** 함수에 통과시킨다.

$$\beta_t^{r,i} = \text{oneplus}(\beta_t^{r,i}), \beta_t^{w} = \text{oneplus}(\beta_t^{w}) \ \text{여기서} \ \ \text{oneplus} \ z = 1 + \log(1 + e^z)$$

마지막으로 읽기 모드는 유효한 소프트맥스 분포를 가져야 한다.

$$\pi_t^i = \text{softmax}(\pi_t^i) \ \text{where} \ \text{softmax}(z) = \frac{e^z}{\sum_j e^{z_j}}$$

이러한 변환을 통해 인터페이스 벡터는 이제 메모리에 전달될 준비가 되었으며, 이 벡터가 메모리의 연산을 안내하는 동안 신경망에서 두 번째 정보인 사전 출력^{pre-output} 벡터 v_t가 필요하다. 이것은 최종 출력 벡터와 같은 크기의 벡터이지만 최종 출력 벡터는 아니다. 학습 가능한 다른 $|\mathcal{N}| \times Y$ 가중치 행렬 W_y를 사용하면 다음과 같이 사전 출력을 얻을 수 있다.

$$v_t = W_y \mathcal{N}(\chi_t)$$

이 사전 출력 벡터는 신경망 출력뿐만 아니라 메모리에서 최근에 읽은 벡터 r_t에 대해서도 최종 출력을 조건화할 수 있도록 한다. 세 번째 학습 가능 $(R \times W) \times Y$ 가중치 행렬 W_r을 통해 최종 출력을 다음과 같이 얻을 수 있다.

$$y_t = v_t + W_r[\mathbf{r}_t^1;...;\mathbf{r}_t^R]$$

컨트롤러가 단어 크기 W 정보 외에는 메모리에 대해 아무것도 모르기 때문에, 이미 학습된 컨트롤러는 재훈련할 필요 없이 더 많은 위치가 포함된 더 큰 메모리로 확장할 수 있다. 또한 신경망의 특정 구조나 특정 손실 함수를 지정하지 않았기 때문에 DNC는 다양한 작업과 학습 문제에 적용할 수 있는 범용 아키텍처가 된다.

12.10 동작 중인 DNC 시각화

DNC의 동작을 실제로 확인하는 한 가지 방법은 가중치와 파라미터 값을 살펴보고 해석 가능한 방식으로 시각화 하는 간단한 작업을 통해 DNC를 훈련시키는 것이다. 이 간단한 작업을 위해 이미 NTM에서 다뤘던 복사 문제를 약간 수정된 형태로 사용하겠다.

여기서는 이진 벡터의 단일 시퀀스를 복사하는 대신 일련의 시퀀스를 복사하는 작업을 수행한다. [그림 12-8]에서 (a)는 단일 시퀀스 입력을 보여준다. 이러한 단일 시퀀스 입력을 처리하고 동일한 시퀀스를 출력에 복사한 후, DNC는 프로그램을 완료하고, DNC의 메모리는 DNC가 메모리를 동적 관리하는 방법을 볼 수 없도록 재설정된다. 대신 [그림 12-8] (b)에 표시된 일련의 시퀀스를 단일 입력으로 다룰 것이다.

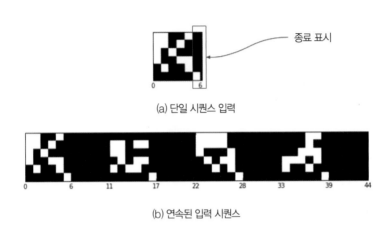

(a) 단일 시퀀스 입력

(b) 연속된 입력 시퀀스

그림 12-8 단일 시퀀스 입력과 일련의 입력 시퀀스 비교

[그림 12-9]은 각 시퀀스에 5개의 이진 벡터와 종료 표시가 포함된 길이 4인 일련의 시퀀스에 대해 훈련된 후의 DNC 연산을 시각화해서 나타낸다. 여기에 사용된 DNC는 메모리 위치가 10개뿐이므로 입력에 있는 20개의 벡터를 모두 저장할 수 없다. 순환 상태로 저장되는 것이 없도록 순방향 컨트롤러를 사용하며, 명확한 시각화를 위해 읽기 헤드를 하나만 사용한다. 이러한 제약 조건으로 인해 DNC는 전체 입력을 성공적으로 복사하기 위해 메모리를 할당 해제하고 재사용하는 방법을 학습해야 하며, 실제로 그렇게 한다.

이 시각화에서 DNC가 각 시퀀스마다 5개 벡터 각각을 단일 메모리 위치에 어떻게 쓰는지 확인할 수 있다. 종료 표시가 나타나자마자 읽기 헤드는 쓰기 순서와 정확히 동일한 순서로 이 위치에서 읽기를 시작한다. 할당 게이트와 프리 게이트가 일련의 각 시퀀스의 쓰기와 읽기 단계 사이에서 어떻게 번갈아 활성화되는지 알 수 있다. 또한 하단의 사용량 벡터 차트에서는 메모리 위치에 쓰기 후 메모리 사용량이 정확히 1이 되는 것과 해당 위치에서 읽기 직후 메모리 사용량이 0으로 떨어지는 것을 볼 수 있다. 이는 해당 위치가 해제되어 다시 재사용할 수 있음을 나타낸다.

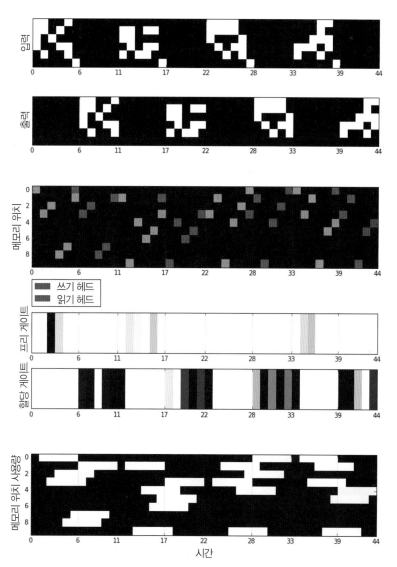

그림 12-9 복사 문제에 대한 DNC 연산 시각화

이 시각화는 모스타파 사미르^{Mostafa Samir}[4]의 DNC 아키텍처 오픈 소스 구현의 일부다. 다음 절에서는 독해 작업에서 더 간단한 버전의 DNC를 구현할 수 있는 중요한 팁과 요령에 대해 알아본다.

12.11 PyTorch에서 DNC 구현하기

DNC 아키텍처를 구현하는 것은 기본적으로 앞서 논의한 수식을 직접 적용하는 것이다. 이 책의 코드 저장소에 전체 구현 코드가 있으므로, 여기서는 까다로운 부분만 집중적으로 다루고 그 과정에서 새로운 PyTorch 실습을 소개한다.

주요 구현 부분은 모든 어텐션 메커니즘과 접근 메커니즘이 구현된 `mem_ops.py` 파일에 있다. 이 파일을 컨트롤러와 함께 사용할 수 있도록 가져온다. 구현하기 약간 까다로울 수 있는 두 가지 연산은 링크 행렬 업데이트와 할당 가중치 계산이다. 이 두 연산은 모두 `for` 루프를 사용하여 간단하게 구현할 수 있지만, 일반적으로 계산 그래프^{computational graph}를 만들 때 `for` 루프를 사용하는 것은 좋은 생각이 아니다. 링크 행렬 업데이트 연산을 먼저 살펴보고 이것이 루프 기반 구현에서 어떻게 보이는지 살펴보자.

```python
def Lt(L, wwt, p, N):

    L_t = torch.zeros((N, N), dtype=torch.float32)
    for i in range(N):
        for j in range(N):
            if i == j:
                continue
            mask = torch.zeros((N, N), dtype=torch.float32)
            mask[i, j] = 1.0

            link_t = (1 - wwt[i] - wwt[j]) * L[i, j] + \
                    wwt[i] * p[j]
            L_t += mask * link_t
    return L_t
```

4   https://oreil.ly/TtKJ8

계산 그래프가 완전히 정의된 후 구체적인 값이 입력되고 실행된다. 이를 염두에 두고 [그림 12-10]에서 볼 수 있듯이 대부분의 for 루프 반복에서 루프 몸체를 나타내는 새로운 노드 집합이 계산 그래프에 추가된다. 따라서 N개의 메모리 위치에 대해, 반복마다 동일한 노드의 복사본이 $N^2 - N$개씩 생성되며, 각 복사본은 RAM 공간을 차지하고 다음 반복을 처리하기 전에 처리 시간이 필요하다. N이 5처럼 작은 숫자인 경우 20개의 동일한 복사본을 얻게 되므로 썩 나쁘지는 않다. 그러나 $N = 256$과 같이 더 큰 메모리를 이용한다면 65,280개의 동일한 노드 복사본을 얻게 되므로 메모리 사용량과 실행 시간 모두에 치명적인 영향을 미친다.

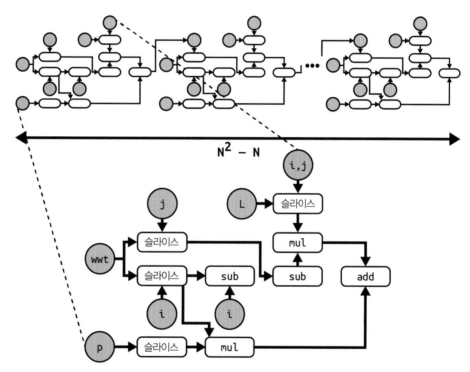

그림 12-10 for 루프 구현으로 구축된 링크 행렬 업데이트 작업의 계산 그래프

이러한 문제를 극복할 수 있는 방법 한가지는 벡터화다. 벡터화에서는 원래 개별 요소로 정의된 배열 연산을 전체 배열에 대한 한 번의 연산으로 다시 작성한다. 링크 행렬 업데이트의 경우 다음과 같이 연산을 다시 작성할 수 있다.

$$\mathrm{L}_t = \left[\left(1 - \mathrm{w}_t^w \oplus \mathrm{w}_t^w \right) \circ \mathrm{L}_{t-1} + \mathrm{w}_t^w \mathrm{p}_{t-1} \right] \circ \left(1 - I \right)$$

여기서 I는 항등 행렬이고, $\mathrm{w}_t^w \mathrm{p}_{t-1}$의 곱은 외적이다. 이 벡터화를 달성하기 위해 $\oplus$로 표시되는 벡터의 **쌍별 덧셈**^{pairwise-addition}이라는 새로운 연산자를 정의한다. 이 새로운 연산자는 다음과 같이 간단히 정의된다.

$$u \oplus v = \begin{pmatrix} u_1 + v_1 & \cdots & u_1 + v_n \\ \vdots & \ddots & \vdots \\ u_n + v_1 & \cdots & u_n + v_n \end{pmatrix}$$

이 연산자는 구현의 메모리 요구 사항을 약간 추가하지만 루프 기반 구현의 경우만큼은 아니다. 업데이트 규칙의 벡터화 재구성을 통해 메모리 효율과 시간 효율이 더 높은 구현을 다시 작성했다.

```python
def Lt(L, wwt, p, N):
    """
    returns the updated link matrix given the previous one along
    with the updated write weightings and the previous precedence
    vector
    """
    def pairwise_add(v):
        """
        returns the matrix of pairs - adding the elements of v to
        themselves
        """
        n = v.shape[0]
        # a NxN matrix of duplicates of u along the columns
        V = v.repeat(1, n)
        return V + V

    # expand dimensions of wwt and p to make matmul behave as outer
    # product
    wwt = torch.unsqueeze(wwt, 1)
    p = torch.unsqueeze(p, 0)

    I = torch.eye(N, dtype=torch.float32)
    return (((1 - pairwise_add(wwt)) * L +
            torch.matmul(wwt, p)) * (1 - I))
```

할당 가중치 규칙에도 비슷한 프로세스를 적용할 수 있다. 가중치 벡터의 각 요소에 대해 단일 규칙을 사용하는 대신, 전체 벡터에 대해 한 번에 작용하는 몇 가지 연산으로 분해할 수 있다.

1 사용량 벡터를 정렬하여 프리 리스트를 가져오는 동시에 정렬된 사용량 벡터 자체도 가져온다.

2 정렬된 사용량 벡터의 누적곱 벡터cumulative product를 계산한다. 이 벡터의 각 요소는 원래 요소별 규칙의 곱 셈 항과 동일하다.

3 누적곱 벡터에 (1 – 정렬된 사용량 벡터)를 곱한다. 결과 벡터는 할당 가중치이지만 메모리 위치의 원래 순서가 아닌 정렬된 순서가 된다.

4 순서가 지정되지 않은 할당 가중치의 각 요소에 대해 해당 값을 가져와 프리 리스트의 해당 색인에 넣는 다. 결과 벡터는 이제 원하던 올바른 할당 가중치다.

[그림 12-11]은 이 프로세스를 수치 예시와 함께 요약한 것이다.

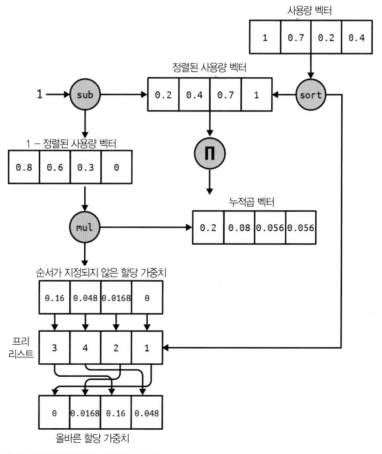

그림 12-11 할당 가중치를 계산하는 벡터화 프로세스

1단계의 정렬 연산과 4단계의 가중치 재정렬을 위해 여전히 루프가 필요한 것처럼 보일 수 있지만, 다행히 PyTorch는 파이썬 루프 없이도 이러한 연산을 수행할 수 있는 심볼릭 연산을 제공한다.

정렬을 위해 `torch.topk`를 사용하겠다. 이 연산은 텐서와 숫자 k를 받아 내림차순으로 정렬된 상위 k 값과 해당 값의 색인을 모두 반환한다. 정렬된 사용량 벡터를 오름차순으로 가져오려면 사용량 벡터의 음수 중 상위 N개의 값을 구해야 한다. 결과 벡터에 -1을 곱하면 정렬된 값을 원래 부호로 되돌릴 수 있다.

```
sorted_ut, free_list = torch.topk(-1*ut, N)
sorted_ut *= -1
```

할당 가중치의 순서를 바꾸려면 먼저 올바른 순서로 가중치를 담을 N 크기의 빈 텐서 배열을 생성한 다음 인스턴스 메서드 `scatter(indices, values)`를 사용하여 값을 올바른 위치에 배치한다. 이 메서드는 두 번째 인자로 텐서를 받아 배열의 첫 번째 차원을 따라 값을 분산시키며, 첫 번째 인자는 해당 값을 분산시킬 위치의 색인 목록이다. 여기서는 첫 번째 인수가 프리 리스트이고 두 번째 인수가 순서가 지정되지 않은 할당 가중치다. 올바른 위치에 가중치가 있는 배열을 얻으면 다른 인스턴스 메서드인 `pack()`을 사용해 전체 배열을 Tensor 객체로 래핑한다.

```
empty_at = torch.empty(N)
a_t = empty_at.scatter(0, free_list, out_of_location_at)
```

루프가 필요한 구현의 마지막 부분은 컨트롤러 루프 자체로, 입력을 처리하기 위해 입력 시퀀스의 각 단계마다 반복되는 루프다. 벡터화는 연산이 요소 단위로 정의된 경우에만 작동하기 때문에 컨트롤러의 루프는 벡터화할 수 없다. 다행히도 PyTorch에는 파이썬의 루프와 이로 인한 상당한 성능 저하를 피할 수 있는 방법이 있는데, 바로 심볼릭 루프[symbolic loop]다. 심볼릭 루프는 대부분의 심볼릭 연산과 마찬가지로 동작하는데, 실제 루프를 그래프로 풀어내는 대신 그래프가 실행될 때 루프로 실행될 노드를 정의한다.

PyTorch에서 심볼릭 루프 구현은 독자의 몫으로 남겨둔다. PyTorch에서 심볼릭 루프를 사용하는 방법에 대한 자세한 내용은 torch.fx 문서[5]에서 확인할 수 있다.

심볼릭 루프의 TensorFlow 구현은 코드 저장소의 **train_babi.py** 파일에서 찾을 수 있다.

12.12 DNC에 독해를 가르치기

이 장의 앞부분에서 뉴럴 N-그램에 대해 이야기할 때, 뉴럴 N-그램은 이야기를 읽고 질문에 답할 수 있는 AI만큼 복잡하지는 않다고 설명했다. 이제 이러한 시스템을 구축할 수 있는 지점에 도달했는데, 바로 이것이 DNC가 bAbI 데이터셋에 적용될 때 하는 일이기 때문이다.

bAbI 데이터셋은 20개의 스토리 셋, 해당 스토리에 대한 질문, 그에 대한 답변으로 구성된 합성 데이터셋이다. 각각의 셋은 텍스트에서 유추하고 추론하는 구체적이고 고유한 작업을 나타낸다. 여기서 사용할 버전에서는 각각의 작업에 훈련용 질문 10,000개와 테스트용 질문 1,000개가 포함되어 있다. 예를 들어, 다음 스토리(앞서 살펴봤던 내용을 각색한 것)는 list-and-sets 작업에서 나온 것으로, 질문에 대한 답은 스토리에서 언급된 사물의 목록/셋이다.

> 1 메리는 우유를 가져갔다.
>
> 2 메리는 사무실로 갔다.
>
> 3 마리아는 무엇을 들고 있나? **우유** 1
>
> 4 메리는 사과를 그곳으로 가져갔다.
>
> 5 산드라는 침실로 갔다.
>
> 6 메리는 무엇을 들고 있나? **우유**, **사과** 1 4

이것은 데이터셋에서 직접 가져온 것으로, 스토리는 1부터 시작하는 번호가 매겨진 문장으로 구성되어 있다. 각 질문은 물음표로 끝나며 물음표 바로 뒤에 오는 단어들이 답이다. 답이 두 개 이상의 단어로 구성된 경우 단어는 쉼표로 구분된다. 답 뒤에 오는 숫자는 답의 단어가 포함된 문장을 가리키는 감독자supervisory 신호다.

작업을 더 어렵게 만들기 위해 이러한 감독자 신호를 없애고 시스템이 텍스트를 읽고 스스로 답을 찾아내는방법을 학습하도록 하겠다. DNC 논문에 따라 '?'와 '.'를 제외한 모든 숫자와 구

---

5 *https://pytorch.org/docs/stable/fx.html*

두점을 제거하고, 모든 단어를 소문자로 바꾸고, 입력 시퀀스에서 답을 대시 '–'로 대체하는 방식으로 데이터셋을 전처리한다. 이렇게 하면 모든 작업에서 159개의 고유한 단어와 표식(사전)을 얻게 되므로 각 어휘목록을 임베딩 없이 일반 단어만 직접 159 크기의 원핫 벡터로 인코딩한다. 마지막으로 20만 개의 훈련 질문을 모두 결합하여 모델을 공동으로 훈련하고, 각 작업의 테스트 문제를 별도로 보관하여 훈련된 모델을 각 작업에서 개별적으로 테스트한다. 이 전체 프로세스는 코드 저장소의 *preprocess.py* 파일에 구현되어 있다.

모델을 훈련하기 위해 인코딩된 훈련 데이터에서 스토리를 무작위로 샘플링하고, 이를 LSTM 컨트롤러가 있는 DNC에 전달하여 해당 출력 시퀀스를 얻는다. 그런 다음 소프트맥스 교차 엔트로피 손실을 사용하여 출력 시퀀스와 원하는 시퀀스 사이의 손실을 측정하지만 답이 포함된 단계에서만 측정한다. 다른 모든 단계는 정답이 있는 단계에 1, 그 외에는 0인 가중치 벡터로 손실에 가중치를 부여하여 무시한다. 이 프로세스는 *train_babi.py* 파일에 구현되어 있다.

모델 학습이 완료되면 나머지 테스트 문제에 대한 성능을 테스트한다. 여기서 사용하는 측정 지표는 각 작업에서 모델이 정답을 맞히지 못한 문제의 비율이다. 질문에 대한 답변은 출력에서 소프트맥스 값이 가장 큰 단어, 즉 가장 가능성이 높은 단어다. 답변의 모든 단어가 정답인 경우 해당 문제는 정답을 맞힌 것으로 간주한다. 모델이 어떤 작업 질문의 5% 이상에 정답을 맞히지 못하면 해당 작업에서 실패한 것으로 간주한다. 테스트 절차는 *test_babi.py* 파일에 나와 있다.

약 50만 번 반복하여 모델을 학습시킨 후(주의: 시간이 오래 걸린다), 대부분의 작업에서 꽤 잘 수행하는 것을 확인할 수 있다. 이와 동시에, 한 장소에서 다른 장소로 이동하는 방법에 대한 질문에 답해야 하는 경로 찾기pathfinding와 같은 더 어려운 작업에서는 성능이 좋지 않다. 다음 보고서에서는 이 모델의 결과를 원래 DNC 논문에서 보고한 평균값과 비교한다.

```
Task                    Result   Paper's Mean
----------------------------------------------------
single supporting fact  0.00%    9.0±12.6%
two supporting facts    11.88%   39.2±20.5%
three supporting facts  27.80%   39.6±16.4%
two arg relations       1.40%    0.4±0.7%
three arg relations     1.70%    1.5±1.0%
yes no questions        0.50%    6.9±7.5%
counting                4.90%    9.8±7.0%
lists sets              2.10%    5.5±5.9%
```

simple negation	0.80%	7.7±8.3%
indefinite knowledge	1.70%	9.6±11.4%
basic coreference	0.10%	3.3±5.7%
conjunction	0.00%	5.0±6.3%
compound coreference	0.40%	3.1±3.6%
time reasoning	11.80%	11.0±7.5%
basic deduction	45.44%	27.2±20.1%
basic induction	56.43%	53.6±1.9%
positional reasoning	39.02%	32.4±8.0%
size reasoning	8.68%	4.2±1.8%
path finding	98.21%	64.6±37.4%
agents motivations	2.71%	0.0±0.1%
--		
Mean Err.	15.78%	16.7±7.6%
Failed (err. > 5%)	8	11.2±5.4

요약

이 장에서는 NTM과 DNC를 통해 딥러닝 연구의 최첨단 기술을 탐구했으며, 복잡한 독해 문제를 해결할 수 있는 모델을 구현하는 것으로 마무리했다.

이 책의 마지막 장에서는 강화 학습이라는 매우 다른 영역의 문제를 탐구한다. 이 새로운 종류의 작업을 직관적으로 이해하고, 지금까지 개발한 딥러닝 도구를 사용하여 이러한 문제를 해결하기 위한 알고리즘 토대를 개발할 것이다.

## 13장

강화 학습

이 장에서는 상호작용과 피드백을 통한 학습을 다루는 머신러닝의 한 분야인 강화 학습[reinforced learning]을 살펴볼 것이다. 강화 학습은 월드를 인식하고 해석할 뿐만 아니라 액션을 취하고 상호작용할 수 있는 에이전트를 구축하는 데 필수적이다. 심층 신경망을 강화 학습 프레임워크에 통합하는 방법과 강화 학습 분야의 최근 발전 및 개선 사항을 논의한다.

13.1 Atari 게임을 마스터한 심층 강화 학습

강화 학습에 심층 신경망을 적용하는 것은 2014년에 딥마인드가 초인적인 실력으로 Atari 게임을 학습할 수 있는 심층 신경망을 공개하여 머신러닝 커뮤니티를 놀라게 하면서 큰 돌파구를 마련했다. DQN[Deep Q-network]이라고 불리는 이 네트워크는 심층 신경망에 강화 학습을 대규모로 성공적으로 적용한 최초의 사례이다. 게임마다 규칙, 목표, 게임 플레이 구조가 다른데도 불구하고 아무런 변경 없이 동일한 아키텍처로 49개의 서로 다른 Atari 게임을 학습할 수 있었다는 점에서 DQN은 매우 놀라운 성과였다. 이러한 성과를 달성하기 위해 딥마인드는 강화 학습의 여러 전통적 아이디어를 통합하는 동시에 DQN의 성공에 핵심이 된 몇 가지 새로운 기술을 개발했다. 이 장의 뒷부분에서 네이처 논문 「Human Level Control Through Deep Reinforcement Learning」[1]에 설명된 대로 DQN을 구현해 보겠다. 먼저 강화 학습에 대해

---

1 Mnih, Volodymyr, et al. "Human-Level Control Through Deep Reinforcement Learning." *Nature* 518.7540 (2015): 529-533

자세히 알아보자(그림 13-1).

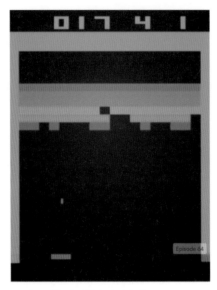

그림 13-1 Breakout 게임을 플레이하는 심층 강화 학습 에이전트[2]

13.2 강화 학습 소개

강화 학습의 핵심은 환경과 상호작용을 하면서 학습하는 것이다. 이 학습 과정에는 에이전트, 환경, 보상 신호가 포함된다. 에이전트는 환경에서 어떤 액션을 선택하면 그에 따른 보상을 받는다. 에이전트가 액션을 선택하는 방식을 정책이라고 한다. 에이전트는 자신이 받는 보상을 늘리고자 하므로 환경과 상호작용하기 위한 최적의 정책[policy]을 학습해야 한다(그림 13-2 참조).

강화 학습은 지금까지 살펴본 다른 학습 유형과 다르다. 전통적인 지도 학습에서는 데이터와 레이블이 주어지고 주어진 데이터에서 레이블을 예측하는 작업을 수행한다. 비지도 학습에서는 데이터만 주어지고 이 데이터에서 기저 구조를 발견하는 작업을 수행한다. 강화 학습에서는 데이터도 레이블도 주어지지 않는다. 학습 신호는 환경이 에이전트에게 주는 보상에서 파생된다.

---

2   This image is from the OpenAI Gym DQN agent that we build in this chapter: Brockman, Greg, et al. "OpenAI Gym." *arXiv preprint arXiv*:1606.01540 (2016). *https://gym.openai.com*

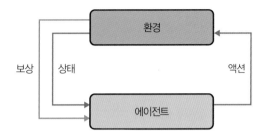

그림 13-2 강화 학습 설정

강화 학습은 지능형 에이전트를 만들기 위한 범용 프레임워크이기 때문에 AI 커뮤니티의 많은 연구자들이 관심을 갖고 있다. 환경과 보상이 주어지면 에이전트는 총 보상을 최대화하기 위해 해당 환경과 상호작용하는 방법을 학습한다. 이러한 유형의 학습은 인간의 성장 과정과 상당히 유사하다. 물론 수천 장의 이미지를 학습시켜 매우 높은 정확도로 개와 고양이를 분류하는 꽤 좋은 모델을 구축할 수도 있다. 하지만 초등학교에서는 이러한 접근 방식을 사용하지 않는다. 인간은 환경과 상호작용하여 의사 결정에 사용할 수 있는 세계의 여러 표현을 학습한다.

또한 강화 학습 애플리케이션은 자율 주행 자동차, 로봇 모터 제어, 게임 플레이, 에어컨 제어, 광고 게재 위치 최적화, 주식 시장 거래 전략 등 다양한 첨단 기술의 최전선에서 활용되고 있다.

연습 예제로 막대 균형 잡기[pole balancing]라고 불리는 간단한 강화 학습 및 제어 문제를 다뤄보겠다. 이 문제에서는 경첩으로 연결된 막대가 달린 카트가 있어 막대가 카트 위에서 흔들릴 수 있다. 카트를 제어하여 왼쪽이나 오른쪽으로 움직일 수 있는 에이전트가 있다. 막대가 위로 향하면 에이전트에게 보상을 주고, 막대가 넘어지면 에이전트에게 불이익을 주는 환경이 있다(그림 13-3 참조).

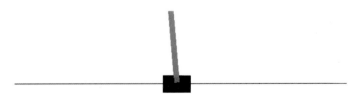

에피소드 1000

그림 13-3 간단한 강화 학습 에이전트: 막대 균형 잡기[3]

....

3   이 이미지는 13에서 구축하는 OpenAI Gym Policy Gradient 에이전트에서 가져온 것이다.

13.3 마르코프 결정 과정

막대 균형 잡기 예시에는 몇 가지 중요한 요소가 있으며, 이를 마르코프 결정 과정^{Markov decision} ^{process}(MDP)으로 공식화한다.

상태 state

카트는 x 평면에 놓일 수 있는 다양한 위치가 있다. 마찬가지로 막대도 움직임이 가능한 각도의 범위가 있다.

액션 action

에이전트는 카트를 왼쪽이나 오른쪽으로 움직여 작업을 수행할 수 있다.

상태 전환 state transition

에이전트가 동작하면 카트가 움직이고 막대의 각도와 속도가 변하는 등 환경이 바뀐다. 보상 에이전트가 막대의 균형을 잘 잡으면 양수 보상^{positive reward}을 받는다. 막대가 넘어지면 에이전트는 음수 보상^{negative reward}을 받는다.

MDP는 다음과 같이 정의된다.

- S, 가능한 상태를 모아 놓은 유한 집합
- A, 액션을 모아 놓은 유한 집합
- $P(r, s'|s, a)$, 상태 전환 함수
- R, 보상 함수

MDP는 주어진 환경에서 의사 결정을 모델링하기 위한 수학적 프레임워크를 제공한다. [그림 13-4]는 환경의 상태를 나타내는 원, 취할 수 있는 액션을 표현하는 다이아몬드, 어떤 상태에서 다음 상태로 전환하는 것을 나타내는 다이아몬드에서 원까지의 가장자리로 구성된 예시를 보여준다. 가장자리의 숫자는 특정 액션을 취할 확률을 나타내고, 화살표 끝의 숫자는 주어진 전환을 수행한 에이전트에게 주어지는 보상을 나타낸다.

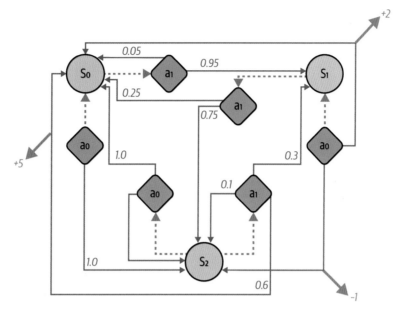

그림 13-4 MDP의 예

에이전트가 MDP 프레임워크에서 액션을 취하면 하나의 에피소드^{episode}가 형성된다. 에피소드는 상태, 액션, 보상으로 구성된 일련의 튜플로 구성된다. 에피소드는 Atari 게임의 '게임 종료' 화면이나 막대 카트 예제에서 막대가 땅에 닿을 때처럼 환경이 종료 상태에 도달할 때까지 실행된다. 다음 수식은 에피소드의 변수를 보여준다.

$$(s_0, a_0, r_0), (s_1, a_1, r_1), \ldots (s_n, a_n, r_n)$$

막대 카트에서 환경 상태는 다음과 같이 카트의 위치와 막대의 각도로 이루어진 튜플이 될 수 있다(x_{cart}, θ_{pole}).

13.3.1 정책

MDP의 기본적인 목표는 에이전트를 위한 최적의 정책을 찾는 것이다. 정책은 에이전트가 현재 상태에 기반하여 동작하는 방식이다. 공식 형태로 보면, 정책은 에이전트가 상태 s에서 취할 액션 a를 선택하는 함수 π로 표현할 수 있다.

여기서 MDP의 목표는 기대하는 미래 보상을 최대화하는 정책을 찾는 것이다.

$$\max_{\pi} \; E[R_0 + R_1 + \dots R_t \,|\, \pi]$$

여기에서 R은 각 에피소드의 미래 보상을 나타낸다. 미래 보상이 정확히 무엇을 의미하는지 정의해 보자.

13.3.2 미래 보상

미래 보상은 미래에 올 보상을 고려하는 방식이다. 최선의 액션을 선택하려면 해당 액션의 즉각적인 효과뿐만 아니라 그것이 가져다 줄 장기적인 결과도 고려해야 한다. 때로는 최선의 행동이 실제로는 즉각적으로는 부정적인 영향을 미치지만, 장기적으로는 더 나은 결과를 가져올 수도 있다. 예를 들어, 고도에 따라 보상을 받는 등산 에이전트가 실제로는 산 정상에 더 잘 도달하기 위해 내리막길을 내려가야 할 수도 있다.

따라서 우리는 에이전트가 미래 보상^{future reward}을 위해 최적화하기를 바란다. 이를 위해 에이전트는 자기의 액션이 가져올 미래의 결과를 고려해야 한다. 예를 들어, Pong 게임에서 에이전트는 공이 상대방의 골대에 들어가면 보상을 받는다. 하지만 이 보상의 원인이 되는 동작(득점 타구를 하기 위해 라켓의 위치를 지정하는 입력)은 보상을 받기 전에 여러 단계에 걸쳐 이루어진다. 이러한 각 액션에 대한 보상은 지연된다.

즉각적인 보상뿐만 아니라 미래 보상을 고려한 각 시간 단계에 대한 보상을 구성하여 지연된 보상을 전체 보상 신호에 통합할 수 있다. 시간 단계에 대해 미래 보상을 계산하는 단순한 접근 방식은 다음과 같이 간단히 합산하는 것이다.

$$R_t = \sum_{k=0}^{T} r_{t+k}$$

다음 코드와 같이 모든 보상 R을 계산할 수 있다. 여기서 $R = \{R_0, R_1, \dots R_i, \dots R_n\}$ 이다.

```python
def calculate_naive_returns(rewards):
    """ 주어진 보상 목록에 대해 단순한 보상 목록을 계산한다 """
    total_returns = np.zeros(len(rewards))
    total_return = 0.0
```

```
    for t in range(len(rewards), 0):
        total_return = total_return + reward
        total_returns[t] = total_return
    return total_returns
```

이 단순한 접근 방식은 에이전트가 최적의 전역 정책을 학습할 수 있도록 미래 보상을 성공적으로 통합한다. 이 접근 방식은 미래 보상을 즉각적인 보상과 동등하게 평가한다. 하지만 이처럼 모든 보상을 동등하게 고려하는 것은 문제가 된다. 시간 단계가 무한대인 경우 이 표현식은 무한대로 달라질 수 있으므로 이를 한정할 방법을 찾아야 한다. 또한 각 시간 단계를 동등하게 고려하면 에이전트는 미래 보상에 대해 최적화할 수 있으며, 보상을 추구할 때 긴급성이나 시간 민감성이 결여된 정책을 학습할 수 있다. 대신 에이전트가 보상을 빨리 얻는 방법을 학습하도록 하기 위해 미래 보상의 가치를 약간 낮춰야 한다. 할인된 미래 보상^{discounted future reward}이라고 하는 전략으로 이를 달성할 수 있다.

13.3.3 할인된 미래 보상

할인된 미래 보상을 구현하기 위해 현재 상태의 보상을 현재 시간 단계의 거듭제곱에 해당하는 할인 계수 γ로 스케일링한다. 이러한 방식으로, 양수 보상을 받기 전에 많은 액션을 취하는 에이전트에게 불이익을 준다. 할인된 보상은 에이전트로 하여금 당장의 미래에 보상받는 것을 선호하도록 편향시키며, 이는 좋은 정책을 학습하는 데 유리하다. 보상은 다음과 같이 표현할 수 있다.

$$R_t = \sum_{k=0}^{T} \gamma^t r_{t+k+1}$$

할인 계수 γ는 달성하고자 하는 할인 수준을 나타내며 0에서 1 사이 값이다. γ가 높으면 할인이 적고, γ가 낮으면 할인이 크다. 일반적인 γ 하이퍼파라미터 설정은 0.99에서 0.97 사이이다. 다음과 같이 할인된 보상을 구현할 수 있다.

```
def discount_rewards(rewards, gamma=0.98):
    discounted_returns = [0 for _ in rewards]
    discounted_returns[-1] = rewards[-1]
    for t in range(len(rewards)-2, -1, -1): # 역방향으로 순회한다
```

```
        discounted_returns[t] = rewards[t] +
        discounted_returns[t+1]*gamma
    return discounted_returns
```

13.4 탐색과 활용 비교

강화 학습은 기본적으로 시행착오를 거치는 과정이다. 이러한 프레임워크에서 실수를 두려워
하는 에이전트는 큰 문제를 일으킬 수 있다. 다음 시나리오를 생각해 보자. [그림 13-5]를 보
면 미로 안에 쥐가 있다. 에이전트는 보상을 최대화하기 위해 쥐를 제어해야 한다. 쥐가 물을
얻으면 +1의 보상을 받고, 쥐가 독약 통(빨간색)에 도달하면 −10의 보상을 받고, 치즈를 얻
으면 +100의 보상을 받는다. 보상을 받으면 에피소드가 종료된다. 최적의 정책은 쥐가 치즈까
지 성공적으로 찾아가서 치즈를 먹는 것이다.

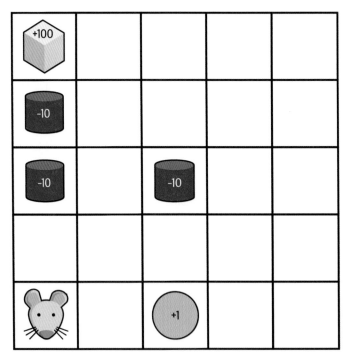

그림 13-5 많은 쥐들이 마주치게 되는 난관

첫 번째 에피소드에서 쥐는 왼쪽 경로로 이동하다가 함정을 밟고 −10의 보상을 받는다. 두 번째 에피소드에서 쥐는 보상이 마이너스가 되는 왼쪽 경로를 피하고 바로 오른쪽에 있는 물을 마셔서 +1 보상을 받는다. 두 번의 에피소드가 끝난 후, 쥐는 좋은 정책을 찾은 것 같아 보인다. 이후 에피소드들에서도 학습한 정책을 계속 따르고 적당한 +1 보상을 안정적으로 획득한다. 에이전트는 항상 모델의 최선 액션을 선택하는 그리디 전략을 사용하기 때문에 극대값local maximum인 정책에 갇히게 된다.

이러한 상황을 방지하려면 에이전트가 주변 환경을 더 탐색하기 위해 모델의 추천 사항에서 벗어나 차선책을 선택하는 것이 유용할 수 있다. 즉, 에이전트는 물과 안정적인 +1 보상을 주는 환경을 활용하려고 바로 오른쪽으로 이동하는 대신, 왼쪽으로 이동하여 더 위험한 지역을 탐험하면서 더 최적의 정책을 찾을 수도 있다. 탐색을 너무 많이 하면 에이전트가 보상을 최적화하지 못한다. 탐색을 충분히 하지 않으면 에이전트가 극소값local minimum에 갇힐 수 있다. 탐색과 활용explore versus exploit 사이의 이러한 균형은 성공적인 정책을 학습하는 데 매우 중요하다.

13.4.1 ϵ−그리디

탐색−활용 딜레마의 균형을 맞추기 위한 한 가지 전략을 ϵ−그리디라고 한다. ϵ−그리디는 각 단계에서 에이전트의 최우선 권장 액션을 취할지 아니면 무작위 액션을 취할지를 선택하는 단순한 전략이다. 에이전트가 무작위 액션을 취할 확률을 ϵ라고 한다. ϵ−그리디는 다음과 같이 구현할 수 있다.

```
def epsilon_greedy_action(action_distribution,
                          epsilon=1e-1):
    action_distribution = action_distribution.detach().numpy()
    if random.random() < epsilon:
        return np.argmax(np.random.random(
            action_distribution.shape))
    else:
        return np.argmax(action_distribution)
```

13.4.2 어닐링된 ϵ-그리디

강화 학습 모델을 훈련할 때는 모델이 월드에 대해 거의 알지 못하기 때문에 처음에 더 많은 탐색을 하고 싶어 하는 경우가 많다. 나중에 모델이 환경을 많이 겪어보고 좋은 정책을 학습한 후에는 에이전트가 스스로를 더 신뢰하여 정책을 더욱 최적화하기를 바라게 된다. 이를 위해 고정된 ϵ라는 개념을 버리고 시간이 지남에 따라 어닐링^{annealing}하여 낮은 값으로 시작하여 각 훈련 에피소드마다 한 단계씩 증가하도록 한다. 어닐링된 ϵ-그리디^{Annealed e-Greedy} 시나리오의 전형적인 설정으로는 10,000개의 시나리오에 대해 0.99에서 0.1까지 어닐링 하는 것이다.

```
def epsilon_greedy_action_annealed(action_distribution,
                                   percentage,
                                   epsilon_start=1.0,
                                   epsilon_end=1e-2):
    action_distribution = action_distribution.detach().numpy()
    annealed_epsilon = (epsilon_start*(1.0-percentage) +
                        epsilon_end*percentage)
    if random.random() < annealed_epsilon:
        return np.argmax(np.random.random(
            action_distribution.shape))
    else:
        return np.argmax(action_distribution)
```

13.5 정책 학습과 가치 학습 비교

지금까지 강화 학습의 설정을 정의하고, 할인된 미래 보상에 대해 논의하고, 탐색과 활용의 트레이드오프를 살펴봤다. 에이전트가 보상을 최대화하도록 실제로 어떻게 학습시킬지에 대해서는 이야기하지 않았다. 이에 대한 접근 방식은 크게 **정책 학습**^{policy learning}과 **가치 학습**^{value learning}이라는 두 가지 범주로 나뉜다. 정책 학습에서는 보상을 최대화하는 정책을 직접 학습한다. 가치 학습에서는 모든 상태 + 액션 쌍의 가치를 학습한다. 자전거 타는 법을 배우려고 한다면, 왼쪽으로 쓰러지려고 할 때 오른쪽 페달을 밟아서 자세를 바로잡는 방법이 정책 학습의 접근 방식일 것이다. 가치 학습 접근법으로 자전거 타는 법을 배우려고 한다면, 자전거의 다양한 자세와 그 자세에서 취할 수 있는 액션에 점수를 부여할 것이다. 이 장에서는 두 가지를 모두 다룰 것이므로 정책 학습부터 시작하겠다.

전형적인 지도 학습에서는 확률적 경사 하강을 사용하여 네트워크의 출력과 실제 레이블에서 계산된 손실을 최소화하기 위해 파라미터를 업데이트할 수 있다. 다음은 해당 표현식을 최적화하는 예시이다.

$$\arg\ \min_\theta \sum_i \log p(y_i \mid x_i;\theta)$$

강화 학습에서는 실제 레이블이 없고 보상 신호만 있다. 하지만 SGD를 사용하여 정책 경사policy gradients[4]라고 하는 것을 사용하여 가중치를 최적화할 수 있다. 에이전트가 취하는 액션과 그 액션과 관련된 보상을 사용하여, 모델 가중치가 높은 보상을 가져오는 좋은 액션을 취하도록 장려하고 낮은 보상을 가져오는 나쁜 액션을 피하도록 할 수 있다. 최적화할 표현식은 다음과 같다.

$$\arg\ \min_\theta -\sum_i R_i \log p(y_i \mid x_i;\theta)$$

여기서 y_t는 시간 단계 t에서 에이전트가 취한 액션이고, R_t는 할인된 미래 보상이다. 이러한 방식으로 보상의 가치에 따라 손실 규모를 조정하므로 모델이 음수 보상을 초래하는 액션을 선택하면 손실이 더 커질 것이다. 또한 모델이 잘못된 결정을 확신하는 경우, 모델이 해당 액션을 선택할 로그 확률을 고려하기 때문에 더 큰 불이익을 받게 될 것이다. 손실 함수가 정의되었으므로 SGD를 적용하여 손실을 최소화하고 좋은 정책을 학습할 수 있다.

13.6 정책 경사를 이용하는 폴 카트

고전적인 강화 학습 문제인 폴 카트pole-cart를 해결하기 위해 정책–경사policy-gradient 에이전트를 구현해 보겠다. 이 작업을 위해 특별히 제작된 OpenAI Gym의 환경을 사용한다.

---

4   Sutton, Richard S., et al. "Policy Gradient Methods for Reinforcement Learning with Function Approximation." *NIPS*, Vol. 99, 1999.

13.6.1 OpenAI Gym

OpenAI Gym은 강화 에이전트 개발을 위한 파이썬 툴킷이다. OpenAI Gym은 다양한 환경과 상호작용할 수 있는 쉬운 인터페이스를 제공한다. 여기에는 일반적인 강화 학습 환경에 대한 100개 이상의 오픈 소스 구현이 포함되어 있다. OpenAI Gym은 환경 시뮬레이션 측면에서 모든 것을 처리하여 강화 학습 에이전트의 개발 속도를 높여주므로 연구자는 에이전트와 학습 알고리즘에 집중할 수 있다. OpenAI Gym의 또 다른 장점은 연구자들이 작업에 표준화된 동일 환경을 사용하기 때문에 다른 연구자들과 결과를 공정하게 비교하고 평가할 수 있다는 점이다. 여기서는 이 환경과 쉽게 상호작용할 수 있는 에이전트를 만들기 위해 OpenAI Gym의 폴 카트 환경을 사용한다.

13.6.2 에이전트 만들기

OpenAI 환경과 상호작용할 수 있는 에이전트를 만들기 위해 모델 아키텍처, 모델 가중치, 하이퍼파라미터를 포함하는 **PGAgent** 클래스를 다음과 같이 정의한다.

```python
from torch import optim
class PGAgent(object):
        def __init__(self, state_size, num_actions,
        hidden_size,
        learning_rate=1e-3,
        explore_exploit_setting= \
        'epsilon_greedy_annealed_1.0->0.001'):
    self.state_size = state_size
    self.num_actions = num_actions
    self.hidden_size = hidden_size
    self.learning_rate = learning_rate
    self.explore_exploit_setting = \
        explore_exploit_setting
    self.build_model()

def build_model(self):
    self.model = torch.nn.Sequential(
    nn.Linear(self.state_size, self.hidden_size),
    nn.Linear(self.hidden_size, self.hidden_size),
    nn.Linear(self.hidden_size, self.num_actions),
    nn.Softmax(dim=0))
```

```python
def train(self, state, action_input, reward_input):
    state = torch.tensor(state).float()
    action_input = torch.tensor(action_input).long()
    reward_input = torch.tensor(reward_input).float()
    self.output = self.model(state)
    # 취한 액션과 관련된 로짓을 선택한다
    logits_for_actions = self.output.gather(1,
            action_input.view(-1,1))
    self.loss = -torch.mean(
        torch.log(logits_for_actions) * reward_input)
    self.loss.backward()
    self.optimizer = optim.Adam(self.model.parameters())
    self.optimizer.step()
    self.optimizer.zero_grad()
    return self.loss.item()


def sample_action_from_distribution(self,
        action_distribution,
        epsilon_percentage):
    # 액션 확률 분포와 탐색-활용 비교를 기반으로 액션을 선택한다
    if self.explore_exploit_setting == 'greedy':
        action = epsilon_greedy_action(action_distribution,
                        0.00)
    elif self.explore_exploit_setting == 'epsilon_greedy_0.05':
        action = epsilon_greedy_action(action_distribution,
                        0.05)
    elif self.explore_exploit_setting == 'epsilon_greedy_0.25':
        action = epsilon_greedy_action(action_distribution,
                        0.25)
    elif self.explore_exploit_setting == 'epsilon_greedy_0.50':
        action = epsilon_greedy_action(action_distribution,
                        0.50)
    elif self.explore_exploit_setting == 'epsilon_greedy_0.90':
        action = epsilon_greedy_action(action_distribution,
                        0.90)
    elif self.explore_exploit_setting == \
        'epsilon_greedy_annealed_1.0->0.001':
            action = epsilon_greedy_action_annealed(
            action_distribution,
        epsilon_percentage, 1.0,0.001)
    elif self.explore_exploit_setting == \
        'epsilon_greedy_annealed_0.5->0.001':
            action = epsilon_greedy_action_annealed(
            action_distribution,
```

```
            epsilon_percentage, 0.5, 0.001)
    elif self.explore_exploit_setting == \
        'epsilon_greedy_annealed_0.25->0.001':
        action = epsilon_greedy_action_annealed(
        action_distribution,
        epsilon_percentage, 0.25, 0.001)
    return action
```

13.6.3 모델 및 최적화기 구축

몇 가지 중요한 함수를 자세히 살펴보겠다. build_model()에서는 모델 아키텍처를 3 레이어 신경망으로 정의한다. 이 모델은 세 개의 노드로 구성된 레이어를 반환하며, 각 노드는 모델의 액션 확률 분포를 나타낸다. build_training()에서는 정책 경사 최적화기를 구현한다. 앞서 설명한 대로 목표 손실을 표현하고, 해당 액션에 대한 모델의 예측 확률을 해당 액션을 취한 후 받은 보상으로 스케일링하며, 이 모든 것을 합산하여 미니배치를 형성한다. 목표가 정의되면, 손실을 최소화하기 위해 경사에 따라 가중치를 조정하는 torch.optim.AdamOptimizer를 사용할 수 있다.

13.6.4 샘플링 액션

모델의 액션 확률 분포 출력에 따라 액션을 샘플링하는 predict_action 함수를 정의한다. 탐색과 활용 간의 균형을 맞추기 위해 앞서 설명한 다양한 샘플링 전략을 지원하며, 여기에는 그리디, ϵ그리디, ϵ그리디 어닐링이 포함된다.

13.6.5 이력 추적

여러 에피소드로부터 경사를 수집할 것이므로 상태, 액션, 보상 튜플을 추적하는 것이 유용할 것이다. 이를 위해 에피소드 이력[history]과 메모리를 다음과 같이 구현한다.

```python
class EpisodeHistory(object):

    def __init__(self):
        self.states = []
        self.actions = []
        self.rewards = []
        self.state_primes = []
        self.discounted_returns = []

    def add_to_history(self, state, action, reward,
        state_prime):
        self.states.append(state)
        self.actions.append(action)
        self.rewards.append(reward)
        self.state_primes.append(state_prime)

class Memory(object):

    def __init__(self):
        self.states = []
        self.actions = []
        self.rewards = []
        self.state_primes = []
        self.discounted_returns = []

    def reset_memory(self):
        self.states = []
        self.actions = []
        self.rewards = []
        self.state_primes = []
        self.discounted_returns = []

    def add_episode(self, episode):
        self.states += episode.states
        self.actions += episode.actions
        self.rewards += episode.rewards
        self.discounted_returns += episode.discounted_returns
```

13.6.6 정책 경사 main 함수

이 모든 것을 main 함수에 통합하여 CartPole용 OpenAI Gym 환경과 에이전트의 인스턴스를 만들고, 에이전트가 CartPole 환경과 상호작용하고 훈련할 수 있도록 만든다.

```python
# 설정을 셋팅한다
#total_episodes = 5000
total_episodes = 16
total_steps_max = 10000
epsilon_stop = 3000
train_frequency = 8
max_episode_length = 500
render_start = -1
should_render = False

explore_exploit_setting = 'epsilon_greedy_annealed_1.0->0.001'

env = gym.make('CartPole-v0')
state_size = env.observation_space.shape[0] # CartPole-v0의 경우 4
num_actions = env.action_space.n # CartPole-v0의 경우 2

solved = False
agent = PGAgent(state_size=state_size,
                num_actions=num_actions,
                hidden_size=16,
                explore_exploit_setting= \
                  explore_exploit_setting)

episode_rewards = []
batch_losses = []

global_memory = Memory()
steps = 0
for i in range(total_episodes):
  state = env.reset()
  episode_reward = 0.0
  episode_history = EpisodeHistory()
  epsilon_percentage = float(min(i/float(epsilon_stop), 1.0))

  for j in range(max_episode_length):
    action = agent.predict_action(state, epsilon_percentage)
    state_prime, reward, terminal, _ = env.step(action)

    episode_history.add_to_history(
```

```
                state, action, reward, state_prime)
            state = state_prime
            episode_reward += reward
            steps += 1

            if j == (max_episode_length - 1):
                terminal = True

        if terminal:
            episode_history.discounted_returns = \
                discount_rewards(episode_history.rewards)
            global_memory.add_episode(episode_history)

            # 8번째 에피소드마다 신경망을 훈련시킨다
            # 메모리 상의 에피소드의 모든 액션으로 훈련하고,
            # 그리고 나서 메모리를 리셋한다
            if np.mod(i, train_frequency) == 0:
                reward_input = global_memory.discounted_returns
                action_input = global_memory.actions
                state = global_memory.states

                # 훈련 단계
                batch_loss = agent.train(state, action_input,
                                        reward_input)
                  # print(f'Batch loss: {batch_loss}')
                  # batch_losses.append(batch_loss)
                global_memory.reset_memory()

            episode_rewards.append(episode_reward)

            if i % 10 == 0:
            mean_rewards = torch.mean(torch.tensor(
                                    episode_rewards[:-10]))
            if mean_rewards > 10.0:
                solved = True
            else:
                solved = False
            print(f'Solved: {solved} Mean Reward: {mean_rewards}')
        break # stop playing if terminal

    print(f'Episode[{i}]: {len(episode_history.actions)} \
            actions {episode_reward} reward')
```

이 코드는 CartPole 에이전트가 막대를 성공적이고 일관되게 균형 잡도록 훈련시킨다.

13.6.7 폴 카트에서의 PGAgent 성능

[그림 13-6]은 훈련의 각 단계에서 에이전트의 평균 보상을 보여주는 차트이다. 8가지 샘플링 방법을 시도해 본 결과, 1.0에서 0.001 사이의 ϵ−그리디 어닐링으로 최상의 결과를 얻었다.

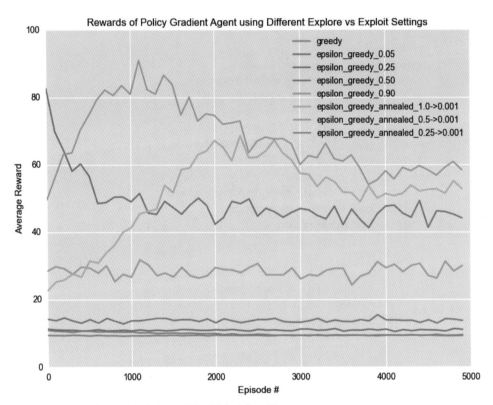

그림 13-6 탐색−활용 설정이 학습 속도와 학습 성과에 미치는 영향

전반적으로 표준 ϵ 그리디가 매우 저조한 성능을 보이는 것을 알 수 있다. 그 이유에 대해 이야기해 보겠다. ϵ를 0.9로 높게 설정하면 90%의 시간 동안 무작위 동작을 수행하게 된다. 모델이 완벽한 액션을 실행하는 방법을 학습하더라도 액션을 사용하는 경우는 10%에 불과하다. 반면에 ϵ가 0.05로 낮으면 대부분의 경우 모델이 최적의 액션이라고 판단하는 액션을 취하게 된다. 이 경우 성능은 조금 더 좋지만, 다른 전략을 탐색할 수 있는 기능이 부족하기 때문에 보상 극소값에 갇히게 된다. 따라서 0.05의 ϵ 그리디도 0.9의 ϵ 그리디도 좋은 결과를 얻지 못한다. 전자는 탐색에 너무 많은 비중을 두는 것이고, 후자는 탐색에 너무 적은 비중을 두는 것이다. 이

것이 바로 ϵ 어닐링이 강력한 샘플링 전략인 이유이다. ϵ 어닐링을 사용하면 모델은 먼저 탐색 작업을 수행하고 뒤에 활용^{exploit} 작업을 수행할 수 있으며, 이는 좋은 정책을 학습하는 데 매우 도움이 된다.

13.7 신뢰 영역 정책 최적화

신뢰 영역 정책 최적화^{Trust-region policy optimization}(TRPO)는 각 훈련 단계에서 정책이 너무 많이 바뀌는 것을 방지하면서 정책 개선을 보장하는 프레임워크이다. TRPO는 경험적으로 다른 많은 정책 경사 및 정책 순회 방법보다 뛰어난 성능을 발휘하는 것으로 입증되었으며, 연구자들은 경사 기반 방법으로는 불가능했던 복잡한 비선형 정책(종종 대규모 신경망으로 파라미터화된)을 효과적으로 학습할 수 있다. 이 절에서는 TRPO를 사용하는 이유와 그 목적에 대해 자세히 설명한다.

각 훈련 단계에서 정책이 너무 많이 바뀌는 것을 방지한다는 아이디어는 새로운 것이 아니다. 대부분의 규제화된^{regularized} 최적화 절차는 파라미터의 노름^{norm}이 너무 높아지지 않도록 전역적으로 보장하는 등 파라미터의 노름에 페널티를 주는 방식으로 간접적으로 이를 수행한다. 물론 L2-규제화된 선형 회귀와 같이 규제화된 최적화를 제약된 최적화(파라미터 벡터의 노름에 명시적 제한이 존재)로 공식화할 수 있는 경우에는 이것이 각 훈련 단계에서 정책이 너무 많이 바뀌는 것을 방지한다는 개념과 동일하다. 모든 가능한 파라미터 값이 제약 조건의 범위에 속해야 하므로 파라미터 노름의 단계별 변화는 이 제약 조건의 범위에 의해 제한된다. 관심이 있다면 선형 회귀에서 티호노프 규제화^{Tikhonov regularization}와 이바노프 규제화^{Ivanov regularization} 사이의 동일성을 더 자세히 살펴보는 것이 좋다.

각 훈련 단계에서 정책이 너무 많이 바뀌는 것을 방지하는 것은 규제화된 최적화의 일반적인 효과이다. 이는 훈련의 안정성을 촉진하여 새로운 데이터에 대한 과적합을 방지하는 데 이상적이다. 정책의 변화를 어떻게 정의할 수 있을까? 정책은 간단히 말해 상태 $\pi_\theta(a|s)$가 주어진 액션 공간에 대한 이산 확률 분포이며, 여기에서는 2장에서 소개했던 비동일성^{dissimilarity} 개념을 사용할 수 있다. 원본 TRPO 논문에서는 현재 정책과 새로운 정책 사이의 (가능한 모든 상태에 대한) 평균 KL 발산에 대한 제한을 소개했다.

지금까지 TRPO의 제약된 최적화의 제약 부분을 살펴봤으니 이제 목적 함수의 의의를 설명하고 정의할 것이다.

몇 가지 용어를 다음과 같이 정리해 보자.

$$\eta(\pi) = \mathbb{E}_{s_0, a_0, s_1, a_1, \ldots}\left[\sum_{t=0}^{\infty} \gamma^t r(s_t)\right]$$

$$Q_{\pi}(s_t, a_t) = \mathbb{E}_{s_{t+1}, a_{t+1}, \ldots}\left[\sum_{l=0}^{\infty} \gamma^l r(s_{t+l})\right]$$

$$V_{\pi}(s_t) = \mathbb{E}_{a_t, s_{t+1}, a_{t+1} \ldots}\left[\sum_{l=0}^{\infty} \gamma^l r(s_{t+l})\right]$$

$$A_{\pi}(s, a) = Q_{\pi}(s, a) - V_{\pi}(s)$$

$$\rho_{\pi}(s) = \sum_{i=0}^{\infty} \gamma^i P(s_t = s)$$

첫 번째 항은 $\eta(\pi)$로, 기대한 할인 보상을 나타낸다. 앞서 미래 할인 보상에 대해 설명할 때 기대치 내부의 유한 시간 지평선$^{\text{finite-time horizon}}$ 버전을 보았다. 여기서는 하나의 궤적을 살펴보는 대신 정책 π에 정의된 모든 가능한 궤적에 대한 기대치를 취한다. 평소처럼 π를 사용하여 궤적을 샘플링하여 경험적 평균을 통해 이 기대치를 추정할 수 있다. 13.9절 'Q러닝과 DQN'에서 더 자세히 설명할 두 번째 항은 Q함수$^{\text{Q-function}}$ $Q_{\pi}(s_t, a_t)$로, 이전 항과 매우 유사해 보이지만 대신 임의의 상태 s_t에 있고 그 상태에서 정의된 액션 a_t을 수행한다고 가정할 때 시간 t에서 기대되는 할인 보상으로 정의된다. 다시 정책 π를 사용하여 기대치를 계산한다. 무한 시간 범위와 궤적의 시작이 아닌 t 시점부터의 기대 할인 보상만 고려하므로 시간 t는 실제로는 그다지 중요하지 않다는 점에 유의하자.

세 번째 항은 $V_{\pi}(s_t)$, 즉 t 시점의 특정 상태에서의 가치 함수이다. 가치 함수는 실제로 $V_{\pi}(s_t) = \mathbb{E}_{a_t}[Q_{\pi}(s_t, a_t)]$ 또는 s_t에서 π에 대한 Q함수의 기대치로 더 간결하게 작성할 수 있다. 본질적으로 Q함수는 상태 s_t에서 정의된 액션 a_t을 취한다고 가정하는 반면, 가치 함수는 a_t을 변수로 남겨 둔다. 따라서 가치 함수를 구하려면 현재 상태 s_t를 알고 있는 a_t의 분포에 대한 Q함수의 기대치를 구하기만 하면 된다. 결과는 Q함수의 가중 평균이며, 여기서 가중치는 $\pi(a_t \mid s_t)$이다. 본질적으로 이 항은 임의의 상태 s_t에서부터 예상되는 평균 미래 할인 보상을 잡아낸다.

네 번째 항은 $A_\pi(s,a)$, 즉 우위^{advantage} 함수이다. 앞서 언급한 이유로 시간 t를 삭제했다. 우위 함수는 고정된 정책 π하에서 현재 상태 s에서 특정 액션 a를 취한 후 궤적을 실행하는 것이 현재 상태 s에서 아무런 제약 없이 궤적을 실행하는 것보다 이득이라는 것을 정량화한다는 점에서 직관적으로 이해할 수 있다. 더 간결하게 설명하자면, 장기적으로 볼 때 처음에 상태 s에서 액션 a를 취하는 것이 평균과 비교했을 때 얼마나 더 좋은지 또는 더 나쁜지를 정의하는 것이다.

마지막 항, 즉 정규화되지 않은 할인 방문 빈도$^{\text{unnormalized discounted visitation}}$는 시간 항 t를 다시 도입한다. 이 항은 시작부터 무한대까지 각 시간 t에서 상태 s에 있을 확률의 함수이다. 이 항은 목적 함수의 정의에서 중요한 역할을 한다. 원본 TRPO 논문에서는 이 목적 함수를 최대화하여 모델 파라미터를 최적화하는 방법을 선택했다.

$$L_{\theta_{old}}(\theta) = \sum_s \rho_{\theta_{old}}(s) \sum_a \pi_\theta(a \mid s) A_{\theta_{old}}(s,a)$$

$$\theta_{new} = \text{argmax}_\theta L_{\theta_{old}}(\theta)$$

이 목표의 도출 과정은 수학적으로 상당히 복잡하고 이 글의 범위를 벗어나기에 자세히 설명하지는 않겠지만, 직관적으로 이해할 수 있도록 설명하겠다. 먼저 이 용어를 살펴보자. $\sum_a \pi_\theta(a \mid s) A_{\theta_{old}}(s,a)$에서 고정된 상태 s를 가정한다. 논의를 위해 다음과 같이 θ를 현재 정책의 파라미터를 나타내는 θ_{old} 로 대체해 보자.

$$\sum_a \pi_{\theta_{old}}(a \mid s) A_{\pi_{\theta_{old}}}(s,a) = \mathbb{E}_{a \sim \pi_{\theta_{old}}(a \mid s)}[A_{\pi_{\theta_{old}}}(s,a)]$$

$$= \mathbb{E}_{a \sim \pi_{\theta_{old}}(a \mid s)}[Q_{\pi_{\theta_{old}}}(s,a)] - \mathbb{E}_{a \sim \pi_{\theta_{old}}(a \mid s)}[V_{\pi_{\theta_{old}}}(s)]$$

$$= \mathbb{E}_{a \sim \pi_{\theta_{old}}(a \mid s)}[Q_{\pi_{\theta_{old}}}(s,a)] - V_{\pi_{\theta_{old}}}(s)$$

$$= V_{\pi_{\theta_{old}}}(s) - V_{\pi_{\theta_{old}}}(s)$$

$$= 0$$

지금까지 무엇을 살펴봤을까? 앞서 $A_{\pi_{\theta_{old}}}(s,a)$가 현재 정책하에서 상태 s에서 액션 a를 취하는 것이 제약이 없는 상태 s에서 예상되는 것과 비교하여 얼마나 더 나은지 또는 더 나쁜지를 정의하는 방법에 대해 이야기했다. 여기서 현재 정책의 분포에 따라 가중치를 부여한 각각의 이점을 평균하면 현재 정책에 비해 평균 이점이 0이 된다는 것을 보여 주었는데, 이는 제안된 정책과 현재 정책이 정확히 동일하기 때문에 직관적으로 이해가 되는 부분이다. 현재 정책을 그 자체로 대체한다고 해서 성능 향상을 기대할 수 없다.

이제 θ를 다른 제안 정책의 파라미터 θ_{alt}로 대체하면 이전에 본 유도 과정은 다음 공식과 같이 전개된다.

$$\mathbb{E}_{a \sim \pi_{\theta_{alt}}(a|s)}[Q_{\pi_{\theta_{old}}}(s,a)] - V_{\pi_{\theta_{old}}}(s)$$

첫 번째 항의 액션이 더 이상 현재 정책으로 분배되지 않고, 마지막에서 두 번째 단계로 이어진 단순화를 적용할 수 없기 때문에 단순화할 수 있는 범위는 여기까지다. 이 표현식을 평가하여 양수 결과가 나오면 현재 정책을 따르는 것보다 제안된 정책을 따르는 것이 평균적으로 더 유리하다는 의미로 해석할 수 있으며, 이는 현재 정책을 제안된 정책으로 대체함으로써 이 특정 상태 S의 성과 이득으로 직접 변환할 수 있다.

> ✎ **NOTE**   특정 상태 s만 고려했지만 어떤 상태의 성능 향상을 확인하더라도 해당 상태가 거의 나타나지 않는 경우도 있을 수 있다. 따라서 특정 상태가 얼마나 자주 나타나는지를 정량화하는 용어 $\sum_s \rho_{\theta_{old}}(s)$를 포함하게 된다. 정규화 상수는 θ_{old}의 함수일 뿐이므로 θ의 관점에서도 상수인 정규화 상수를 인수 분해하기만 하면 되므로 정규화되지 않은 분포이지만 실제로는 기댓값으로 다시 쓸 수 있다.

제안된 정책이 아니라 현재 정책을 사용하여 $\sum_s \rho_{\theta_{old}}(s)$를 평가한다는 점을 기억하자. 이는 논문에서 언급했듯이 θ에 대한 대안 목표$\left(\sum_s \rho_\theta^s(s)\right)$를 최적화할 때 θ에 대한 복잡한 의존성이 최적화 과정을 어렵게 만들기 때문이다. 추가로 이 논문에서는 1차 미분 경사가 대안 목표의 1차 미분 경사와 어쨌든 일치하므로 편향된 경사 추정 없이 이러한 대체가 가능함을 증명한다. 그러나 이 내용은 본문의 범위를 벗어나므로 여기서는 다루지 않는다.

모든 것을 종합하면 다음과 같은 제약된 최적화 목표가 생긴다.

$$\theta^* = \text{argmax}_\theta \sum_s \rho_{\theta_{old}}(s) \sum_a \pi_\theta(a \mid s) A_{\theta_{old}}(s,a)$$

$$s.t. \text{Avg. KL}(\theta_{old}, \theta) \leq \delta$$

여기서 평균 KL 발산은 모든 상태에 대한 정책 간의 기대 KL 발산을 나타내며, 이를 신뢰 영역 trust region이라고 한다. 현재 파라미터 설정에 충분히 가깝고 학습 불안정성을 완화하며 과적합을

완화할 수 있는 파라미터 설정을 나타낸다. 이 목표를 최적화하려면 어떻게 해야 할까? 내부 합산은 $\pi_\theta(a,s)$에 대한 기대치처럼 보이지만, 지금 가진 것은 현재 파라미터 값의 설정 θ_{old} 뿐이다. 표준 설정 또는 온폴리시$^{\text{on-policy}}$ 설정에서는 최적화 중인 동일한 정책에서 샘플링을 수행하므로 이를 위해 고전적인 정책 경사 최적화를 사용할 수 있다. 그러나 샘플링하는 정책이 최적화하는 정책과 다른 오프폴리시$^{\text{off-policy}}$ 설정에서도 동작하도록 TRPO를 수정할 수 있다. 일반적으로 이러한 차이를 두는 이유는 최적화할 타깃 정책을 학습하는 동안 샘플링하는 액션 정책은 본질적으로 탐색적 성격이 더 강할 수 있기 때문이다. 오프폴리시 설정에서는 $\pi_\theta(a|s)$(목표 정책)와 다른 분포 $q(a|s)$(행위 정책)에서 액션을 샘플링하기 때문에 다음과 같은 제약된 최적화 목표를 대신 사용한다.

$$\theta^* = \text{argmax}_\theta \sum_s \rho_{\theta_{old}}(s) \sum_a \frac{\pi_\theta(a|s)}{q(a|s)} A_{\theta_{old}}(s,a)$$

$$s.t. \text{Avg. KL}(\theta_{old}, \theta) \leq \delta$$

$q(a|s)$를 추가하면 별도의 행위 정책에서 샘플링하고 있다는 사실을 설명할 수 있다. 이를 기대라는 측면에서 더 구체적으로 생각해 볼 수 있다.

$$\sum_a \pi_\theta(a|s) A_{\theta_{old}}(s,a) = \sum_a \frac{q(a|s)}{q(a|s)} \pi_\theta(a|s) A_{\theta_{old}}(s,a)$$

$$= \sum_a q(a|s) \frac{\pi_\theta(a|s)}{q(a|s)} A_{\theta_{old}}(s,a)$$

$$= \mathbb{E}_{q(a|s)}[\frac{\pi_\theta(a|s)}{q(a|s)} A_{\theta_{old}}(s,a)]$$

첫 번째 등식의 왼쪽은 목표 정책에 대한 이점에 대한 기대치로 쓸 수 있다는 점에 주목하라. 몇 가지 대수학적 조작을 통해 기존 목표를 동등한 목표로 변환할 수 있었지만, 여기서는 행위 정책과 관련하여 기대치를 취했다. 이는 액션 정책에서 샘플링하고 따라서 표준 미니배치 경사 하강 기법을 사용하여 이 목표를 최적화할 수 있기 때문에 이상적이다(KL 발산에 대한 제약 조건을 추가하면 표준 경사 하강보다 조금 더 복잡해진다). 마지막으로, 외부 기대치에 대한 정규화되지 않은 확률 분포 $\rho_{old}(s)$에서 샘플링하는 방법에 대해서는 이미 학술 문헌에 존재하는 여러 가지 내용을 이미 살펴봤다.

13.8 근접 정책 최적화

TRPO의 한 가지 문제점은 평균 KL 발산 항을 포함하고 2차 최적화를 수행해야 하므로 최적화가 상대적으로 복잡하다는 것이다. 근사 정책 최적화, 줄여서 PPO는 복잡한 최적화 없이 TRPO의 이점을 유지하려는 알고리즘이다. PPO는 대신 다음과 같은 목표를 제안한다.

$$J(\theta) = \mathbb{E}[\min(\frac{\pi_\theta(a|s)}{\pi_{\theta_{old}}(a|s)}A_{\theta_{old}}(s,a), \mathrm{clip}(\frac{\pi_\theta(a|s)}{\pi_{\theta_{old}}(a|s)}, 1-\epsilon, 1+\epsilon A_{\theta_{old}}(s,a)))]$$

$$\theta^* = \mathrm{argmax}_\theta J(\theta)$$

복잡한 제약 조건 대신 최적화 목표에 내장된 추가 항이 있다는 점을 기억하자. 클립 함수는 목표 정책과 액션 정책 간의 비율에 대한 상한과 하한을 나타내며, 이 상한을 초과하거나 하한을 밑도는 비율은 해당 한계와 동일하게 설정된다. 원래 비율값과 클립 된 비율값 사이에는 최솟값이 포함되어 있어 극단적인 업데이트를 방지하고 과적합을 방지할 수 있다는 점을 기억하라. PPO를 소개하는 논문에서 언급했듯이, TRPO와 PPO의 목표가 $\theta = \theta_{old}$ 에서 동일한 경사를 갖는다는 점이 중요하다. 이는 적어도 샘플링 및 최적화를 수행하는 단일 정책이 있는 온폴리시 설정(즉, 행위 정책과 목표 정책을 구분하지 않음)의 경우에 해당한다. 왜 그런지 자세히 살펴보겠다. 이를 위해서는 먼저 TRPO의 제약된 최적화 목표를 이론에 따라 동등한 규제화된 최적화 목표(이전 절의 앞부분을 떠올려 보자)로 재구성해야 한다. 목표는 다음과 같다.

$$J^{TRPO}(\theta) = \mathbb{E}[\frac{\pi_\theta(a|s)}{\pi_{\theta_{old}}(a|s)}A(s,a) - \beta * \mathrm{KL}(\pi_{\theta_{old}}(a|s) \| \pi_\theta(a|s))]$$

기댓값의 선형성으로 인해 기댓값 내의 식을 기댓값의 차이로 분리할 수 있음을 알 수 있다. 먼저 두 번째 기댓값, 즉 KL 항을 고려하면 기준 분포가 θ_{old} 를 사용하여 파라미터화되었기 때문에 이 항이 $\theta = \theta_{old}$ 에서 최소화된다는 것을 알 수 있다. 따라서 이 설정의 경사는 이미 최솟값에 도달했기 때문에 0이다. 이제 첫 번째 기댓값의 경사만 남았다.

$$\nabla_\theta \mathbb{E}[\frac{\pi_\theta(a|s)}{\pi_{\theta_{old}}(a|s)}A(s,a)]$$

PPO의 목표를 살펴보면 $\theta = \theta_{old}$ 에서 두 정책 간의 비율이 1이므로 클립 항이 필요하지 않음을 알 수 있다. 따라서 두 개의 동등한 항에 대한 최솟값만 남게 되며, 이는 단일 항에 대한 기댓값으로 단순화된다. 경사는 TRPO 목표에 대해 방금 살펴본 것과 정확히 일치한다.

$$\nabla_{\theta}\mathbb{E}[\frac{\pi_{\theta}(a\,|\,s)}{\pi_{\theta_{old}}(a\,|\,s)}A(s,a)]$$

지금까지 살펴본 바에 따르면 PPO는 선택적 온폴리시 설정에서 TRPO와 동일한 경사를 가지며, 실제로는 훨씬 더 쉽게 최적화할 수 있다. PPO는 또한 다양한 작업에서 강력한 경험적 결과를 보여 주었으며, 딥러닝 분야에 널리 사용되고 있다.

13.9 Q러닝과 DQN

Q러닝은 가치 학습$^{\text{value learning}}$이라는 강화 학습의 범주에 속한다. 정책을 직접 학습하는 대신 상태와 액션의 가치를 학습하게 된다. Q러닝은 상태−액션 쌍$^{\text{state action pair}}$의 품질을 나타내는 함수, 즉 Q함수를 학습하는 것을 포함한다. Q함수는 $Q(s, a)$로 정의되며, 상태 s에서 액션 a가 수행될 때 최대 할인된 미래 보상을 계산하는 함수다.

Q값은 특정한 상태에서 특정한 액션을 취한 후 이후의 모든 액션을 완벽하게 수행하여 기대되는 미래 보상을 최대화할 때 기대되는 장기 보상을 나타낸다. 이는 공식적으로 다음과 같이 표현할 수 있다.

$$Q^*(s_t, a_t) = max_{\pi}E[\sum_{i=t}^{T}\gamma^{i}r^{i}]$$

Q값을 어떻게 알 수 있느냐는 질문을 할 수 있다. 어떤 액션이 얼마나 좋은지 알기 위해서는 미래에 어떻게 액션을 취할지를 알아야 하기 때문에 인간조차도 알기 어렵다. 기대되는 미래 보상은 장기 전략이 무엇인지에 따라 달라진다. 이것은 닭과 달걀의 문제처럼 보인다. 상태 − 액션 쌍의 가치를 평가하려면 후속 액션을 완벽히 모두 알아야 한다. 그리고 최선의 액션을 알기 위해서는 상태와 액션에 대한 정확한 값이 있어야 한다.

13.9.1 벨만 방정식

이 딜레마는 Q값을 미래 Q값의 함수로 정의함으로써 해결한다. 이 관계를 벨만 방정식^{Bellman} ^{Equation}이라고 하며, 이 방정식에 따르면 액션을 취했을 때의 max 미래 보상은 현재 보상과 다음 단계의 액션을 취했을 때의 최대 미래 보상 a'를 더한 값이다.

$$Q^*(s_t, a_t) = E[r_t + \gamma \max_{a_n} Q^*(s_{t+1}, a^n)]$$

이러한 재귀적 정의를 통해 Q값을 서로 연관시킬 수 있다.

이제 과거와 미래의 Q값을 연관시킬 수 있으므로 이 방정식은 업데이트 규칙을 편리하게 정의한다. 즉, 과거의 Q값을 미래의 Q값을 기반으로 업데이트할 수 있다. 이 방식이 강력한 이유는 에피소드가 끝나기 전 마지막 액션의 Q값, 즉 우리가 옳다고 알고 있는 Q값이 존재하기 때문이다. 이 마지막 상태에서는 다음 액션이 다음 보상으로 이어진다는 것을 정확히 알기 때문에 해당 상태에 대한 Q값을 완벽하게 설정할 수 있다. 그런 다음 업데이트 규칙을 사용하여 해당 Q값을 이전 시간 단계로 전파할 수 있다.

$$\widehat{Q_j} \to \widehat{Q_{j+1}} \to \widehat{Q_{j+2}} \to ... \to Q^*$$

이러한 Q값의 업데이트를 **가치 이터레이션**^{value iteration}이라고 한다.

첫 번째 Q값은 완전히 잘못 시작하지만, 문제는 없다. 반복할 때마다 미래의 올바른 값을 통해 Q값을 업데이트할 수 있기 때문이다. 한 번의 반복이 끝나면 마지막 Q값은 에피소드 종료 전 마지막 상태와 액션의 보상이기 때문에 정확하다. 그런 다음 Q값 업데이트를 수행하여 마지막에서 두 번째 Q값을 설정한다. 다음 반복에서는 마지막 두 개의 Q값이 정확하다는 것을 보장할 수 있으며, 이런 식으로 계속 반복한다. 값 반복을 통해 궁극적인 최적 Q값에 대한 수렴을 보장할 수 있다.

13.9.2 가치 이터레이션의 문제

가치 이터레이션은 상태-액션 쌍과 해당 Q값 사이의 매핑을 생성하며, 여기서는 이러한 매핑 테이블, 즉 **Q테이블**^{Q-table}을 구성한다. 이 Q테이블의 크기에 대해 간략히 살펴보자. 가치 이터레이션은 공간-액션 쌍의 전체 공간을 완전히 탐색해야 하는 번거로운 프로세스다. Breakout

게임에서 벽돌이 100개, 패들이 움직일 수 있는 위치가 50개, 공이 움직일 수 있는 위치가 250개, 액션이 3개라면 이미 인류의 모든 계산 능력을 합친 것보다 훨씬 더 큰 공간을 구성한 셈이 된다. 게다가 확률적 환경에서는 Q테이블의 공간이 심지어 더 커져서 어쩌면 무한대일 수도 있다. 이렇게 방대한 공간에서 모든 상태 – 액션 쌍에 대한 모든 Q값을 찾는 것은 불가능할 것이다. 분명히 이 접근 방식은 제대로 동작하지 않을 것이다. 그렇다면 Q러닝은 어떻게 해야 하는 것일까?

13.9.3 Q함수 근사화하기

Q테이블의 크기로 인해 토이 문제가 아닌 어떤 문제에도 단순한 접근 방식은 적용하기 어렵다. 하지만 최적 Q함수에 대한 요구 사항을 완화하면 어떨까? 대신 Q함수의 근사치를 학습하면 모델을 사용하여 Q함수를 추정할 수 있다. 모든 상태 – 액션 쌍을 사용해 Q 테이블을 업데이트할 필요 없이 이 테이블을 근사화하는 함수를 학습할 수 있고, 심지어 경험하지 못한 분야에서도 일반화할 수 있다. 즉, Q함수를 학습하기 위해 모든 가능한 Q값을 일일이 검색할 필요가 없다.

13.9.4 DQN

이것이 바로 딥마인드가 DQN을 연구하게 된 주된 이유다. 심층 Q신경망은 이미지(특정 상태)를 입력 받아 모든 가능한 액션에 대한 Q값을 추정하는 심층 신경망을 사용한다.

13.9.5 DQN 훈련하기

Q함수를 근사화하도록 신경망을 훈련시키고자 한다. 이 Q함수 근사치는 다음과 같이 모델 파라미터의 함수로 표현한다.

$$\widehat{Q_\theta}(s,a \mid \theta) \sim Q^*(s,a)$$

Q러닝은 가치학습$^{\text{value-learning}}$ 알고리즘이라는 점을 기억하라. 정책을 직접 학습하는 것이 아니라 각 상태–액션 쌍의 좋고 나쁨에 관계없이 그 값을 학습하는 것이다. 모델의 Q함수 근사치

를 Q_θ로 표현했고, 이 값은 미래의 기대 보상에 가까워야 한다. 앞서 설명한 벨만 방정식을 사용하면 이 미래 기대 보상을 다음과 같이 표현할 수 있다.

$$R_t^* = (r_t + \gamma \max_{a'} Q(s_{t+1}, a' | \theta))$$

여기서 목표는 Q의 근사치와 다음 Q값의 차이를 최소화하는 것이다.

$$\min_\theta \sum_{e \in E} \sum_{t=0}^{T} Q(s_t, a_t | \theta) - R_t^*$$

이 식을 확장하면 다음과 같이 완전한 목표를 얻을 수 있다.

$$\min_\theta \sum_{e \in E} \sum_{t=0}^{T} Q(s_t, a_t | \theta) - (r_t + \gamma \max_{a'} Q(s_{t+1}, a' | \theta))$$

이 목표는 모델 파라미터의 함수로서 완전히 미분할 수 있으며, 이 손실을 최소화하기 위해 확률적 경사 하강 작업에 사용할 경사를 찾을 수 있다.

13.9.6 학습 안정성

그동안 발견했을 법한 한 가지 문제는 이 단계의 모델 예측 Q값과 다음 단계의 예측 Q값의 차이에 기반하여 손실 함수를 정의하고 있다는 점이다. 이러한 방식에서는 손실이 모델 파라미터에 따라 두 배로 달라진다. 각 파라미터를 업데이트할 때마다 Q값은 지속적으로 변화하며, 변화하는 Q값을 사용하여 추가 업데이트를 수행한다. 이러한 업데이트의 높은 상관관계는 피드백 루프를 유발하고 학습의 불안정성을 초래할 수 있으며, 이에 따라 파라미터가 진동하여 손실이 분산될 수 있다.

이 상관관계 문제를 해결하기 위해 몇 가지 간단한 엔지니어링 해킹, 즉 타깃 Q네트워크^{target Q-network}와 경험 리플레이^{experience replay}를 사용할 수 있다.

13.9.7 타깃 Q네트워크

단일 네트워크를 자체적으로 자주 업데이트하는 대신 타깃 네트워크^{target network}라고 하는 두 번째 네트워크를 도입하여 이러한 상호 의존성을 줄일 수 있다. 여기서 손실 함수는 θ에서 Q함수의 인스턴스인 $\hat{Q}(s_t, a_t \mid \theta)$와 $\hat{Q}(s_{t+1}, a' \mid \theta)$에 대한 특징을 갖는다. 첫 번째 Q는 예측 네트워크로 표현하고 두 번째 Q는 타깃 Q네트워크에서 생성할 것이다. 타깃 Q네트워크는 파라미터 업데이트가 지연되는 예측 네트워크의 복사본이다. 타깃 Q네트워크는 몇 번의 배치마다 예측 네트워크와 동일하도록 업데이트된다. 이렇게 하면 Q값에 매우 필요한 안정성을 제공하므로 이제 좋은 Q함수를 제대로 학습할 수 있다.

13.9.8 경험 리플레이

학습을 방해하는 또 다른 불안정성의 원인은 최근 경험의 높은 상관관계다. 최근 경험에서 추출한 배치로 DQN을 훈련하면 이러한 액션 – 상태 쌍이 모두 서로 관련되어 있다. 이는 문제가 되는데, 배치 경사가 전체 경사를 대표해야 하고, 데이터가 데이터 분포를 대표하지 못하면 배치 경사가 실제 경사를 정확하게 추정하지 못하기 때문이다.

따라서 배치에서 이러한 데이터의 상관관계를 분리해내야 한다. 경험 리플레이^{experience replay}라는 기능을 사용하면 이 작업을 수행할 수 있다. 경험 리플레이에서는 에이전트의 모든 경험을 테이블로 저장하고, 배치 구성을 위해 이들 경험에서 무작위로 샘플을 추출한다. 이들 경험은 테이블에 (s_i, a_i, r_i, s_{i+1}) 튜플로 저장되며, 이 네 가지 값으로 손실 함수를 계산하여 신경망 최적화를 위한 경사를 계산할 수 있다.

이 경험 리플레이 테이블은 테이블이라기보다는 큐에 가깝다. 에이전트가 훈련 초기에 보게 되는 경험은 훈련된 에이전트가 나중에 보게 되는 경험을 대표하지 않을 수 있으므로, 오래된 경험을 테이블에서 제거하는 것이 유용하다.

13.9.9 Q함수에서 정책으로

Q러닝은 정책 학습 알고리즘이 아닌 가치 학습 패러다임이다. 즉, 환경에서 액션하기 위한 정책을 직접 학습하는 것이 아니다. 하지만 Q함수가 알려주는 대로 정책을 구성할 수는 없을까?

좋은 Q함수 근사치를 학습했다면, 이는 모든 상태에 대한 모든 액션의 가치를 알고 있다는 뜻이다. 그러면 다음과 같은 방법으로 최적 정책을 간소하게 구성할 수 있다. 즉 현재 상태의 모든 액션에 대한 Q함수를 살펴보고, 최대 Q값을 가진 액션을 선택한 다음, 새 상태를 입력하고, 이러한 과정을 반복한다. Q함수가 최적이면 이 함수에서 도출된 정책도 최적이 될 것이다. 이를 염두에 두고 최적 정책을 다음과 같이 나타낼 수 있다.

$$\pi(s;\theta) = \arg\max_{a'} Q^*(s,a';\theta)$$

또한 에이전트가 수행하는 탐색의 양을 변경하기 위해, 앞서 설명한 샘플링 기법을 사용하여 때때로 Q함수 추천에서 벗어나는 확률적 정책을 만들 수 있다.

13.9.10 DQN과 마르코프 가정

DQN은 여전히 마르코프 가정Markov assumption에 의존하는 마르코프 의사 결정 프로세스로서, 다음 상태 s_{i+1}이 이전 상태나 액션이 아닌 현재 상태 s_i와 액션 a_i에만 의존한다고 가정한다. 이 가정은 게임 상태를 단일 프레임으로 요약할 수 없는 환경에서는 적용되지 않는다. 예를 들어 Pong 게임에서는 공의 속도(성공적인 게임 플레이에 중요한 요소)가 단일 게임 프레임에서 포착되지 않는다. 마르코프 가정을 사용하면 모델링 의사 결정 프로세스가 훨씬 간단하고 안정적이지만 모델링 성능이 저하되는 경우가 많다.

13.9.11 마르코프 가정에 대한 DQN의 해법

DQN은 상태 이력을 활용하여 이 문제를 해결한다. 단일 게임 프레임을 게임의 상태로 처리하는 대신, DQN은 과거 4개의 게임 프레임을 게임의 현재 상태로 간주한다. 이를 통해 DQN은 시간-의존적인 정보를 활용할 수 있다. 이는 약간의 엔지니어링 해킹이며, 이 장의 마지막 부분에서 상태 시퀀스를 처리하는 더 나은 방법을 논의할 것이다.

13.9.12 DQN으로 Breakout 플레이

지금까지 학습한 모든 내용을 종합하여 실제로 DQN을 구현해서 Breakout 게임을 플레이해

보자. 먼저 다음과 같이 DQNAgent를 정의하는 것으로 시작하겠다.

```
# DQNAgent

class DQNAgent(object):
    def __init__(self, num_actions,
                 learning_rate=1e-3, history_length=4,
                 screen_height=84, screen_width=84,
                 gamma=0.99):
        self.num_actions = num_actions
        self.learning_rate = learning_rate
        self.history_length = history_length
        self.screen_height = screen_height
        self.screen_width = screen_width
        self.gamma = gamma

        self.build_prediction_network()
        self.build_target_network()
        #self.build_training()

    def build_prediction_network(self):
        self.model_predict = nn.Sequential(
            nn.Conv2d(4, 32, kernel_size=8 , stride=4),
            nn.Conv2d(32, 64, kernel_size=4, stride=2),
            nn.Conv2d(64, 64, kernel_size=3, stride=1),
            nn.Flatten(),
            nn.Linear(3136, 512),
            nn.Linear(512, self.num_actions)
            )

    def build_target_network(self):
        self.model_target = nn.Sequential(
            nn.Conv2d(4, 32, kernel_size=8 , stride=4),
            nn.Conv2d(32, 64, kernel_size=4, stride=2),
            nn.Conv2d(64, 64, kernel_size=3, stride=1),
            nn.Flatten(),
            nn.Linear(3136, 512),
            nn.Linear(512, self.num_actions)
            )

def sample_and_train_pred(self, replay_table, batch_size):

    s_t, action, reward, s_t_plus_1, terminal = \
```

```
                    replay_table.sample_batch(batch_size)

        # 주어진 state_t에서 q_t (predict_model)를 찾고
        # q_t+1 (target_model)
        # 이것을 배치로 처리한다
        # q_t_plus_1 을 찾는다
        input_t = torch.from_numpy(s_t_plus_1).float()
        model_t = self.model_target.float()
        q_t_plus_1 = model_t(input_t)

        terminal = torch.tensor(terminal).float()
        max_q_t_plus_1, _ = torch.max(q_t_plus_1, dim=1)
        reward = torch.from_numpy(reward).float()
        target_q_t = (1. - terminal) * self.gamma * \
                        max_q_t_plus_1 + reward

        # q_t와 q_of_action을 찾는다
        input_p = torch.from_numpy(s_t).float()
        model_p = self.model_predict.float()
        q_t = model_p(input_p)
        action = torch.from_numpy(action)
        action_one_hot = nn.functional.one_hot(action,
                                                self.num_actions)
        q_of_action = torch.sum(q_t * action_one_hot)

        # 손실을 계산한다
        self.delta = (target_q_t - q_of_action)
        self.loss = torch.mean(self.delta)
        # Update predict_model gradients (only)
        self.optimizer = optim.Adam(self.model_predict.parameters(),
                                        lr = self.learning_rate)
        self.loss.backward()
        self.optimizer.step()

        return q_t

    def predict_action(self, state, epsilon_percentage):
        input_p = torch.from_numpy(state).float().unsqueeze(dim=0)
        model_p = self.model_predict.float()
        action_distribution = model_p(input_p)
        # 액션 분포에서 샘플링한다
        action = epsilon_greedy_action_annealed(
            action_distribution.detach(),
            epsilon_percentage)
```

```
        return action

    def process_state_into_stacked_frames(self,
                                          frame,
                                          past_frames,
                                          past_state=None):
        full_state = np.zeros((self.history_length,
                               self.screen_width,
                               self.screen_height))

        if past_state is not None:
            for i in range(len(past_state)-1):
                full_state[i, :, :] = past_state[i+1, :, :]
            full_state[-1, :, :] = self.preprocess_frame(frame,
                                                         (self.screen_width,
                                                          self.screen_height)
                                                         )
        else:
            all_frames = past_frames + [frame]
            for i, frame_f in enumerate(all_frames):
                full_state[i, :, :] = self.preprocess_frame(frame_f,
                                                           (self.screen_width,
                                                            self.screen_height)
                                                           )
        return full_state

    def to_grayscale(self, x):
        return np.dot(x[...,:3], [0.299, 0.587, 0.114])

    def preprocess_frame(self, im, shape):
        cropped = im[16:201,:] # (185, 160, 3)
        grayscaled = self.to_grayscale(cropped) # (185, 160)
        # (84,84)로 크기 조정한다
        resized = np.array(Image.fromarray(grayscaled).resize(shape))
        mean, std = 40.45, 64.15
        frame = (resized-mean)/std
        return frame
```

여기서 많은 내용을 다뤘으므로 세부적인 내용은 다음 부분에서 살펴보겠다.

13.9.13 아키텍처 구축

예측 네트워크와 타깃 Q네트워크라는 두 개의 Q네트워크를 구축한다. 이 두 네트워크는 동일한 네트워크이기 때문에 아키텍처 정의가 동일하며, 타깃 Q에서는 파라미터 업데이트만 지연된다는 점에 주목하자. 순수한 픽셀 입력으로 Breakout을 학습하고 있기 때문에 게임 상태는 픽셀 배열이다. 이 이미지를 세 개의 컨볼루션 레이어와 두 개의 완전 연결 레이어에 통과시켜 각 잠재 액션에 대한 Q값을 생성한다.

13.9.14 프레임 스태킹

상태 입력이 실제로 [None, self.history_length, self.screen_height, self.screen_width] 크기인 것을 알 수 있다. 스피드와 같이 시간-의존적인 상태 변수를 모델링하고 캡처하기 위해 DQN은 단일 이미지가 아니라 이력이라고도 하는 연속된 이미지 그룹을 사용한다는 점을 기억하라. 이러한 연속 이미지 각각은 별도의 채널로 취급된다. 이들 스택 프레임은 헬퍼 함수 process_state_into_stacked_frames(self, frame, past_frames, past_state=None)를 사용하여 구성한다.

13.9.15 훈련 연산 설정

손실 함수는 이 장의 앞부분에서 설명한 목표 표현식에서 파생된다.

$$\min_\theta \sum_{e \in E} \sum_{t=0}^{T} Q(s_t, a_t \mid \theta) - (r_t + \gamma \max_{a'} Q(s_{t+1}, a' \mid \theta))$$

예측 네트워크는 목표 네트워크에 현재 시간 단계의 보상을 더한 것과 같아야 한다. 이를 순수한 PyTorch 코드로 표현하면 예측 네트워크의 출력과 목표 네트워크의 출력 간의 차이로 표현할 수 있다. 이 경사를 사용하여 예측 네트워크를 업데이트하고 훈련하는 데 Adam Optimizer를 사용한다.

13.9.16 타깃 Q네트워크 업데이트

안정적인 학습 환경을 보장하기 위해 타깃 Q네트워크는 4 배치마다 한 번씩만 업데이트된다. 타깃 Q네트워크에 대한 업데이트 규칙은 매우 간단하다. 즉 가중치를 예측 네트워크와 동일하게 설정하기만 하면 된다. 이 작업은 update_target_q_network(self) 함수에서 수행된다. optimizer_predict.step() 함수는 타깃 Q네트워크의 가중치를 예측 네트워크의 가중치와 동일하게 설정한다.

13.9.17 경험 리플레이 구현

경험 리플레이가 어떻게 경사 배치 업데이트의 상관관계를 제거하여 Q러닝 및 후속 파생 정책의 품질을 개선하는 데 도움이 되는지를 살펴봤다. 이제 경험 리플레이의 간단한 구현을 살펴보겠다. 전체 에피소드(EpisodeHistory 객체)를 가져와서 ExperienceReplayTable에 추가하는 add_episode(self, episode) 메서드를 노출한다. 그런 다음 테이블이 가득 찼는지 확인하고 테이블에서 가장 오래된 경험을 제거한다.

이 테이블에서 샘플링할 때가 되면 sample_batch(self, batch_size)를 호출하여 경험 테이블에서 무작위로 배치를 구성할 수 있다.

```python
class ExperienceReplayTable(object):

    def __init__(self, table_size=50000):
        self.states = []
        self.actions = []
        self.rewards = []
        self.state_primes = []
        self.terminals = []

        self.table_size = table_size

    def add_episode(self, episode):
        self.states += episode.states
        self.actions += episode.actions
        self.rewards += episode.rewards
        self.state_primes += episode.state_primes
        self.terminals += episode.terminals
```

```
            self.purge_old_experiences()

    def purge_old_experiences(self):
        while len(self.states) > self.table_size:
            self.states.pop(0)
            self.actions.pop(0)
            self.rewards.pop(0)
            self.state_primes.pop(0)

    def sample_batch(self, batch_size):
        s_t, action, reward, s_t_plus_1, terminal = [], [], [], [], []
        rands = np.arange(len(self.states))
        np.random.shuffle(rands)
        rands = rands[:batch_size]

        for r_i in rands:
            s_t.append(self.states[r_i])
            action.append(self.actions[r_i])
            reward.append(self.rewards[r_i])
            s_t_plus_1.append(self.state_primes[r_i])
            terminal.append(self.terminals[r_i])
        return (np.array(s_t), np.array(action), np.array(reward),
                np.array(s_t_plus_1), np.array(terminal))
```

13.9.18 DQN 메인 루프

이제 모든 것을 메인 함수에 모아 보겠다. 이 함수에서는 Breakout을 위한 OpenAI Gym 환경을 만들고, **DQNAgent**의 인스턴스를 생성하며, 에이전트가 Breakout을 성공적으로 플레이하도록 상호작용하고 훈련시킨다.

```
learn_start = 4
total_episodes = 32
epsilon_stop = 32
train_frequency = 2
target_frequency = 4
batch_size = 4
max_episode_length = 1000
env = gym.make('Breakout-v4')
num_actions = env.action_space.n
```

```
solved = False

agent = DQNAgent(num_actions=num_actions,
                 learning_rate=1e-4,
                 history_length=4,
                 gamma=0.98)

episode_rewards = []
q_t_list = []
batch_losses = []
past_frames_last_time = None

replay_table = ExperienceReplayTable()
global_step_counter = 0

for i in range(total_episodes):
    # 초기 프레임을 가져온다
    frame = env.reset()  # np.array of shape (210, 160, 3)
    # past_frames는 과거 3개의 프레임(np.arrays) 목록이다
past_frames = [copy.deepcopy(frame) for _ in range(
agent.history_length - 1)]
state = agent.process_state_into_stacked_frames(
frame, past_frames, past_state=None)  # state is (4, 84, 84)

    # 에피소드 이력을 초기화한다 (s_t, a, r, s_t+1, terminal)
    episode_reward = 0.0
    episode_history = EpisodeHistory()
    epsilon_percentage = float(min(i / float(epsilon_stop), 1.0))

    for j in range(max_episode_length):
        # 액션을 예측하거나 처음에 무작위 액션을 선택한다
        if global_step_counter < learn_start:
            action = np.argmax(np.random.random((agent.num_actions)))
        else:
            action = agent.predict_action(state, epsilon_percentage)

        # 액션을 취하고, 다음 프레임(-> 다음 상태), 보상, 종료 신호를 가져온다
        reward = 0
        frame_prime, reward, terminal, _ = env.step(action)
if terminal == True:
            reward -= 1

        # 다음 프레임과 과거 프레임에서 다음 상태를 얻는다
        state_prime = agent.process_state_into_stacked_frames(
```

```
                            frame_prime,
                            past_frames,
                            past_state=state)
                        # 다음을 위해 past_frames를 frame_prime으로 업데이트한다
                        past_frames.append(frame_prime)
                        past_frames = past_frames[len(past_frames) -
agent.history_length:]
                        past_frames_last_time = past_frames

                        # 에피소드 기록에 추가한다 (상태, 액션, 보상, state_prime, 종료 신호)
                        episode_history.add_to_history(
state, action, reward, state_prime, terminal)
                        state = state_prime
                        episode_reward += reward
                        global_step_counter += 1

                        # 에피소드 기록에 충분한 에피소드가 있을 때까지
                        # predict_model을 훈련하지 않는다
                        if global_step_counter > learn_start:
                            if global_step_counter % train_frequency == 0:
                                if len(replay_table.actions) != 0:
                                    q_t = agent.sample_and_train_pred(replay_table,
batch_size)
                                    q_t_list.append(q_t)

                                if global_step_counter % target_frequency == 0:
                                    agent.model_target.load_state_dict(
agent.model_predict.state_dict())

                        # 종료 신호가 있거나 최대 에피소드에 도달했다면,
                        # 에피소드 기록을 리플레이 테이블에 추가한다
                        if j == (max_episode_length - 1):
                            terminal = True

                        if terminal:
                            replay_table.add_episode(episode_history)
                            episode_rewards.append(episode_reward)
                            break

            print(f'Episode[{i}]: {len(episode_history.actions)}\
            actions {episode_reward} reward')
```

13.9.19 Breakout에 대한 DQNAgent 결과

러닝 커브를 확인하기 위해 1,000개의 에피소드로 **DQNAgent**를 훈련시킨다. Atari에서 초인적인 결과를 얻으려면 보통 최대 며칠 정도의 훈련 시간이 소요된다. 하지만 [그림 13-7]에서 볼 수 있듯이 보상의 일반적인 상승 추세는 매우 빠르게 확인할 수 있다.

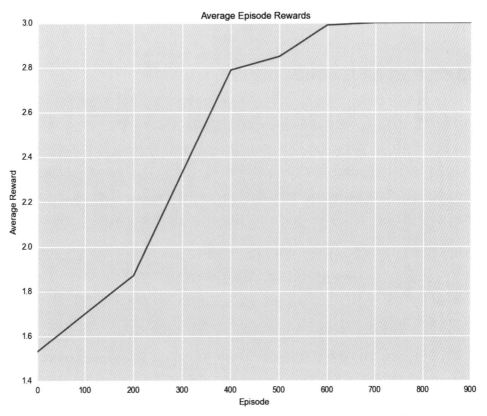

그림 13-7 좋은 가치 함수를 학습하고 ε-그리디 어닐링으로 인해 확률적으로 덜 액션하기 때문에 훈련 중 Breakout에서 점점 더 좋아지는 **DQNAgent**를 확인할 수 있다.

13.10 DQN의 개선과 그 이상의 발전

DQN은 2013년에 Atari 작업을 해결하는 데 꽤 좋은 성과를 거두었지만 몇 가지 단점이 있었다. 훈련하는 데 시간이 오래 걸리고, 특정 유형의 게임에서는 잘 작동하지 않으며, 새로운 게임마다 재훈련이 필요하다는 점 등이 DQN의 약점으로 꼽힌다. 지난 몇 년 동안의 심층 강화학습 연구의 대부분은 이러한 다양한 약점을 해결하는 데 집중되었다.

13.10.1 심층 순환 Q네트워크

마르코프 가정을 기억하는가? 다음 상태는 이전 상태와 에이전트가 취한 액션에만 의존한다는 가정 말이다. 마르코프 가정 문제에 대한 DQN의 해결책은 연속된 4개의 프레임을 별도의 채널로 쌓는 것으로, 이 문제를 회피하는 일종의 임시 엔지니어링 해킹이다. 왜 10프레임이 아닌 4프레임일까? 이러한 프레임 이력 하이퍼파라미터는 모델의 일반성을 제한하기 때문이다. 임의의 관련 데이터 시퀀스를 어떻게 처리할 수 있을까? 8장에서 RNN에 대해 배운 내용을 사용하여 심층 순환 Q네트워크^{deep recurrent Q-networks}(DRQN)로 시퀀스를 모델링할 수 있다.

DRQN은 순환 레이어를 사용하여 어떤 시간 간격에서 다음 시간 간격으로 상태에 대한 잠재^{latent} 지식을 전송한다. 이러한 방식으로, 모델은 자체적으로 얼마나 많은 프레임을 상태에 포함시킬지 학습할 수 있으며, 심지어 정보가 없는 프레임을 버리거나 오래 전의 것을 기억하는 방법까지 학습할 수 있다.

소로킨^{Sorokin} 등이 2015년에 발표한 논문 「Deep Attention Recurrent Q-Network (DAQRN)」[5]에서 볼 수 있듯이, DRQN은 뉴럴 어텐션 메커니즘까지 포함하도록 확장되었다. DRQN은 데이터의 시퀀스를 다루기 때문에 시퀀스의 특정 부분에만 주의를 기울일 수 있다. 이미지의 특정 부분에 주목할 수 있는 이러한 능력은 성능을 향상시키고, 취한 액션에 대한 근거를 생성하여 모델 해석 가능성을 제공한다.

DRQN은 DOOM(*https://oreil.ly/KKZC7*)과 같은 1인칭 슈팅 게임(FPS)을 플레이할 때 DQN보다 더 나은 성능을 보였으며, Seaquest(*https://oreil.ly/uevTS*)와 같이 오랜 시간 종속성이 있는 특정 Atari 게임에서도 성능을 개선했다.

---

5   Sorokin, Ivan, et al. "Deep Attention Recurrent Q-Network." *arXiv preprint arXiv*:1512.01693 (2015).

13.10.2 비동기 우위 액터 크리틱 에이전트

비동기 우위 액터 크리틱[Asynchronous advantage actor-critic] (A3C)은 2016년 딥마인드 논문 「Asynchronous Methods for DeepReinforcement Learning」[6]에서 소개된 심층 강화학습의 새로운 접근 방식이다. A3C가 무엇이며 어떻게 DQN을 개선하는지 알아보겠다.

A3C는 비동기식[asynchronous]이기 때문에 여러 스레드에 걸쳐 에이전트를 병렬화할 수 있으며, 이는 환경 시뮬레이션의 속도를 높여 훈련 속도가 훨씬 빨라진다는 것을 의미한다. A3C는 한 번에 여러 환경을 실행하여 경험을 수집한다. 이러한 접근 방식은 속도 향상 외에도 다양한 시나리오에서 동시에 수많은 에이전트의 경험으로 배치가 채워지기 때문에 배치의 경험에서 상관관계를 더 제거할 수 있다는 점에서 또 다른 중요한 이점을 제공한다.

A3C는 액터 크리틱[actor-critic] 방식을 사용한다[7]. 액터 크리틱 방법은 가치 함수 $V(s_t)$ (크리틱)와 정책 $\pi(s_t)$ (액터)를 모두 학습하는 것을 포함한다. 이 장의 앞부분에서 강화 학습에 대한 두 가지 접근 방식, 즉 가치 학습과 정책 학습에 대해 설명했다. A3C는 크리틱의 가치 함수를 사용하여 액터의 정책을 개선함으로써 각각의 강점을 결합한다.

A3C는 순수하게 할인된 미래 보상 대신 우위[advantage] 함수를 사용한다. 정책 학습을 수행하면서 에이전트가 나쁜 보상을 가져오는 액션을 선택하면 불이익을 줘야 한다. A3C는 이와 동일한 목표를 달성하는 것을 목표로 하지만, 그 기준으로 보상 대신 이점을 사용한다. 이점은 모델이 예측한 액션의 품질과 실제로 취한 액션의 품질 간의 차이를 나타낸다. 이점은 다음과 같이 표현할 수 있다.

$$A_t = Q^*(s_t, a_t) - V(s_t)$$

A3C에는 가치 함수인 $V(t)$가 있지만 Q함수를 표현하지 않는다. 대신 A3C는 할인된 미래 보상을 Q함수의 근사치로 사용하여 이점을 추정한다.

$$A_t = R_t - V(s_t)$$

이 세 가지 기법은 A3C가 대부분의 심층 강화 학습 벤치마크를 점령하는 데 핵심적인 역할을

---

6   Mnih, Volodymyr, et al. "Asynchronous Methods for Deep Reinforcement Learning." *International Conference on Machine Learning*. 2016.

7   Konda, Vijay R., and John N. Tsitsiklis. "Actor-Critic Algorithms." *NIPS*. Vol. 13. 1999.

했다. A3C 에이전트는 12시간 이내에 Atari Breakout을 학습할 수 있지만, DQN 에이전트는 3~4일가량을 학습해야 한다.

13.10.3 비지도 강화 및 보조 학습

UNREAL은 딥마인드 출신인 제이드버그[Jaderberg] 등이 「Reinforcement learning with unsupervised auxiliary tasks」[8]에서 소개한 A3C를 개선한 것이다.

UNREAL은 보상 희소성 문제를 해결한다. 강화 학습은 에이전트가 보상을 받기만 하고, 보상이 증가하거나 감소하는 이유를 정확히 파악하기 어렵기 때문에 학습이 매우 어렵다. 또한 강화 학습을 하려면 보상을 얻기 위한 좋은 정책뿐만 아니라 월드를 잘 표현하는 것도 학습해야 한다. 희박한 보상과 같이 약한 학습 신호로 이 모든 것을 수행하는 것은 상당히 어려운 일이다.

UNREAL은 보상 없이 월드에서 무엇을 배울 수 있을까라는 질문을 던진다. 이는 비지도 문제에서 유용한 월드 표현을 학습하는 것을 목표로 한다. 구체적으로, UNREAL은 전체적인 목표에 몇 가지 추가적인 비지도 보조 작업을 추가한다.

첫 번째 작업은 UNREAL 에이전트가 자기 액션이 환경에 어떤 영향을 미치는지 학습하는 것이다. 에이전트는 액션을 수행하여 화면의 픽셀값을 제어하는 임무를 맡는다. 다음 프레임에서 픽셀값 셋을 생성하려면 에이전트는 이 프레임에서 특정 액션을 수행해야 한다. 이러한 방식으로 에이전트는 자신의 액션이 주변 월드에 어떤 영향을 미치는지 학습하여 자신의 액션을 고려한 월드 표현을 학습할 수 있다.

두 번째 작업은 UNREAL 에이전트 학습 **보상 예측**[reward prediction]과 관련이 있다. 상태 시퀀스가 주어지면 에이전트는 다음에 받을 보상의 가치를 예측하는 임무를 맡는다. 에이전트가 다음 보상을 예측할 수 있다면 환경의 미래 상태에 대한 꽤 좋은 모델을 가지고 있다는 뜻이며, 이는 정책을 구성할 때 유용할 것이다.

이러한 비지도 보조 작업의 결과로 UNREAL은 라비린스[Labyrinth] 게임 환경에서 A3C보다 약 10배 빠르게 학습할 수 있다. UNREAL은 좋은 월드 표현을 학습하는 것이 얼마나 중요한지, 그리고 비지도 학습이 강화 학습과 같이 학습 신호가 약하거나 리소스가 부족한 학습 문제에

---

8 Jaderberg, Max, et al. "Reinforcement Learning with Unsupervised Auxiliary Tasks." *arXiv preprint arXiv*:1611.05397 (2016).

어떻게 도움이 될 수 있는지를 잘 보여준다.

요약

이 장에서는 MDP, 최대 할인 미래 보상, 탐색과 활용 비교 등 강화 학습의 기본에 대해 살펴보았다. 또한 정책 경사와 심층 Q네트워크를 비롯한 심층 강화 학습의 다양한 접근 방식을 다루었으며, 최근 개선된 DQN과 심층 강화 학습의 새로운 개발 내용에 대해서도 살펴봤다.

강화 학습은 월드를 인식하고 해석할 뿐만 아니라 액션을 취하고 상호작용할 수 있는 에이전트를 구축하는 데 필수적이다. 심층 강화 학습은 이러한 목표를 향해 큰 발전을 이루었으며, Atari 게임을 마스터하고, 자동차를 안전하게 운전하고, 주식을 거래하고, 로봇을 제어하는 등의 작업을 수행하는 다양한 에이전트를 성공적으로 만들어냈다.

찾아보기

찾아보기